TORE HAMSUN
MEIN VATER KNUT HAMSUN

TORE HAMSUN
MEIN VATER KNUT HAMSUN

*Aus dem Norwegischen
von Ingrid Sack*

LANGEN MÜLLER

Die Erstausgabe mit dem Titel
Knut Hamsun – min far
erschien 1952 in Norwegen bei Gyldendal, Oslo.
Der vorliegenden Ausgabe liegt die bearbeitete
4. Auflage zugrunde.

© Gyldendal Norsk Forlag A/S, Oslo, 1987
Deutschsprachige Ausgabe: © 1993 by Langen Müller
in der F. A. Herbig Verlagsbuchhandlung GmbH, München
Alle Rechte vorbehalten
Schutzumschlaggestaltung: Wolfgang Heinzel
unter Verwendung eines Fotos vom Archiv für
Kunst und Geschichte, Berlin
Frontispiz: Knut Hamsun kurz vor seinem Tod
Satz: Filmsatz Schröter GmbH, München
Gesetzt aus 9,5/12 Else auf Linotronic 300
Druck und Binden: Wiener Verlag, Himberg
Printed in Austria
ISBN: 3-7844-2460-0

Inhalt

Kindheit 7

Konfirmation *40*

Unruhige Jugendjahre *48*

In Amerika *74*

Das Hungerjahr in Kristiania. Zurück nach Amerika *92*

Durchbruch *111*

»Weltgeist zu Pferde«. Mysterien *137*

Zwei Tendenzromane *162*

Pan *175*

Gärende Ruhe *182*

Schwierige Jahre *196*

Abschied von der Stadt *227*

Nach Hause nach Nordland *247*

Segen der Erde – Nørholm *274*

Depression und Psychoanalyse *308*

Der Ring schließt sich *336*

Auf überwachsenen Pfaden *376*

Nachwort *387*

Zeittafel *397*

Literatur *403*

Namenregister *404*

Kindheit

I

Der Junge schlich auf Zehen zum Fenster und zog die Gardine zur Seite. Es war jetzt nicht mehr kalt. Frühling lag in der Luft, und die Scheiben waren nur noch leicht beschlagen. Der Junge hatte keine kalten Füße wie im Winter, es war wohlig warm im Raum von der Ofenglut und dem Atem der beiden anderen, die noch auf der Bank schliefen. Er hörte den ruhigen Atem und das Ticken der Wanduhr und das leise Geräusch der Glut, die im Ofen zerbröckelte, zusammenfiel und einen schwachen roten Schein auf den Fußboden warf. Er fühlte sich unendlich wohl in dieser Stille, er fürchtete sie kein bißchen und auch nicht die Dunkelheit, denn jetzt wurde es bald Tag, und mit dem Tag kam alles, worauf er sich bereits gestern gefreut hatte.
Er strich mit dem Finger über die Scheibe, man konnte so gut in der Feuchtigkeit schreiben, und er malte große und schöne Buchstaben, Zahlen in Reih und Glied, Worte, die er gelernt hatte. Er schrieb die Scheibe voll und noch eine dazu. Vorsichtig holte er einen Schemel, stieg hinauf und füllte auch die oberen Scheiben mit großen, deutlichen Buchstaben. Die Mutter hatte ihm einmal eine Tafel gegeben, aber dann hatte der Vater sie ihm weggenommen. Der Vater war sonst gütig und verständnisvoll, doch der Junge nahm ein wenig zu oft seine teure Schneiderkreide und verbrauchte sie mit der unnützen Schreiberei. Das ging auf die Dauer nicht, es wurde zu kostspielig.
Aber das Fenster war gut genug. Der Junge wischte eine Scheibe sauber und sah hinaus in die blaue Nacht zu allen Sternen, die Gott angezündet hatte. Lange blieb er auf dem Schemel stehen, die Nase an die Scheibe gedrückt. Er dachte an so vieles. Onkel Ole – Vetltræin nannten sie ihn – sagte, daß er von den Sternen komme. Der Junge fragte sich, ob das stimmte. Vielleicht hatte er einmal eine Sternschnuppe beobachtet? Oh, was für ein Leben mußte das sein! Er wollte den Großvater fragen, ob er glaubte, daß es wahr sei. Den Großvater konnte man am ehesten so etwas fragen. Er hatte immer

eine verläßliche Antwort zur Hand. Mit Vetltræin konnte man unmöglich ernsthaft reden. Er trieb mit allem seine Possen. Aber so klug wie Großvater war er nicht. Der Großvater, Gammeltræin, war so nett und freundlich, so ruhig und bedächtig. Er hatte sozusagen viel Zeit, um zu antworten. Und wenn er einen auf den Schoß nahm, sich durch den langen weißen Bart fuhr und Geschichten von den Menschen und Tieren und von Gott, der alles geschaffen hatte, zu erzählen anfing, wurde man so ruhig, daß man lange stillsitzen und zuhören konnte.

Natürlich war Onkel Vetltræin lustiger. Man konnte sich oft krumm und schief lachen über die Abenteuer, die er erzählte, wobei seine Augen vor Heiterkeit leuchteten. Und wie unerhört kräftig und beweglich er war! Einmal nahm er Bruder Hans auf den Arm und sprang mit ihm auf Vaters Schneidertisch. Und die Leute trauten ihren Augen nicht, wenn er ihnen den Tanzsprung aus dem Halling* vorführte.

Aber es fragte sich, ob Onkel Ole ihn nicht oft grob angeschwindelt hatte. Er war sich nicht so sicher bei seinen Geschichten. Die über Huldra** war vielleicht richtig. Er tat so, als ob er einmal in eine Huldra verliebt gewesen wäre, und er war ganz ernst, wenn er von ihr erzählte. Aber es gab andere Geschichten, an die man weniger glauben konnte. Wie verhielt es sich wohl damit, daß er oben zwischen den Sternen gespielt hatte, ehe er zur Erde kam? – Der Junge ließ die Augen von einem Stern zum anderen wandern. Von einigen wußte er die Namen, und er fand leicht den Großen Bären und das Siebengestirn, aber er konnte sich jedenfalls nicht erinnern, jemals dort gewesen zu sein.

»Nicht alle kommen von da oben«, hatte Vetltræin gesagt, »aber wir beide, du und ich, tun das, so sicher, wie ich hier sitze. Und wenn du auch nicht heiratest wie ich, dann wird dein Leben eine Sternschnuppe hier auf Erden sein. Eine große, strahlende Sternschnuppe! Mehr kann ein Mensch sich nicht wünschen.«

Ja, das hatte Vetltræin gesagt, aber was sollte man darauf antworten? Er hatte fast den Eindruck, daß ein anständiger Mensch nicht so redete.

Aber jetzt verlor er sich gewiß wieder in Träumen, wie der Vater sagte. Er schüttelte sich – bald würden die anderen aufwachen. Er kletterte vom Schemel herunter und stellte ihn leise in die Ecke, wo er ihn hergeholt hatte. Durch das Fenster sickerte das erste Tageslicht herein. Ein bleicher Mond

---

* Halling ist ein Bauerntanz im ¾ Takt.
** Huldra ist ein weiblicher Waldgeist oder eine Elfe, eine Unterirdische. (Anmerk. der Übersetzerin)

glitt hinter die Berge auf der anderen Seite der Bucht. Das Wetter würde heute bestimmt schön werden. Er hörte das Geklapper von Mutters Holzschuhen auf dem Weg zum Stall. Hans und Vetltræin begannen sich auf der Bank zu rühren, und er zog sich schnell an.
Der Junge hatte eine heimliche Freude daran, als erster auf zu sein. Niemand störte ihn in seinen Träumereien am Fenster, niemand nahm ihm die stille und sichere Einsamkeit und die kurze Zeit, in der er ein Gespräch mit sich selbst führen konnte. Und wenn er später zu seiner Mutter in den Stall kam, strich sie ihm über die Haare und nannte ihn ihren tüchtigen Jungen, der früh auf war und im Stall half. Mutter war die beste von allen Menschen, sie liebte er am meisten.

Er war vielleicht ein wenig anders als seine Geschwister, dieser Junge, ja, ein wenig anders als die meisten Kinder. Nicht, daß er seltsam war – er war im Gegenteil ein kräftiger, frischer Kerl, bei Spiel und Spaß den anderen völlig ebenbürtig. Aber manchmal kam eine Verträumtheit über ihn. Er konnte ganz still werden, saß nur da und schaute vor sich hin, und wenn man ihn ansprach, antwortete er nicht. Es kam auch vor, daß er sich stundenlang zurückzog und sich mit seinem selbstgebastelten Spielzeug beschäftigte oder auf kleine Zettel schrieb oder zeichnete, während die anderen Kinder sich zusammen vergnügten. Er war gerne im Stall oder in der Scheune, wo es nach Heu duftete. Aber er kannte nichts Schöneres auf der ganzen Welt, als im Sommer draußen in der freien Natur zu sein, wenn er das Vieh hütete.
Den ganzen langen Winter hindurch sehnte er sich nach dem Sommer. Und wenn er kam, wie ein plötzlicher Sonnenstrahl auf grauer Erde, hatte er gute und glückliche Tage bei Arbeit und Spiel, bis in den hellen Abend.

Tief unten in dem weichen Heidekraut hatte er einen geschützten Platz gefunden. Er lag auf dem Rücken, die Hände unter dem Kopf, und döste in der Sonne. Die Augen hatte er halb zugekniffen. Auf diese Weise konnte er etwas vom Himmel und vom Heidekraut sehen. Und kniff er das eine Auge ganz zu, sah er etwas von seiner Nase.
Die Glocken läuteten an diesem sonntagsstillen Morgen, fern und monoton von der Kirche unten bei der Glimma*, spröde und zart, aber so lebendig nah von der Herde her, die um ihn herum weidete. Er döste und träumte. Der Klang der Glocken entfernte sich mehr und mehr. Hier oben

* Glimma heißt eine Verengung des Presteidfjords. (Anmerk. der Übersetzerin)

an dem Sonnenhang war sein Königreich. Hier waren im Sommer die Blaubeerbüsche frisch und grün, und im Herbst leuchteten die Preiselbeeren rot zwischen den Birkenstämmen. Ein kleiner Bach rieselte vorbei mit kaltem Wasser von dem Gebirge, das sich steil und unzugänglich im Norden erhob. Es war wie eine drohende dunkelgrüne Bastion mit schneebedecktem Gipfel. Hier baute der Adler sein Nest, und das Große Wiesel spielte in den Geröllhalden.

Aber der lichte Birkenhang war ein freundliches Idyll, und der Himmel war klarblau ohne eine Wolke. Der Junge lag auf dem Rücken, sorglos träumend. Ein einsamer Adler glitt ruhig über das Gewölbe hoch oben. Der Junge verfolgte die endlosen Bogen und Kreise mit dem Zeigefinger und zeichnete den Flug des Vogels über den Himmel nach. Schließlich verschwand er hinter dem Gebirge, und der Himmel blieb leer zurück.

Aber der Junge zeichnete weiter mit dem Finger auf der großen blauen Fläche. Und über den ganzen Himmel, von Presteidet im Süden bis Tranøy im Norden, schrieb er seinen Namen:

KNUD PEDERSEN HAMSUND
GEBOREN AM 4. AUGUST 1859

II

In der Provinz Nordland, weit nördlich des Polarkreises, an Norwegens rauher Küste liegt Hamarøy – ein dem Festland verbundenes Stück Erde, ein bewohntes Gebiet innerhalb der vielen Schären und Inseln, die den Außenposten gegen das offene Lofotmeer bilden.

Nordland ist das Land der großen Gegensätze. Wie die Jahreszeiten wechseln von der bedrückenden Winterdunkelheit zu dem hellen, hektischen Sommer, der Tag und Nacht währt, wie der Winter ohne Übergang in den Sommer springt, so begegnen uns auch die düsteren und wilden Formationen der Landschaft mit der Idylle und dem lichten, spielerischen Leben. Freundliche Birkenhänge unter dunklen Gebirgskonturen, fruchtbare Äcker und Wiesen und üppige Wälder hinter nackten Schären und Inseln, das ist Nordland.

Die Winterstürme peitschen das Meer und den Strand, das alles wie im Rauch steht. Auch im Sommer jagen Orkane über die Strände und scheinen alles Leben fortzublasen. Aber ebenso plötzlich, wie das Unwetter kommt, ebenso plötzlich kann es sich beruhigen – und das Meer liegt glänzend und golden im Sonnenglast der Sommernacht und mit einem Himmel darüber, der in den wunderbarsten Farben spielt, von Perlmutt bis zu dem tiefsten Purpurrot. So ist Nordland.

Steil aus dem Meer ragen an der zerrissenen Küste die Vogelfelsen empor, diese phantastischen Bauwerke der Natur, die Tausenden und Abertausenden von Seevögeln einen Nistplatz bieten. Die Felsen sind umbraust von weißen Schwingen, und die Luft ist erfüllt von jubelndem Geschrei.

Nordland ist das Land der großartigen Stimmungen. Aber es ist auch das Land der Mühsal, der rauhen und harten Arbeit. Die Nordlandfischer haben in Jahrhunderten ihren Mut und ihre seelische Kraft im Kampf um ihren Lebensunterhalt gestählt. Es gibt wohl kaum eine Familie im Norden, die nicht mindestens einen ihrer Angehörigen auf dem Meer verloren hat, dem Meer, das seine einzige Quelle für das tägliche Brot war.

Ja, Nordland ist ein mühseliges Land. Wir richten den Blick wieder auf das kleine Hamarøy, auf eine geschützte Bucht, in die das Brausen des Lofotmeeres nie dringt. Hier liegt ein bescheidenes, nicht angestrichenes Holzhaus mit einigen Nebengebäuden und ein paar kleinen Äckern.

Abends in der Stube auf dem Hof Hamsund. Die ganze Familie sitzt nach dem Abendessen zusammen. Das Gespräch geht ruhig und gleichmäßig, es liegt eine friedliche und gemütliche Stimmung über dem einfachen Raum. Die Familie des Schneiders Peder spricht über die Probleme des Tages, über die jüngsten Ereignisse, über Verwandte und Freunde im Gudbrandsdal und über ihre lange und mühselige Reise von Vågå und Lom hierherauf nach Hamarøy in Nordland.

Peder hatte Frau und vier Kinder, Schwiegervater, Schwiegermutter und Schwager mit auf die Reise genommen. Und da die alte Schwiegermutter jetzt unter der Erde lag, konnte man vielleicht sagen, daß sie nicht vollständig hier versammelt waren. Aber zum Ausgleich hatte Tora, Peders Frau, kurz darauf ein kleines Mädchen bekommen, so daß der Verlust gewissermaßen wieder ausgeglichen war.

Peter war das älteste der Kinder, dann kamen Ole, Hans, Knut, Maria, Thorvald und zum Schluß Sofie. Peder, der Schneider, hatte viele Münder zu stopfen, die Kinder waren noch klein, und die Familie konnte keine Ansprüche stellen. Er selbst hatte in den letzten Jahren nicht gewußt, was Müßiggang ist.

Nun saß er auf dem großen Tisch unter der Deckenlampe und arbeitete, um ihn herum hatte die Familie ihren Platz gefunden, einige hinten auf der Bank beim Fenster, andere bei seinem Arbeitstisch, und Knut lag der Länge nach auf dem weißgescheuerten Fußboden und blätterte in einem Buch.
Peder Pedersen war ein Mann in den besten Jahren mit würdigen, aber gleichzeitig lebendigen und freundlichen Gesichtszügen. Die Würde lag vielleicht nicht zum wenigsten darin, daß er von so unnahbaren Dingen umgeben war, wie Schneiderschere, großen Garnrollen, Bügeleisen, zugeschnittenen Stoffen und einer neuen Singer-Nähmaschine. Teure und seltene Dinge in einer so armen Umgebung.
Mit seinen kräftigen Fingern führte er fleißig und sicher die Nadel. Peder hatte keine weichen und geschmeidigen Schneiderhände, man sah deutlich, daß er sich auch mit anderen Arbeiten abgab, seine Hände waren hart und verarbeitet und braungebrannt von der Arbeit mit Spaten und Pflug. Aber auf Hamarøy sagten die Leute: »Man sieht es an den Knöpflöchern, was für eine Art Schneider er ist.«
Und daß Peder etwas von seinem Fach verstand, war nicht zu bestreiten. Seine Vorväter waren durch Generationen Handwerker und Schneider gewesen, und er selbst hatte in seinen unruhigen Jugendjahren seinen

Hof Hamsund auf Hamarøy, Hamsuns Elternhaus, heute ein kleines Museum, das zu besichtigen ist

Heimatort verlassen und war zusammen mit einem Kameraden aufs Geratewohl über Berg und Tal gewandert, bis er endlich in Bergen landete. Dort ging er fünf Jahre lang in die Schneiderlehre.

Peder Pedersen oben auf seinem Schneidertisch sagt nicht viel. Er läßt die anderen schwatzen, wirft nur ab und zu ein munteres Wort ein und hat selten Zeit für einen Blick über die Brille.

Der Großvater Ole Træet ist Wortführer, »Gammeltræin« mit dem weißen Bart. Er ist das Familienoberhaupt, obwohl ihm Hamsund nicht gehört. Ja, man kann auch nicht sagen, daß der Hof Peder gehört. Im Grunde ist er das Eigentum von Hans Olsen, dem Bruder von Tora und dem Sohn von Gammeltræin. Aber Großvater Ole, Mutters Vater, ist das Oberhaupt, das ist für alle eine Selbstverständlichkeit.

Gammeltræin hat etwas Vornehmes an sich. Er kommt aus einem Heim und aus einer Zeit, die noch ganz von Selbstversorgung und Bauernkultur geprägt waren. Alles, was man brauchte, wurde zu Hause hergestellt. Die meisten Menschen in seinem Umkreis besaßen vielleicht kein großes Wissen und waren nicht sehr belesen, aber das ruhige Dasein in einer abseits gelegenen Gemeinde im Gudbrandsdal hatte ihnen eine tiefe Innerlichkeit und eine edle Bescheidenheit und Zufriedenheit gegeben. Und bei Gammeltræin kam noch etwas hinzu: Er war weithin bekannt als ein tüchtiger Tierarzt.

Nun sitzt er hier inmitten seiner Leute aus dem Gudbrandsdal und predigt versöhnliche Worte über Hans Olsen, über den Sohn, mit dem keiner von den anderen klarkommt, aber von dem sie alle abhängig sind. Es sieht nicht so aus, als ob Gammeltræins Verteidigung einen besonderen Eindruck auf sie macht, und Vetltræin sagt es frei heraus, daß sie über etwas anderes reden sollten, er sei es leid, Lobeshymnen über seinen Bruder zu hören. Und das Gespräch geht allmählich über zu dem alten Thema: Geschichten von dem Heimatdorf, Erinnerungen, die sie auf die lange Reise mitgenommen und in ihrem Herzen bewahrt haben.

Knut lauscht den Reden der Erwachsenen. Abend für Abend war es in ihn hineingesickert, was sie erzählten. Es waren an und für sich gar nicht so bemerkenswerte Dinge, aber auf Knut hatten die Erzählungen eine Wirkung wie auf keines der anderen Kinder. Er sah die müden und bekümmerten Gesichter seiner Eltern aufleuchten, wenn sie erzählten. Das harte Leben im Gudbrandsdal in Armut und Genügsamkeit trat immer strahlender hervor, je mehr sie sich in Raum und Zeit von ihm entfernten. Und Vetltræins Freude am Erzählen brachte Farbe in die Geschichten.

Diese mündlichen Überlieferungen von Knuts eigener Familie waren die ersten Märchen seiner Kindheit, sein erstes Geschichtsbuch. Und es begann mit einem Mann, der in Vågå auf einem kleinen Pachthof, der Skultbakken hieß, wohnte. Der Mann hieß Peder und war Knuts Großvater väterlicherseits.

Skultbakken bestand nur aus einem kleinen Haus und ein paar Nebengebäuden mit einigen kargen Äckerchen hier und dort. Aber der Hof lag schön, oben an einem sonnigen Hang mit Blick auf den See Vågåvatn. Peder Skultbakken war Postbote in der Gemeinde, und das war ein Beruf, der damals und dort viel glanzvoller war als in unseren Tagen. Er hatte die Route zwischen Vågå und dem Gebiet südlich von Lom, und es war der Postbote, der im Sommer und Winter, bei jedem Wetter, die Neuigkeiten auf die Höfe brachte, er war eine Art Sendbote des Schicksals, ein Verteiler von Freude und Leid.

Aber Peder war nicht nur Postbote, sondern eine Art Allerweltsmann in der Landgemeinde. Er war ein tüchtiger Schreiner und zog von Hof zu Hof und machte alles, was die Leute brauchten. Sollte etwas repariert oder neu hergestellt werden, so schickte man einfach nach Peder. Aber am besten konnte er schmieden. Vetltræin erzählte von den schönsten Schlössern und Beschlägen und von silbernen Schmuckstücken, die Knuts Großvater gemacht hatte.

Ymbjør, Peders Frau, war bekannt für ihren guten und starken Schnaps, und als es verboten wurde, selbst zu brennen, herrschten Trauer und Entbehrung in der Landgemeinde.

Vetltræin gehörte sicher zu denen, die nicht wenig trauerten. Er war ungeheuer schwach gegenüber den vielen Versuchungen des Lebens, besonders was das Trinken betraf. Er hatte so seine Perioden und hielt sich dann von der Familie fern, die ihm mit Gebeten und Ermahnungen auf die Nerven ging. Der einzige, der in solchen Zeiten sein Vertrauen genoß, war Knut. Und dieser hing sehr an Vetltræin, wenn es so um ihn stand. Er war gesprächig und voller Geschichten. Die beiden verband mehr als nur die nahe Verwandtschaft. Es war eine merkwürdige gegenseitige Achtung und Bewunderung und von seiten des Jungen eine Vertrautheit, die er sonst nur mit seiner Mutter teilte. Aber Vertrautheit bis zu einer bestimmten Grenze. So klein er war, bemerkte Knut durchaus Vetltræins viele Schwächen und seine Launen. Aber er bewunderte auf seine kindliche Weise diesen großen, elastischen Mann, der von Natur aus mit fast allem ausgestattet war, von einer fabelhaften physischen Stärke und Geschmeidigkeit bis zu einer gewissen geistigen Lebhaftigkeit. Nie hatte Vetltræin einen aufmerksame-

ren Zuhörer für seine vielen Geschichten, ob sie nun wahr waren oder beinahe wahr oder glatte Lügen. Bei solchen Gelegenheiten konnte er stundenlang sitzen und über dies und jenes reden, über alles, was ihm am Herzen lag, und er war es, der Knut am meisten von seiner eigenen Familie erzählte. Das schüttelte Vetltræin nur so aus dem Ärmel.
Er hielt Knuts Familie väterlicher- und mütterlicherseits genau auseinander. Vetltræin empfand nicht mehr als eine gewöhnliche Achtung vor den Skultbakkleuten. Es waren meist kleine Leute, Handwerker, die zufällig anfallende Arbeiten auf den Höfen übernahmen. Auf seine eigene Familie war er indessen sehr stolz. Es war eine der allerältesten und angesehensten im Gudbrandsdal, über 900 Jahre alt. Sie glaubten zu wissen, daß sie ihre Familie bis auf Harald Hårfargre zurückführen konnten und daß Torgeir, jener Alte auf Garmo, einer der Vorväter, die Kirche in Garmo auf Befehl Olav des Heiligen gebaut hatte.
Während er das erzählte, schaute Vetltræin ganz stolz und selbstbewußt drein. Knut bewunderte oft das reine, scharf geschnittene Profil im Lampenlicht. Er fand, daß der Onkel ein gutaussehender Mann war – die Adlernase, das dichte Haar, der schöne, kleine und weiche Mund. Im stillen hatte er nichts dagegen, so zu werden wie der Onkel, wenn er groß war.
Auch wenn Vetltræin einräumen mußte, daß es später mit der Familie bergab ging, daß die Höfe aufgeteilt wurden und Schluß mit dem Reichtum war, so tat das seinem Stolz doch keinen Abbruch. Das Ansehen der Familie war noch das gleiche, und Gammeltræin war der lebende Beweis. Es gab nicht viele in den weitverstreuten Landgemeinden im Grudbrandsdal, die nicht den Hut abnahmen, wenn Gammeltræin vorbeikam. Er war der beste »Tierdoktor« im weiten Umkreis. Er war ein Autodidakt, die Liebe zu den Tieren, den guten Instinkt und die große Erfahrung auf dem Gebiet der Naturheilkunde, die die Leute damals besaßen, all das verwendete Gammeltræin, und über die Resultate konnte man sich nur wundern.
Gammeltræin war ein stattlicher Mann mit einer freien und vornehmen Haltung, die auch die Tochter Tora, Knuts Mutter, geerbt hatte. Selbst in sehr hohem Alter, nach einem langen und mühsamen Leben, zeigen Fotografien von ihr ein schönes und charaktervolles Gesicht. Sie war von Natur aus still und verschlossen, aber in der Jugend, wenn sich die Dorfleute zu einem Fest zusammenfanden, bildete sie den natürlichen Mittelpunkt, weil sie schön war und weil sie gut tanzte. Als sie den Schneider Peder heiratete, zog er in ihr Heim auf dem Hof Garmotræet, und hier wurden die Kinder geboren, eins nach dem anderen. An dem Augusttag, an dem Knut auf die

Welt kam, war der Vater auswärts auf Schneiderarbeit, die Hebamme kam zu spät, aber Gammeltræin war auch ein bißchen Menschendoktor, und er half dem Kind glücklich aus dem Mutterleib heraus.

Knut wurde in einem sehr armen Haus geboren. Aber was seine Kinderaugen als erstes von der Welt draußen einfingen, war weder ärmlich noch klein. Da lag die ausgedehnte Landgemeinde in einem der schönsten Täler Norwegens unter ihm. Und über sich hatte er Berge und Geröllhalden und Jotunheimens gewaltiges Gebirge.

An den dunklen Winterabenden zu Hause auf Hamarøy beschwor Vetltræin in Knuts Phantasie ein Bild von der Stätte seiner Geburt herauf, Garmotræet in Lom, wo die Tage im Sommer und im Winter hell waren und wo die Natur so herrlich war. Oft ließ er ziemlich mutlos den Kopf hängen, während er erzählte. Er sehnte sich fort aus der nordnorwegischen Winterdunkelheit. Aber es wurde nie besser, wo Vetltræin auch hinkam, er hatte zuviel Unruhe in sich. Zuweilen konnte er die kleine Tragödie seines fehlgeschlagenen Lebens klar erkennen. Er erinnerte sich an die Hoffnungen, die er gehabt hatte, an seine Träume, die nie Wirklichkeit wurden, weil sie Schiffbruch an seinem eigenen Charakter erlitten. Aber seine Unbekümmertheit rettete ihn immer sorglos und gleichgültig hinüber in den nächsten Tag. Er war ein Träumer um des Träumens willen, mit der Rastlosigkeit des Vagabunden im Blut.

Aber nicht nur Vetltræin sehnte sich nach dem Gudbrandsdal zurück, es ging eigentlich der ganzen Familie so. Sie waren Bauern, und Bauern hängen an der heimatlichen Scholle und an den Erinnerungen.

Bevor die Familie nach Nordland zog, hatte Peder sich schweren Herzens bei seinem Schwager auf Hamarøy aufgehalten, um die Möglichkeiten dort zu erkunden. Das war 1860. Peder stand vor dem totalen Ruin, so daß etwas geschehen mußte. Auf einem der Höfe in Lom, der der Verwandtschaft gehörte, existiert heute noch ein kurzer Brief, den Tora damals von ihrem Mann bekam. Er ist mit Hans Olsens schöner, schwungvoller Schrift geschrieben, aber die hilflosen, zu Herzen gehenden Worte sind Peders Worte. Er habe ihr eigentlich selbst schreiben wollen, sagte er, »aber da ich darin gänzlich unvollkommen bin, entschuldige mich für dieses Mal. Aber für das nächste Mal verspreche ich Dir, selbst ein paar Worte zu schreiben, da ich inzwischen ein wenig üben werde. Ich bin jetzt nach der Reise weder krank noch sonst etwas, aber nach einer so langen Reise kaum fähig zu schreiben. Im übrigen mußt Du zuversichtlich sein und Gott, von dem alles Gute kommt, in liebem Gedenken behalten, und vergiß nicht, mit den

Jungen das Lesen zu üben. Wenn der Allmächtige uns allen Gesundheit vergönnt, so hoffe ich, daß die schlimmste Zeit vorüber ist. Nehmt alle die liebsten Grüße entgegen, aber besonders herzlich für Dich, meine geliebte Frau, und unsere kleinen Jungen Peter, Ole, Hans und Knud.

Dein aufrichtiger
Peder Pedersen.«

Unten ist dem Brief noch zugefügt:
»Es hat mich sehr gefreut zu hören, daß Peter so tüchtig im Lesen ist.

H. Olsen.«

Und in der Stube bei dem Schneider Peder hat Vetltræin die Sprache wieder auf diesen seltsamen Hans Olsen gebracht. Vetltræin ist zu leichtherzig, um einen Menschen über einen längeren Zeitraum zu hassen. Er besitzt nicht genügend Ernst für eine solche Sünde. Aber er ärgert sich nicht wenig über den scheinheiligen Bruder, den der Vater verteidigt, ja ihn sogar als Vorbild für andere hinstellt. »Er soll doch so gut und christlich sein«, sagt er hitzig, »aber er ist kein Gottesmann ... ein Philister ist er und hart wie Stein.«
»Hart wie Stein?« kommt es sanft von Gammeltræin, »er hat dir manchen Taler geliehen, wenn Not am Mann war.«
»Die ich ihm schriftlich quittiert habe, jawohl«, antwortet Vetltræin. »Und du kannst sicher sein, daß er das Geld von dem väterlichen Erbe abzieht, wenn du tot bist! ...« Vetltræin läßt sich darüber aus, wie schlau und gewitzt der Bruder gewesen ist. »Natürlich ging es Hans darum, die Familie hierherauf zu bekommen, aber mehr, um hämisch über sie zu spotten, als ihr zu helfen. Außerdem brauchte er Arbeitskräfte für den verwahrlosten Hof.«
Der einzige, der auch jetzt ein wenig widerspricht, ist Gammeltræin, und er deutet ruhig und liebenswürdig an, daß Vetltræin vielleicht nicht der richtige ist, um mit ihm über die viele Arbeit zu sprechen, die in dem Hof steckt, solange er selbst nicht mitangepackt hat.
»Wenn jemand sich beklagen kann, dann sind das Tora und Peder, aber nicht du, Ole!«
Es ist leicht, Vetltræin zu beschwichtigen. Seine Mängel sind so offenkundig, und er ist sich so vollständig klar über sie, daß er es nicht einmal fertig bringt, sich zu verteidigen. Er sitzt eine Weile stumm da, dann vergißt er das Ganze und ist schnell mitten in einem Gespräch über andere Dinge.
Knut setzt sich zu ihm, und Vetltræin ist seinem einzigen Freund dankbar, zieht ihn an den Haaren und lobt ihn mächtig.

»Ich glaube, aus dir wird noch etwas, Knut. Erinnerst du dich, wie wir mit dem Dampfschiff hierhergefahren sind? Weißt du, was du gemacht hast? Du warst plötzlich weg. Die Gesellschaft hat dich gelangweilt. Wir haben das Schiff ›Ægir‹ von vorn bis hinten durchsucht. Schließlich fand ich dich beim Kapitän auf der Kommandobrücke. Du hattest dir den einzigen Regenschirm der Familie gesichert, und da standest du, drei Jahre alt, in Wind und Wetter unerschütterlich auf der Kommandobrücke. Das war richtig, siehst du . . . so muß man reisen!«

Kurz nach diesem Abend verschwand Vetltræin. Es kam so unvermutet wie auch früher schon. Er verabschiedete sich anständig von allen, gab Knut ein glänzendes Zwölfschillingstück, wo auch immer er es herhaben mochte, und verließ den Hof Hamsund, Hamarøy und Nordland.
Frei und ungebunden legte er die Meilen zurück. Vetltræin war ein Vagabund, ohne Heim, ohne Pflichten. Er hätte ein Heim haben können, er wie andere. Aber er war so gänzlich ohne die nötige Schwere und konnte keine Wurzeln schlagen. Er war, was die Leute in Lom einen »Bruder Leichtfuß« nannten, ein Himmelsstürmer und ein Träumer, der sich zum Schluß an Mädchen und an Alkohol verlor. »Er fordert nicht, was ihm zusteht, und bezahlt nicht, was er schuldet«, sagten die Leute im Gudbrandsdal.
Vetltræin hatte in Vågå geheiratet. Als er nach Nordland fuhr, blieben Frau und Kinder dort unten und kamen erst viele Jahre später nach. Er kümmerte sich nicht um die Frau, obwohl sie schön war und sehr gut webte.
Die an diesem Tag in Hamsund zurückblieben, dachten sicher, daß Vetltræin jetzt nach Vågå zurückkehrte. Aber sie würden es erst erfahren, wenn er dort wieder auftauchte.
Knut war der letzte, der ihm nachsah, als er den Weg hinunter nach Presteidet wanderte, wo das Schiff anlegte. Es sollte Jahre dauern, bis er ihn wiedersah.
Aber die ersten Kindheitseindrücke von der Abenteurergestalt Vetltræin hinterließen tiefe Spuren in dem Gemüt des Knaben, öffneten Wege für vieles, was ihnen gemeinsam war. Er konnte in glücklichen Augenblicken Vetltræins vorzüglichen mündlichen Ausdruck finden und in Augenblicken dichterischer Inspiration das ausführen, was dem anderen nicht einmal annähernd gelungen war.

III

Wenn Glöckner Olsens Wanderschule nach Hamsund kam, brachte Peder den großen Raum im Anbau in Ordnung, denn es sollte nicht nur für seine eigenen Kinder Platz geschaffen werden. Alle Kinder im Dorf gingen in die Wanderschule, solange sie dauerte. Glöckner Olsen hielt der Reihe nach in jedem Ort einige Wochen Schule. Hamarøy hatte mehrere Schulbezirke, und die Kenntnisse des Schulmeisters wurden auf diese Weise in sehr begrenzten Mengen für jeden Bezirk portioniert.

Der heutige Unterricht ist beendet, die Wandtafel abgewischt, und die Bücher sind in das Regal gelegt. Aber am Ende des großen Tisches in der Mitte des Raumes sitzen Peder und Tora mit düsteren Mienen und warten. Tora hat eine neue, feine Schürze umgebunden. Und das einzige Schmuckstück, das sie besitzt, ein kleines vergoldetes Kreuz, hängt schimmernd und glänzend auf dem hochgeschlossenen schwarzen Kleid. Sie streicht ruhig mit den langen, schönen Händen über das Haar, bringt den Knoten im Nacken in Ordnung, glättet die Schürze. Sie erwarten vornehmen Besuch, keinen Geringeren als Hans Olsen Garmotræet, Peders Schwager und Toras Bruder.

Sie hatten die Schulstube hier aufgesucht, um während des Gesprächs mit ihm nicht gestört zu werden. Sie begriffen, daß etwas Unerfreuliches sich anbahnte. Hans hatte sonst nie am Tage vorher Bescheid geschickt, daß er persönlich komme, er war so schlecht zu Fuß, so zittrig in allen Gliedern in der letzten Zeit.

Peder ist unruhig, steht auf, wandert durch den Raum, setzt sich wieder. Geht schließlich zum Fenster und schaut durch die kleinen Scheiben hinaus. »Ich seh' ihn unten am Hang!«

Tora steht auf, will sich draußen etwas zu schaffen machen. »Ich setze den Kaffee auf«, sagt sie zur Erklärung.

Der Kaffee, der segensreiche, teure Kaffee! Der Peder wohl einst zum Verderben wurde. Aber der Kaffee war Toras Hilfe und Trost, er war ihre Medizin gegen alles, von Zahnschmerzen und einem vereiterten Finger bis zu Sorgen, wie an diesem Tag.

»Lauf nicht weg, Tora!« ruft Peder ihr nach, halb im Spaß, halb bittend.

Tora lächelt tapfer. »Ich bin gleich wieder da.«

Der Mann dort draußen nähert sich langsam. Er muß oft ausruhen, er wischt sich mit einem weißen Taschentuch den Schweiß ab und blinzelt feindselig in die Sonne. Ein paar Kinder gehen vorbei. Sie halten sich ganz

dicht an die andere Seite des Weges und grüßen scheu. Der Mann beachtet sie nicht, geht nur langsam weiter. Die Kinder bleiben stehen und sehen ihm nach. Sie stecken die Köpfe zusammen, die Kleinsten zeigen mit dem Finger auf ihn und lachen leise, jetzt wagen sie es.
Hans Olsen bleibt am Gartentor stehen. Er öffnet und schließt es, korrekt und umständlich. Endlich klopft er an die Tür.
Hans war kein alter Mann an dem Tag, als er Tora und Peder aufsuchte. Aber Peder, der ihn durch das Fenster beobachtete, hatte den Eindruck, daß er gealtert war. Die Krankheit hatte ihn gezeichnet. Blasses Gesicht, schütteres braunes Haar, helle, kühle Augen, lang und sehnig. Aber abstoßend war er keineswegs. Es lag etwas Vornehmes über dem Gesicht und der schwarz gekleideten Gestalt und der Art, wie er auftrat.
Tora folgt dem Bruder in das Schulzimmer, faßt ihn freundlich am Arm und bittet ihn, sich zu setzen.
Nachdem er Peder mit »Gottes Frieden« begrüßt hat, sitzt er eine ganze Weile und verschnauft. Der Arm zittert so, daß er ihn festhalten muß. Und es dauert eine geraume Zeit, bis er beginnen kann, wie es Anstand und Sitte erfordern: »Geht es gut?«
»Ja, danke, und dir?«
»Schlecht, richtig schlecht... dieser elende Arm, das sind die Nerven...«
Es wird still im Zimmer. Hans hat nicht viele wirkliche Freunde. Er ist verschlossen und düster, mißtraut selbst denen, die ihm wohlwollen. Er sieht die beiden an, glaubt, daß er sie durchschaut und lächelt grimmig.
»Aber es wird besser«, sagt er herausfordernd, »... mit Gottes Hilfe!«
Er läßt sie sehr lange auf das warten, was er auf dem Herzen hat. Er erkundigt sich nach den Kindern, nach der Landwirtschaft, nach Peders Schneiderei. Tora kommt mit dem Kaffee herein. Es beginnt richtig gemütlich zu werden. Und Tora, die liebe Schwester, setzt sich zu ihrem Bruder, nimmt seinen zitternden Arm in den ihren, hilft ihm, den Arm ruhig zu halten, schwesterlich sanft und zärtlich.
Aber Hans will keine Hilfe von Tora, nicht jetzt. Es paßt nicht zu dem, was er vorhat. War er einen Augenblick weich geworden, so muß er jetzt wieder hart sein. Er macht sich frei, faßt die beiden scharf ins Auge und sagt: »Ich bin ein kranker Mann. Ich habe mich in der letzten Zeit nicht ums Geschäft kümmern können. Du schuldest mir Geld, Peder, ich brauche es jetzt, und ich bitte dich, mit mir abzurechnen!«
Peder fällt aus allen Wolken. *Das* war es also. Er *sieht* den Schwager *an*.
»Mit dir abrechnen... meinst du alles?«

»Ja, alles, schaffst du das nicht?«
»Wie in aller Welt soll ich das schaffen«, sagte Peder leise, ».. . ohne daß ich alles hergeben muß, was wir besitzen. Du mußt doch vernünftig sein, Hans!« Es entsteht eine lange, bedrückende Stille. Hans läßt sie für sich sprechen und unterbricht das Schweigen nicht. Tora und Peder sehen zu Boden. Als ob sie sich schämten, aber im Augenblick schämen sie sich wohl nicht über sich selbst.
Hans ist aufgestanden. Er hält den Stock in der gesunden Hand, wendet sich zur Tür, als ob er gehen wolle. Aber Hans hat einen Plan, er hat gar nicht die Absicht zu gehen. Er dreht eine Runde durch den Raum, bleibt vor dem Regal stehen, blättert in den Heften der Kinder, nimmt ein Heft heraus, das er sich lange ansieht. »Der Junge schreibt sehr schön... richtig schön. Wie alt ist Knut jetzt?«
»Neun Jahre«, antwortet Tora. »Er ist der tüchtigste von den Kleinen, sowohl im Lesen wie auch im Schreiben... und in der Christenlehre«, fügt sie hinzu. »Ja, er ist auch besser als viele von den Älteren...« Hans kann hören, wie stolz sie auf den Jungen ist.
Hans Olsen scheint über eine neue, erstaunliche Tatsache nachzudenken. »Ach so, da ist Knut ja ein As!«
»Ich habe geglaubt, daß du das weißt«, sagt Tora.
»Ich wußte nicht, daß er so schön und so deutlich schreibt. Schreibt er auch schnell?«
Hans erfährt, was er wissen will, und das Gespräch geht allmählich wieder zu dem anderen Thema über. »Ich brauche das Geld«, sagt Hans. »Ich habe mich bei einigen Waren verkalkuliert, ich bin in Schwierigkeiten. Das Postkontor kostet mich viel Zeit, dann habe ich noch die Bibliothek. Ich schaffe es nicht, gleichzeitig das Geschäft in Gang zu halten.«
Sie bereden die Sache hin und her. Peder will versuchen, ihm etwas zurückzuzahlen, wenn er eine angemessene Frist bekommt. Hans lehnt ab.
»Ich muß das Geld *jetzt* haben. Ich brauche *jetzt* ›Hilfe‹.«
Sie werden sich nicht einig. Peder kann kein Geld holen, wo keins ist. Hans überlegt eine Weile, dann sagt er, als ob ihm plötzlich eine richtig gute Idee komme: »Ich mache euch einen Vorschlag, ihr könnt mir Knut eine Zeitlang überlassen.«
»Knut?«
»Er soll es gut bei mir haben, es geht darum, daß er ein oder zwei Botengänge macht, die Tiere hütet und ein wenig für mich schreibt, wenn mein Arm nicht will...«

Es dauert einen Augenblick, ehe ihnen aufgeht, was Hans meint. Da ruft Tora voller Entsetzen.
Knut sei zu klein, das gehe niemals gut. Später vielleicht, wenn er größer sei... aber jetzt nicht. Hans solle sie nicht darum bitten.
Ein leises Lächeln spielt um Hans' schmale Lippen. »Es war nur ein Vorschlag, ich zwinge euch nicht.«
Schweigen.
Tora ist dem Weinen nahe. Peder ist blaß und preßt die Hände zusammen.
»Ich werde versuchen, das Geld zu beschaffen.«
»So!« fährt Hans dazwischen, »wie willst du das bewerkstelligen? Besitzt du Werte?«
»Den Hof...«
»Der gehört mir, Peder.«
»Der Hof ist im Wert gestiegen, ich habe ihn hochgebracht, ich...«
»So!... Ich wünsche nicht, daß mein Hof noch mehr belastet wird.«
Schweigen.
»Du willst uns also doch zwingen, Hans?« sagt Peder mit gepreßter Stimme.

Knuts Vater, der Schneider und Kleinbauer Peder Skultbakken

Hans antwortet nicht. Er hinkt zum Fenster und schaut hinaus. Vielleicht merkt er selbst, daß diese Sache etwas zu gewagt ist, und es fällt ihm schwer, ihnen in die Augen zu sehen.
Knut und seine kleinen Geschwister spielen draußen auf dem Hof. Onkel Hans klopft an die Scheibe, und sie blicken auf. Er winkt ihnen zu, lächelt. Sie sehen ihn nur ernst an, wenden sich ab und spielen weiter.
Hans macht ein mürrisches Gesicht, als er sich wieder setzt. Sie sind so schlecht erzogen, diese Kinder. Aber mit Knut soll es anders werden, dafür wird er sorgen. »Nein, Peder«, sagt er, »ich zwinge keinen. Du bekommst eine Woche Bedenkzeit. Du wirst schon einen Ausweg finden.«
Hans' Gesicht war bei seinem Weggang ebenso glatt und ruhig wie bei seinem Kommen. Langsam drehte er sich in der Tür um und sah mit seinen eisblauen Augen den Schwager an: »Du hast also eine ganze Woche Bedenkzeit, Peder... denk über die Sache nach!«

Hans Olsen, Toras Bruder und Knuts Onkel

IV

Es kam nicht anders, als es kommen mußte. Die Mutter sträubte sich, so gut sie vermochte. Der Vater an und für sich auch. Anfangs, als sie die Sache besprachen, bestand kein Zweifel für sie, daß sie fest bleiben mußten. Dann wurde der Vater allmählich unsicher. Es würde vielleicht nicht so schlimm werden, was glaube Tora? Sie seien ja so restlos abhängig von Hans...
Tora weinte und bettelte, aber zum Schluß, nach vielen Beratungen, faßten sie den schweren Entschluß, Knut wegzugeben... zur Probe. Damit trösteten sie sich. Sie konnten ihn ja jederzeit zurückholen, wenn es zu schlimm würde. Sie klammerten sich an diese Lüge und erklärten ihrem kleinen Jungen, daß er Bescheid sagen müsse, wenn es zu traurig würde. Der Onkel wolle sein Bestes, und er solle brav sein und die Zähne zusammenbeißen. Und an den Sonntagen könne er nach Hause kommen, bestimmt.
Knut wurde in diesem Sommer nach Beendigung der Wanderschule zum Onkel geschickt... auf Probe. Er blieb fünf Jahre.
Hans Olsen Garmotræet wohnte im Pfarrhof auf Hamarøy, eine halbe Meile von Hamsund entfernt. Hier hatte er sich damals eingemietet, als er nach Nordland kam, und hier war er wohnen geblieben. Er und der Pfarrer kamen gut miteinander aus. Hier betrieb er etwas Landwirtschaft und handelte im übrigen mit gebrauchten Kleidern. Hier hielt er in seinen Zimmern Erbauungsstunden, er betreute die Volksbibliothek und war Posthalter. Hans war ein energischer Mann, tüchtig und verhältnismäßig belesen, ein angesehener Mann in der Landgemeinde. Hans hielt sich Zeitungen und religiöse Schriften. Daß es mit seiner Gesundheit nicht zum besten stand, war für einen solchen Mann ein großes Unglück.
Hans hatte zunächst vor, Knut streng, aber nicht lieblos zu behandeln. Auch hatte er wohl tief innerlich das Bedürfnis, etwas Gutes zu tun, denn er war sehr einsam und hatte nie einen Menschen gehabt, den er einen guten Freund hätte nennen können. Aber er verstand sich nicht auf Kinder, er begriff nicht, daß man von einem Neunjährigen unmöglich planmäßige Arbeit verlangen konnte, daß bei Kindern die Arbeit ja eine Art Spiel ist. Er sah, daß der Junge lebhaft, unternehmungslustig und ein richtiger Kraftmensch für sein Alter war, und so verlangte er etwas Unmögliches.
Knut hatte vom ersten Tage an ein bestimmtes und hartes Arbeitspensum zu erledigen, und Hans wurde böse und es reizte ihn, wenn der Junge mit Trotz anstatt mit Zuneigung reagierte. Und so bekam er viel Prügel, wenig zu essen, harte Strafpredigten und Ermahnungen von früh bis spät.

Wenn es ab und zu eine Pause beim Holzhacken, Wassertragen oder anderen schweren Arbeiten gab, dann lag es daran, daß Hans ihn mehr und mehr für Schreibarbeiten im Postkontor brauchte. Denn Hans' Arm wurde immer schlimmer. Er war manchmal so schlimm, daß er Mühe hatte, seinen Namen zu schreiben.
Die Schreibarbeit hätte interessant und lehrreich für den Jungen sein können, wäre sie nicht so übertrieben worden. Aber Hans besaß keine Geduld. Er war sehr aufbrausend und fiel mit Hieben und Schlägen über Knut her, wenn er Fehler machte, und er ermunterte ihn selten, wenn er seine Sache gut machte.
Trotzdem wurde Knut ein Meister im Schön- und Schnellschreiben. Wenn etwas an der damaligen Schule imponierte, ja, sogar als Kriterium für Bildung und Tauglichkeit galt, dann war es eine schöne Handschrift. Es gab damals bestimmt nicht viele auf Hamarøy, die schöner und besser schrieben als dieser Junge. Und deshalb stieg sein Selbstvertrauen, trotz der schrecklichen Behandlung, die ihm widerfuhr. Er spürte, daß er dem Onkel in einem überlegen war, und das weckte allmählich eine stille, triumphierende Freude, die ihm den Rücken stärkte.
Nein, nicht alle Tage waren gleich grau. So unglücklich Knut auch bei seinem Onkel war, so hatte er es dennoch gut, meinte er, wenn er die Herde des Pfarrers im Wald gegenüber dem Pfarrhof hütete. Da fühlte er sich wieder frei und glücklich, fast wie zu Hause auf Hamsund. Der Hunger konnte ihn zwar manchmal quälen, aber er war wenigstens allein mit seinen Gedanken und Träumen, lag auf dem Rücken, grübelte und schrieb mit dem Finger in den Himmel.
Im Sommer war das Leben erträglich. Die Mutter kam ab und zu und brachte ihm etwas zu essen mit, soweit sie es erübrigen konnte. Hätte er nur das bekommen, was der krankhaft geizige Onkel für einen kräftigen Jungen in den Entwicklungsjahren als ausreichend betrachtete – er wäre draufgegangen!
Die Nächte waren oft schrecklich. Er weinte sich manches Mal in den Schlaf. Das Heimweh zerriß ihn, und es half nicht immer, daran zu denken, daß Vater und Mutter ihn gebeten hatten, die Zähne zusammenzubeißen. Nein, am besten war es, überhaupt nicht an zu Hause zu denken. Es ging ihm besser, wenn er, verletzt und verzweifelt, von der Rache an dem Onkel träumen konnte. So weit war es allmählich gekommen. Warum waren hier alle so hart und unfreundlich zu ihm und zu Hause so freundlich? Er lag viele Nächte wach und dachte darüber nach.

So hatte er zum Beispiel den Pfarrer eines Tages unterwegs getroffen. Bent Fredrik Hansen kam in seinem Einspänner angefahren. Er sollte doch gleichsam ein »Vater« für alle sein, und Knut war vor lauter Ehrfurcht in den Straßengraben gegangen, und er hatte die Mütze so anständig abgenommen und sich vor dem Pfarrer verbeugt. Hatte der »Vater« zurückgegrüßt oder vielleicht freundlich genickt? Nein, nichts dergleichen. Er hatte gerade noch die Augen zu der Stelle gesenkt, wo Knut stand – und war vorbeigefahren... Und Knut hatte von seinem Vater und seiner Mutter gelernt, daß Höflichkeit nichts kostet. –

Sissel, die Haushälterin, war genauso. Nie zeigte sie ein wenig Herzenswärme. Ihr kam es vor allem darauf an, daß er sich nicht satt aß. Fromm und gottesfürchtig war sie, aber es war sicher eine Sünde, ihm ein Stück Brot hinter dem Rücken von Hans Olsen zuzustecken.

Nur das Mädchen Inga, eine Lappin, war freundlich. Sie war gutmütig und die einzige, bei der man in schmerzlichen Augenblicken Zuflucht suchen konnte. Einmal hatte sie ihm ein Stück Kandiszucker gegeben. Ja, auch wenn das Lappenmädchen nicht besonders gut roch, sie war die beste von allen.

Knut wirft sich im Bett hin und her. Er ist voller Gedanken, die kommen und gehen. Aber *ein* Gedanke hat ihn gepackt und läßt ihn nicht mehr los: Er muß weg von hier, nach Hause, ganz egal, wie er es anstellt. Er versucht es zu Ende zu denken. Könnte er nicht richtig krank werden, so daß die Mutter käme und ihn holte? Wenn ihm doch ein schlimmes Unheil widerfahren würde!

Er denkt an des Onkels harte, knochige Hände, die zitternden Finger, die ihn packten und schüttelten, die zudrückten, daß ihm die Tränen kamen. Das Zittern des Onkels übertrug sich auf seinen eigenen Körper, wenn die Hände ihn packten. Aber sie schadeten ihm ja nicht genug, er wurde davon nicht bettlägerig. Und er erinnert sich an die heutige Schreibarbeit, als das lange Lineal des Onkels jedesmal auf seine Finger sauste, wenn er nur den kleinsten Fehler machte.

Knut schlief an diesem Abend spät ein, wie auch sonst oft. Aber der arme, geschundene Körper brauchte Ruhe, und am nächsten Morgen hörte er das Klopfen des Onkels nicht. Er hörte auch sein Rufen nicht. Er wachte erst auf, als der Onkel in die Kammer kam, den gebogenen Griff des Stockes unter seinen Arm schob und ihn umdrehte. Da fuhr er mit einem Schrei hoch.

Den ganzen Vormittag hatte Knut neben dem Onkel gesessen und nach Diktat geschrieben. Buchungen, eine Seite nach der anderen. Lange Zahlenreihen, die der Onkel unten auf jedem Blatt addierte. Dann war Mittag. Sauermilch und Flachbrot.
Jetzt stand er draußen im Holzschuppen und hatte eine Wand von rundem Birkenholz vor sich. Das Holz sollte bis zum Abend gespalten sein. Der Onkel kam heraus und stand eine Weile mit Schimpfen und düsteren Ermahnungen neben ihm. Er sei ein Sünder, ungehorsam, faul und trotzig. Mit Angst und Arbeit habe er für diese Sünden zu büßen, sonst würde es ihm im Jenseits schlecht ergehen. So trieb es Hans Olsen, so sprach er zu einem Kind.
Aber Knut hatte seinen Plan fertig. Stumm und trotzig mühte er sich mit dem schweren Beil ab, bis der Onkel gegangen war. Dann ruhte er sich ein wenig aus und überdachte seinen Plan noch einmal.
Er würde sich hier neben den Hauklotz stellen, und dann würde er sich selbst ins Bein hacken, so daß es wie ein Unfall aussähe. Oh, er würde sein Bein schwer verletzen, denn er wollte nach Hause! Die Mutter würde ihn schon holen. Es war besser, ein kaputtes Bein zu haben, als hier bei Onkel Hans zu sein.
Er weinte leise, aber er machte sich hart, biß sich in die Finger, um nicht weich zu werden, um den Schmerz anzunehmen, der kommen würde. – Ob es sehr weh tat? – Er preßte die Kiefer zusammen und schloß die Augen.
Der Schlag traf das Schienbein, und die scharfe Schneide fuhr durch die Hose und den Strumpf bis ins Bein.
Knut blieb ein paar Tage im Bett. Es war nicht sehr schlimm. Die Mutter kam zu Besuch, und er sah es an ihren Augen, daß sie alles verstand. Sie strich ihm über die Haare, tröstete ihn, es würde alles bald besser werden. Aber er blieb da, als sie ging.
Ja, Knut blieb da. – Der Winter kam und die Dunkelheit mit ihm. Die Sonne zeigte sich für ein paar kurze Stunden nur als Aufhellung hinter den Bergen. Aber Knut wurden die Tage nicht lang. Er bekam eine neue Arbeit. Er trug die Post vom Kontor des Onkels in Presteidet zu anderen Poststellen auf Hamarøy.
Es war oft hart genug mitten im Winter im tiefen Schnee. Allein der Weg nach Fitje und zurück war eine Tour von zwei Meilen. Aber diese Tour machte er trotzdem mit Freuden, denn sie führte an Hamsund vorbei, und auf die kurze Zeit, die er sich zu Hause bei den Eltern ausruhen konnte, wartete er an allen anderen Tagen schon mit Sehnsucht. Da gab es etwas zu

essen, das gut schmeckte, und es kam sogar vor, daß Bruder Ole oder Hans ihm die Tour nach Fitje abnahmen.

Das Dasein hatte seine Glanzpunkte, auch wenn es nicht viele waren, und Knut verzweifelte nicht. Auf seinen Touren in der Landgemeinde traf er auf den verschiedenen Höfen Freunde und Kameraden. Und Georg, der Sohn des Glöckners, wurde sein bester Freund. Sie waren gleich alt, er und Knut, und sie hielten noch viele Jahre zusammen.

Aber das mit den Kameraden und Freunden und die Verbindung mit den Eltern und Geschwistern paßte Hans Olsen überhaupt nicht. Es war nicht in seinem Sinne, daß Knut es leicht hatte. Er sollte sich nützlich machen, arbeiten sollte er. Und Hans Olsen war Manns genug, das durchzusetzen. Es gab wieder Prügel, schlimmer als vorher, härter als vorher.

Nacht für Nacht liegt Knut zitternd unter der Decke, verflucht seinen Plagegeist, phantasiert von der Flucht. An einem Wintertag gegen Morgen, bevor jemand auf dem Pfarrhof erwacht ist, schlüpft er in die Kleider, die er in der Dunkelheit finden kann, und läuft hinaus. Er nimmt den Weg nordwärts nach Hamsund, aber schafft nur die Hälfte der Strecke, halberfroren wird er von Leuten gefunden und zum Onkel zurückgebracht.

Wieder hatte er verloren, noch war der Kampf zu ungleich.

Aber in gewisser Weise wurde es allmählich doch etwas besser. Hans Olsen begriff wohl, daß er zu weit gegangen war, und er wollte wegen Mißhandlung des Jungen nicht ins Gerede kommen. Er hatte ja eine Position zu verteidigen, eine Stellung zu wahren. Außerdem ging es mit seiner Gesundheit weiter bergab, er mußte mit seinen Kräften haushalten und wurde mehr und mehr religiös.

Die Zeit verging. Knut besuchte ab und zu die Schule, hatte viel Arbeit und mußte öfter an den Bibelstunden in dem verhaßten »Studierzimmer« des Onkels teilnehmen.

In den Jahren, die Knut auf dem Pfarrhof verbrachte, ging eine große Welle religiöser Erweckung über die Landgemeinde, und der Onkel war eine der führenden Persönlichkeiten für die Verkündigung des Wortes auf Hamarøy.

Der Pfarrer Lars Oftedal in Stavanger leitete die Erweckungsarbeit im ganzen Land. Oftedal war ein bärtiger, blutvoller Riese, ein Westlandphänomen, dessen Wirken der Herr nicht immer mit Wohlwollen betrachten konnte. Denn es war weithin bekannt, daß das Handauflegen des Pfarrers »gläubige Schwestern« in sehr traurige Umstände gebracht hatte.

Aber im Norden auf Hamarøy kannte man diese betrüblichen Verhältnisse nicht, und in Hans Olsen hatte der schillernde Pfarrer das fürchterlichste Werkzeug. Der kranke Mann schonte keinen in seiner Reichweite. Die gutmütigen und abergläubischen Nordländer wurden eingeschüchtert, gejagt und in die Erlösung beschworen. Es war eine religiöse Abrechnung sondergleichen. Hans griff mit langen Armen um sich, er fing sogar die Konfirmanden und die Schulkinder ein, die bei den Versammlungen kniend Zeugnis ablegen mußten. Auch Knut war unter den Auserwählten, und wie die anderen litt er beträchtlich.

In der Schrift »Lars Oftedal«, die im Dagbladet 1889, ein Jahr vor Hans Olsens Tod, gedruckt wurde, faßt Knut seinen Abscheu in Worte, den er gegen Pfarrer Oftedal, den Onkel und den Geist, den beide repräsentierten, empfand. Die Schrift war eine Abrechnung mit den Menschen, die seine Jugend zerstört hatten:

»Mein erster Eindruck von Lars Oftedal ist für mich mit einem Sonntagnachmittag in meiner Kindheit verknüpft. Diese Erinnerung ist für mich von seltsamer Eindringlichkeit. Ein Sonntagnachmittag mit blauem Himmel und stillem, stillem Wetter, ein Frühlingsabend mit Birkhahnspiel im Osten, einem großen gelben Hund, der nach Norden in Richtung auf die Berghänge eine Spur verfolgte, und einer blutroten Sonne, die im Westfjord unterging.

Ich hatte mich so sehr auf diesen Abend gefreut. Draußen auf dem Hofplatz standen zwei Kameraden vom Nachbarhof und warteten auf mich – aber ich sollte lesen! Im Haus gab es jetzt ein neues Blatt, den ›Bibelboten‹ aus Stavanger, viele fürchterliche Nummern, fürchterlich viele. Ich las Oftedal. Ich saß in einer stickigen, warmen Stube, um mich her Menschen in dunklen Kleidern, Menschen, die gerade aus der Kirche kamen und nun düster und bedächtig dasaßen und auf den Anruf des Heiligen Geistes in ihren Herzen achteten. Dicht vor mir stand ein großer schwarzer Kachelofen mit unheimlichen Drachen an der Tür – damals entdeckte ich zum ersten Mal, daß etwas Unheimliches an diesen Türen war. Und draußen strömte zartes Licht in jähem Aufglühen aus dem Lofotenhimmel. Die Sonne färbte dort, wo ich saß, jedes Blatt zwischen meinen Fingern rot, bei jedem Punkt hörte ich oben am Berg den Birkhahn, bei jeder neuen Zeile sah ich den Hund weiter und weiter entfernt, bei jeder neuen Nummer, nach der ich griff, hörte ich so deutlich meine Kameraden meinen Namen flüstern, und ich sah sie, wie sie sich vorbeugten und bang in mein Fenster hineinblickten. Und da saß ich.

Ich las. Sieben Menschen hockten um mich herum und hörten mir zu. Eine Stunde, zwei, drei Stunden von der Zeit der Gnade, ein ganzes Abendmahl, ein Wort Gottes inmitten der Glut höllischen Feuers – eine gesegnete Stunde, in der mein Herz sich wand und meine Zuhörer sich an der Berührung mit Gott berauschten. Und während ich las, entschwand der Hund in immer größere Ferne, und die Sonne versank...«

V

Hans Olsen ist sehr krank gewesen und liegt entkräftet und elend in seinem Zimmer. Er ist dem Tode nahe gewesen und verbirgt es nicht, wie schlecht es ihm immer noch geht. Es war eine Lungenentzündung, sagt der Arzt, und Hans liegt so hilflos da wie ein Kind. Der rechte Arm ist nach der Krankheit fast gelähmt, er zittert nicht mehr, er hat sozusagen aufgehört, ein Teil des Körpers zu sein, er ist vorhanden, aber abgestorben und unnütz in jeder Hinsicht.
Nun denkt er an den linken Arm und fürchtet auch das Schlimmste für ihn. Er schielt auf ihn herunter und meint bereits zu spüren, daß es in ihm zuckt. Ja, Hans Olsen ist hilflos, aber erstaunlicherweise merkt es niemand im Haus, nicht einmal er selbst. Mit seiner gewaltigen, durchdringenden Stimme, die bisher jeden Sonntag beim Gesang in der Kirche so prachtvoll geklungen hat, kann er seine Befehle noch immer durch das ganze Haus rufen. Alle in seiner Nähe gehorchen dem Befehl. Die beiden Hofjungen, der Postassistent, die Haushälterin, Knut und das Lappenmädchen Inga, alle werden sie zu ihren verschiedenen Tätigkeiten von dieser Stimme vom Bett aus dirigiert. Und Hans fühlt sich insofern sicher.
Knut ist vielleicht der einzige, der ahnt, daß es mit Hans' Macht nicht mehr weit her ist. Er hat zeitig und viel schmerzlicher als die anderen gelernt, die Gefahr von daher einzuschätzen, und jetzt hat er keine Prügel mehr bekommen, seit der Onkel krank ist. Mochte es doch so bleiben, er wünschte dem Onkel keine baldige Besserung!
»Knut!«
Der Ruf schneidet durch alle Wände, Knut hört ihn draußen in der Gesindestube.
Zuerst durchzuckt es ihn wie ein Stich, und er springt auf – die alte Angst steckt noch in ihm. Aber dann weiß er, daß der Plagegeist ihn nicht

erreichen kann. Und so geht er die Sache mit Ruhe an. Er arbeitet gerade an einem kleinen Gegenstand aus Holz, es ist ein Weihnachtsbaumständer mit schwierigen und schönen Schnitzereien, ein Geschenk für die Eltern.
Der Hofjunge Bertel sieht ängstlich zu ihm herüber und bittet ihn, sich zu beeilen. Aber Knut läßt sich viel Zeit. Er ist wohl ein wenig unsicher, aber er will Bertel zeigen, daß er keine Angst hat. »Er kann warten, der Teufel«, sagt er mannhaft.
Endlich macht er sich fertig. Er geht langsam über den Hofplatz, während man die Rufe des Onkels und sein wütendes Geschimpfe über den ganzen Hof hört. Knut muß gestehen, daß er ein wenig Angst hat vor dem, was kommt, aber er wird sich auf Abstand halten, dann ist er sicher.
Es ist kein schöner Anblick, der sich dem Jungen bietet, als er des Onkels Zimmer betritt. Hans Olsens Gesicht ist blau vor Wut, und er ringt nach Luft. Der wütende Krüppel wirkt wie etwas Böses und Gefährliches auf Knut, und er bleibt bei der Tür stehen. Er sieht, daß das Mittagessen auf einem Schemel neben dem Bett abgestellt ist. Knut hat in der letzten Zeit eine wichtige Aufgabe zu den übrigen bekommen – er soll dem Onkel beim Essen helfen.
Zunächst sagt Hans gar nichts. Er versucht sich zu beherrschen. Kurz darauf glättet sich sein Gesicht, und er ist blaß wie vorher. »Komm näher, Knut«, sagt er endlich, »wo bist du gewesen, ich habe dauernd nach dir gerufen?«
Die Stimme ist angespannt ruhig. Er stöhnt und sieht krank aus. »Komm her«, wiederholt Hans, »du mußt mir ein wenig helfen.«
Knut nähert sich langsam, er hat eine böse Ahnung, aber er nähert sich. – Und geht in die Falle.
Plötzlich fährt das Lineal durch die Luft, einmal, zweimal. Hans hat noch Kraft im linken Arm. Das Lineal zerbricht wie ein Streichholz am Kopf des Jungen. Verwirrt bleibt er stehen. Hans packt ihn am Arm und zieht ihn zu sich heran. »Ich werde dich lehren zu kommen, wenn ich rufe!«
Die Nägel schneiden in seinen Arm.
Aber der Onkel ist erschöpft von dem vielen Schreien und der letzten Kraftanstrengung. Der kalte Schweiß bricht ihm am Haaransatz aus und läuft auf der weißen Stirn herunter. Er läßt Knut los und legt sich mit geschlossenen Augen zurück. Er trocknet sich den Schweiß ab, müht sich und reibt. Sind es Tränen der Hilflosigkeit, die unter den geschlossenen Augen hervorsickern?
Knut beobachtet das Mienenspiel in diesem Gesicht, das er so abgrundtief haßt. Er ist ohne Mitgefühl, ohne Teilnahme. Er steht außerhalb und

schaut nur, registriert jedes Zucken, jede krampfartige Bewegung, die gespannten Sehnen am Hals, die blauen Adern an den Schläfen. Er hört den schweren, keuchenden Atem, sieht, wie der Schweiß in den Furchen des Gesichts herunterrinnt, bis in den Bart.
Er steht lange so.
Hans schlägt die Augen auf und sagt etwas. Knut hört nicht.
Hans wiederholt: »Du kannst gehen, ich brauche kein Essen.«
Knut geht. Zum ersten Mal hat er einen wirklichen Sieg über den Onkel errungen, er hat den Onkel so schwach gesehen wie noch nie, und er triumphiert. Mit erhobenem Haupt öffnet er die Tür und geht.
Aber draußen auf dem Hofplatz spürt er Übelkeit in sich hochsteigen. Der Kopf schmerzt. Jetzt erst merkt er, daß die Haare naß und klebrig von Blut sind. Er geht in die Gesindestube und wäscht es ab. Bertel hilft ihm, Bertel ist nett, aber zu ängstlich, um Partei zu ergreifen. »Das ist ja schrecklich«, sagt er nur.
Aber am gleichen Tag flüchtet Knut nach Hause, und keiner kann ihn mehr aufhalten.

Erst am nächsten Tag erfuhr Hans, daß Knut fort war. Aber er machte kein Wesens darum. Das verstand niemand auf dem Hof, und die Leute fingen wirklich an zu glauben, daß er im Sterben liege.
Und Hans war tatsächlich krank, es ging ihm so schlecht, daß der Doktor fast täglich mit vielen verschiedenen Medikamenten kam, die ihm Inga verabreichen mußte. Es war eine schlimme Zeit. Und die Tage vergingen, die Wochen vergingen, Hans Olsen erholte sich nur langsam, und ganz gesund wurde er nie mehr, auch wenn der rechte Arm durch mehrere Arten von Handauflegen sich allmählich besserte.
Aber auf dem Hof war das Leben leichter geworden. Der Hausherr konnte das Wachsen und Gedeihen um sich herum nicht mehr überwachen. Das Essen wurde besser, Hans konnte nicht jeden Tag die Mehltonnen kontrollieren, er konnte nicht mehr die Klippfische draußen im Vorratshaus zählen...
Knut blieb bei seinen Eltern. Er bekam runde Backen und frohe Augen. Alle waren freundlich zu ihm, und der älteste Bruder Ole war die reinste Perle. Er verehrte ihm einen langen, neuen Bleistift und ein Buch mit leeren Blättern, auf die er schreiben und zeichnen konnte. Diese neuen Schätze versteckte er zusammen mit anderen Dingen von großem Wert, wie ein Fahrtenmesser, einen Stumpen Kautabak, das Zwölfschillingstück, das er

von Vetltræin bekommen hatte, und eine alte Taschenuhr, die nicht ging. Und es dauerte lange, bis er glaubte, daß er sich es leisten könnte, den wunderbaren neuen Bleistift zu spitzen und auf die schönen, sauberen Blätter zu schreiben.

Es gab wieder Spiel und Arbeit mit den Geschwistern, den Kameraden und den Tieren, ein sorgloses Leben. Aber er verstand, daß die Eltern ihre Sorgen hatten. Besonders die Mutter war oft niedergeschlagen. Sie ging so still und rücksichtsvoll einher und war mit Haus und Kindern beschäftigt. Aber ab und zu hatte sie sonderbare Nervenanfälle, die alle erschreckten. Wenn es sie überfiel, lief sie allein die Straße hinunter oder hinauf in den Wald und schrie, rief laut, ohne Worte. Das konnte stundenlang dauern. Peders, des Schneiders stille, sanfte Frau wanderte einsam durch die Gegend und schrie. Niemand begriff, woher das kam, und sie selbst hatte auch keine Erklärung dafür. Aber es half gegen die Schwermut, die sie überfiel. Sie hatte das schon früher gehabt, nur nicht so oft. Da hatten Peder und die Kinder beinahe darüber gelächelt. Aber jetzt, seitdem Knut von zu Hause weggeschickt worden war und Hans Olsen sie im Griff hatte, kamen die Anfälle häufig und versetzten die Familie in Angst und Unruhe.

Gammeltræin begriff, daß etwas geschehen mußte.

Eines Tages ging er mit Peder und Tora fort. Der Weg führte zum Pfarrhof, zu Hans, der langsam wieder angefangen hatte zu arbeiten und die Führung seiner Umgebung zu übernehmen. Was hier besprochen wurde, erfuhr später niemand, aber als sie nach Hamsund zurückkamen, wurde Knut zu drei frohen Menschen hereingerufen, die Mutter umarmte ihn und lachte, während ihr die Tränen herunterliefen, und sie sagte, daß er bis nach Weihnachten zu Hause bleiben solle und später würden sie weitersehen, es würde sich schon ein Ausweg finden. Jedenfalls solle er von jetzt ab nicht *nur* bei seinem Onkel sein.

Diesen Winter hatte Knut es gut. Auch wenn er hin und wieder den langen Weg zum Pfarrhof gehen mußte, um Schreibarbeiten für den Onkel zu erledigen, auch wenn sein Dasein auf diese Weise zerstückelt wurde, war er doch so glücklich, wie ein Junge sein soll. Er nahm am Spiel und an der Arbeit der Gleichaltrigen teil. Er ging auf Schneehuhnfang in den Wald, er fischte durch Eislöcher und lief mit den anderen Ski. Er wurde kräftig und gesund, mit starken Fäusten, er war gut beim Ringen und beim Fingerhakeln. Keiner nahm mit einem solchen Interesse an den kleinen Geschehnissen des Alltags teil wie Knut. Sein Sinn war in einem seltenen Maße empfänglich für alle Eindrücke.

Eines Tages waren er und sein Bruder Hans im Wald und fuhren Holz. Da stießen sie auf eine Rentierkuh, die die Hunde offensichtlich von der Herde abgesprengt hatten. Das Tier lief einsam herum, sie gaben ihm zu fressen, und darauf folgte es den Jungen bis nach Hause, wo es in einer Scheune untergebracht wurde.

In einer kleinen Skizze »Unter Tieren« hat Knut Hamsun davon erzählt, welch großartiger Spielgefährte die Rentierkuh war. Schließlich mußten sie sie töten, und in der kleinen Schilderung heißt es: »Ich habe ein Gedicht auf sie geschrieben, damit sie nicht wie ein Hund bei uns enden sollte. Es hatte viele Strophen, aber ich erinnere mich nur an eine:

Sie hat gelitten ihres Hungers Pein
und ruht nun sanft und gut in ihrem Grabe.
Ein Wächter Zions gibt dir seine Gabe,
das heil'ge Manna und geweihten Wein.«

Es gab zu der Zeit viele wilde Tiere und Vögel in Nordland. Man hatte noch nicht angefangen sie auszurotten.

»Die Wälder zu Hause waren damals erfüllt von einem einzigen Gebrause von Vogellauten. Im Frühling und im Sommer rief das Birkhuhn oben im Hang, und im Winter kollerte das Schneehuhn so laut unten im Gestrüpp, daß die Leute auf dem Hof sich kaum verständlich machen konnten.«

Es gab Bären und Füchse und Wiesel, Seehunde und alle Arten Seevögel auf dem Meer, und draußen vor der Hamsundbucht lagen den ganzen Winter über große Schwärme von weißen Schwänen, die erst verschwanden, wenn die Graugänse im Frühjahr zurückkehrten. Der Schwanengesang war unendlich traurig, er klang wie Kinderweinen, wie jammervolle Molltöne am Himmel.

Knut lernte zeitig, die Tiere zu versorgen. Auf Hamsund hatten sie in seiner Kindheit sechs bis sieben Kühe und Kälber, ein Pferd, Schafe und Ziegen. Sie waren die Freunde der Kinder. Diese hatten für alle einen Namen, und das Wohlergehen der Tiere lag ihnen sehr am Herzen, wie Bauernkindern meist.

VI

Je älter Knut wurde, desto mehr verlor Hans Olsen die Macht über ihn. Prügeln konnte er ihn nicht mehr. Schimpfen und böse Worte hatten auch nicht mehr die gleiche Wirkung wie früher. Hans versuchte, sein Verhalten zu ändern und im Guten mit Knut auszukommen. Trotz all seiner Härte und Rücksichtslosigkeit gab es vielleicht auf dem Grunde seiner Seele ein kleines Samenkorn der Güte, das imstande war zu sprießen.

Aber jetzt war es zu spät. Knut erledigte das, was er tun sollte, aber ohne Freude. Er nahm Lob und gute Worte mit abgewandtem Gesicht entgegen. Die Angst vor dem Onkel saß zu tief in ihm, als daß er jetzt Zuneigung zu ihm hätte empfinden können. Sie versöhnten sich nie, standen nie auf gutem Fuß miteinander. Im Gegenteil – als Hans erkannte, daß der Junge seine friedliche Annäherung glatt abwies, rächte er sich, indem er einen schwachen Punkt des Jungen ausnutzte. Es war ein letzter Versuch, aber er war gefährlich genug: Knut war ein besonnener und verständiger Junge, er hatte jedoch einen äußerst empfänglichen Sinn, und Hans wußte das. Er konnte ihn jeden Tag stundenlang mit Oftedalschen Drohungen vor Tod und Hölle fertig machen, mit Schreckensbildern der gröbsten und primitivsten Art. Knut wurde eine Denkweise aufgezwungen, die seine Phantasie gewaltsam beflügelte. Die Hölle wurde ihm als fürchterliche Realität vorgeführt, und Gott war gefährlich, ein strafendes Wesen, das man lieben mußte.

Hans peinigte und quälte ihn mit diesem sinnlosen und grausamen Geschwätz über Gott und Teufel. Und wenn Knut auch zu gesund und robust war, um einen *sichtbaren* Schaden zu nehmen, so zehrte es doch an seinem empfindsamen Gemüt.

Mit elf Jahren hatte er ein Erlebnis, eine Vision, die nur aus dem Gemütszustand, in dem er sich befand, erklärt werden kann. Später schrieb er sie nieder und nahm sie in die Novellensammlung »Gestrüpp« auf.

»Mehrere Jahre meiner Kindheit verbrachte ich bei meinem Onkel auf dem Pfarrhof im Nordland. Es war eine harte Zeit für mich, viel Arbeit, viel Prügel und selten oder niemals eine Stunde zu Spiel und Vergnügen. Da mein Onkel mich so streng hielt, bestand allmählich meine einzige Freude darin, mich zu verstecken und allein zu sein; hatte ich ausnahmsweise einmal eine freie Stunde, so begab ich mich in den Wald, oder ich ging auf den Kirchhof und wanderte zwischen Kreuzen und Grabsteinen herum, träumte, dachte und unterhielt mich laut mit mir selbst.

Der Pfarrhof lag ungewöhnlich schön, dicht beim Meeresstrom Glimma, einem breiten Strom mit vielen großen Steinen, dessen Brausen Tag und Nacht, Nacht und Tag ertönte. Die Strömung ging einen Teil des Tages südwärts, den übrigen Teil nordwärts, je nachdem Flut oder Ebbe war – immer aber brauste ihr ewiger Gesang, und ihr Wasser rann mit gleicher Eile im Sommer wie im Winter dahin, welche Richtung es auch nahm.

Oben auf dem Hügel lagen die Kirche und der Kirchhof. Die Kirche war eine alte Kreuzkirche aus Holz, der Kirchhof war ohne Pflanzen und die Gräber ohne Blumen; hart an der steinernen Mauer aber pflegten die üppigsten Himbeeren zu wachsen, eine große und saftige Frucht, die Nahrung aus der fetten Erde der Toten sog. Ich kannte jedes Grab und jede Inschrift, und ich erlebte, daß Kreuze, die ganz neu aufgestellt wurden, im Laufe der Zeit sich zu neigen begannen und schließlich in einer Sturmnacht umstürzten.

Waren aber keine Blumen auf den Gräbern, so wuchs im Sommer hohes Gras auf dem ganzen Kirchhof. Es war so hoch und so hart, daß ich oft dasaß und dem Winde lauschte, der in diesem sonderbar harten Grase sauste, das mir bis an die Hüften ging. Und dann mitten in dieses Gesause hinein konnte die Wetterfahne auf dem Kirchturm sich herumdrehen, und dieser rostige eiserne Ton klang jammernd über den ganzen Pfarrhof hin. Es war, als ob dieses Stück Eisen gegen irgendein anderes Eisen die Zähne knirschte.

Wenn der Totengräber bei der Arbeit war, hatte ich gar manches Mal eine Unterhaltung mit ihm. Er war ein ernster Mann, er lächelte selten, aber er war sehr freundlich gegen mich, und wenn er so dastand und Erde aus dem Grabe aufschaufelte, kam es wohl vor, daß er mir zurief, ein wenig aus dem Wege zu gehen, denn jetzt habe er ein großes Stück Hüftknochen oder den grinsenden Schädel eines Toten auf dem Spaten.

Ich fand oft Knochen und Haarbüschel von Leichen auf den Gräbern, die ich dann wieder in die Erde eingrub, wie es der Totengräber mich gelehrt hatte. Ich war so daran gewöhnt, daß ich kein Grausen empfand, wenn ich auf diese Menschenreste stieß. Unter dem einen Ende der Kirche befand sich ein Leichenkeller, wo Unmengen von Knochen lagen und sich umhertrieben, und in diesem Keller saß ich gar manches Mal, spielte mit den Knochen und bildete mit dem zerbröckelnden Gebein Figuren auf dem Boden.

Eines Tages fand ich einen Zahn auf dem Kirchhof.«

So beginnt die Erzählung »Ein Gespenst«, eine Erzählung, die in ihrem besessenen Grauen ihresgleichen sogar bei dem Spezialisten Poe sucht. Knut Hamsun erzählt, daß er diesen Zahn mitnahm, es war ein starker weißer Vorderzahn. Er wollte ihn zu irgend etwas benutzen, ihn zurechtfeilen und ihn in einen Gegenstand einfügen, an dem er gerade schnitzte. Am gleichen Abend sieht er das Gespenst.

»Da klopfte es an das Fenster.

Ich sah auf. Vor dem Fenster, das Gesicht fest an die Scheibe gedrückt, stand ein Mann. Er war mir ein Fremder, ich kannte ihn nicht, und ich kannte doch das ganze Kirchspiel. Er hatte einen roten Vollbart, eine rote wollene Binde um den Hals und einen Südwester auf dem Kopfe. Worüber ich damals nicht nachdachte, was mir aber später einfiel: wie konnte sich mir dieser Kopf so deutlich in der Dunkelheit zeigen, namentlich an einer Seite des Hauses, wo nicht einmal der Halbmond schien? Ich sah das Gesicht mit erschreckender Deutlichkeit, es war bleich, beinahe weiß, und seine Augen starrten mich gerade an.

Es vergeht eine Minute.

Da fängt der Mann an zu lachen.

Es war kein hörbares, schüttelndes Lachen, sondern der Mund öffnete sich weit und die Augen starrten wie vorhin, der Mann aber lachte.

Ich ließ fallen, was ich in der Hand hatte, und ein eisiger Schauer durchrieselte mich vom Scheitel bis zur Sohle. In der ungeheuren Mundhöhle des lachenden Gesichtes vor dem Fenster entdeckte ich plötzlich ein schwarzes Loch in der Zahnreihe – es fehlte ein Zahn.«

Er beschreibt, wie er trotz seines Entsetzens keineswegs wie *betäubt* ist. Die ganze Zeit, während er stockstief dastand und auf den unheimlichen Mann starrte, nahm er alles um sich herum wahr: den Lichtschein aus dem Ofen, das Ticken der Uhr, er war wach, träumte nicht. Die Vision dauerte noch eine Minute, dann verschwand der Mann.

Am ganzen Körper zitternd beginnt er nach dem Zahn zu suchen und findet ihn endlich. Er leidet alle Qualen der Angst, aber er schafft es, sich zusammenzunehmen. Er läuft hinaus in den Stall, weil er glaubt, daß die Knechte sich dort aufhalten. Aber es ist niemand da. – Inzwischen ist er etwas mutiger geworden. Im Grunde findet er es gut, daß die Knechte nicht da sind. Nun will er *allein* mit dem Zahn auf den Kirchhof gehen und ihn dort hinlegen, wo er ihn gefunden hat – »dadurch würde ich es auch vermeiden, mich jemandem anzuvertrauen und dann später in des Onkels Klauen zu geraten«.

Er geht allein den Hang hinauf zum Kirchhof, nähert sich der Mauer und schaut durch die Pforte...

»Da sinke ich plötzlich platt auf die Knie. Ein Stück jenseits der Pforte, da drinnen zwischen den Gräbern, stand mein Mann mit dem Südwester. Er hatte wieder das weiße Gesicht, und er wandte es mir zu, gleichzeitig aber zeigte er vorwärts, nach dem Kirchhof hinauf.

Ich sah dies als einen Befehl an, wagte aber nicht zu gehen. Ich lag sehr lange da und sah den Mann an, ich flehte ihn an, und er stand unbeweglich und still da.

Da geschah etwas, was mir wieder ein wenig Mut machte: ich hörte einen der Knechte unten am Stallgebäude geschäftig umhergehen und pfeifen. Dieses Lebenszeichen um mich her bewirkte, daß ich mich erhob. Da entfernte sich der Mann ganz allmählich, er ging nicht, er glitt über die Gräber dahin, immer vorwärts zeigend. Ich trat durch die Pforte. Der Mann lockte mich weiter. Ich tat einige Schritte und blieb dann stehen; ich konnte nicht mehr. Mit zitternder Hand nahm ich den weißen Zahn aus dem Taschentuch und warf ihn mit aller Macht auf den Kirchhof. In diesem Augenblick drehte sich die eiserne Stange auf dem Kirchturm herum und der schrille Schrei ging mir durch Mark und Bein. Ich stürzte zur Pforte hinaus, den Hügel hinab und nach Hause. Als ich in die Küche kam, sagten sie mir, mein Gesicht sei weiß wie Schnee...«

Aber der Mann verschwand damit nicht. Knut hoffte in seiner Angst, daß der Mann seinen Zahn vielleicht gefunden hatte, aber er kam wieder, manch einen Abend und manch eine Nacht. Und er lachte mit großem, offenem Mund, in dem ein Zahn fehlte.

»Und der Mann kam wieder und wieder, aber mit immer längeren Zwischenräumen, den ganzen Winter hindurch. Meine haarsträubende Angst vor ihm nahm ab, aber er machte mein Leben sehr unglücklich, ja unglücklich bis zum Übermaß. In jenen Tagen war es mir oft eine gewisse Freude, wenn ich daran dachte, daß ich meiner Qual ein Ende machen könnte, indem ich mich bei Flut in den Strom der Glimma stürzte.«

Während dieser Zeit vertraute sich Knut keiner lebenden Seele an. Nicht einmal der Mutter sagte er etwas. Knut, so klein er war, hatte ein feines Gespür dafür, daß er seine Mutter schonen mußte, die selbst nervös war und ihre melancholischen Anfälle hatte. Er kämpfte seinen Kampf allein.

Dann kam der Frühling, und mit den hellen Tagen im Sommer war er auch den Mann los. Im nächsten Winter meldete er sich wieder – und auch im darauffolgenden Jahr, aber nur noch ein einziges Mal.

Knut ist nach jeder Begegnung stärker geworden. Das Gespenst erschreckt ihn nicht mehr, es bleibt fort – mit anderen Worten, *die Angst vor dem Unbekannten* ist fort. Die letzte Begegnung mit dem Mann beschreibt er so:
»Ich gehe eines Abends auf mein Zimmer hinauf, zünde die Lampe an und entkleide mich. Ich will wie gewöhnlich meine Schuhe für das Mädchen hinausstellen, ich nehme die Schuhe auch in die Hand und öffne die Tür.
Da steht er auf dem Gang, dicht vor mir, der rotbärtige Mann.
Ich weiß, daß Leute im Nebenzimmer sind, daher bin ich nicht bange. Ich murmele: Bist du nun schon wieder da. Gleich darauf öffnet der Mann seinen großen Mund wieder und fängt an zu lachen. Dies machte keinen erschreckenden Eindruck mehr auf mich; aber diesmal wurde ich aufmerksamer: der fehlende Zahn war wieder da!
Er ist vielleicht von irgend jemand in die Erde hineingesteckt worden. Oder er war in diesen Jahren zerbröckelt, hatte sich in Staub aufgelöst und mit dem übrigen Staub vereint, von dem er getrennt gewesen war. Gott allein weiß das!«
Der Mann verschwand für immer, und Knut Hamsun beendet seine Geschichte mit den Worten:
»Dieser Mann, dieser rotbärtige Bote aus dem Land des Todes, hat mir durch das unbeschreibliche Grausen, das er in mein Kinderleben gebracht, viel Böses getan. Ich habe seither mehr als eine Vision gehabt, mehr als einen seltsamen Zusammenstoß mit Unerklärbarem – nichts aber hat mich so tief ergriffen wie dies.
Und doch hat er mir vielleicht nicht ausschließlich Schaden zugefügt, dieser Gedanke ist mir oft gekommen. Ich könnte mir vorstellen, daß er eine der ersten Ursachen gewesen ist, durch die ich lernte, die Zähne zusammenzubeißen und mich hart zu machen. In meinem späteren Leben habe ich hin und wieder Verwendung dafür gehabt.«

Konfirmation

I

Knut ist vierzehn Jahre alt. Ein großer, kräftiger Junge mit einem mächtigen rotbraunen Haarschopf, heller Haut, ein paar Sommersprossen und eigentümlich breiten und starken Zähnen. Er ist ein stabiler und elastischer Bursche, hat ein vor Leben sprühendes Gesicht. Nur die Augen blicken immer ruhig und nachdenklich drein. Niemand hätte geglaubt, daß dieser Junge so viele schlimme und freudlose Jahre hinter sich hatte. Aber der Bauernjunge aus Lom ist aus gutem Stoff, er ist unerschütterlich.
Knut ist jetzt mit der Schule fertig und wohnt nicht mehr im Pfarrhof, er ist nach Hause zu seinen Eltern gezogen – aber hier gibt es große Veränderungen. Seine älteren Geschwister haben nacheinander das Nest verlassen. Peter ist sogar nach Amerika gegangen. Knut ist rastlos und unruhig, findet sich irgendwie nicht zurecht. Die lange Abwesenheit von zu Hause in einem Alter, da er Vaters und Mutters Fürsorge am meisten brauchte, hatte wohl in vielerlei Hinsicht die Bindung gelöst, die zwischen ihnen bestanden hatte. Nun ist er plötzlich frei von der Vormundschaft des Onkels. Die Freiheit überwältigt ihn beinahe. Seine Gedanken schweifen weit umher. Er erinnert sich an die strahlenden Erzählungen von der Heimat seiner Eltern und seinem eigenen Geburtsort, vom Gudbrandsdal. Er will fort von Hamarøy, wo er so viel Böses ertragen mußte und wo ihm so viele Wunden zugefügt wurden, die nicht heilen wollen. Er hat die Eltern inständig gebeten, nach Lom reisen zu dürfen. Sie haben ja noch Verwandte und Freunde dort, die ihm sicher irgendwie weiterhelfen werden, und außerdem ist dort der Kaufmann Torstein Hesthagen, sein Pate.
Und Knut ist nicht der einzige, der »nach Hause« nach Lom will. Großvater Gammeltræin ist ebenso eifrig wie er, denn ein Nordländer wird der Alte aus dem Gudbrandsdal nie. An seinen Freund und Nachbarn *Esten Eriksen* in Lom hat er einen Brief geschickt. Hier konnte er stolz vermelden, daß

»Peders Sohn Peter mit einer reichen Bauerntochter vom Westland in Amerika verheiratet ist – er hat vierzehn Tage vor Weihnachten geheiratet. Er beabsichtigt, eine Reise zurück nach Norwegen anzutreten mit seiner Frau und anderem – Möbel, sicher von der feinsten Art, die es in Amerika gibt.«

Aber es waren eigentlich andere Gefühle, die ihn veranlaßten, den Brief zu schreiben: »Oh, ich habe so große Lust, wieder nach Garmoe zu reisen, und ich habe wahrhaftig in jedem Frühjahr daran gedacht; aber mein Sohn Hans ist so dagegen. Aber auch wenn Hans es nicht will, denke ich, falls Gott der Allmächtige einverstanden ist, wieder nach Garmoetræet zu kommen, wo ich etwa 62 Jahre gewesen bin...«

Aber Gott der Allmächtige war nicht einverstanden – der alte Ole Træet starb kurze Zeit danach.

Knut dagegen kam fort, und es wurde ausgemacht, daß Torstein Hesthagen sein Patenkind als Lehrling in sein Geschäft nahm.

Kein Mensch hat sich wohl reicher und freier gefühlt als Knut an diesem strahlenden Herbsttag 1873, als das Dampfschiff aus dem Hafen von

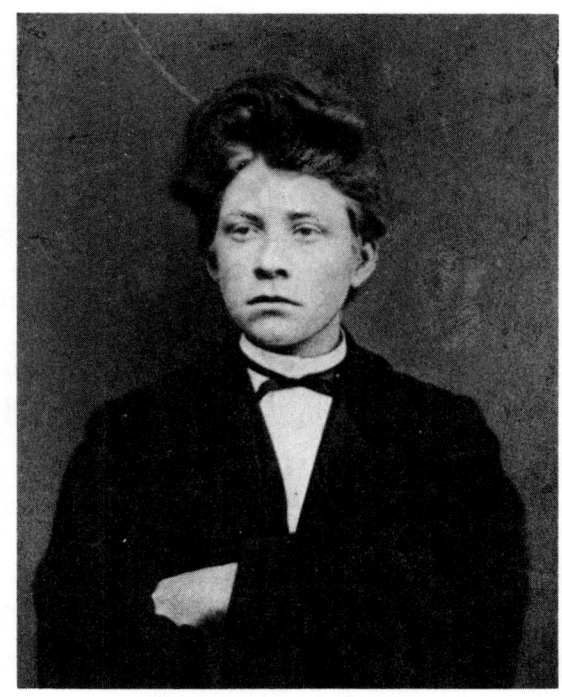

Knut als Konfirmand, 15 Jahre alt

Presteidet glitt. Knut stand an Bord und winkte seinen Eltern und Geschwistern. Er hatte schöne, neue Kleider an, die der Vater ihm genäht hatte, und er hatte einen steifen Hemdkragen mit einer schwarzen Schleife um den Hals, und an den Füßen trug er die besten Schuhe seiner Mutter. Oh – es war ein Märchen!
Wenn er ein paarmal Abschiedsschmerz in sich aufsteigen fühlte, brauchte er nur zu dem Pfarrhof hinüberzusehen und an den zu denken, der dort wohnte, dann kam er darüber hinweg.

Die Arbeit im Gemischtwarenladen von Torstein Hesthagen interessierte Knut. Er fand es herrlich, in einem Laden angestellt zu sein. Es hing mit der heimischen Atmosphäre zusammen, als die großen nordländischen Handelshäuser ihren Glanz auch noch auf den letzten Ladenschwengel warfen.
Zusätzlich zu seiner Arbeit im Geschäft ging Knut in den Konfirmandenunterricht, er sollte im Herbst konfirmiert werden. Unter den Gleichaltrigen war er ungewöhnlich beliebt, voll spaßiger Einfälle. Außerdem war er groß und stark, und das schuf Respekt bei den Kameraden. Noch viel später erzählte man sich Geschichten, wie er ganz natürlich die Führung übernahm, wenn es darum ging, Streitigkeiten schnell und einfach zu entscheiden:
Die Konfirmanden von dem Hauptkirchspiel, die von Fossbergom, hielten sich für besser und feiner als die von der Tochterkirche Vårdalen, zu der Knut gehörte. Und bei jeder Konfirmandenprüfung belegten die Jungen vom Fossbergkreis die vordersten und besten Plätze. So war es immer gewesen. Knut machte dieser Tradition ein Ende. Eines Tages, ehe der Pfarrer gekomen ist, geht Knut ruhig zu der ersten Bank und beginnt die Jungen aus dem Fossbergkreis von ihren Plätzen zu werfen. Einer nach dem anderen wird am Nacken gepackt und auf den Kirchenboden geschleudert, und sowie ein Platz frei ist, springt einer von den Jungen aus Vårdal vor und nimmt ihn in Besitz. So treibt es Knut, bis die Situation genau umgekehrt ist, und keiner wagt aufzumucken. Die Jungen von der Schattenseite bekamen nun ihren Platz in der Sonne.
Knut war unbekümmert, aber kleinen Mädchen gegenüber war er ein Kavalier. Einmal, als sie Bockspringen spielten, mußte er über ein kleines Mädchen springen, sie fiel hin und fing an zu weinen. Knut half ihr auf, bürstete sie gut ab, holte mit einer flotten Geste ein Zwölfschillingstück aus der Tasche und gab es ihr zum Trost.
Bei den Konfirmandenprüfungen fiel Knut auch ein wenig aus dem Rah-

men. Es war deutlich, daß er nicht allzuviel lernte. Aber er war unglaublich tüchtig, »aus dem Kopf« zu antworten und war nie um eine Antwort verlegen. Pfarrer Halling hatte großes Interesse an dem Jungen und sagte dem Paten und auch den Verwandten, daß »etwas aus ihm werden« würde. Und das, obwohl der Junge weit davon entfernt war, ein begabter Schüler zu sein.

Am Konfirmationssonntag in der Kirche in Lom am 4. Oktober 1874 antwortete er besonders gut. Der Stimmbruch hatte ihm eine kräftige und wohlklingende Stimme gegeben, die auch während des Kirchengesangs viel aus sich machte.

Und die schöne Handschrift hatte er immer noch. Im Laden bekam er oft Gelegenheit, sie zu üben, und er schrieb nicht nur in die Bücher. Es hieß, daß der Türrahmen des Ladens mit seinem Namenszug bedeckt war, ja sogar Gedichte schrieb er dorthin, und Torstein Hesthagen wußte sicher nicht, was er tat, als der werdende Dichter die ganze Poesie wieder abwaschen mußte.

In den Landhandel von Torstein Hesthagen kamen ständig Leute aus nah und fern. Die Kirche und der Laden waren damals die Treffpunkte, und es war ein Ereignis, wenn man sich traf. Und gerade weil der Kontakt zwischen den Menschen nicht zur täglichen Routine gehörte, war er stärker, tiefer und anhaltender – und er setzte bei einem scharfsichtigen und wachen Beobachter wie Knut alle Sinne in Bewegung. Hier im Laden vertiefte er seine Menschenkenntnis. Wieviel er verstand und wie tief er sah, weiß niemand, aber zweifellos war sein früher Kontakt mit der Welt fremder Menschen von Bedeutung. Er bekam Selbstvertrauen, eine freie, ungezwungene Haltung, und die eigene Erfahrung lehrte ihn, was das Leben bietet und verbietet.

Aber Knut blieb nicht länger als ein Jahr bei seinem Paten in Lom. Sie zerstritten sich, Knut kündigte und bat um Reisegeld für die Heimreise. Er war kein kleiner Junge mehr, der sich einschüchtern ließ, er bestand auf sein Recht. Als sich der Pate widersetzte und sowohl die Reise als auch das Geld verweigerte, hatte der Junge einen Trumpf in der Hand. Er zog mit aller Ruhe Torsteins eigenhändig geschriebenen Brief an den Vater aus der Tasche, und da stand schwarz auf weiß folgendes: »Wenn sich der Junge nach seiner Ankunft hier nicht wohlfühlt, werde ich ihm das Geld für die Rückreise beschaffen.«

Knut blieb gerade solange auf Hamsund, daß er Freunde und Bekannte begrüßen und ihnen zeigen konnte, was für ein tüchtiger, frisch konfirmierter und kräftiger Kerl er geworden war. Wenn er auch nicht ausgelernt hatte, so war er doch im Handelsfach recht gut ausgebildet. Und im gleichen Herbst, in dem er nach Hause kam, finden wir Knut, fünfzehn Jahre alt, als jüngsten Verkäufer bei dem Matador der Gegend, bei dem großen Handelsmann Walsøe auf Tranøy.
Walsøe war ein absoluter Monarch. Die ganze Gegend war von ihm abhängig, von den Bauern im Inland bis zu den Fischern am Meer. Er lieferte den Fischern die gesamte Ausrüstung, kaufte den Fang, trocknete ihn auf den Klippen oder den Holzgerüsten oder salzte ihn in Fässer ein und schickte ihn weiter nach Bergen. In guten Jahren war er der große Abnehmer, in schlechten Jahren, wenn der Fischfang fehlschlug, war er der gute

Knut Hamsun (ganz rechts) als Ladenschwengel. Das Bild wurde 1876 vor Walsøes Gemischtwarenhandel auf Tranøy aufgenommen.

und großzügige Kreditgeber in seinem Laden. Es lag nicht wenig Glanz auf Walsøe, und er hatte viele Leute in Arbeit und Brot.
Knut findet sich in den großen und ungewohnten Verhältnissen schnell zurecht. Die Betriebsamkeit der Menschen, das Spiel um Wohlstand oder Ruin der Fischer, ja, um Leben oder Tod in den Sturmnächten ist eine Atmosphäre, die ihn fasziniert. Walsøes große, prächtige Häuser imponieren ihm, und der Laden mit den vielen teuren Waren ist jetzt sein Betätigungsfeld.
Natürlich hatte der jüngste Verkäufer nicht die vornehmste Arbeit im Laden, wie zum Beispiel, die guten braven Leute zu fragen, was es denn heute sein sollte, und ihnen allergnädigst Kredit zu gewähren. Knut mußte meist mit Ölkannen, Sirupeimern und anderen Dingen, von denen man schmutzige und klebrige Finger bekam, die Kellertreppe rauf- und runterlaufen. Aber allein die Tatsache, im Umfeld von »dem Walsøe« tätig zu sein, war an sich schon großartig und bedeutsam. Die Theke war nicht nur eine praktische Trennung von Kunden und Angestellten. Sie war eine *Grenze*. Und die Klappe war eine Schranke, die sich nur für wenige Auserwählte hob.
In seinem späteren Leben hat Hamsun oft gelächelt in Erinnerung an die Zeit, als er bei Walsøe hinter der Theke stand und ehrgeizige Träume hatte, ein Handelsmann zu werden: Der junge »Theodor im Laden« in »Die Stadt Segelfoss« »steckt seine Ringe wieder an und tritt in seinen Laden, sein Reich. Die Leute, die am Ladentisch stehen und ihm den Weg versperren, weichen zur Seite vor ihm; er hebt die Klappe auf, gleitet durch die Öffnung und macht die Klappe hinter sich wieder zu. Jetzt ist er der Kommandant. Der junge Mann hat zwei Ladenbedienstete unter sich, die Schubladen und die Fächer an den Wänden sind voll, die Decke mit Waren vollgehängt, der Fußboden mit Waren besetzt, es ist ein Laden mit allem, was Menschen nur begehren können: Seidenzeug, Öfen, Kaffeekuchen...«
Knut hilft manchmal Walsøe höchstpersönlich bei verschiedenen Schreibarbeiten in dessen großen und ausgedehnten Geschäft. Und da ist er nicht mehr weit davon entfernt, sich beinahe an der Spitze zu fühlen, beinahe ebensoweit gekommen wie die älteren Angestellten, die an der Theke Stoffe abmessen, spitze Tüten für Kandiszucker und Pfefferminze drehen und einen Bleistift hinter dem Ohr haben.
Insgesamt ist Knut männlicher und selbstsicherer geworden, seit er in Walsøes Diensten steht. Er behauptet sich gut unter den Älteren, weil er schlagfertig und munter ist und sich verteidigen kann. Und wenn auch der

Konfirmationsanzug allmählich an den Rändern ausfranst und die Ärmel zu kurz werden, so erhält er die Eleganz aufrecht mit einer prächtigen Uhrkette aus Neusilber und einem flott aufgesetzten Hut. Ist einer boshaft genug, ihn nach der Uhrzeit zu fragen, dann tut er es lachend ab: Vorläufig habe er nur die Kette, die Uhr komme später.

Aber es gibt auch Dinge und Verhältnisse in Walsøes Haus, die ihn ernst stimmen. – Es ist die Liebe!

Walsøe hat ein paar wirklich schöne und muntere Töchter, und Knut hat ein Auge auf die jüngste geworfen, auf Laura. – Es sind harte Zeiten. Knut kann sich nicht an eine solche Liebe erinnern. Wohl hatte er eine Freundin in der Schule, sie hieß Jakobine und hatte eine Himmelfahrtsnase – aber Laura. Ach, wie zärtlich schließt er sie in sein Herz! Und die verspielte und launische Laura versetzt ihn abwechselnd in Trauer und Entzücken. Sie tanzen zusammen und spielen zusammen. Sie wandern durch Wald und Heide, trennen sich in Feindschaft und finden sich wieder in neuer Freundschaft. Sie sind Kinder. In Freundschaft, Feindschaft und Liebe sind sie Kinder.

»Das war ein höchst eigenartiger Zustand! Als sei er durchtränkt von Seligkeit; es machte ihn matt, er bekam Stiche und empfand sie wie etwas Süßes. Sie ihrerseits war gewiß schon weitergekommen; dies dreizehnjährige Kind streichelte ihm über die Weste und stand da und sah ihn an. Hatte das nun einen Sinn! Sie lächelten einander an und erröteten bis zu den Haarwurzeln, puterrot; er küßte sie ein wenig und traf beinahe nicht, aber er hatte einen Duft im Mund verspürt, und der war wunderbar. Oh, welch eine peinliche Verlegenheit ihm seine Dreistigkeit nachher verursachte. Herrgott, er hätte vergehen mögen, er hätte in die Erde sinken können! Er konnte sie nicht loslassen, er hielt sie fest und versteckte sich, sie versteckten sich, eines beim anderen, jedes die Nase dem anderen im Nacken...«

So schildert Knut Hamsun in »Die Stadt Segelfoss« des jungen Willatz und Marianes erste keimende Zärtlichkeit und damit vielleicht auch die Erinnerung an seine eigene Kinderverliebtheit.

Aber Knut war erst wenige Monate bei Walsøe, da geschahen Dinge, die sowohl Laura als auch die Liebe in den Hintergrund drängten.

Walsøe ging Konkurs.

Die Neuigkeit fuhr wie ein Unwetter über die Gemeinde. Die ganze Gegend war wie vom Blitz getroffen, ja, wie von einer unbegreiflichen Naturkatastrophe. Walsøe, der Matador, der Herr über allen Reichtum und alle Herrlichkeit war pleite! So unbegreiflich schief konnte es im Leben gehen.

Seine ganze große Wirksamkeit war lahmgelegt. Sie ging teilweise in fremde Hände über, aber sie wurde nie mehr das, was sie gewesen war. Knut und viele andere mit ihm mußten aufhören, man brauchte sie nicht mehr.

Mit den Jahren wurde Tranøy ein immer unbedeutenderer Ort. Zum Schluß war er nicht mehr als jeder andere x-beliebige Ort auf Hamarøy.

Und Laura – sie bekam auch nicht ihren Ladenburschen, sie heiratete den Telegrafisten des Ortes. So verkehrt kann es gehen. So gut kann es vielleicht auch gehen.

Aber da war Knut schon lange als Hausierer mit dem Ranzen auf dem Rücken durch die Lande gezogen.

Unruhige Jugendjahre

I

Eines Tages erhielt Knut Besuch von einem älteren Kameraden aus Lom, Ole Trykket, der mit seinem Ranzen, vollgepackt mit allerhand Dingen, die er rundum in den Häusern verkaufen wollte, nach Hamarøy gekommen war.
Ole war ein fröhlicher Wildvogel, er lebte ein sorgloses und unstetes Leben, war seiner Heimatstadt entfremdet, alles in allem ein Landstreicher. Und er überredete Knut, mit ihm zu ziehen. Knut hatte ein paar Schillinge gespart. Ja, er hatte, nachdem er mit Walsøe alles geklärt hatte, eine ziemlich dicke Brieftasche.
Es paßte also ausgezeichnet, weil er die nötigen Taler in der Tasche hatte, und die beiden Kameraden fuhren nach Bodø, wo sie einkauften. Hier beschlossen sie, sich wieder zu trennen. Jeder sollte seines Weges ziehen und zu einer bestimmten Zeit wieder nach Bodø kommen, um neue Einkäufe zu tätigen. Knut ging nach Norden, Ole nach Süden.
Es wurde ein neues und abwechslungsreiches Leben. Knut zog herum mit Sack und Ellenmaß. Zuerst zurück nach Hamarøy, wo er bekannt war, später in die Nachbargemeinden. Und es ging nicht schlecht. Er betrieb seinen Handel von Ort zu Ort.
Die Unruhe saß ihm im Blut, und das Leben gefiel ihm ausgezeichnet. Er weitete seine Reiseroute von Helgeland im Süden bis nach Tromsø im Norden aus. Er traf vielerlei Menschen und lernte sie im Guten wie im Bösen kennen.
Er war sein eigener Herr und scherte sich nicht um den morgigen Tag. Als der Winter nahte und der Lofotfischfang begann, blieb er in aller Ruhe zu Hause auf Hamsund. Als aber der Frühling kam, der Fischfang beendet war und das Geld von dem Lofotfang ein wenig Wohlstand in die Häuser gebracht hatte, da war er wieder auf Wanderung mit seinem Handel. Meistens zu Fuß, manchmal mit dem Schiff. Er suchte die kleinen und

großen Handelsorte entlang der Küste auf und die Streusiedlungen in den Landgemeinden. Der Frühling war eine gesegnete Zeit. Er genoß die hellen Tage. Schnee lag noch auf dem Land, aber der Frühling war da. Die Straßen weichten auf und waren beinahe unpassierbar, aber was tat's! An den Straßen sprangen die Kätzchen im Weidendickicht auf, und der Bach gluckerte unter dem Eis. Ja, der Frühling war seine gute Zeit, er war im Bund mit ihm selbst, mit sprießenden Gedanken und Träumen.
Knut kam viel herum. Das Leben auf dem großen Markt in Stokmarknes beeindruckte ihn sehr. Hierher kamen sogar Händler aus Trondheim. Hier gab es Taschenspieler und Glücksrad, Uhrenverkäufer und Leierkastenmänner. In einer Bude wurden wilde Tiere aus fremden Ländern gezeigt, die Dame ohne Unterleib, Herrn Sinclairs Schwert. Ein überschäumendes, ausgelassenes Leben und Treiben, solange der Markt dauerte. Hier bekam Knut die erste Uhr seines Lebens, die ging, er trug sie stolz in der Westentasche bis zu einem unseligen Tag in Kristiania, als er gezwungen war, sie zu veräußern.
Knut und Ole Trykket schlugen auf dem Markt in Stokmarknes einen Stand auf, sie hatten von dem Geld, das sie besaßen, Waren eingekauft, alles auf eine Karte gesetzt. Sie verkauften vielerlei, von Stecknadeln bis zu Wolljacken und Ölzeug. Der Handel lief, sie hatten gelernt, deftige Preise zu verlangen und allmählich zu einem angemessenen Preis herunterzugehen, sie verhandelten gut, sprachen mit den Leuten, redeten und feilschten. Und aus Stokmarknes konnte Knut zum ersten Mal Geld nach Hause zu seinen Eltern und kleine Geschenke für seine Geschwister schicken.
Zwei Jahre war Knut umherreisender Händler, aber das mußte ja mal ein Ende nehmen. Die Eltern waren seinetwegen in Sorge. Knut konnte sie nicht recht überzeugen, daß dies die Zukunft war. Sie fanden, daß er sich nun irgendwo mit einer festen Arbeit niederlassen und ein solider und ordentlicher Mensch werden solle. Jedesmal, wenn Knut zu Hause war, bekam er das zu hören. »Du mußt ein Handwerk lernen«, sagte die Mutter, »sieh dir deinen Bruder Ole an, er ist ein gelernter Schuhmacher, sieh dir Hans an, er ist Angestellter beim Lehnsmann...« Schneider Peder nahm es gelassener. Er erinnerte sich an seine eigenen Jugendjahre, als er auf Wanderschaft gewesen war, und er meinte, daß der Junge schon zur Ruhe komme, wenn die Zeit dafür reif sei. Aber die Eltern zogen gewisse ängstliche Vergleiche zwischen dem Jungen und seinem Kindheitsideal Vetltræin – Vetltræin, der sich jetzt so traurig in Auflösung befand und nur noch ein Schatten seiner selbst war, wurzellos, gleichgültig und versoffen.

Und Knut war sich klar über die Situation. In seinem Innersten hatte er wohl nie daran gedacht, das Leben als Hausierer fortzusetzen.
Schließlich ließ er sich überreden, und der Siebzehnjährige fuhr nach Bodø, um in die Schuhmacherlehre zu gehen. Kurz vorher hatte der Onkel Hans Olsen ein Empfehlungsschreiben verfaßt, wohlmeinend oder nicht:
»Der Überbringer dieses Schreibens, Knut Pedersen, hat über zwei Jahre für mich als Posthalter in Hamarøy vorgestanden und fungiert, und es ist mir aufrichtig ein wahres Vergnügen, mitteilen zu können, daß er sehr aufgeweckt und schnell in seinen Geschäften war und daß er nach meiner und vieler verständiger Leute Meinung sehr gute Fähigkeiten hat. Ich möchte ihn somit auf das beste empfehlen.
30. Juli 1875 H. Olsen.«

Aber die Schuhmacherlehre hat er nie beendet. Nicht weil er keine Veranlagung für die Arbeit gehabt hätte. Er hatte geschickte Hände und gute, starke Fäuste, aber die Unruhe wich nicht aus seinem Körper. Ganz unmöglich. Er suchte eine andere Arbeit, war eine Zeitlang Hafenarbeiter am Kai, stand eine Zeitlang im Laden, war und blieb unzufrieden.
Aber dann fing er an, Dinge, die er sah und hörte, aufzuschreiben. Es fiel ihm hie und da ein Buch in die Hände, er las Zeitungen und Zeitschriften. Aber meistens schrieb er – Gedichte und Prosa, unvollkommene Versuche, interessanten Ereignissen, Stimmungen und Träumen Ausdruck zu verleihen.
Hier in Bodø beendete er sein erstes kleines Buch. Ein naives Produkt, geprägt von der damaligen gewöhnlichen Kolportageliteratur.
Die Erzählung bekam den Titel »Der Rätselhafte – eine Liebesgeschichte aus Nordland«. Sie handelt von dem jungen Rolf Andersen, der anscheinend »ein unwissender, einfältiger Junge war, der nur verstand zu fahren, zu pflügen, zu säen und zu graben und ähnliche Bauernarbeiten zu verrichten«, und der hübschen Bauerntochter Rønnaug Aae. Rolf führt sich rätselhaft auf, und Rønnaug und ihr Vater, der Großbauer, werden bald mißtrauisch, ob Rolf der ist, für den er sich ausgibt. »Du schreibst so schön und schnell. Du bist gewiß ein Kontorist«, sagt der Bauer.
Der Schleier um »den Rätselhaften« lüftet sich allmählich. Es erweist sich als richtig, daß er keineswegs der arme, unwissende Bauerntölpel ist, der er anfangs vorgab zu sein, er ist vielmehr der einzige Sohn eines wohlhabenden Kaufmanns in der Stadt, der seinerzeit in Konkurs gegangen war, aber trotzdem seinem Sohn eine Menge Geld hinterließ – der Schlauberger! Der junge Mann heißt nicht einmal Rolf Andersen, sondern zu allem Überfluß

Knud Sonnenfield. Einen glücklicheren und standesgemäßeren Schluß kann man sich in einem Roman bestimmt nicht wünschen.

»Der Rätselhafte« kam bei einem Buchdrucker in Tromsø 1877 heraus. Knut hatte auf seinen Wanderungen als Hausierer diese Verbindung geknüpft, und sie kam ihm jetzt zugute. Sonst wäre es wohl fraglich gewesen, ob er für dieses erste Werk einen Verleger gefunden hätte.

Das kleine Buch ist an sich natürlich ganz wertlos, aber es offenbart einiges Interessante über den achtzehnjährigen Knut. Die Erzählung verrät den unreifen Jungen mit ein wenig Schreibkenntnissen und viel Ehrgeiz. An einer Stelle in der Erzählung sagt Rønnaug zu dem Studenten Horn: »Als Bauernmädchen brauche ich nicht mehr Bildung und Benehmen, als ich habe.« Ein Ausspruch, für den Hamsun sich später voll und ganz verbürgt hätte. Aber der Kommentar des Achtzehnjährigen lautet wie folgt: »Dies sagte sie natürlich übereilt und ohne nachzudenken. An Benehmen kann man nie zuviel haben, weder auf dem Land noch in der Stadt...« Knuts Ideal war nicht der Bauer, sondern der Städter, der Kontorist und vor allem der große Handelsmann mit Bildung und schönen Kleidern. Sein junger Held ist ausgestattet mit »modern geschnittenem Lodenanzug samt einem Paar neuer Lederstiefel und auf dem Kopf mit einem flachen schwarzen Filzhut, um dessen Seidenband die schönsten Vergißmeinnicht gewickelt waren; die Weste, in deren rechter Tasche eine große, altmodische silberne Zylinderuhr steckte, war aus handgewebtem rotkarierten Stoff gefertigt...« Bei einer anderen Gelegenheit ist er noch feiner: »Diesmal waren sie aus grauem Loden. Sie bestanden aus: einem Mantel, einer Jacke, Beinkleidern, dazu Lederschuhe mit Messingschnallen und einer zweireihig geknöpften Weste und endlich einer Samtmütze mit Schirm, alles nach der neuesten Mode.«

Knut hatte offensichtlich Onkel Hans Olsens Modejournal in dem Kleidergeschäft genau studiert, ehe er diesen Dandy und Eroberer Knud Sonnenfield schuf.

In einem Brief an *Elli Krog*, die 1950 die Anthologie »Das erste, was von mir gedruckt wurde. 33 norwegische Autoren geben sich preis« herausgab, schreibt der 91jährige Hamsun:

»Mein erstes war ›Die geheimnisvolle Insel‹*, gedruckt bei Kjeldseth in Tromsø. Es waren Verse, viele Verse. Mein zweites war eine Skizze in Prosa – den Titel vergessen. In einem Brief sagt er, daß er einiges von

---

* Es muß sich um eine irrtümliche Erinnerung handeln. Hamsun meint wahrscheinlich »Ein Wiedersehen«. (Anmerk. des Verf.)

dem Schlimmsten in diesem ›zusammengekritzelten Unsinn‹ verbessert habe. Das kränkte mich. Später habe ich nie mehr bei Kjeldseth verlegt...«

Es ist also nicht ganz klar, ob Knud Pedersen die volle Verantwortung für den »zusammengekritzelten Unsinn« tragen soll, es ist möglich, daß auch der Buchdrucker Kjeldseth etwas auf seine Kappe nehmen muß. Aber sicher ist, daß die Bewunderung und große Achtung, die Hamsun damals erntete – sowohl bei seinen Leuten zu Hause als auch bei seinesgleichen in dem Laden in Bodø –, ihm einen guten Schubs in die Existenz gab. Er war doch wahrhaftig ein Autor! Er schrieb nicht nur schöner und schneller als die meisten, er schrieb sogar Erzählungen!

Die einzige, die bei der Huldigung nicht ganz mitmachte, war seine liebe Schwester Sofie. Sie war ein paar Jahre jünger als Knut und tief religiös. Da sie im Haus bei Onkel Hans Olsen half, muß ihre Gottesfürchtigkeit zum Teil wohl seiner Macht über sie zugeschrieben werden. Knut mochte Sofie von allen seinen Geschwistern besonders gern, und es beruhte sicher auf Gegenseitigkeit. Sie hatte ein wenig Angst um ihren Bruder, und sie schickte ihm folgendes Gedicht:

> Vergiß nicht deine Schwester treu,
> die dir zur Seite will stehen,
> die jetzt zum Herren betet aufs neu,
> o laß den Weg ihn doch gehen.
>
> Laß die Sterne den Weg ihm weisen,
> mach die Pfade eben und leicht,
> auf daß er nicht ständig muß reisen
> und die Müdigkeit von ihm weicht.

Aber Knut fühlte keine Müdigkeit in seinen Gliedern, er war gesund und gut aufgelegt. Bald hatte er noch etwas fertig – ein langes, erzählendes Gedicht, ziemlich hilflos beeinflußt von Ibsens »Terje Vigen«. Knuts Gedicht handelt von einem alten Deutschen, der allein in einer Höhle in dem rauhen Klima an der Küste wohnt. Der Alte ist belastet mit einem Verbrechen, das er einmal begangen hat, indem er seine Geliebte tötete, und er ist fast verrückt vor Verzweiflung und Gewissensbissen.

Eines Tages, bei Sturm und hoher See, wird eine junge Frau in einem schiffbrüchigen Boot angetrieben. Er rettet sie unter eigener Lebensgefahr.

Auf diese Weise sühnt er sein Verbrechen und stirbt in Frieden mit sich selbst und Gott.

Das Gedicht ist sehr gekünstelt und unfrei, aber er fand auch dafür einen Verleger. 1878 kam »Ein Wiedersehen« von Knud Pedersen Hamsund bei dem Buchdrucker Alb. Fr. Knudsen in Bodø heraus.

In der Zwischenzeit hatte er etliche Briefe von seinem Vater bekommen, ernste Briefe, es sei ja schön und gut, daß er Erzählungen schreibe, aber er müsse nun etwas werden. Könne er ein Paar Schuhe besohlen? Eine direkte Frage. – Nein, Knut mußte schreiben und zugeben, daß er noch nicht ausgelernt habe, außerdem könne er sich überhaupt nicht vorstellen, Schuhmacher zu werden, er habe ja schon vor langer Zeit abgebrochen.

Der Vater schwieg eine Weile. Dann kam ein Brief: Knut solle sich auf den Weg zum Lehnsmann Nordahl in Bø auf den Versterålen machen. Hans habe dort seine Stelle aufgegeben, und der Lehnsmann wolle es stattdessen mit Knut versuchen.

II

Knut sitzt an seinem Pult und schreibt. Papiere, Protokolle, Stempel und Schreibgerät sind in mustergültiger Ordnung vor ihm aufgebaut. Das Zimmer ist klein, dunkel und hat etwas Unheimliches an sich. Es ist ein bedeutsamer Raum mit einem von Ernst geprägten Inventar: In der Ecke neben dem Fenster steht ein schwerer Geldschrank mit einem glänzenden und komplizierten Schloß, daneben eine Kopierpresse. An der Wand hängen ein paar Hand- und Fußschellen, verdeckt von einer Mütze mit Goldrand und blankem Schirm, ein Säbel und ein farbiges Bild von König Oscar.

Der Lehnsmannbedienstete Knut ist heute allein und kann die Arbeit mit Ruhe angehen. Aber der junge Mann sieht nicht so aus, als ob er sich drücken wolle. Er schreibt schnell und sicher. Die Kopiertinte leuchtet dick und knallgrün auf dem Bogen, Linie für Linie, schwungvolle, schöne Buchstaben mit weichen Schnörkeln: Vorladung für den Fischer soundso... die Feder kratzt lustig und energisch... Schluß. Datum... freier Platz für die Unterschrift. Stempel.

Knut steht auf, holt dünne, durchsichtige Papierbogen, streicht mit einem nassen Pinsel darüber, legt die beschriebenen Bögen und Löschpapier dazwischen, geht zur Kopierpresse...

Er ist jetzt ein richtiger Spitzenkönner in dieser Arbeit geworden, sie macht ihm Spaß, interessiert ihn und gibt ihm außerdem ein wenig das Gefühl von Macht und Autorität. Er sitzt hier und ist ein bedeutender Mann, schickt Mitteilungen und Befehle hinaus zu den Menschen. – Der Lehnsmann Nordahl und ich, kann er sagen, und die Leute nicken respektvoll. Und der Lehnsmann ist ein gutmütiger Mann mit einem klitzekleinen Lächeln in den Augenwinkeln. »Wir wollen glimpflich mit der Josefine umgehen«, sagt der Angestellte Knut, »eine arme Witwe tut einem ja leid!« Und der Lehnsmann nickt: es findet sich wohl noch ein Ausweg.
Ja, es herrschte das beste Einvernehmen zwischen dem Lehnsmann und seinem Angestellten. Knut wurde beinahe als Familienmitglied betrachtet, und zwischen ihm und dem Fräulein Inger Nordahl war das Verhältnis mehr als nur herzlich.
Der Lehnsmann war, den Umständen entsprechend, ein belesener Mann. Er hatte ein Bücherregal in seinem Heim, eine große Seltenheit damals, mit Werken von Wergeland, Welhaven, Kristofer Janson, Asbjørnsen und Moe, Bjørnson, Münchhausens Abenteuern und zum Teil mit dänischen und schwedischen Autoren. Die Bücher waren Lehnsmann Nordahls ganzer Stolz, und es blieb nicht aus, daß Knut mit sehnsüchtigen Augen zu dem interessanten Bücherregal blickte. Wenn er eifrig im Dienst war, dann konnte er vielleicht eines Tages darum bitten, ein oder zwei Bücher auszuleihen. Ja, es war sein bescheidener und zugleich größter Wunsch, vor allem ein wenig in den berühmten Bjørnstjerne Bjørnson schauen zu dürfen.

Knut liegt oben in seinem Zimmer und liest »Ein fröhlicher Junge«. So etwas von einem Buch! So etwas von einer Sprache! Das ist neu für ihn. Daß man so schreiben konnte, so total falsch und trotzdem so richtig. So schlicht norwegisch, so einfach, nicht einmal die Substantive mit großen Buchstaben! Mein Gott, was hätte der Schulmeister Olsen zu einer solchen Orthographie gesagt! Und Onkel Hans – er hätte ihm sicher auf die Finger gehauen, wenn er so geschrieben hätte!
Er liest die Erzählung in einem Stück zu Ende. Dann geht er über zu den anderen Bauernerzählungen – »Arne«, »Synnøve Solbakken« – er liest »Gedichte und Lieder«, Bjørnsons Dramen. Tagaus, tagein, nach beendeter Kontorarbeit, liest er Bjørnson. Knut geht nicht mehr zu Spiel und Tanz mit den anderen Jugendlichen. Vergessen sind alle Freunde, vergessen ist der großartige Erfolg bei den Mädchen in der Gemeinde, selbst Inger Nordahl, selbst Laura – das ist vorbei. Er liest Bjørnson.

Es ist vor allem der Stil, der ihn überwältigt, die Sprache. Es kribbelt ihn in den Fingern. So will er schreiben lernen – so muß es gemacht werden. Ein Stoff keimt in ihm.

Und bald ist Knut voll und ganz mit seiner Erzählung beschäftigt. Die Abende sind so still da oben in der Dachstube. Man soll ihn in Ruhe lassen, Lehnsmann Nordahl hat Bescheid gesagt – er findet es interessant mit dem Dichter. Und wer weiß...

Den Rahmen der Erzählung hat er im Kopf, und er unterscheidet sich wenig von dem gewöhnlichen Muster. Gewiß ist es die Geschichte von dem armen, begabten Jungen, der ein reiches Mädchen liebt, aber er bekommt sie am Schluß nicht. Durch Kummer, Krankheit und enttäuschte Liebe gewinnt er an Stärke und innerer Klarheit. Das Mädchen stirbt, aber der junge Mann wird Dichter.

Es arbeitet ganz lebhaft in Knuts Kopf. Er erledigt seine tägliche Arbeit im Lehnsmannskontor, aber die Gedanken sind woanders. Er notiert, was ihm einfällt, schreibt es auf der Stelle nieder – Dinge, die er brauchen kann, Dinge, die er einfügen kann, wohin sie passen.

Aber es ist ja nicht nur die Schaffensfreude, die seine Gedanken in Anspruch nimmt. Der Ehrgeiz ist eine ausgezeichnete Triebfeder. Der Bursche ist jung, er will vorankommen, er weiß, daß Kräfte in ihm wohnen, die ihn einmal hinaufführen werden, hoch hinauf. Er schläft nachts nicht vor lauter Unruhe, Angst, Begeisterung und Freude. Sich vorzustellen, daß er einmal Schriftsteller wird, richtiger Dichter – Gedanken und Worte unter seinen Willen zwingt! Wie sie ihn bewundern und achten würden, seine Eltern und Geschwister. Wie er über Onkel Hans Olsen, der nun daniederlag, triumphieren würde! Und Vetltræins teilnahmslose Augen würden vielleicht wieder feurig werden, und er würde ihm auf die Schulter klopfen und sagen: hatte ich nicht recht?

Das Buch nimmt Form an. Eines Tages ist es fertig. Knut weiß, daß es in jedem Fall besser ist als das, was er vorher geschrieben hat. Die Sprache ist norwegisch, nicht dänisch, er hat eigene Gedanken entwickelt, und er hat lebendige Menschen geschildert.

Knut hat sich deutlich weiterentwickelt und nutzt die Erfahrungen seit der Schuhmacherzeit in Bodø. In »Der Rätselhafte« ist die Liebesgeschichte der jungen Leute höchst unkompliziert, es sind nur die äußeren Verhältnisse, die die glückliche Vereinigung erschweren. In »Bjørger« spielt das menschliche Gemüt mit. Etwas, das aus der Tiefe seiner selbst kommt, vermag der junge Schriftsteller durch die Gestalt des jungen Bjørger auszudrücken.

Man ahnt in dieser ziemlich unbeholfenen Geschichte trotz allem die vagen Klänge eines Hauptthemas, das später Knut Hamsuns Liebenden ihre Identität und ihrem Verhältnis künstlerische Bedeutung geben sollte: *Die Liebe, als menschliche Passion, ist in ihrem Wesen unglücklich.*
Knut schickt sein Buch zu Knudsen in Bodø und wartet gespannt auf das Ergebnis. Abgesehen von Ehre und Berühmtheit – er konnte auch etwas Geld gebrauchen.
Er war sich nun ernstlich darüber klar geworden, daß er Dichter werden wollte. Er wollte reisen, um neue Menschen kennenzulernen und neue Eindrücke zu gewinnen. Hier war es zu trostlos, und vor allem: er konnte sich nicht zu einer wirklich ernsthaften Arbeit sammeln. Bø war eine große Landgemeinde, und das Amt brachte es mit sich, daß Knut ständig herumfahren mußte, Vorladungen verkünden, bei Auktionen und Pfändungen anwesend sein und so weiter. Neben der Kontorarbeit nahm das die meiste Zeit in Anspruch. Oft mußte er bei jedem Wetter in dem wackeligen kleinen Boot hinaus zu den Inseln. Knut war kein Seemann, nicht einmal Fischer wie die meisten Nordlandsjungen, er vertrug es einfach nicht – er wurde seekrank, mußte es zu seiner Schande gestehen.

Als Knut eines Tages in das Lehnsmannskontor kommt, ist ein Fremder da. Es ist der neue Pfarrer von Bø und Langnes, August Weenaas, der Nordahl einen Besuch abstattet.
»Ich möchte dem Pfarrer unseren jungen Dichter vorstellen«, sagt Nordahl lächelnd, »das ist Knut Hamsund.«
Knut verbeugt sich höflich, aber nicht übertrieben, er hat den Pfarrer schon vorher getroffen.
»Leider will er mich verlassen«, fährt der Lehnsmann fort, »er meint, daß er hier keine Ruhe zum Dichten hat.«
Knut antwortet gesittet auf verschiedene Fragen des Pfarrers. Sie sprechen ein wenig über Religion und erbauliche Dinge, worin Knut aus seiner Zeit auf dem Pfarrhof noch gut bewandert ist. Und sie kommen auf die Literatur, Wergeland und Bjørnson. Knut ist nicht auf den Kopf gefallen. Er hat seine bestimmten Meinungen und äußert sich unbekümmert.
Der Pfarrer bleibt bis gegen Abend da. Er mag den jungen Mann, interessiert sich augenscheinlich für sein Wohl und Wehe. Er liest ein bißchen in dem Manuskript von »Bjørger« und ist freundlich und aufmunternd. Bevor er geht, fragt er Knut ganz offen, ob er gerne fort möchte, bessere Arbeitsbedingungen bekommen.

»Das ist mein größter Wunsch, darüber besteht kein Zweifel, aber ich habe weder die Kraft noch die Mittel«, antwortet Knut. Und er erzählt von dem Buchdrucker Knudsen, der noch nicht geantwortet hat.
Pfarrer Weenaas geht zum Bücherregal, nimmt die Bibel heraus und legt sie auf den Tisch. »Schlag auf Paulus, den 1. Brief an die Korinther, Kapitel 13, Vers 1 und laß mal sehen, wie schnell das geht.«
Knut ist ein wenig erstaunt, aber er öffnet das heilige Buch und findet verhältnismäßig schnell die richtige Stelle.
»Lies!«
Knut wundert sich auch darüber, aber er liest. Er hat eine ungewöhnlich kräftige und tragende Stimme, eine deutliche Aussprache, er liest fließend.
»Danke«, sagt der Pfarrer, »du liest gut. Sag mir jetzt, wie viele Bitten hat das Vaterunser?«
»Warum fragt Ihr?« sagt Knut mit rotem Kopf, er vergißt beinahe, höflich zu sein, er ist doch kein Konfirmand mehr.
Der Pfarrer lacht. »Das werde ich dir nachher erklären.«
»Im Vaterunser«, Knut ist verwirrt. »Vaterunser...«
»Du meinst, es ist eine einzige Bitte«, hilft ihm der Pfarrer, »jaja, so kann man es auch sagen. Das vierte Gebot?«
Knut sagt es her.
»Luthers Erklärung?«
Es geht Schlag auf Schlag. Knut macht mit bei dem Spiel. Das Einmaleins, Prüfung in Rechtschreibung und Zeichensetzung.
Zum Schluß lehnt der Pfarrer sich in seinem Sessel zurück, sieht ihn forschend an und sagt: »Junger Mann, ich kann dir eine Stelle als Lehrer in den Gemeinden Ringstad und Nykvåg verschaffen, – was sagst du dazu?«
Knut sitzt stumm da. »Lehrer«, bekommt er endlich heraus. »Ich bin 19 Jahre.«
»Ich habe so viel von dir gesehen und gehört, daß ich glaube, du schaffst es, was sagst du dazu?«
Ja, was sollte Knut sagen – er nahm an. Er dankte dem wohlwollenden Geistlichen von ganzem Herzen. Und so kam es, daß der junge Bursche, der keine andere Ausbildung als eine schlechte Volksschule besaß, Lehrer und Erzieher für Kinder wurde, die nur wenig jünger waren als er selbst.

III

Auf Kjerringøy, ein paar Meilen nördlich von Bodø, hatte der Großkaufmann Erasmus Benedicter Kjerschov Zahl sein großes und blühendes Unternehmen.
Ebenso wie Walsøe auf Tranøy war er der mächtigste Mann der Gegend. Seine Häuser und Bootshäuser lagen in Reih und Glied am großen Kai, und der Laden, Kjerringøys Sammelplatz und überquellender Mittelpunkt, deckte aus seinen Kellern und Lagerräumen die Bedürfnisse des ganzen Distrikts.
Zahl hatte eine große und aufsehenerregende Karriere hinter sich. In jungen Jahren war er mit leeren Händen hierhergekommen und Verkäufer bei dem Kaufmann Ellingsen, dem damaligen Besitzer der Handelsniederlassung, geworden. Der junge Mann war so tüchtig, daß er sich in dem großen Handelshaus bald unentbehrlich machte. Er wanderte treppauf, treppab, erst eine, dann zwei Stufen auf einmal nehmend. Er war begabt, aber auch fleißig. Als Ellingsen eines Tages starb, tat er einen großen Satz nach oben, er heiratete die Witwe, und das Handelshaus gehörte ihm.
Zahl wurde ein guter Mann für seinen Distrikt. Außer mit märchenhaften Heringsschwärmen machte er Riesengeschäfte mit Rogen für die Ostseeländer. Davon wurde er steinreich. Er verehrte den Pfarrhof mit dem dazugehörigen Land dem Pfarrbezirk und kam viele Jahre für das ganze Armenbudget von Kjerringøy auf. Zahl hatte das Recht, Schnaps zu brennen, er bezahlte die Abgaben, aber von seinem Recht machte er keinen Gebrauch. Er war ein guter Christ, ein großzügiger Helfer in der Not, aber in einem war er hart und unerbittlich: Er duldete keine Trunkenheit.
Ein armer Fischer kam einmal zu Zahl und jammerte, daß er keine Netze und Geräte habe. Zahl gab ihm, was er brauchte, er füllte das Boot des Fischers mit allem, was er für die Fahrt zu den Lofoten benötigte, und wünschte ihm viel Glück. Der Fischer, froh und glücklich, betrank sich am Abend. Aber als er am Morgen losfahren wollte, war Zahl persönlich unten gewesen, hatte die ganze Ausrüstung aus dem Boot genommen und sie wieder auf den Kai getragen.
Zahl belohnte und strafte wie ein kleiner Herrgott. Er hatte die Macht und die Mittel dazu.
Als er 1900 starb, nahmen der gesamte Distrikt und Freunde aus dem ganzen Land an der gewaltigen Trauerfeier teil. Und neunzehn nordländische Pfarrer folgten dem Sarg zum Grab.

Ein solcher Matador war Erasmus Benedicter Kjerschov Zahl.
An einem schönen Frühlingstag im Jahre des Herrn 1879 geht der junge Schriftsteller Knut Pedersen Hamsund an Zahls Kai in Kjerringøy an Land. Er ist gut und ordentlich gekleidet, grauer Lodenanzug, Uhrkette quer über die Weste, weißer Hut auf dem Kopf. An einem Lederriemen über der Schulter trägt er eine schwarze Ledertasche von der Art, wie die Postboten sie haben. Das ist sein ganzes Gepäck.
Knut sieht sich interessiert um. In seiner Hausiererzeit ist er schon einmal hier gewesen. Aber es gibt zweifellos Veränderungen. Der Handelshof hat sich in kurzer Zeit vergrößert. Er sieht Häuser, die noch nicht dagestanden haben, als er zuletzt hier war, und auf dem Kai herrscht mehr Leben und Geschäftigkeit. Zahl ist tüchtig, hier wird gehandelt und umgesetzt.
Er nimmt sich Zeit und sieht zu, wie das Schiff entladen wird. Er setzt sich auf eine Tonne, öffnet seine Tasche und holt ein Proviantpäckchen heraus.
Nach der langen Seereise ist er hungrig. An Bord war er nicht imstande, etwas zu sich zu nehmen. Er ist ja kein Seemann, leider, er hatte genug damit zu tun, sich auf den Beinen zu halten, als das Schiff besonders schlimm schaukelte.
Nun muß er kräftig zulangen, er fühlt den Boden unter sich immer noch schwanken, aber wenn er etwas ißt, wird es besser. Außerdem will er nicht wie ein hungriger und bedürftiger Jedermann zu Zahl kommen. Es sind in letzter Zeit Dinge geschehen, die ihm kräftig den Rücken gestärkt haben –
»Bjørger« ist erschienen!
Knut macht sich fertig und geht hinauf zum Laden, und als er kurz darauf die Tür zu Zahls Kontor öffnet, ist er ruhig und zuversichtlich.
Der große Mann bittet ihn, Platz zu nehmen. Zahl ist Ende Fünfzig, breit und bedächtig, freundliche Augen. Er fragt nach der Familie, kennt den Vater, der einmal für ihn genäht hat, kennt Gammeltræin, erkundigt sich nach dem Onkel, der im Bett liegt und ein Wrack ist.
»Trauriges Schicksal.«
»Ja«, sagt Knut.
Dann kommt Zahl zur Sache: »Ich habe deinen Brief erhalten, Knut, du willst für irgendeine Sache Hilfe haben, und deshalb habe ich dich gebeten herzukommen. Ich helfe keinem, siehst du, bevor ich nicht einen persönlichen Eindruck habe.«
»Das ist verständlich.«
»Du warst Lehrer?«
»Ich war eine Zeitlang Wanderschullehrer in Bø.«

»Du bist jung. Hattest du die Ausbildung dazu?«

»Nein, aber es ging. Ich habe selbst gelernt, indem ich andere lehrte. Zum Schluß habe ich es gut geschafft.«

Und dann erzählt Knut von den Ereignissen der letzten Jahre, von dem Handel als Hausierer, der Zeit in Bø, dem Leben als Angestellter beim Lehnsmann und als Lehrer ... und von seiner Schriftstellerei.

»Ich fand keinen Verleger für ›Bjørger‹, Knudsen in Bodø wagte sich an die Sache nicht heran. Deshalb habe ich das Buch im Eigenverlag drucken lassen. Das ging auch. Es wird jetzt gut verkauft, aber es hat mich meine letzten Schillinge gekostet, und es dauert eine Weile, bis ich etwas von dem Verkauf bekomme.« Er öffnet die Tasche und legt »Bjørger« auf den Tisch.

»Bitte – wenn Ihr das Buch haben wollt!«

Zahl nimmt es und blättert darin.

»Leider ist es voller Druckfehler«, sagt Knut beschämt, »aber beim nächsten Buch soll es besser werden, da lese ich Korrektur.«

»Du hast ein neues geplant?«

»Ich würde gern ein kleines Buch schreiben, ja, eigentlich viele Bücher, gute Bücher. Ich habe mir Notizen gemacht, ich klügele etwas aus.«

Knut erwärmt sich, wird eifrig.

»Davon habe ich Euch ja geschrieben. Ich vertraue so sehr darauf, daß es gut geht. Ich will etwas werden.«

Zahl steht auf und geht zum Fenster. Da steht er, breitschultrig, und sieht hinaus. Die Hände auf dem Rücken, er überlegt.

Draußen liegt der große Hof mit Häusern, Klippfischbergen, Booten und Menschen. Geschäftiges Leben. Der Lofotfischfang ist in ganz Nordland beendet, und die Boote strömen zurück.

»Du kannst vielleicht hierbleiben«, sagt er, ohne sich umzudrehen, »hier gibt es genug Arbeit für einen Burschen wie dich, im Kontor oder wo du willst.«

Jetzt ist Knut an der Reihe zu überlegen. Wie sollte er dem Großkaufmann Zahl klarmachen, daß er schreiben wollte ... *schreiben* und etwas werden! Er mußte fort von Nordland zu neuen Eindrücken, neuen Menschen.

Zahl steht dort am Fenster, untersetzt, breit und grauhaarig, er wendet ihm den Rücken zu, aber er wartet.

»Ich muß weg von hier, Zahl... Ihr müßt mir glauben... Ich danke Euch ganz herzlich für das Angebot, aber ich muß schreiben...« Er sucht nach Worten, schluckt hart, die Hand fährt schwer durch den Haarschopf.

»Du willst Dichter werden, Knut. Ist das dein Ernst?«

»Ja.«
»Hm – du hast selbst gesagt, daß du gelernt hast, indem du andere lehrtest, nicht wahr?«
»Ja.«
Endlich dreht sie sich um, die Silhouette dort am Fenster.
»Ich werde dir ein wenig helfen...«
Er geht zum Geldschrank, zählt viele rote Scheine und legt sie auf den Tisch. Tausend Kronen.
Knut ist überwältigt, bekommt kaum ein Dankeswort über die Lippen. Aber Zahl reicht ihm die Hand:
»Du hast dich selbst gelehrt, sagst du... Herrgott, das Leben wird nun dein Schulmeister, junger Freund. Da werden wir sehen, ob du dichten kannst und uns Menschen etwas lehren... Nimm das Geld als ein Geschenk und schreibe mir, wenn du später wieder in der Klemme sitzt...«
Knut taumelt hinaus. Der Mann war Erasmus Benedicter Kjerschov Zahl! Und er hatte bestimmt keinen einzigen Buchstaben in »Bjørger« gelesen.
Walsøe, Zahl, die großen Herren... er vergaß sie nie, wurde nie mit ihnen fertig. Sie waren die Obrigkeit seiner Kindheit, der alle mit Ergebenheit und Respekt begegneten. Sie verschwanden allmählich, weil die Zeit ihnen Raum und Wirksamkeit versagte, aber sie lebten weiter in Knut Hamsuns Romanen – in den Gestalten von Mack und Willatz Holmsen... »In früheren Zeiten war es so, daß der Herr, der König im Distrikt, einem Jugendlichen mit besonderen Fähigkeiten zu außerordentlicher Gelehrsamkeit und der hohen Kunst verhalf...«, schrieb Hamsun 1916 in dem Organ der Trondheimer Studenten ›Unter der Quaste‹. »Der König war nicht so schlecht, er hatte das, was das Leben braucht: Vornehme Gesinnung, Väterlichkeit gegenüber seiner Umgebung, Verantwortungsgefühl für sein Volk. Wer hat jetzt noch die wirtschaftliche und geistige Macht, einen begabten Jugendlichen zu unterstützen? Der moderne Reiche ist ein Spekulant, er hat nicht des Königs Väterlichkeit. Soll die Kommune das Genie fördern? Aber die Kommune, das sind die Schuhmacher...«

Mit seinem großen Reichtum in der Tasche fuhr Knut nach Süden. Er hatte sich für Hardanger entschieden. Bilder von dort hatten ihm erzählt, wie schön es dort war – fruchtbar, großartig und idyllisch zugleich. Auf seinen Wanderungen als Hausierer hatte er Frachtschiffer aus Hardanger getroffen. Die lebhaften Westländer hatten mit ihrer Heimat schwer angegeben, und seitdem war es Knuts Traumziel, dorthin zu kommen – jedenfalls vorläufig.

Nun steuerte er auf das Abenteuer zu. Er verließ sein Nordland, seine Familie und seine Freunde ohne allzu große Wehmut – er hatte gute und böse Erinnerungen. Aber als die mächtige Kuppel des Torghatten im Kielwasser des Schiffes versank, glitt bis zu einem gewissen Grad auch Nordland aus seinem Sinn. Später sollte es ihm folgen, später sollte Nordland wieder auferstehen in ihm, verklärt als gelobtes Land in Traum und Dichtung. Aber er sah es viele, viele Jahre nicht wieder...

Knut kam nach Øystese in Hardanger und logierte sich privat bei einer Familie ein. Er »vernorwegischte« seinen Namen zu Knut Pederson, fand wohl, daß es für einen Dichter besser klang, und stürzte sich mit großem Eifer in die Arbeit.

Anfangs war er taub und blind für alles andere. Er schrieb Gedichte und arbeitete an einer Bauernerzählung, die allmählich Form annahm.

Aber es war kaum zu vermeiden, daß er bald eine Menge Freunde bekam, und das lenkte ihn ein wenig ab. Knut war ein humorvoller Bursche, er war umgänglich, hatte Geld in der Tasche – das er übrigens mit Verstand ausgab, ohne es zu verschleudern –, er sah gut aus und war zudem *Dichter*. Ein bemerkenswerter und neuer Typ dort in der Gemeinde. Die Leute waren neugierig auf den jungen Nordländer, der mit einer so selbstverständlichen Sicherheit auftrat.

Die Arbeit hatte jedoch Vorrang. Er hielt Zahl auf dem laufenden. Als er mit seinem Werk fertig war, schrieb er dem Nordlandsmatador, daß er nach Kopenhagen fahren wollte, um es dem Verleger aller großen nordischen Dichter, Frederik Hegel im Gyldendal Verlag, vorzulegen.

Gegen Ende des Herbstes ging er an Bord des Dampfschiffes mit einer Gedichtsammlung und der Bauernerzählung »Frida« in seinem Hausierersack.

Wahrscheinlich hegte er die schönsten Hoffnungen, sowohl für die Gedichte als auch für »Frida«, aber als er in der großen unbekannten Stadt stand, wo sogar die Sprache der Menschen seine Unsicherheit vermehrte, überfiel den Unerschütterlichen ein wenig Unbehagen. Offensichtlich meinte hier keiner, daß er eine Spur bemerkenswerter sei als die meisten Norweger. Sie waren alle freundlich und leutselig zu ihm, aber daß er Schriftsteller war, imponierte ihnen überhaupt nicht – er war doch Norweger.

Es war ein sehr bescheidener und ziemlich unbeholfener junger Dichter, der

eines Morgens zeitig bei Gyldendal in der Klareboderne klingelte und darum bat, mit Herrn Hegel sprechen zu dürfen. Er wurde gebeten, ein wenig zu warten, Hegel sei noch nicht gekommen, und die Wartezeit in dem eleganten Vorzimmer machte ihn womöglich noch bescheidener. Herrgott – was braucht Gyldendal »Frida«, dachte er.
Die Kontoristen liefen mit Papieren und Manuskripten eifrig hin und her. Ein junger Literat in schicken Kleidern mit Schauspielergebaren und melancholischen Augen schien unter irgendeinem Vorwand abgewiesen zu werden, kaum daß er zur Tür hereingekommen war. »Jaja«, dachte Knut, »*vielleicht* ist er sehr unbegabt.« Als er später fragte, wie der junge Mann heiße, sagte man ihn, daß der Name Herman Bang sei, »nicht ohne Talent übrigens – in diesem Jahr kommt ein Buch von ihm heraus«.
Knut verfiel wieder in seine Gedanken... Vielleicht die Gedichte, dachte er, das Gedicht über Hardanger ist gut und das »Liebeslied« und »Die Möwe« – aber irgendwie war es doch »Frida«... »Frida« war das beste, was er gemacht hatte.
Das Gespräch mit Hegel war kurz und bündig. Beinahe fünfzig Jahre später wollte Knut Hamsuns Verleger Harald Grieg etwas mehr von dieser Begegnung wissen, und er bekam folgende Antwort:
»Ob ich Hegel persönlich traf? Ja, das tat ich, aber ich verstehe nicht, warum Du das wissen willst. Vielleicht um herauszufinden, wie uralt ich bin. Aber Hegel lebte noch lange nach 1879, als ich ihn aufsuchte. Da war eine Schranke wie in einem Laden, Hegel stand dahinter, ich davor, er nahm mein Dichtwerk entgegen und sagte, ich würde am nächsten Tag Bescheid bekommen. Als ich am nächsten Tag das Päckchen holte, stand nur ein P für Pedersen in der Ecke, und man sagte mir, daß es nicht angenommen würde. Das war alles. Ich sah Hegel nur am ersten Tag. Er redete ein wenig mit mir. Bjørnson hatte ihm gerade Order gegeben, eine neue Ausgabe von ›Das neue System‹ zu drucken, die erste Ausgabe war verändert worden und sollte eingestampft werden. Ich erinnere mich, daß Hegel sagte: Bjørnson hat ja genug Geld. Ich verstand die Ironie. Hegel wirkte vornehm, feine Züge, etwas pastoral.«
Die Ablehnung von Hegel *war* ein Schlag. Nicht ein aufmunterndes Wort, das war das Schlimmste. Und Knut stand ziemlich mittellos da in der großen Stadt Kopenhagen, aller goldenen Hoffnungen beraubt. Er konnte übrigens nicht verstehen, daß »Frida« so wertlos sein sollte. Er glaubte, er hätte alles, was er besaß, hineingelegt. Es mußte doch wenigstens eine gute Zeile in dem Buch sein, ein schönes Bild, eine brauchbare Schilderung.

Knut blieb noch ein paar Tage in Kopenhagen. Er mußte sich erst von dem Schreck erholen, die Situation überdenken und sich fassen. Die Dänen waren sehr jovial, die Stadt war schön. Zum ersten Mal sah er große Kunstsammlungen. Thorvaldsens kühle weiße Ästhetik, Skovgaards schöne Buchenwälder, Eckersberg, Marstrand. Alles machte einen starken Eindruck auf Knuts empfänglichen Sinn.

Eines Tages glaubte er einen Ausweg gefunden zu haben. Er suchte den alten norwegischen Dichter Andreas Munch, der in Kopenhagen wohnte, auf und bat ihn, »Frida« zu lesen, vielleicht würde er etwas Gutes an dem Buch finden. – Munch war freundlich – viele Menschen waren freundlich – und er versprach, in das Manuskript zu sehen.

Neue Hoffnung, aber auch sie war nur eine Seifenblase, die zerplatzte. Knut Hamsun erzählte später, daß »Munch ›Frida‹ las und sein schönes graues Haar schüttelte«. Das war alles. Auch hier keine Aufmunterung. Aber Munch gab ihm, gutherzig wie er war, das Reisegeld für die Rückfahrt nach Norwegen. Und damit glaubte er wohl, einen kräftigen und gesunden jungen Mann für das praktische Leben, wo er hingehörte, zurückgewonnen zu haben.

Aber als Knut auf dem Deck des Schiffes stand und die grünen Türme von Schloß Kronborg verschwinden sah, war er noch weit davon entfernt, sich unterkriegen zu lassen. Er achtete Andreas Munchs Meinung hoch, aber es gab *einen* Mann, dessen Meinung und Urteil er noch höher achtete. Die Reise ging zu ihm.

An einem kalten Dezembertag geht er die Allee zu dem Hof Aulestad hinauf. Er sieht sich mit Respekt und Ehrfurcht um. Hier wohnte er also, der Dichterfürst, sein großes Ideal und Vorbild, Bjørnstjerne Bjørnson.

Knut hat einen langen Weg hinter sich. Von Kristiania ist er ohne Unterbrechung marschiert. Manchmal hat ihn ein Schlitten mitgenommen, aber meistens mußte er zu Fuß gehen. Nun ist er müde und erschöpft, aber er ist glücklich, am Ziel zu sein, und gespannt, ob er den großen Mann sprechen kann.

Er geht über den Hofplatz. Es ist glatt, und als er vor der Tür den Schnee von den Füßen abtreten will, gleitet er auf einem Eisbuckel aus und fällt hin. Ein schlechter Anfang! Er steht auf und bürstet sich ab.

In der Tür steht ein junges Mädchen und sieht ihm zu. Knut grüßt und fragt nach Bjørnson.

Er sei beschäftigt, er habe fremde Leute da, worum es sich handele.

Knut sagt, daß er mit dem Dichter persönlich sprechen müsse.
Das Mädchen geht hinein und bleibt lange weg. Als sie endlich wiederkommt, sieht sie ihn forschend an und sagt, daß Bjørnson heute nicht mit ihm reden könne, er möge es morgen wieder versuchen.
Knut muß die Nacht im benachbarten Hof schlafen, aber am nächsten Tag wird er in Aulestad hereingelassen.
»Waren Sie gestern betrunken?« sind Bjørnsons erste Worte an ihn.
»Betrunken? Nein, keineswegs«, sagt Knut erstaunt.
»Das Mädchen meinte, daß Sie betrunken waren, und ich empfange keine betrunkenen Leute. Sie sind doch draußen hingefallen?«
Knut ist froh, daß er den Sachverhalt klären kann: Er sei nach der langen Wanderung müde gewesen und auf dem Eis ausgeglitten.
Bjørnson sieht ihn forschend an und sagt kurz, aber mit einem freundlichen Lächeln: »Ich glaube Ihnen Ihre Worte.«
Knut wird ein Stuhl angeboten, und er setzt sich andächtig neben den Schreibtisch, in dem Raum, wo der bewunderte Dichter arbeitet. Er reicht ihm das Manuskript von »Frida«, und Bjørnson blättert es durch. »So schnell und gleichgültig«, denkt Knut ängstlich, »da *kann* er doch keinen richtigen Eindruck bekommen.«
»Der Junge war nahe am Weinen«, liest Bjørnson. Blättert weiter. »Nein, da weint der Junge ja immer noch!« ruft er ungeduldig und schüttelt seine rote Löwenmähne. »Das taugt nichts, junger Freund, *wirklich* nicht.«
Das Urteil ist verkündet, es ist unwiderruflich. Knut sitzt blaß, mit gesenktem Kopf da.
»Nein, geben Sie sich nicht damit ab, Bücher zu schreiben!«
Bjørnson sieht ihn an. Der Blick hinter der Brille wird auf einmal warm und teilnahmsvoll, er lächelt wieder:
»Aber Sie sind ja groß und sehen gut aus. Sie sollten Schauspieler werden!«
Schauspieler! denkt Knut verwundert... *das* ist ihm noch nie eingefallen... aber du wirst sehen, er meint es im Ernst...
»Ja...«, sagt Knut zögernd.
Bjørnson reicht ihm das Manuskript. »Laß hören – lies!«
Knut nimmt die Blätter mit zitternder Hand – und mit trockenem Hals und unsicherer Stimme liest er aus seinem eigenen Buch. Waren es ein, zwei oder zehn Seiten? – er erinnert sich später nicht. Aber aus weiter Ferne hört er zum Schluß Bjørnsons helle, kräftige Stimme halt, halt! rufen.
Der Dichter, der während des Lesens im Zimmer auf- und abgegangen war, setzt sich. Er taucht die Feder ein.

»Ich gebe Ihnen einen Brief mit. Gehen Sie zu dem Schauspieler Jens Selmer, er wird sich Ihrer annehmen und mit Ihnen lernen.«
Es ist alles so nebelhaft und unwirklich, Bjørnsons hastige, rastlose Bewegungen stecken ihn an. Er steht schnell auf, murmelt einen Dank, stolpert über seine Worte, nimmt den Brief und geht rückwärts zur Tür hinaus.
Knut wurde in Kristiania ansässig. Er hatte kürzlich von Zahl, der einen erstaunlichen Glauben an den jungen Mann hatte, noch etwas Geld bekommen, und er mietete ein kleines Zimmer in der Tomtegaten.
Sollte er Bjørnsons Rat befolgen und den Schauspieler Selmer aufsuchen? Lust, zur Bühne zu gehen, hatte er entschieden nicht. Aber für Knut war es nun wichtig, in Kreise hineinzukommen, die ihm vielleicht nützlich werden konnten – als Schriftsteller. Ja, als Schriftsteller! Knut hatte Zeit gehabt, um sich nach Bjørnsons gewaltsamem Nasenstüber wieder zu fangen, er dachte keinen Augenblick mehr daran, aufzugeben. Bjørnson hatte ihn zwar gründlich abgekühlt, aber er versuchte noch eine Zeitlang, »Frida« zu ändern, fühlte ständig das Eisen in sich glühen, doch endlich mußte er einsehen, daß er mit diesem Buch nicht weiterkam. Und was machte Knut? Er saß auf seinem Holzstuhl an einem armseligen, wackeligen Tisch in der Tomtegaten 11 und sah »Frida« durch, kritisch und zum letzten Mal. Dann war es vorbei, er stand ruhig auf, legte den ganzen Stoß beschriebenen Papiers in den Ofen und zündete ihn an. Fertig mit »Frida«! Es erleichterte. Und wahrscheinlich erwärmte sie den kalten Raum ein wenig.
Darauf ging er zu Selmer.
Bereits nach wenigen Stunden sagte Selmer zu seiner Frau: »Es kann gut sein, daß etwas Bedeutendes aus ihm wird, doch Schauspieler wird er nie!«
Knut war jung, aber wirkte seltsam bescheiden und »belesen«, trotz seiner kümmerlichen Schulkenntnisse und obwohl er noch *nicht* viel gelesen hatte. Er konnte stundenlang mit Selmer über Literatur diskutieren. Schon damals erlaubte sich der junge Knut, respektlos über Ibsen zu reden, zum Gelächter und Vergnügen von Selmer, der freundlich war und Nachsicht mit dem Bauernburschen hatte. Er verließ sich wahrscheinlich auf seinen Instinkt, wenn er sich mit Selmer »fachlich« unterhielt. Er war mit einem guten Instinkt ausgerüstet.
Knut wußte selbst, daß es noch ein weiter Weg war, bis er wirklich mitreden konnte. Selmer gab ihm Freikarten fürs Theater, aber er benutzte sie selten. Die Bühnenkunst interessierte ihn nicht besonders – jedenfalls nicht als Kunst. Aber aus Kopenhagen hatte er ein paar Bücher mitgebracht, die ihn

sehr beschäftigten. Mit J. P. Jacobsen, Holger Drachmann und Georg Brandes öffneten sich ihm neue Horizonte. J. P. Jacobsens »Marie Grubbe« interessierte ihn, weil er hier etwas Neues und Bemerkenswertes vor sich hatte, sowohl stofflich als auch stilistisch. Drachmanns Gedichte erfreuten ihn mit ihrer Schönheit und versetzten ihn in eine feierliche Stimmung, während Brandes, der Antiromantiker, ihn zunächst verwirrte, ihm später einige Illusionen raubte und ihn zum Schluß zu ernsthaftem und anstrengendem Nachdenken veranlaßte.

Und er las, schrieb und arbeitete an Form und Stil. Bjørnson war gefährlich, Knut begriff, daß er seinen Stil ändern mußte, am besten alles vergessen, was er glaubte vorher gewonnen zu haben. Es ging ihm nicht gut, er kam nicht weiter und trotzdem – das Eisen glühte.

Armut und Entbehrung zwangen ihn, dem Milieu fernzubleiben, von dem er anfangs einen Schimmer zu sehen bekommen hatte. Zahls Hilfe hörte auf, und er *wollte* nicht betteln, er wollte nicht um eine neue Handreichung bitten, ehe er etwas vorzuweisen hatte – ein fertiges Manuskript, das etwas taugte.

Er versuchte, sich mit Schreibarbeiten durchzubringen. Kristiania war damals eine kleine Stadt, eine enge Stadt. Sie hatte kein weites Herz für ein einsames, verwahrlostes Talent. Das Milieu unten im Bezirk Vaterland, wo er wohnte, war grau und trist, und das Haus, in dem er logierte, war Aufenthaltsort für Seeleute und haltlose Existenzen. Suff, Kartenspiel, Schlägereien und allerlei dubiose Tätigkeiten, das war sein Hintergrund, und hier sollte er arbeiten.

In »Hunger« hat er seine erste Zeit in Kristiania geschildert, die härteste Zeit seines Lebens. Er ist matt vor Hunger und Verwahrlosung, und die Nerven treiben ihr zerstörerisches Spiel mit ihm. Die Ängste und Visionen aus seiner Kindheit lauern im Hintergrund, er ist nicht stark genug, neuen Ängsten zu begegnen.

»Es begann zu dämmern, ich fiel immer mehr zusammen, wurde müde und legte mich auf das Bett zurück. Um meine Hände ein wenig zu wärmen, strich ich mit den Fingern durch das Haar vor und zurück, kreuz und quer; es gingen kleine Zotteln mit, losgelöste Büschel, die sich zwischen die Finger legten und auf das Kopfkissen fielen. Ich dachte nichts dabei, es war, als ginge es mich nichts an, ich hatte auch noch genug Haare. Ich versuchte wieder, mich aus dieser seltsamen Betäubung aufzurütteln, die mir wie ein Nebel durch alle Glieder glitt, setzte mich aufrecht, schlug mir mit der flachen Hand auf die Knie, hustete, so fest es meine Brust zuließ – und fiel wiederum zurück. Nichts half. Ich starb mit offenen Augen hilflos dahin, geradeaus auf die Decke starrend. Zuletzt steckte ich den Zeigefinger in den Mund und sog daran. In meinen Gedanken begann sich etwas zu rühren, ein Gedanke, der sich da drinnen hervorarbeitete, ein ganz toller Einfall: Wenn ich nun zubiß? Und ohne mich einen Augenblick zu bedenken, kniff ich die Augen zu und schlug die Zähne zusammen.

Ich sprang auf. Endlich war ich wach geworden. Es sickerte ein wenig Blut aus dem Finger, und ich schleckte es immer wieder ab. Es tat nicht weh, die Wunde war auch nicht der Rede wert. Aber ich war mit einem Mal zu mir selbst gekommen, schüttelte den Kopf, ging zum Fenster und suchte nach einem Lappen für die Wunde. Während ich dastand und mich mit ihr beschäftigte, trat mir das Wasser in die Augen, ich weinte leise vor mich hin. Dieser magere, zerbissene Finger sah so traurig aus. Gott im Himmel, wie weit war es nun mit mir gekommen!«

Er hungerte sich in Kristiania durch den Winter. Sein ganzer armseliger Besitz wanderte allmählich ins Pfandhaus. Die Uhr, die Bücher, die Kleider. Er hatte einen Vetter in Kristiania, der Schuhmacher war, aber viel konnte der auch nicht erübrigen, er war nicht wohlhabend, außerdem fand er, daß Knut selbst schuld an dieser dummen Lage war, er hatte keinen Sinn für dessen dichterische Ideen. Gelegentlich bekam Knut einen kleinen Auftrag, etwas abzuschreiben – es war wenig, aber sicheres Geld, und das hat ihn wohl gerettet.

Als es Frühling wurde, änderte sich seine Situation. Der Straßenbaudirektor Krag, der ihm Schreibarbeiten gegeben hatte, verschaffte ihm Arbeit beim staatlichen Straßenbau in Toten, und mit einem Gefühl der Erleichterung verließ er seine Bude in Vaterland. Er begriff, daß es höchste Zeit war.

Die Straßenbauarbeiter waren teils Wanderarbeiter, teils Seßhafte. Das Verhältnis zwischen den beiden Gruppen war nicht immer das beste. Die Straßenarbeiter auf dem Abschnitt Skreia – Gjøvik bildeten da keine Ausnahme. Es kam nicht selten zu heftigen Streitigkeiten. Aber in einem waren sie sich merkwürdigerweise einig: Der neue Mann, der es so schnell vom gewöhnlichen Arbeiter zum Kieskontrolleur gebracht hatte, war ein interessanter und ungewöhnlicher Kerl. Sie mißgönnten ihm die Beförderung keineswegs. Ein Bursche, der dichtete und schrieb und lange Reden über unverständliche Dinge hielt, eignete sich nicht zu harter Arbeit, fanden sie. Ein solcher Sonderling war nur im Wege. Anfangs war er auch

schrecklich blaß und abgemagert, man konnte sich nur wundern, daß er noch zusammenhielt. Einmal war er in der glühenden Sonne umgefallen, ohnmächtig geworden. Aber später erholte er sich beträchtlich, und da zeigte es sich, daß der Bursche oft guter Laune war. Er johlte und sang mit den anderen um die Wette, wenn sie mit der Brechstange etwas hochstemmen mußten. Er hatte breite Schultern, und als er etwas Fleisch auf die Knochen bekommen hatte, wurden allmählich Muskeln daraus. Alles in allem war er ein kräftiger Teufel, vor dem man Respekt haben konnte.
Aber das war ihnen klar: Er eignete sich am besten zum Kiesgruben-Schreiber. Ein Bursche, der so schön schrieb und so sicher zusammenzählte, war ein dankbarer Fund für eine Kiesgrube.
Nun war der Lohn eines Kiesgruben-Schreibers höher als der eines gewöhnlichen Arbeiters. Aber *das* kam nicht nur dem »Dichter Pederson« zugute. An einem einzigen Abend verlor er fröhlich seinen ganzen Wochenlohn beim Kartenspiel »Einundzwanzig«. Die Arbeiter waren noch keinem verrückteren Kartenspieler begegnet. Er spielte unglaublich riskant. Er spiele nicht, um zu gewinnen, sagte er. Aber spiele er, um zu verlieren? Nein, er spiele um des *Spieles* willen! Völlig unverständlich. Und freundlich überlegen ließ man ihn wissen: »Bezahl oder hör auf zu spielen!« Pedersen besaß eine großartige Gleichgültigkeit. Aber es kam auch vor, daß er gewann – und dann gewann er, daß es seine Art hatte.
Ansonsten interessierte ihn die Arbeit in der Kiesgrube nicht sonderlich. Aber er las viel in dieser Zeit, und das war etwas anderes. Aus der Østre Toten Volksbibliothek lieh er sich Lesestoff aus, dessen Bogen sich von der leichtesten Unterhaltung bis zur gediegenen Literatur spannte. Der junge Mann arbeitete bewußt, wenn er las, er machte Notizen und Anmerkungen. In der Kiesgrube hatte er immer zwei Bücher auf dem Schoß: in das eine schrieb er die ausgehenden Fuhren, in dem anderen las er.
Eines Tages, als Knut von der Arbeit kam und auf dem Weg nach Raufoss war, wurde er von einem Fahrzeug eingeholt. Der Mann hielt an und fragte, ob er aufsitzen wolle, und Knut nahm dankend an. Der Mann stellte sich vor, er hieß Nils Frøsland und war Leiter einer Zündholzfabrik in Raufoss. Er kenne Knut dem Namen nach, er sei bei dem Straßenbau auf ihn aufmerksam geworden, sagte er, wisse, daß er vor seinen Kameraden las und deklamierte. Verständlich genug war Knut ein wenig geschmeichelt, und sie kamen ins Gespräch. Sie wurden beinahe gute Freunde während der Fahrt, und als sie am Ziel waren, bat Frøsland ihn zum Abendessen.

Nach dieser Begegnung wanderte Knut oft zu diesem Heim, und er war ungeheuer dankbar für die Freundlichkeit, die ihm von der ganzen Familie erwiesen wurde. Er und Frøsland wurden richtige Freunde, und Frøsland half ihm in vielerlei Hinsicht. In seiner Freizeit bekam Knut Arbeit im Kontor der Zündholzfabrik. Und Frøsland war sehr zufrieden mit seiner Schreib- und Rechenarbeit. Zum Dank erzählte Knut dem neuen älteren Freund von allen seinen Plänen, den jetzigen und den zukünftigen. Er las ihm eine Beschreibung seines Werdegangs vor und verhehlte nicht, daß er Dichter werden wollte. Das und nichts anderes.

Er arbeitete hart in diesen Wochen und Monaten, schrieb und schrieb, schickte Artikel an Zeitungen, aber es wurde nie etwas angenommen.

Dieser Mißerfolg prallte jedoch an ihm ab. Er war sich seiner Berufung so sicher, Hindernisse sollten ihn nicht von dem abhalten, was er sich vorgenommen hatte.

Aber natürlich hatte er nicht nur monotones Schuften im Kopf. Im Gegenteil, an den Samstagabenden war er der lustigste unter den fröhlichen Kameraden und Freunden und war sehr beliebt bei den Mädchen der Umgegend. Keiner schwang sie vergnügter beim Tanz herum als er – keiner sagte besonnenere Worte. Knut war ein gesunder junger Mann, lebhaft und ernst zugleich, kurz und gut, ein wenig außergewöhnlich. Er war ein unruhiger Geist und eine lebendige Quelle an Phantasie und Tatkraft in einer gewöhnlichen und anständigen kleinen Gesellschaft. Aber gleichzeitig besaß er die Fähigkeit, zu einigen und zu versöhnen, wenn die Kameraden sich in die Haare gerieten. Er hatte ein heiteres Gemüt und eine ausgezeichnete Rednergabe. Als einmal ein offener Bruch zwischen den Seßhaften und den Wanderarbeitern drohte, rettete Knut die Situation. Der Straßenbauingenieur hatte als letzten Ausweg die streitenden Parteien zusammengerufen, und hier sprach Knut so mitreißend, daß eine Versöhnung zustande kam.

Ein beständiger Arbeiter war er eigentlich nicht, er konnte sich voll und ganz einsetzen, wenn es nötig war, aber es stand ihm immer klar vor Augen, daß er die Berufung zu etwas anderem hatte. Er hatte nun viel gelesen, hatte ein unruhiges Leben und nicht wenig Erfahrungen hinter sich. Er brannte darauf, sich zu behaupten, und wie er seinem Vetter, dem Schuhmacher in Kristiania, schrieb: »...in dieser Zeit habe ich so trotzige und große Gedanken wie die Glomma*«.

* Die Glomma ist ein großer Fluß in Ostnorwegen. (Anmerk. der Übersetzerin)

Nachdem er eine Zeitlang unermüdlich vorgearbeitet hatte, tat er einen großen Schritt nach vorne: Er wurde für ein paar Wochen von der Arbeit freigestellt und fuhr zu dem Pfarrer Christopher Bruun in Vonheim. Knut hatte seine »Volkstümliche Gedanken« gelesen und stand eine Weile im Briefwechsel mit ihm. Bruun war die Liebenswürdigkeit selbst und lud ihn zu sich ein. Er hatte Interesse an dem Jungen und wollte ihm helfen.

In Vonheim beendete Knut einige Betrachtungen über die neuere Literatur, und mit diesen Papieren in der Tasche fuhr er nach Gjøvik, wo er einen Raum gemietet hatte. Hier wollte er es wagen, hier wollte er zum ersten Mal öffentlich als Redner auftreten.

Es war eigentlich kein populäres Thema, das er gewählt hatte – er sprach über August Strindberg! Der Besuch war auch nicht überwältigend, sechs Personen waren erschienen, um den Straßenarbeiter zu hören. Ein solcher Mangel an Interesse hätte vielleicht jedem anderen den Mut genommen, aber Knut dachte nicht einen Augenblick daran, den Vortrag ausfallen zu lassen. Er hatte, was das anbelangt, im Kieswerk auch nicht mehr Zuhörer gehabt, er war nicht verwöhnt. Schlimmer war, daß er bei der Tour Geld verlor.

Der Gjøvikredakteur Johan Enger, der eine schöne, kleine Vorbesprechung geschrieben hatte, war einer von den sechs Anwesenden, und er erzählte später ein wenig von seinem Eindruck bei dieser Veranstaltung:

»Groß und ernst bestieg er das Rednerpult und begann seinen Vortrag. Erst etwas langsam und zögernd, aber dann kam er in Schwung und lieferte die intensivste lyrische Vortragskunst, die ich jemals gehört habe. Der Vortrag war gesättigt mit explosiven, flammenden Bildern, heftigen Ausfällen und behutsamer, liebkosender Lyrik. Es war eines meiner größten Erlebnisse.«

Am nächsten Tag schrieb Enger begeistert in seiner Zeitung von dem jungen Mann und seinem Vortrag, und er meinte, daß Gjøviks Bürger sich schämen sollten, daß sie nicht zahlreicher erschienen seien. Ermuntert von dieser Notiz, wiederholte Knut seinen Vortrag ein paar Tage später. Und jetzt waren sieben Personen anwesend.

Enger lieh ihm zehn Kronen zur Heimreise.

Nein, es wollte ihm nicht richtig glücken. Wie sehr er sich auch anstrengte, er kam nicht voran. Von dem Bruder Peter, der vor einigen Jahren nach Amerika ausgewandert war, bekam er einen Brief. Es schien ihm gut zu gehen dort drüben, und Knut dachte nun intensiv daran, ihm zu folgen. Er fing auf alle Fälle an, Englisch zu lernen, aber es fehlte ihm natürlich das Geld für die weite Reise. Alles lag im Ungewissen.

Weihnachten näherte sich. Knut hatte sich darauf eingestellt, mutterseelenallein in seinem Zimmer bei der alten »Torger Maria« zu feiern. Da klopfte es einen Tag vor Weihnachten an die Tür und hereinspazierte der Freund Nils Frøsland. Er kam direkt zur Sache und fragte, ob Knut nach Hause zum Hof Frøisland mitkommen wolle und zusammen mit der Familie Weihnachten feiern. Knut dankte froh und bewegt, aber ahnte nicht, daß diese Einladung eine entscheidende Bedeutung für seine ganze Zukunft bekommen sollte.

Die alte Mutter Frøisland war die Herrin auf dem Hof. Sie war eine fromme und bedeutende Frau. Bekannt war sie als »weise Frau«, die die Fähigkeit besaß, Krankheiten zu heilen, außerdem gehörte sie der neuprotestantischen Sekte der *Unitarier* an, einer Bewegung, die von dem Schriftsteller Kristofer Janson gegründet worden war.
Knut und die alte Frau Frøisland verstanden sich vom ersten Augenblick an. Er erzählte ihr von dem Einfluß, den Kristofer Jansons Erzählung »Torgrim« in den frühesten Jugendjahren auf ihn gemacht hatte, und sie ihrerseits erzählte von Jansons Leben und Wirken als Pfarrer der Unitarier in Amerika.
Es wurde das gemütlichste und stimmungsvollste Weihnachtsfest, das Knut je erlebt hatte. Es waren viele Gäste auf dem Hof, Menschen mit Kultur und Weltanschauung. In den folgenden Tagen war Knut so etwas wie ein Mittelpunkt. Er konnte bei vielem mitreden, frisch und originell, und er tat es in seiner bescheidenen und ruhigen Art, wie es sich damals für einen jungen Mann geziemte. Die Rede kam auf Bjørnson, den alle fortschrittlichen Norweger in diesen Jahren als ihren Dichterfürsten verehrten. Bjørnson war ein Freund der Familie Frøisland, und Knut erzählte von dem gewaltigen Eindruck, den der Hüne kürzlich auf ihn gemacht hatte, als er auf einer großen Volksversammlung in Toten sprach. Als Redner kannte Bjørnson alle Effekte, und er wußte sie anzuwenden. Anonym, versteckt in der dicht gedrängten Menge, stand der junge werdende Dichter und hörte auf des Fürsten Rede, sah seine breite, prächtige Gestalt, bemerkte, wie er mit einer wirkungsvollen Bewegung die Löwenmähne aus der Stirn strich, sie aber kurz darauf wieder herunterfallen ließ, um die Bewegung wiederholen zu können.
Knut hatte ein gutes Gespür für Effekte, und Bjørnson hatte ihm etwas gezeigt. Eines Abends stieg er auf einen Schemel und deklamierte »Terje Vigen«, so daß alle Männer und Frauen weinten.

Die alte Mutter Frøisland war bewegt und beeindruckt zugleich und sagte zu ihrem Sohn: »Diesem Mann müssen wir helfen, damit er Pfarrer wird.«
Als Knut das später hörte, sagte er: »Helft mir lieber nach Amerika!«
Nils Frøsland fragte ihn, was eine solche Reise kosten würde, und Knut antwortete, daß er 400 Kronen haben müsse. Und o Wunder – ehe er den Frøishof verließ, hatte Mutter Frøisland ihm das Geld versprochen.
»Aber Pfarrer kann ich nicht werden, und das Geld ist nur geliehen«, sagte er lächelnd, »Sie bekommen es bis auf die letzte Øre zurück.«
Frøsland schrieb nun an Bjørnson und bat um ein Empfehlungsschreiben für Knut, das ihm in den norwegischen Kreisen in Amerika nützen könne. Knut selbst überbrachte den Brief, und er bekam die Empfehlung, obwohl Bjørnson kaum mehr Glauben an ihn haben konnte als beim ersten Besuch.
Die Empfehlung war an den norwegisch-amerikanischen Professor Anderson gerichtet und lautete folgendermaßen: »Ich schicke Dir und Johnson einen Mann, namens Knut Pederson, damit Ihr ihm mit gutem Rat und Empfehlungen helfen mögt. Er ist Bauer, hat aber ein wenig gelesen, etwas geschrieben und wird vor allem als ein ordentlicher Bursche gelobt, zuletzt hat er als einfacher Straßenbauarbeiter unter Kapt. Mostue, der ihn wegen seiner Gewissenhaftigkeit und seines guten Willens sehr lobt, in Gjøvik gearbeitet. Er packt an, was es auch ist, aber es sollte *etwas aus ihm werden*. Er wird einen guten Eindruck auf Euch machen.«
Nils Frøsland legte das Geld für seine Mutter aus. Knut kündigte seine Stelle beim Straßenbau und bekam zum Dank für gute Arbeit vom Straßenbauingenieur 50 Kronen extra. Von diesem Reichtum staffierte er sich aus, kaufte Kleider und Schuhe und eine Brille für seine kurzsichtigen Augen.
Es war ein selbständiger und gereifter junger Mann, der im Winter 1882 einer unsicheren Zukunft entgegen in die neue Welt fuhr. Aber er war voller Hoffnung und Energie und hatte einen verbissenen Glauben an sich selbst und die Fähigkeiten, die er besaß.

In Amerika

I

Professor Rasmus B. Anderson war einer der bedeutenderen Norwegischamerikaner in der Stadt Madison. Er war Professor für norwegische Literatur an der Universität der Stadt, ein Freund und Bewunderer von Bjørnson und Ibsen, ein respektabler Mann mit begrenzten Fähigkeiten und viel Initiative. Er schwamm auf der Oberfläche der Zeitströmungen, war eine Stütze der Gesellschaft und ein Moralist, ein studierter Mann, der sich vor falschen Standpunkten in acht nahm.

An einem Sommertag sitzen der Professor und seine Familie beim Mittagessen und hören es an der Tür klingeln. Das Mädchen ist in der Küche beschäftigt, und der Professor geht selbst hinaus und schließt auf. Vor ihm steht ein großer, schlanker junger Mann mit einem lockigen Haarschopf. Er hat einen Zwicker auf der Nase, ist recht gut gekleidet und, wie es sich zeigt, bescheiden und höflich in seinem Auftreten.

Nach seiner Frage, ob er die Ehre habe, mit Professor Anderson zu sprechen, reicht der junge Mann ihm einen Brief. Der Professor liest ihn und sieht zu seinem Erstaunen, daß er von Bjørnstjerne Bjørnson ist, der den Überbringer seiner Obhut empfiehlt.

Der Professor bittet ihn herein, erkundigt sich recht freundlich und interessiert nach ihm, und als er erfährt, daß Knut noch nicht zu Mittag gegessen hat, bittet er ihn, sich mit zu Tisch zu setzen.

Professor Anderson ist etwas steif und formell, aber auf seinen Wunsch erzählt Knut ein wenig von sich, und der Professor nickt anerkennend zu des jungen Mannes Begeisterung für Bjørnson. Dadurch ermuntert, fährt Knut fort und berichtet ausführlich von seiner langen Reise. Er erzählt, wie er zuerst nach Hamburg kam und sich an den Direktor der Norddeutschen Lloyd wandte.

»Er war sehr freundlich. Ich erzählte ihm, wer ich war, ein junger, unbekannter Dichter, der nach Amerika wollte, um etwas zu werden. Ich hätte Verwandte dort. Und ich fragte ihn, ob er mir zu einer billigen Überfahrt verhelfen könne... Ich werde diesen Mann nie vergessen. Er sah mich an. Dann sagte er: ›Wo wohnen Ihre Verwandten in Amerika?‹ – ›In Elroy‹, sagte ich. ›Ich werde Ihnen eine freie Überfahrt und außerdem die Zugfahrkarte nach Elroy geben‹, sagte er... Mehr nicht. Man stelle sich vor, ich konnte umsonst bis nach Elroy fahren! Ich begriff von dem Ganzen nichts. Ich verstand sein Englisch nicht sehr gut und er meines sicher auch nicht, aber er erklärte mir, daß er es gerne tue, weil ich ein junger norwegischer Dichter wäre. ›Kennen Sie mein Land?‹ fragte ich. ›Ja, Hardanger‹, sagte er... ›Bjørnson‹.

Ich fuhr mit dem Dampfschiff ›Oder‹. Es war eine anstrengende Reise. Ich war zeitweise sehr seekrank...«

Während er spricht, merkt Knut, daß der Professor nicht mehr richtig zuhört. Er ist bei weitem nicht mehr so interessiert wie am Anfang, die Finger trommeln auf dem Tisch, der Blick ist in die Ferne gerichtet... Knut geht deshalb schnell über die Zeit bei seinem Onkel in Elroy hinweg. Hier gab es auch nicht viel zu erzählen, er war nicht gerne dort, nichts gelang ihm. Der Bruder nahm wenig Anteil an seiner Schreiberei und ermunterte ihn nicht. Er hatte genug mit seinen eigenen Angelegenheiten zu tun.

Als Knut seine Erzählung beendet hat, sitzt der Professor lange mit einer höchst ernsten Miene da, ohne ein Wort zu sagen. Dann lehnt er sich in seinem Sessel zurück, streckt die Daumen in die Weste, sieht seinen Gast kritisch an und sagt kurz: »Also, junger Mann, was gedenken Sie hier im Lande zu tun?«

»Ich bin gekommen, um Poesie zu schreiben und nebenbei ein wenig für die Norweger in Amerika«, erwidert Knut ruhig. »Bjørnson hat mir erzählt, als ich das letzte Mal bei ihm war, daß seine Landsleute hier einen Dichter brauchen, und ich habe gedacht, dem Mangel abzuhelfen.«

»Aber was haben Sie vorher gemacht, was für eine Ausbildung haben Sie, welche Erfahrungen haben Sie in der Dichtkunst?...« Der Professor ist leicht irritiert über die Selbstsicherheit des sehr jungen Mannes.

»Ich bin ein bißchen in die Volksschule gegangen – das ist alles.«

Als er diese Antwort bekommt, lächelt der Professor wirklich zum ersten Mal... Der Fall ist einfach, es handelt sich also nur um einen naiven jungen Burschen, dem Bjørnson hatte »helfen« wollen... dieser Bjørnson, der ständig »half«.

»Wenn ich Ihnen einen guten Rat geben darf, junger Mann, dann würde

ich sagen, daß Sie sich möglichst schnell eine Arbeit suchen sollten. Das Dichten können Sie ja als eine Art Hobby betreiben.«
»Das Dichten ist bei mir kein Hobby!« antwortet Knut mit der gleichen unerschütterlichen Ruhe und mit einem trotzigen Aufblitzen in den hellen Augen.
Rasmus B. Anderson schüttelt leicht das Haupt zu dieser Antwort, aber er lenkt das Gespräch auf ein anderes Thema. Und hier bekommt er den Eindruck, daß Knut Pederson trotz allem einigen Verstand besitzt. Als Knut ihm in einem letzten Versuch etwas zeigen will, was er geschrieben hat, sieht der Professor gedankenvoll auf das Papier, macht sich aber nicht die Mühe zu lesen, was da geschrieben steht, er sieht nur, daß der Junge eine schöne und deutliche Handschrift hat. Der Professor ist für gewöhnlich ein freundlicher Mann. Er erinnert sich, daß ein Bekannter von ihm, ein Kaufmann in Elroy, Wisconsin, neulich erwähnt hatte, daß er einen Kontoristen brauche. Hier hatte man vielleicht Verwendung für den jungen Mann.
Knut bekommt die Blätter zurück. Der Professor erklärt ihm, daß er, soweit er das sehen könne, keine Aussichten als Dichter habe, aber daß er möglicherweise eine Zukunft als Kontorist habe. Was Herr Pederson davon halte?
Knut verbirgt seine Enttäuschung sehr gut. Er dankt dem Professor für seinen Rat, erhält die Adresse des Kaufmanns und geht.
Und Rasmus B. Anderson ist zufrieden. Er hat sich dieses lästigen Poeten entledigt und kann trotzdem bei passender Gelegenheit Bjørnson erzählen, daß er Knut Pederson geholfen hat.

II

Knut hat zwei harte und schwierige Jahre hinter sich. Er hat alles mögliche versucht, ist im Staat Wisconsin von Ort zu Ort gereist, hat auf Farmen gearbeitet, ist Schweinehirt gewesen, hat im Laden gestanden und im Kontor von Kaufmann Hart in Elroy gesessen.
Bei den Farmern bekam er oft nicht mehr als die Kost, viele von ihnen waren ebenso arm wie er selbst. Die ganze Zeit versuchte er zu schreiben, es war jedoch nicht leicht, sich nach einem schweren Arbeitstag darauf zu konzentrieren, wenn man am liebsten ins Bett gefallen wäre. Aber er war

stark und arbeitswillig, in vieler Hinsicht gefiel es ihm in diesem Land, wo Arbeit und nochmals Arbeit für alle eine Selbstverständlichkeit war und das einzige, was einen weiterbrachte.
Bei dem Kaufmann Hart blieb er über ein Jahr. Schon von Kindesbeinen an hatte er diese Atmosphäre gemocht. Aber er wurde nicht sofort in den Laden gelassen. Hart hatte gerade mit einem Bau hinter dem Geschäft begonnen, und Knut bekam einen Job als Handlanger. Eine Woche lang arbeitete er mit vollem Einsatz, und anfangs leistete er dank seiner enormen Kräfte gute Arbeit. Aber als der Bau allmählich wuchs, wurde Knut leider immer unbrauchbarer. Er hatte große Höhen noch nie vertragen. Ganz oben auf der Leiter wurde ihm so schwindlig, daß er kaum seinen Mauerstein abliefern konnte. Es soll ein spannender und komischer Anblick gewesen sein, wie sich der Dichter hoch oben an der Leiter festklammerte und der Kneifer an einer Seidenschnur in der Luft hin- und herpendelte. Aber es hieß auch, daß Hart eines Tages nach draußen kam und Zeuge dieses traurigen Anblicks wurde, und Knut bekam augenblicklich einen Job hinter der Theke.
Und hier erfüllte er seine Aufgabe bedeutend besser. Er hatte ein gewinnendes Wesen, scherzte mit den Kunden und bezauberte die Damen. Man erzählte sich, daß er einmal, als Hart verreist und Knut allein im Laden war, Besuch von einem Handlungsreisenden in modischem Zubehör für Damen bekam. Knut ergriff die Gelegenheit beim Schopf, um zu beweisen, daß er sich auf diese Dinge verstand. Er kaufte nach eigenem Gutdünken kräftig ein, und als Kaufmann Hart zurückkam, war er Besitzer einer großen Menge von Damenmanschetten, die zwar damals modern waren, die aber eine eigentümliche Fasson hatten, so daß Hart die Absatzmöglichkeit für sehr gering einschätzte. »Laß mich nur machen«, sagte Knut.
Ein paar Tage später kam eine der führenden, modebewußten jungen Damen in das Geschäft, und Knut entfaltete ein derartiges Verkaufstalent und vielleicht auch noch andere Talente, daß die Dame das ganze Manschettenlager aufkaufte.
In Elroy bekam Knut einen guten Freund in dem Lehrer Henry M. Johnston, der ihm abends Englisch beibrachte. Johnston lieh ihm Bücher, und Knut nutzte die Chance, neben der englischen Literatur auch einige amerikanische Schriftsteller in der Originalsprache zu lesen – Mark Twain, Longfellow, Bryant, Whitman und Emerson.
Mark Twain kannte er schon von früher, aber jetzt hatte er auch bis zu einem gewissen Grad die soziale Struktur der amerikanischen Gesellschaft

kennengelernt, etwas von dem Volkscharakter und etwas von der ganzen johlenden, aufreibenden, galoppierenden Jagd nach materiellen Gütern, Verdienst und Ansehen, die das Dasein des durchschnittlichen Yankees prägten. Hier fand er Mark Twains Hintergrund und gewann dadurch ein besseres Verständnis für den großen Humoristen, sah ihn im Zusammenhang mit seiner Zeit. Und vor allem, er traf Mark Twain persönlich und erlebte ihn am Rednerpult als public lecturer.

So erging es Knut immer, erst wenn er einen Menschen persönlich erlebt hatte, wenn auch nur auf Abstand als Zuhörer oder Zuschauer, bildete er sich eine Meinung, die unbedingt stimmte. Ebenso wie Bjørnson stand Mark Twain am Rednerpult und *lieferte* sich, ohne es zu wissen, seinem anonymen Zuhörer mit den wachen Sinnen *aus*. Knut beobachtete sein bescheidenes Auftreten, und es gefiel ihm: »Weder Gewandtheit noch Eleganz strahlt er aus, er bewegt sich wie ein Minenarbeiter, es fehlt ihm an Geschmack und Takt...« Er ist ein Mann des Volkes, und er weiß es. »Twains Gesten am Vortragspult ähneln eher dem Wink, mit dem man ein ›Pst‹ für den Kellner begleitet, oder den Bewegungen, mit denen man nach einem Armvoll Heu greift.« Er reißt seine Zuhörer mit, gerade weil er ihre Sprache, ihren Slang spricht, ihre Witze erzählt. Oft inhaltslos, aber humorvoll und recht unterhaltsam.

Knut hatte den Gedanken, auf Vortragsreise zu gehen, nie ganz aufgegeben. Er hatte die Redner und Prediger gehört, die die kleine Stadt besuchten, aber keiner machte einen solchen Eindruck auf ihn wie Mark Twain. Er hörte ihn immer und immer wieder, weil er die Kunst, mit den Zuhörern Kontakt zu bekommen, lernen wollte. In Norwegen war ihm das seiner Meinung nach mißglückt, weil *er* etwas anderes repräsentierte als die Zuhörer. Er achtete auf Mark Twains Art, die Herzen seiner Zuhörer zu gewinnen. »Selbst bei den wildesten Schilderungen vom Leben in den Minengebieten des Westens mit seinen Orgien von Gold, Blut und Whisky geht noch gemütliche Freundlichkeit von ihm aus«, spielt ein kleines Lächeln um seinen Mund.

Er lernte von Mark Twains wirklichkeitsnahem Stil, seiner Volkstümlichkeit im guten Sinne. Die »Treffsicherheit im Ausdruck«, die später auch Knut Hamsun zu eigen war, hatte ihren Ursprung nicht *nur* in seiner bäuerlichen, urgesunden Natur. Mark Twain war hier sein erster Lehrmeister, und in dem Artikel über Mark Twain, den er ein paar Jahre später schrieb, sagt er zum Schluß: »Das Englische ist seine Grundsprache, aber für die Dinge, die Twain vorzutragen hat, ist sie oft zu abgenutzt und abgegriffen – es fehlt ihr an treffenden Bezeichnungen; sie vermag nur die alte englische Zivilisation in Worte zu kleiden. Um neue Entdeckungen, neue Ideen, eine neue Lebensart zu bezeichnen, bedarf es neuer Wörter, und Mark Twains Sprache hat dafür eine geeignete Mischung der verschiedenartigsten lokalen Wendungen und neugeschaffenen Wörtern bereit – kräftige, schmissige, kühne Wörter, wie neue Triebe am alten Sprachbaum. Twain hat die amerikanische Volkssprache studiert, das, was an indianischen Bezeichnungen und aus den lautstarken Dialekten der Einwanderer in die Alltagssprache einströmte; er hat alles aufgenommen und angewandt. Deshalb ist es auch in erster Linie das Volk, das ihn versteht und genießt.«

Knut las und schrieb ständig in seiner freien Zeit, und Johnston ermunterte ihn und meinte, er solle sich als Redner versuchen. Er hatte ein ungewöhnlich gutes Ohr für die Sprache, zwar war sein Wortschatz begrenzt, aber er sprach fast ohne Akzent. Anfangs wollte er trotzdem seine Vorträge auf Norwegisch halten, und er arbeitete intensiv, dieses Ziel vor Augen. Doch der Arbeitsdruck wurde zu stark. Mit nur wenigen Stunden Schlaf schaffte er es nicht, ganze Arbeit im Geschäft zu leisten und gleichzeitig seine literarischen Interessen zu pflegen. Er wurde krank und bettlägerig. Als er endlich wieder zu Kräften kam, wurde Johnston seine Stütze. Er lieh ihm vierzig Dollar, damit er eine Zeitlang wegfahren und wieder völlig gesund werden konnte. Als er zurückkam, hatte Johnston inzwischen einen Holzhandel in Madelia, Minnesota, gekauft. Er schrieb Knut und bot ihm eine Stelle als Rechnungsführer und Mädchen für alles in dem Betrieb an.

Knut nahm dankend an, er sehnte sich danach, in neue Verhältnisse zu kommen, und die ganze Zeit wartete er darauf, daß eine Quelle in ihm entspringen würde. Jede Veränderung bringe etwas Gutes, meinte er. Aber der Sommer verging.

An einem späten Herbsttag, während er auf Johnstons Holzplatz arbeitet, wird er auf einen Mann in den 40er Jahren aufmerksam, der ihn dauernd beobachtet. Der Mann ist ein Fremder, er ist am gleichen Tag mit dem Zug gekommen. Er sieht nett und freundlicher aus als die meisten Leute in der Stadt. Er hat etwas Priesterliches an sich, trägt einen Vollbart, Brille und ist schwarz gekleidet. Knut kommt ins Gespräch mit ihm, und es erweist sich, daß der Mann Norweger ist. Im Laufe des Gesprächs stellt er sich vor – er heißt Kristofer Janson. Als Knut den Namen hört, stutzt er und sieht erstaunt auf. »Kristofer Janson ... sind Sie der Dichter Kristofer Janson?«

Der Mann lächelt. »Kennen Sie mich?«
Knut läßt alles, was er in den Händen hält, fallen. Er steht völlig verwirrt da. »Und ob ich Sie kenne! Ich habe Sie seit meinen Jugendjahren gekannt!«
Nun läuft das Gespräch leicht und fließend. Kristofer Janson schmeichelt es vielleicht ein wenig, daß der junge Mann seine Bücher gelesen hat, und er erkundigt sich interessiert nach Knut und seiner Verwandtschaft, erfährt, daß Knut mit großen Ambitionen schreibt, daß es seine ganze Sehnsucht ist, Dichter zu werden.
Plötzlich sagt Janson ein wenig streng: »Wissen Sie, daß heute Sonntag ist?«
»Aber sicher«, antwortet Knut mit einem Lächeln, »natürlich, es ist Sonntag, aber ich bin nicht in der Position, daß ich die Zeit habe, den Feiertag zu heiligen. Ich verstehe, Sie sind Pfarrer!«
Da lacht Janson. »Ich habe es nicht so gemeint. Wir Unitarier sind nicht *so* streng. Nein, ich meine, vielleicht haben Sie Zeit, mit mir einen kleinen Spaziergang im Wald zu machen, da können wir in Ruhe miteinander reden.«
Kristofer Janson wollte am gleichen Tag weiterreisen, um seine Gemeinde in Brown Country zu besuchen, aber die beiden spazierten ein paar Stunden zusammen, und im Laufe dieser paar Stunden schlug Knuts Lebensweg wieder eine andere Richtung ein.
Kristofer Janson hatte ein rein intuitives Interesse an dem großen jungen Mann mit dem Kneifer und dem aristokratischen Gesicht gefunden. Seine kluge und ruhige Rede wirkte überzeugend auf Janson, der kein schlechter Menschenkenner war.
»Sind Sie zufrieden damit, hier in Madelia Bretter zu tragen?« fragt Janson.
»Nein, aber ich muß leben.«
»Würden Sie geistige Arbeit nicht vorziehen?«
»Natürlich... aber wie?«
»Ich brauche einen Sekretär, der ein Blatt, das ich herausgebe, aus dem Englischen ins Norwegische übersetzt und außerdem ab und zu einen Vortrag hält. Sind Sie religiös interessiert?«
»Nein, davon bin ich völlig frei.«
Janson ist nicht gekränkt über Knuts kategorische Antwort. Er erklärt ihm in aller Ruhe, was der Unitarismus ist, daß er zu vielen kirchlichen Dogmen in Opposition steht, die vielleicht auch auf Knut geschmacklos

und unmoralisch wirken. »Wenn Sie *jetzt* keine religiösen Interessen haben, können Sie sie beim Studium des Unitarismus bekommen«, sagt Kristofer Janson zum Schluß.

Knut zögert. Er bittet darum, die Sache überdenken zu dürfen. Er möchte auch seinen Freund Johnston nicht in Verlegenheit bringen. Er dankt Janson und sagt, daß er erst seinem Arbeitgeber schreiben müsse, sei dieser damit einverstanden, dann könne Knut jederzeit zusagen, er habe ja nicht viel zu verlieren.

Kurz darauf ist alles geregelt, und Knut nimmt den Zug nach Minneapolis, wo Janson lebte und wirkte.

Der Schriftsteller und Unitarierpfarrer Kristofer Janson

III

Jetzt kam Knut in ein Milieu, das ihm gefiel. Kristofer Janson und Frau Drude begegneten ihm vom ersten Augenblick an mit der größten Herzlichkeit. Er war wie ein Sohn im Hause. Janson und seine Frau waren hochkultivierte Menschen, deren Heim ein kleines norwegisches Kulturzentrum in Minneapolis darstellte. Frau Drude Janson war sehr musikalisch, außerdem hatte sie literarische Interessen. Sie war ein ungewöhnlich feiner und gewinnender Mensch, vielleicht die erste selbständige und kultivierte junge Dame, die Knut in seinem ruhelosen Leben traf. Sie bedeutete ihm eigentlich mehr in dieser Zeit als Kristofer Janson. Über vieles dachte sie anders als ihr Mann. Sie war lebensnah und heiter, und sie und Knut waren sich bei allen Diskussionen einig, wenn es um religiöse Fragen ging. Ihre Musik, ihre kluge, geistreiche Rede bereicherten und stärkten ihn. Die ganze häusliche Atmosphäre, das Spiel mit den Kindern wirkten befreiend auf ihn und machten ihn zufrieden und fröhlich. Bis in sein hohes Alter – noch 70 Jahre später – erinnerte er sich an Drude Janson. »Sie spielte so schön – sie spielte Mozart...«

Knut hatte eine gute Zeit. Jansons Bibliothek stand ihm offen, er las und las, abends saß er in seinem Zimmer und schrieb. Hier in Minneapolis bekam er auch etwas in die Zeitungen. Es waren im wesentlichen literarische Betrachtungen, Artikel über europäische Dichter und Persönlichkeiten des öffentlichen Lebens.

Seine Arbeit für Janson bestand vor allem in Übersetzungen aus dem Englischen ins Norwegische. Anfangs hatte er Schwierigkeiten. Sein Wortschatz war begrenzt, und oft mußte der gutherzige Kristofer Janson die Übersetzungen unauffällig korrigieren, so wie ein Lehrer Aufsätze korrigiert. Später wurde es besser, aber ein guter Übersetzer wurde er nie.

Da war er entschieden brauchbarer als Redner. Hier machte er wirklich Furore, und Kristofer Janson war äußerst zufrieden mit ihm, auch wenn er nicht unitarisch glaubte. Knut hatte Rednertalent und gestaltende Fähigkeiten, das genügte. Er trat meistens in der Sonntagsschule der Unitargemeinde auf, manchmal sogar im Gottesdienst, der oft aus rein belehrenden, moralisierenden Vorträgen bestand. Und wenn Knut sie mit seinen eigenen gesunden und jugendlichen Ansichten über Gott und die Welt würzte, fiel es immer auf guten Boden.

Die Unitarkirche war überhaupt ein gemütlicher Ort. Dort wurden nicht nur Gottesdienste gehalten, sondern auch Feste gefeiert. Eines Abends,

erzählt Kristofer Janson, sollte Knut der Hauptredner bei einem Lutefischessen* sein. Alles war vorbereitet, aber der Redner kam nicht. Das Fest begann, das Essen stand auf dem Tisch, der Redner kam nicht. Es fing an, peinlich zu werden, die meisten kannten Knut als einen fröhlichen Burschen und dachten nun, daß er irgendwo anders herumbummelte und das Fest vergessen hatte. Aber um zehn Uhr erschien er. Die Rede wurde gehalten, schöngeistig und witzig. Als Einleitung erzählte er, warum er zu spät gekommen war: Er machte die Gäste darauf aufmerksam, daß er absolut keinen Ortssinn besaß. Er war in der Stadt spazierengegangen und hatte in der Dunkelheit die Nazarethkirche nicht finden können. Er irrte herum, hilfsbereite Menschen wiesen ihm den richtigen Weg, die Kirche war und blieb verschwunden... Aber – Gott sei Dank besaß er auch einen anderen Sinn, der besser entwickelt war – er vernahm plötzlich einen Duft, einen heimatlichen norwegischen Duft. Er ging dieser eigentümlichen Welle von Wohlgeruch nach, die immer stärker wurde und ihn schließlich zu dem Tisch führte, auf dem der Lutefisch in Schüsseln dampfte.
Solche komischen kleinen Begebenheiten hörten sie gerne, diese einfachen und guten Menschen, darüber lachten sie, dabei fühlten sie sich wohl. Knut bekam viele Freunde in diesem Kreis, aber von der Lehre entfernte er sich immer mehr.
Knut arbeitete bewußt daran, seine Form zu finden, während er bei den Jansons wohnte. Er brauchte nicht an das tägliche Brot zu denken, und daß er in dieser Beziehung keine Sorgen hatte, setzte Kräfte in ihm frei. Er spürte mehr und mehr, daß sich etwas Bahn brach. Es dämmerte ihm in seinen besten Augenblicken, daß er fähig war, etwas Neues zu schaffen, eine neue Literatur nach seinen Vorstellungen. Das Ganze war noch undeutlich, wie ein ferner Streif am dunstigen Horizont, doch der Gedanke ließ ihn nicht mehr los. Er hatte Augenblicke ekstatischen Glücks, wenn die Woge der Poesie über ihm zusammenschlug. Er konnte nachts aufwachen, schwanger von Geschichten, berauscht von Worten und Wohllaut. Aber es hielt nicht an. Er fand den Weg nicht, der dorthinführte. Sein kurzes, hektisches Leben hatte ihm so viele Eindrücke vermittelt, seine Sinne waren zu empfänglich gewesen, das schuf Verwirrung und Unklarheit. Instinktiv wußte er es selbst. Eine Zeitlang hörte er beinahe auf zu lesen. Er konnte stundenlang vor Jansons Bücherregalen stehen. Er nahm ein Buch nach dem anderen heraus, blätterte in ihnen, las ein wenig hier, ein wenig

---

* Lutefisk ist ein in Lauge gelegter Stockfisch. (Anmerk. der Übersetzerin)

da, verschaffte sich einen Eindruck, aber stellte die Bücher wieder an ihren Platz, ohne sie genauer zu studieren. Er hatte förmlich Angst vor seiner eigenen Empfänglichkeit.

So verging der Sommer 1884. Er war völlig ratlos, aber arbeitete. Gedichte, Entwürfe, einzelne Notizen, Bruchstücke – das war das Ergebnis, alles schrieb er ungeordnet auf. Es kam nur darauf an, alles zu Papier zu bringen, um es später benutzen zu können... Doch wie leicht kann man sich mit einem »später« betrügen.

Der Herbst kam. Knut hatte sich längere Zeit fiebrig und unpäßlich gefühlt. Er war stark erkältet, bekam eine Bronchitis, hustete, brachte es aber nicht fertig, im Bett zu bleiben. Er war zu unruhig, verzettelte sich, wollte aber auch Janson nicht im Stich lassen.

Eines Abends bei einem Bazar, den die Unitargemeinde veranstaltete, sollte er Auktionator sein. Er war krank, aber entschuldigte sich nicht. Er war zur Stelle als der Mann mit der richtigen Stimme und der guten Laune. Die Auktion nahm ihren Lauf, und Knut gebrauchte den Hammer und seine gewaltige Stimme zur Zufriedenheit aller. Aber es wurde sein letzter Auftritt in dem großen Saal der Nazarethkirche.

Während er die Angebote in den Saal ruft, hat er plötzlich das Gefühl, als zerspringe etwas in seiner Brust. Die Stimme wird heiser, und er bekommt einen schweren Hustenanfall. Die Anwesenden sehen, wie er stockt, gleichsam erstaunt. Langsam führt er das Taschentuch zum Mund – schaut es an. Es ist rot von Blut. Er verläßt das Pult mit unsicheren Schritten – bleich, das Taschentuch vor den Mund gepreßt... Ein erneuter Hustenanfall, und er sinkt zusammen.

Er war ernstlich krank, darüber konnte kein Zweifel bestehen. Der Arzt, der ihn behandelte, erklärte, es sei die galoppierende Schwindsucht, und auf Knuts Frage, ob er wieder gesund werden könne, schüttelte er betrübt den Kopf. Knut könne vielleicht noch ein paar Monate leben, kaum mehr.

Ein Todesurteil entgegenzunehmen, was bedeutet das für einen jungen Menschen, der die Nähe des Todes wohl in seiner Umgebung, ja, in der Familie, in der er aufgewachsen war, erlebt, aber nie das bedrückende Gefühl gehabt hatte, daß es ihn unmittelbar etwas anginge? Oder hatten die Drohungen des Onkels mit der Hölle in den Kinderjahren oder die Angst vor einer in Vergessenheit geratenen Vision doch ihre Spuren hinterlassen? Er war nicht gewillt zu sterben. Alle seine Sinne hatten dem Leben gehört. Seine Seele war so erfüllt von einer einzigen lebensbejahenden Sehnsucht nach Freude, Schönheit und schöpferischer Kunst. Es brauchte seine Zeit, eine innere Verteidigung gegen diese gewaltsame Erschütterung, die mit einem Schlag alle seine Hoffnungen und Sehnsüchte zunichte gemacht hatte, aufzubauen. Es war so sinnlos, er hatte tausend Dinge noch nicht getan – und sollte sterben.

In den kommenden schweren Tagen wird er ein Opfer von allerlei Fieberträumen und Visionen. Zeitweise liegt er apathisch da, die Hände auf der Decke gefaltet und weint in seiner Einsamkeit leise vor sich hin. Aber in den Augenblicken der tiefsten Niedergeschlagenheit wird er religiös und demütig. Da gleiten wie ein stiller Fluß die Bibelworte aus seiner Kinderzeit in sein Gemüt und geben ihm Ruhe. Er tastet und sucht in dem großen, vernachlässigten Bilderbuch der Erinnerungen, findet das Heim auf Hamarøy, die Eltern, die lichten, glücklichen Sommertage, Gottes Sonne und Nacht über dem blauen Wasser der Glimma und den grünen Birken. Er hat Stunden tiefen Friedens mit sich selbst. – Dann kommt die Nacht und wirft ihn in eine wild jagende Geistesarbeit, mit dem ewigen Fieberschlag des Trommelfells auf dem Kopfkissen. Die Angst reitet ihn in den nächtlichen Stunden, so daß nur die physische Ermattung ihm endlich Ruhe verschafft. Die Zeit vergeht, und Frau Drude pflegt ihn. Allmählich kommen die Freunde zu Besuch. Knut erhält sogar Besuch von Pfarrer Weenaas, der ihm einmal dazu verholfen hatte, Lehrer zu werden. Alle sind nett zu ihm und muntern ihn auf.

Langsam erholt er sich. Es ist, als ob ein kleiner, trotziger Wille in ihm erwacht, um jedenfalls Dr. Thams mit einem oder zwei Monaten zu überlisten. Die innere Verteidigung fängt an zu wirken. Er ist von Natur ein Optimist und willensstark wie wenige.

Als Kristofer Janson und seine Frau eines Morgens in sein Zimmer kommen, sitzt Knut aufrecht im Bett. Er ist blaß und hohlwangig, aber er sitzt mit einem verbissenen Lächeln da und erklärt, daß er aufstehen will. »Ich kann nicht länger hier liegen und vor euren Augen krepieren!«

Knut zieht sich seine wärmsten Sachen an. Er macht nun jeden Tag einen Spaziergang in der frischen Luft, und es sieht so aus, als ob seine Kräfte zunähmen. Er möchte jetzt nach Hause nach Norwegen. Wenn er schon sterben muß, will er am liebsten in heimischer Erde begraben werden. Er erwähnt es gegenüber Dr. Thams, und dieser meint, eine Seereise könne möglicherweise eine günstige Wirkung auf Knuts kranke Lungen haben.

In der Zwischenzeit hat er wieder geschrieben – Gedichte und Stimmungsbilder. Vor und während der Krankheit stand er im Briefwechsel mit dem

Freund Nikolai Frøsland, dem Sohn von Nils Frøsland. Der letzte Brief ist lang, auch wenn er kurz beginnt:

Mein Freund!
Nicht viele Worte – äußerst wenige im Grunde; ich bin jetzt vom Arzt entlassen und muß das Geld für ihn beschaffen; das dauert eine Weile. Komme ich langsam wieder in Gang, bin ich gerettet. Ich könnte es zu Wohlstand bringen, wenn ich gut vorankäme. Das sind meine äußeren Verhältnisse. Als Beleg für die inneren schicke ich Ihnen das beiliegende Gedicht; dieses und ein anderes wollten sie da drinnen haben, ich habe Ihnen davon erzählt, aber so wollte ich sie nicht drucken lassen, es war mir zu wenig.
(Verzeihung – ich habe nicht daran gedacht, »Du« zu sagen – entschuldige!)
Wie schwer ist es doch, wenn man vor den Leuten Angst haben muß. Du hast keine Vorstellung von den seelischen Schmerzen, die dieser Druck verursacht; Du hast wohl nie vor jemandem Angst gehabt.
Hei – und dann Deine Mutter! Herrgott, was für ein Mensch! Hätte ich jemals eine solche Mutter gehabt, Nikolai, dann hätten die Fähigkeiten, die zum Teil durch meine Erziehung getötet wurden, mich zu etwas Außerordentlichem gemacht. Da bin ich ganz sicher. Ich kann unglaublich gut und scharf denken, so daß es geradezu unvorstellbar für mich ist. Wo andere mit theoretischen Regeln und Berechnungen arbeiten, erfasse ich mit einem kurzen Blick, der mir zuweilen das Formgefühl von dem, was geschehen wird, gibt...Und ich sehe Töne, Rhythmen in der Luft, sie können weit weg sein wie helle blitzende Linien, die ich höre oder die sich meinen Sinnen mitteilen, wenn ich ihnen nur mit den Augen folge. (Siehe die vorletzte Strophe von meinem traurigen Gedicht.) Und in dem Roman, den ich angefangen habe, bekam ich ein Aufblitzen von Rhythmen wie diesen:
›Ich will legen mich nackt auf einen Berg von Rosen, und die Rosen werden bluten über meinen Körper, und ich will saugen ihren Duft und lindern des düsteren Todes Grauen.‹
Dieses Zitat reiße ich also aus dem Zusammenhang, dort wo es steht, tut es eine glänzende Wirkung. Solche grenzenlosen Sprachweiten können sich manchmal vor mir öffnen, und ich lehne mich zurück und entlade mein gewaltiges Potential, daß es mich schwächt...

Knut sagt später in seinem Brief an Frøsland, daß er ungefähr 50 Manuskriptseiten mitbringe, die für verschiedene Redaktionen in Kristiania bestimmt seien, wenn er nach Norwegen zurückkomme.

»Dafür, daß ich ein kranker Mann bin, habe ich zuviel geschrieben. Keinem Schwindsüchtigen kann es guttun, den ganzen Tag und den Abend und manchmal auch nachts über dem Schreibtisch zu hängen. Doch – es geht, solange es geht.«

Das Gedicht, das er an Frøsland schickte, wird hier in seiner ganzen Länge wiedergegeben. Sowohl das Gedicht als auch der Brief sprechen für sich.

Meer der Öde

Es lauert eine Öde hinter allen Gedanken!
Grenzen weichen, und die Seele verfolgt
die weichenden Linien, bis sie verbergen
die letzte Lichtspur im Meer der Öde.

Des Glaubens und der Hoffnung Gedanken
schossen über Berge wie glänzende Schwärme,
flossen wie Lebensflut in Stunden der Freude –
o, aber sie sanken ins Meer der Öde.

Der Lebensfülle schwellend berauschte Gedanken
jagten wie ein Gewitter hinein in mein Herz
mit ihrer Lust und dem wilden Schmerz,
nur um zu landen im Meer der Öde.

Der Erkundung sich kreuzende Gedanken
reizten den Drang, das Verborgene zu erforschen,
schlichen dahinter und gruben und verfolgten
den Verlauf des Rätsels ins Meer der Öde.

Der Seele farbig erstarrte Gedanken
gewaschen in schäumenden, lichttrunkenen Tönen
hinein in die Welt, hinter die Zonen –
hinein in das ewige Meer der Öde.

> Es lauert eine Öde hinter allen Gedanken!
> Grenzen weichen, und die Seele verfolgt
> die weichenden Linien, bis sie verbergen
> die letzte Lichtspur im Meer der Öde.

Die Zeit verging. Mit zusammengebissenen Zähnen hielt er sich aufrecht. Kristofer Janson veranstaltete eine Sammlung bei Freunden und in der Gemeinde. Alle wollten Knut gerne helfen, und schließlich war das Geld für die Heimreise herbeigeschafft.

Auf der Fahrt von Minneapolis nach New York, die drei Tage dauerte, stieg er in den ersten Wagen ein. Von da ging er, so oft er konnte, hinüber in die Lokomotive, wo er während der Fahrt den gewaltigen Luftstrom in seine Lungen strömen ließ. Er *wollte* gesund werden. Weiß Gott, dachte er, vielleicht kann mich dieser Wind wieder gesund blasen. Er glaubte daran, *wollte* daran glauben.

Als er nach New York kam, fühlte er sich bereits wohler. Und als er nach einer langen Seereise die Füße wieder auf das Pflaster von Kristiania setzte, waren die Stiche in der Brust verschwunden. Wunder oder nicht – er war offensichtlich gesund.

IV

Knut blieb nicht lange in Kristiania. Die Stadt wirkte abschreckend auf ihn. Er erinnerte sich an die schlimme Zeit dort und wollte sobald wie möglich weg. Aber erst mußte er noch ein paar Dinge erledigen. Er suchte einen Arzt auf, um zu erfahren, wie es um ihn stünde. Dr. Edvard Bull untersuchte ihn gründlich und konnte ihm zu seiner unbeschreiblichen Freude sagen, daß er jedenfalls nicht die galoppierende Schwindsucht habe, aber er sei nervös und geschwächt und brauche unbedingt Ruhe.

Knut entschloß sich, wegen der Luftveränderung in irgendein Tal, möglichst weit hinauf, zu reisen. Er hatte noch etwas Geld übrig, so daß er den Winter über durchhalten konnte. Er entschied sich für Aurdal im Valdres. Ehe er fuhr, ging er mit einem Brief von Kristofer Janson zu dem Redakteur vom »Dagbladet«. Er hoffte die Sympathie des Redakteurs zu gewinnen und für seine Artikel jeweils eine Spalte in der Zeitung zu bekommen. Lars Holst empfing ihn freundlich und versprach ihm, seine Arbeiten anzusehen.

Ein Jahr verging. In Aurdal, in geordneten Verhältnissen bei einfachen und freundlichen Menschen, gefiel es ihm, hier hatte er wieder eine Atmosphäre, in der er arbeiten konnte. *Und nun sah es aus, als ob ihm die Arbeit gelingen würde!* Während der Krankheit hatte er einen gewaltigen Reifungsprozeß durchgemacht. In Aurdal fand er wie durch einen Zauberschlag seine Form und den Stil, der sein eigener werden sollte. Er kommt zum Vorschein, außerordentlich klar und knapp, in den Artikeln, die er hier schrieb und die zum Teil gedruckt wurden.

Die meiste Zeit wohnte er im Hotel Frydenlund in Aurdal, und der Sohn des Hoteliers, Erik, der übrigens auch Posthalter war, wurde sein guter Freund – eine Freundschaft, die ein Leben lang währte.

Erik Frydenlund und seine Mutter wußten nicht, was sie dem kranken, nervösen jungen Dichter alles Gutes tun sollten, diesem fremden Vogel, der in Amerika gewesen war und soviel erlebt hatte. Und der Winter war kaum vorüber, da erholte sich der »kranke« junge Mann zusehends. Er verbreitete bald eine solche Lebensfreude und eine solche Aura von Festtagsstimmung, daß man kaum glauben konnte, daß er vor ein paar Monaten als unheilbar schwindsüchtig zum Tode verurteilt worden war. Die jungen Mädchen im Tal schauten mit großen Augen auf diesen Dichter, der steppen konnte, irischen Reel tanzen und Cowboylieder singen. Für seine Umgebung war er physisch fast gefährlich. Bei dem hübschen Gesellschaftsspiel »Boccia« machte es ihm einen unglaublichen Spaß, die Kugel mit aller Kraft auf die Beine der Mitspieler zu werfen. Und wenn es heißt mit aller Kraft, dann bedeutete das mit einer außerordentlichen Kraft – so daß die Mitspieler in die Luft sprangen oder sich hinter Büsche und Bäume retteten.

Er konnte fast rücksichtslos übermütig und gesund sein, aber man verzieh es ihm gern. Knut war *glücklich*. Er glaubte fest daran, daß er wie durch ein Wunder vom Rand des Grabes zurückgekehrt war. Er mußte sich austoben vor Freude über seine Jugend, die nun glänzend und verheißungsvoll vor ihm lag. Und die Freunde gönnten ihm die Freude.

In Aurdal schrieb er einen Artikel nach dem anderen, und er schickte sie an verschiedene Zeitungen und Zeitschriften. Einige wurden angenommen, die meisten nicht. Aber die Arbeit ging ihm *leicht* von der Hand. Er war sich jetzt seiner sicherer. *Er* fühlte, daß er etwas von bleibendem Wert schuf, deshalb konnte er sich damit abfinden, daß nicht alle Redakteure es begriffen.

Er schrieb eine Reihe von Artikeln über Amerika und arbeitete überdies einen Vortrag aus, den er im Hotel Frydenlund hielt. Die Aktivität warf nicht viel ab. Die Valdresbewohner mochten Knut im allgemeinen gut leiden, aber es bedurfte doch sehr viel mehr, um ihr Interesse an einem Vortrag, der so ferne Dichter wie Hugo, Flaubert und Strindberg behandelte, zu wecken. Auch Bjørnson und Ibsen waren keine Themen, die ein volles Haus zu bringen vermochten. Die Leute in Aurdal interessierten sich nicht für zeitgenössische literarische Strömungen, sie hatten genug mit ihren eigenen Problemen zu tun. Bauern und erdnahe Menschen, die sie waren.

In einem Brief an den Freund Erik Frydenlund erzählt er: »Bei dem letzten Vortrag über Bjørnson mußte ich den Gentleman Herrn Halvorsen mitten im Vortrag im Zaum halten. Er war nämlich als einziger Høire-Mann* anwesend, ohne daß er meine Ausführungen vom ersten Vortrag kannte –

Erik Frydenlund, Postmeister in Aurdal, Knut Hamsuns Freund und Helfer in schwierigen Jahren

* Høyre ist die größte konservative Partei in Norwegen. (Anmerk. der Übersetzerin)

er räusperte sich, hustete, flüsterte laut, kurz und gut, er zeigte einen so lebhaften Drang, ›sich auszusprechen‹ (wie Du sagst), daß ich ihm einen Wink mit namentlicher Erwähnung geben mußte. Dann wurde er ruhig – ich weiß nicht, ob aus Zorn, aus Schreck, aus... Intelligenz. Ich weiß nur, daß ich ausnahmsweise wütend wurde. Und das war gut, denn dann lief alles wie am Schnürchen – ohne Notizen, und vielleicht bin ich ein bißchen zu weit gegangen, und es wurde hitzig. Einmal ertappte ich mich dabei, daß ich ›der Teufel soll mich holen‹ donnern wollte. Du weißt, ich gebrauche manchmal solche Kraftausdrücke.«

Aber Hamsun fand nicht nur seinen eigenen Stil hier oben. Er bekam auch durch reinen Zufall den Namen, der später seine Dichtung in die ganze Welt tragen sollte. Bisher hatte er seinen Namen auf verschiedene Weise geschrieben: Knud Pedersen Hamsund, Knud Pedersen, Knut Hamsund. In seiner Begeisterung für Bjørnson nannte er sich eine Zeitlang Pederson. In der Kristiania-Zeitschrift »Ny illustrert Tidende« brachte er im Frühjahr 1885 einen Artikel über Mark Twain unter, eine Analyse seines Werkes, und der Artikel wurde auf drei Nummern des Blattes verteilt. Durch einen Druckfehler fiel das D in Hamsund weg, und er tat nichts dazu, es zu korrigieren. Er billigte die Veränderung, er fand, daß es gut aussah, daß es ein schöner Autorenname war.

Und jetzt wachte er mit größter Aufmerksamkeit über seinen Namen. In einer amüsanten, nicht nur selbstironischen Skizze »Auf Tournee«, die in Lars Holts Zeitung »Dagbladet« im Sommer 1896 erschien, sagte er:

»Ich bin ein junges Genie mit einem so unbekannten Namen, daß bisher noch kein Anzeigenredakteur ihn richtig schreiben konnte; es ist überhaupt ein Name, bei dem niemand sich erinnert, ihn schon einmal gelesen zu haben, und einer der schlechtesten Namen auf der Welt, um ihn berühmt zu machen. *Hamsun!* Ich verwende jedesmal fünf Minuten darauf, diese unbedeutenden Buchstaben zu schreiben, nur um den Leuten zu zeigen, daß es weder Hansen noch Hansum oder Hammersund heißen darf, sondern schlicht und einfach Hamsun. Ich könnte verzweifeln über diese Notwendigkeit, den Leuten einen neuen Namen in das Gedächtnis zu meißeln...«

Und es *war* eine Notwendigkeit. Das sollte sich noch einige Jahre später erweisen. Aber von jetzt an trug er den Namen erhobenen Hauptes, schob ihn in trotzigem Sturm auf seinem Weg vor sich her, donnerte ihn hinein in den Tagesstreit... Den Namen mit einem Strich am Schluß – wie eine erhobene Lanze.

Das Hungerjahr in Kristiania
Zurück nach Amerika

I

Gegen Ende des Aufenthaltes in Aurdal konnte Knut Hamsun seine Erfahrungen als Postbote gut gebrauchen. Als Erik Frydenlund seinen Militärdienst ableisten mußte, wurde Knut während Frydenlunds Abwesenheit vertretungsweise als Posthalter eingestellt. Das verschaffte ihm eine sichere Einnahme im Vergleich zu den Vorträgen und Artikeln. Er legte ein wenig Geld zurück und lieh sich etwas von der Familie Frydenlund, so daß er gegen Ende des Winters 1885 glaubte, genügend gerüstet zu sein, um sein Glück aufs neue in Kristiania zu versuchen.

Aber Norwegens Hauptstadt war in den 80er Jahren nicht gastfreundlicher, als sie fünf Jahre zuvor einem armen jungen Dichter gegenüber gewesen war. Kristiania war eine Kleinstadt in des Wortes tristester Bedeutung. Das konventionelle Kulturleben und das Spießbürgertum dominierten vollständig, und man versuchte mit allen Mitteln, jede freie Meinungsäußerung der Künstler und Dichter, die für neue Ideen kämpften, im Keim zu ersticken.

Knut Hamsun war sich klar darüber, wie es um die Hauptstadt stand. Er hatte ihren unbarmherzigen Würgegriff schmerzlich genug gespürt, spürte aber auch, daß er in der Zwischenzeit gewachsen war, und er hoffte, sich jetzt besser behaupten zu können. Er hatte die realistische Literatur der 70er Jahre, die sich durch Naturwissenschaft und moderne Philosophie mit einem einzigen großen Schritt emanzipiert hatte, sehr gründlich studiert. Brandes und Strindberg waren ihm keine unbekannten Persönlichkeiten. Er hatte Vorträge über Zola und Flaubert gehalten, die damals die großen Vorbilder der europäischen Literatur waren, und er hatte sich mit Thackeray, Dickens und Heyse beschäftigt.

Auch den geistigen Kampf auf dem heimischen Parnaß hatte er verfolgt. Bjørnsons und Kiellands Angriffe auf das Christentum und seine autorisierten Verkünder hatten ihn außerordentlich interessiert. Er hatte »Ein Freidenker« und »Bauernstudenten« von Arne Garborg gelesen und wußte, daß in den Cafés von Kristiania und in den dunklen Künstlerzimmern ein erstaunlicher Mann verkehrte, der in Schrift und Rede den reinen Determinismus verkündete, die Ehe als Institution bekämpfte und für die freie Liebe und Prostitution eintrat – der Bohemien Hans Jæger. Hamsun kam während des erbittertsten Kampfes, der in Norwegens geistigem Leben geführt wurde, nach Kristiania: der Kampf der 80er Jahre zwischen den Staatsautorisierten, Spießbürgerlichen und Anerkannten auf der einen Seite und den Fortschrittlichen und Radikalen auf der anderen.

Hamsun nahm sich vor, einen kleinen Beitrag zu diesem Kampf zu leisten. Aber vorläufig hatte er nur *eine* Sache im Kopf: *Er wollte sich als Dichter durchsetzen.* Er wollte seinen Namen zu mehr als nur ein paar Buchstaben machen.

Ja, den Willen hatte er und den verbissenen Optimismus. Seine hellen Augen starrten hart und trotzig auf die grauen Fassaden der Stadt, als er an diesem Wintermorgen, vom Ostbahnhof kommend, die Karl Johan Straße mit seinem alten Postsack über der Schulter hinaufwanderte. Die Stadt war sein Feind, er wußte es aus Erfahrung, aber er glaubte, sie diesmal zu besiegen. Denn *einmal* mußte es ja glücken!... Er irrte sich wieder.

Hamsun nahm das elendigste und billigste Zimmer, das er fand, schrieb und arbeitete. Aber es klappte einfach nicht. Die Redakteure zahlten ihm weder einen fürstlichen Vorschuß noch eine anständige Summe für seine Artikel, obwohl das wenige, das er unterbrachte, ihnen hätte sagen müssen, daß sie es hier mit einem neuen, originellen und hochbegabten Autor zu tun hatten. Nein, die Stadt begegnete ihm mit ihren guten, alten Waffen, mit Kälte und Gleichgültigkeit. Er war jung, arm und unbekannt – nicht einmal Bohemien – *ihn* konnte man ruhig übersehen.

Selten oder nie wurde etwas von ihm gedruckt, und er bekam auch nie irgendeinen Kontakt zu den tonangebenden Leuten, die voll im Leben standen. Er las in den Zeitungen über das Storting, das jedesmal, wenn Kielland vorgeschlagen wurde, ihm das Künstlergehalt verweigerte, weil er den christlichen Glauben angriff. Er las über Christian Krohg, der die Stadt mit seinem Wagemut in Schrift, Rede und Malerei schockierte, und er las über Jæger, der wegen seiner Ansichten zu einer Gefängnisstrafe und einem Bußgeld verurteilt wurde. Aber er lernte die Leute nicht kennen und wollte es auch nicht. Enttäuscht blätterte er in den Büchern und Schriften der Radikalen und konnte sich mit ihren Theorien nicht be-

freunden. Er ging an den Fenstern des Grand Café vorbei, sah die Kristiania-Bohemiens in Cliquen an den Tischen zusammensitzen, aber er ging nicht hinein, schloß sich ihnen nicht an.
Der einzige, dem er sich einmal näherte, war Arne Garborg. Er wußte, daß Arne Garborg ein Freund von Kristofer Janson war, außerdem hatte er Respekt vor ihm als Diskussionsteilnehmer, als Kritiker und Dichter, und Knut Hamsun bat ihn um seine Meinung über ein paar Sachen, die er geschrieben hatte. Das Urteil fiel nicht günstig aus.
»Sie wirken so fremd«, sagte Garborg. »Sie haben zuviel von den Russen gelernt.«
»Von welchen Russen? Ich kenne keine Russen.«
»Dostojewski, zum Beispiel.«
»Ich habe noch nie etwas von Dostojewski gelesen.«
Das Gespräch stockte. Garborg hatte zu den Schreibereien des jungen Mannes nicht mehr zu sagen, und er glaubte ihm wohl auch nicht, als er behauptete, die Russen nicht zu kennen. Wahrscheinlich mochte er den jungen Dichter nicht, der mit einer Sicherheit auftrat, die ihm nicht zustand. Und wie konnte er wissen, daß Hamsuns ruhige Gleichgültigkeit eine Maske war, hinter der er sich vielleicht nur verstecken wollte?
Hamsun hatte ein paar Bekannte in der Stadt, auch Verwandte. Aber wie beim letzten Mal, als er in der Stadt war, besuchte er sie selten. Ihre Welt war nicht die seine.
Er lebte sich in der Hauptstadt nur schlecht ein. Der Kulturstreit zwischen der Boheme und der Bürgerschaft ging ihn weder als Mensch noch als Dichter etwas an. Er schloß sich in seinem düsteren Zimmer ein mit seinen Gedanken, die nicht die Gedanken der Zeit waren, und mit seinen Papieren, die die Zeit nicht lesen wollte. Er streifte einsam durch die Außenbezirke der Stadt, durch die Parks, die Friedhöfe – er schrieb und grübelte und ging seinen schweren, vergeblichen Gang zu den Zeitungen.
Einige Monate hatte er es in verschiedenen Orten mit Vorträgen versucht. Aus Tønsberg schickte er einen Gruß an seinen Freund im Valdres. Der Ton war nicht mehr munter:

»Es geht erbärmlich, Erik – wahrhaftig. Sprach in Horten am 17. Mai, spreche heute abend hier und am kommenden Sonntag in Sandefjord. Die Leute bemühen sich nicht. Die wenigen, die kommen, sind begeistert, aber es sind so wenige. –
Ich weiß nicht, was zum Teufel ich machen soll. Nun, ich werde es jetzt in den großen Städten an der Westküste versuchen, z. B. Stavanger, Kri-

stiansund, Bergen. Geht es dort nicht besser, habe ich keinen Grund, weiterzumachen mit – ›Diesem Blödsinn‹.

Die ›Aftenposten‹ hat mir ein festes Engagement in der Zeitung angeboten, aber ich wollte doch diese Tournee durchführen. Vielleicht sollte ich das Angebot annehmen, wenn die Tournee schlecht läuft. Was meinst Du? –

Grüße alle Bekannten. Ich mag nicht schreiben, solange ich nicht ein bißchen Geld verdiene...«

Die Zeit verging, es wurde ständig schlimmer. Er bekam die Stelle bei der »Aftenposten« nicht. Seine kleine Reserve war längst aufgebraucht, jetzt lebte er nur von dem, was er schrieb – und das war kein üppiges Leben. Er plagte sich schwer, aber er hatte zuweilen auch seine guten Augenblicke, in denen die Freude über die Arbeit und die schöpferische Kraft ihn durchströmte:

»Plötzlich fallen mir ein oder zwei gute Sätze ein, zu einer Skizze, einem Feuilleton, feine sprachliche Glückstreffer, wie ich noch nie ihresgleichen gefunden hatte. Ich liege da und wiederhole diese Worte vor mich hin und finde, daß sie ausgezeichnet sind. Bald fügen sich noch mehr hinzu, ich werde mit einemmal vollkommen wach, stehe auf und greife nach Papier und Bleistift, die auf dem Tisch hinter meinem Bett liegen. Es ist, als sei eine Ader in mir aufgesprungen, ein Wort folgt dem anderen, die Worte ordnen sich im Zusammenhang, bilden sich zu Situationen; Szene häuft sich auf Szene, Handlungen und Repliken quellen in meinem Gehirn auf, und wundervolles Behagen erfaßt mich. Ich schreibe wie ein Besessener und fülle eine Seite nach der anderen, ohne einen Augenblick Pause.«

Lars Holst nahm hie und da einen Artikel für das »Dagbladet« an, eine Skizze, einen Feuilletonbeitrag – aufsehenerregend gute Sachen, die dennoch kein Aufsehen erregten. Die Boheme war Alleinherrscherin und erregte Aufsehen.

Und die Monate vergingen – es wurde immer schwieriger für ihn, zu überleben. Er bewarb sich um alle freien Stellen, aber bekam nur Absagen. Es war schon zu weit bergab mit ihm gegangen. Die Kräfte nahmen ab, und man sah es ihm an. Zerlumpt war er jetzt auch. Er ging den Leidensweg der Armen von Ort zu Ort, demütig bis zur Schamlosigkeit, wenn der Hunger ihn in die Knie zwang. Dann wieder wild und übermütig bis zur Großmannssucht, wenn die Nerven ihr Spiel mit ihm trieben. Er kam so leicht aus dem Gleichgewicht, niemand konnte einen solchen Mann gebrauchen. Er wurde obdachlos, weil er die Miete nicht mehr bezahlen konnte. Da verbrachte er die Nächte in Scheunen, unter Bretterstapeln am Akerselv oder auf einer Bank im Schloßpark unter freiem Himmel.

Er versuchte verzweifelt, unter diesen Umständen zu schreiben. Er mußte die Augenblicke nutzen, in denen er inmitten des physischen Verfalls erstaunlich klare Gedanken fassen konnte. Aber es geschah selten – er war schon zu sehr heruntergekommen.

In diesem Zustand läßt er die Tage über sich ergehen. Wenn er vielleicht ein paar Tage hintereinander etwas gegessen hat, blüht er auf, aber die Nerven geraten immer mehr in Unordnung, sie werden auf einmal unerträglich empfindlich von der ungewohnten Nahrung, die der Körper aufgenommen hat. Er sitzt und schreibt mit Lumpen an den Händen, und »zuletzt flammt ein wahnwitziger Strahlenhaufen auf vor meinen Augen, Himmel und Erde entzündet, Menschen und Tiere aus Feuer, Berge aus Feuer, Teufel aus Feuer, ein Abgrund, eine Wüste, eine Welt in Brand, ein rauchender Jüngster Tag...«. Es ist der junge Dichter in »Hunger«, der ohnmächtig, in verhärteter, bitterer Ironie die Schwingungen seiner Nerven und seinen allmählichen Verfall registriert. Und seine Seele ist erfüllt von Haß gegen die Regierung, vor der er eine heimliche und kindliche Ehrfurcht hat.

»Ich saß da auf der Bank und dachte über all dieses nach und wurde immer bitterer gegen Gott wegen seiner andauernden Quälereien. Wenn er glaubte, mich näher an sich zu ziehen und mich besser zu machen, indem er mich peinigte und mir Widerstand auf Widerstand in den Weg legte, griff er ein wenig fehl, das konnte ich ihm versichern. Und ich sah zum Himmel auf, weinend fast vor Trotz, und sagte ihm das im stillen ein für allemal.«

Des Hungers froher Wahnsinn raste in ihm den ganzen Sommer. Er machte die unmöglichsten Dinge. Eines Tages stellte er sich mit dem Hut in der Hand in eine Toreinfahrt und sang mit dröhnender Stimme. Eine grinsende Menge sammelte sich um ihn. Zum Schluß kam die Polizei und jagte sie weg... Ein anderes Mal stand er bei seinem Vetter, dem Schuhmacher, vor der Tür. Der solide Handwerker wich erschrocken vor dem Anblick zurück – er glaubte, daß ein Betrunkener vor ihm stünde und schlug die Tür mit einem Knall zu.

Dieses Leben in Kristiania konnte Knut nicht weiterführen, und in seinen klaren Augenblicken wußte er das, aber der Grund, daß er nicht längst die Segel gestrichen hatte, war sein alter Trotz und der unbändige Wille, nicht aufzugeben. Aber jetzt ging es um Sein oder Nichtsein. Er raffte sich zu einer äußersten Kraftanstrengung auf, dem Eingeständnis seiner Niederlage.

Es war wiederum ein großer Handelsmann, der ihm aus der Not half, ja, der ihn vor dem regelrechten Hungertod bewahrte. Durch Redakteur Holst kam Hamsun in Verbindung mit dem wohlhabenden und kunstinteressierten Großhändler Dobloug – und Dobloug lieh ihm die notwendigen Mittel, so daß er im Herbst 1886 wieder nach Amerika reisen konnte.

An den Freund Erik, der die ganze Zeit fest an seine Fähigkeiten geglaubt und ihm generös geholfen hatte, schickte einen kurzen Gruß:

Lieber Freund!
Ich fahre wieder nach New York. Hier zu Hause ist es unmöglich. Schreibe Dir einen Brief aus N. Y.
Bitte Deine Mutter, nicht böse auf mich zu sein. Bitte Deinen Onkel, nicht zu zweifeln.
Sind wir noch Freunde?
Grüße alle!
Dein Knut H.
An Bord der »Geisir« vor Kristiansand, 20. Aug. 1886.

Aber Knut Hamsuns letzte Worte an einen Freund in Kristiania, ehe er abfuhr, lauteten: Ich bin Dichter. *Einmal* wird man von mir in Norwegen reden!

II

Er ging zunächst nach Chicago. Er wollte sich in einem anderen Ort beweisen, unabhängig von den Freunden in Minneapolis. Wieder versuchte er vom Schreiben zu leben. Er schickte Redakteur Holst eine lange Schilderung der Reise über das Meer – glänzende Journalistik, die seine Fähigkeiten erkennen ließ – und der Artikel wurde gedruckt. Aber wie schon so oft, mußte er abermals erfahren, daß mit der Schriftstellerei nicht viel zu verdienen war. Er war bald genötigt, sich nach etwas anderem umzusehen. Doch Optimismus und Humor waren zurückgekehrt. Er schreibt einen langen Brief an Erik Frydenlund:

Rail Road House
Nos. 80 and 82 Sherman Street
Chicago

20. Sept. 1886

Lieber Erik!

Ich bin in Chgo. Nun – es ist auch hier nicht so einfach, einen Job zu bekommen, ich bin jetzt an Hunderten von Stellen gewesen, habe Hunderte von Bewerbungen auf Annoncen in der ›Chgo Tribune‹ geschrieben, ohne daß ich Glück hatte. Vor etwa zwei Wochen habe ich mit dieser Jagd begonnen. Dann dachte ich: nein, jetzt ist es verdammt noch mal genug! und deshalb nahm ich eine Arbeit bei dem Straßenbahnbau an – mitten auf Chicagos Straßen. Gestern war mein erster Tag. Wir sind fünf- bis sechshundert Mann, der Lohn beträgt $ 1,75 pro Tag, aber es ist eine schwere Arbeit. In einem Monat ist mir ein glänzender Posten als Schaffner der Kabellinie versprochen worden. Ich muß dir erzählen, was das ist. – Es gibt hier Bahnen auf den Straßen, die fahren von selbst, kein Pferd, kein Dampf, man sieht nur mehrere Wagen auf sich zukommen, und niemand kann sehen, wodurch sie angetrieben werden. Aber es heißt, daß es eine Einrichtung unter der Erde gibt, die die Wagen vorantreibt, ein Kabel, viele englische Meilen lang, und zwischen den Gleisen ist ein Spalt von einem halben Zoll Breite, in dem sich die Zugvorrichtung befindet, sie verbindet die Bahn mit dem Kabel. – Bei einer solchen Bahn werde ich in einem Monat angestellt. Zuerst werde ich nur als Reserve eingesetzt, und da bekomme ich 50–60 Dollar im Monat, aber wenn ich im Frühjahr auf einer regulären Kabellinie fahre, kann ich den Lohn bis zu 100 Dollar steigern. Das ist, wie gesagt, Zukunftsmusik. Wenn ich gesund bleibe, kann ich die Gelegenheit nutzen. Ich hoffe es. Es gibt Hunderte von Bewerbern für diese Art von Posten, aber ich habe das Wort des Superintendenten, daß ich angenommen werde, und er hat sich meinen Namen eingeprägt. Huih!

Deshalb arbeite ich jetzt beim Straßenbahnbau, denn ich wäre sonst zu lange arbeitslos gewesen. Aber das ist, weiß Gott, eine grausame Arbeit. Die Arbeit auf einer Farm ist gar nichts dagegen. Drei Mann tragen z. B. einen Träger aus Eisen, 1200 Pfund, ein Mann ›befördert‹ ein Faß Zement, 400 Pfund, oder ein Lägel Schrauben, 450 Pfund. Der Zement ist am schlimmsten, er greift meine Augen an. Und dann die Hitze! Wir haben bis zu 100 Grad Fahrenheit im Schatten. Wir gehen fast nackt, d. h. auf dem Oberkörper nur ein Hemd, auf dem Unter-dito eine Hose.

Auf Grund der Hitze habe ich meine Haare amerikanisch geschnitten, d. h. vorne und hinten direkt bis auf die Haut. Du würdest mich sicher nicht erkennen. Ich habe außerdem angefangen mir einen Knebelbart zuzulegen, der Kleine ist erst eine Woche alt, aber ich pflege ihn gut, und der Barbier hat mir versichert, daß in drei Wochen ein ganz ansehnlicher Knebelbart daraus geworden ist.
Meine Hände und Arme sind von der gestrigen Arbeit geschwollen. Ich bin kein Kalligraph mehr, wie Du siehst. Ich habe mir einen echten, praktischen, scheußlichen amerikanischen ›Stubpen‹ angeschafft, mit dem ich diesen Brief hinschmiere. In einer Woche, wenn die Blasen an meinen Händen aufgegangen sind und die Haut dick geworden ist, werde ich wieder sicherer schreiben. Ich habe in letzter Zeit viel geschrieben – du meine Güte! Apropos: Hast Du meine »Tournee« gesehen? Ist im ›Dagbladet‹ noch mehr erschienen, seit ich fort bin? Ich habe eine Arbeit mit dem Titel ›Sünde‹ eingereicht, ebenso eine zweite mit dem Titel ›Ein Lügner‹, die Annahme wurde mir bereits versprochen. Ich bilde mir ein, daß beide Arbeiten gut sind. In ›Sünde‹ wollte ich zeigen, daß Diebstahl unter gewissen Bedingungen, Diebstahl aus *Not*, keine Sünde ist, in der zweiten, daß Lüge kein Vergehen ist, sondern ein *Talent*. Wie? Ist das radikal? Nun ja, in Kristiania wurde ich zum äußersten getrieben. Fräulein Vetlesen kann davon erzählen, denn ich habe ihr geschrieben, als ich es nicht mehr aushielt. Einen verzweifelten Brief, den Frl. V. übrigens mißverstand.
Mit Schibstad ist es aus. Ich konnte den Mann zuletzt nicht mehr verstehen. Wir hatten Streit, und er drehte völlig durch, weil ich armes Würstchen Geld bei ihm zugute hatte – nach seiner eigenen Berechnung! Er ist der komischste Kauz von einem Redakteur in Kristiania.
Holst und Thommessen waren gut zu mir. Und wenn ich wieder da bin, werde ich für sie bürgen. Ich habe mir im stillen überlegt, wenn ich genug verdient habe, um meine Schulden in Norwegen zu bezahlen, und ein bißchen auf die hohe Kante gelegt habe, komme ich zurück. Möge es nicht zu lange dauern.
Du mußt Deine Mutter bitten, Geduld mit mir zu haben. Die mußt du auch haben. Ich werde mich aber anstrengen, Du wirst sehen. Und Onkel Nils kann ganz beruhigt sein. Sag es ihm. Ich erinnere mich an das Datum, und diesmal wird er eine Abzahlung bekommen, und wenn ich sie hier leihen muß. Ich habe zuletzt ein elendes Leben in Norwegen gelebt, es war mir unmöglich, die Sache dort zu regeln. Es ging soweit,

Erik (unter uns), daß ich als Obdachloser im Arrestsaal des Rathauses schlief. Ich habe mehrere Nächte in einer verlassenen Klempnerwerkstatt in der Møllergaden zugebracht. Und glaubst Du, daß ich jeden Tag etwas zu essen hatte? O nein! Das brauchst Du Dir nicht einzubilden. Aber jetzt bin ich satt, ich werde also hart arbeiten, und das tue ich, damit ich meine Schulden bezahlen und zurückkommen kann. Oh, wir werden uns wiedersehen. Ich gebe nämlich meinen Traum nicht auf, daß mein Buch einmal fertig wird...

Dein Freund
Knut H.

Wie es Hamsun als Straßenbahnschaffner in Chicago erging, hat ein Freund von ihm aus der Amerikazeit, der Journalist Krøger Johansen, viele Jahre später erzählt, als der Name Hamsun oft in den Zeitungen stand.

»Er konnte die Namen der Straßen, die sie passierten, auswendig bis zur Vollendung in der richtigen Reihenfolge, vorwärts und rückwärts. Er irrte sich nicht und sang sie mit kräftiger und wohlklingender Stimme, um die ihn mancher Kondukteur hätte beneiden können, aus. Am Tage hatte er außerdem die Straßenschilder, an die er sich halten konnte. Aber wenn die Dunkelheit kam und er aus irgendeinem Grund nicht bemerkt hatte, daß eine Straße bereits passiert war, da geriet er vollständig durcheinander. Er hatte überhaupt keinen Ortssinn... Man kann sich das Erstaunen der Chicagoer Bürger ausmalen, wenn sie an den unmöglichsten Stellen abgesetzt wurden. Sie beschweren sich auch bei der Straßenbahngesellschaft.«

Und nach kurzer Zeit war Hamsun wieder arbeitslos. Der Grund lag nicht nur in seinem mangelhaften Ortssinn. Hinzu kam, daß sein Verstand nicht einzig und allein auf seinen Kondukteurberuf eingestellt war, das war die Sache. Er konnte zum Beispiel so in seine Gedanken versunken sein, daß er auf einen Dollar falsch herausgab oder einige umsonst fahren ließ. »Spione« der Straßenbahngesellschaft meldeten ihn, und damit war er erledigt.

Arbeitslos in Kristiania, arbeitslos in Chicago – das kann auf ein- und dasselbe hinauslaufen. Hamsun mußte versuchen wegzukommen – hinaus aufs Land, in die landwirtschaftlichen Regionen, wo es immer Möglichkeiten für einen kräftigen Burschen gab. Er erzählt selbst, wie er es diesmal schaffte:

»Ich stand in Chicago und hatte keine Mittel, um die Stadt zu verlassen. Ich schrieb einen kurzen Brief an einen Amerikaner, den ich kannte und bat um – bat um 25 Dollar, die ich ihm nicht versprechen könne zurückzuzahlen. Ich ging selbst mit dem Brief hin. Es war ein langer Weg, nach weit draußen zu den Schlachthöfen, ich fragte mich durch und fand das Kontor des Mannes. Es war ein riesengroßer Raum, häßlich anzusehen, fast wie eine Scheune, aber es wimmelte von Kontorangestellten. Am Eingang stand ein junger Mann als Türwächter, er bekam meinen Brief und ging damit fort, ich sah ihn auf die Mitte des Raumes zusteuern, wo erhöht ein Mann über seinen Papieren saß. Das war *Armour*. Von jetzt an wagte ich nicht mehr aufzusehen, denn ich schämte mich, und Angst vor der wahrscheinlichen Ablehnung hatte ich auch. Der Türhüter kam schnell zurück, ich bemerkte es erst, als er vor mir stand und mir die 25 Dollar ablieferte. Es dauerte einen Augenblick, bis ich mich gefaßt hatte, und ich fragte idiotisch: Bekomme ich die? Ja! lächelte der Mann. Was hat er gesagt? fragte ich. Er hat gesagt, daß your letter was worth it. Ich war mit meinen Scheinen beschäftigt und fragte: Kann ich hingehen und ihm danken? Der Mann antwortete unschlüssig: Vielleicht. Aber es würde ihn nur aufhalten. Ich sah hinauf zu Mister Armour, er schenkte mir keinen Blick, sondern war in seine Arbeit vertieft.

Ich erinnere mich nicht mehr, was ich in meinem Brief geschrieben habe, es war sicher das schlechteste Englisch, das Mister Armour jemals gelesen hat, und daß es 25 Dollar wert sein sollte, war sicher Ironie.«

Knut Hamsuns zweiter Aufenthalt in Amerika verlief etwas lichter und glücklicher als der erste. Zwar setzte er sich auch diesmal nicht durch und erreichte es auch nicht, außerhalb seines Freundeskreises einigermaßen bekannt zu werden. Aber er litt keine Not mehr, die Gesundheit war erstklassig, und viele seiner Freunde, die er hier fand, setzten sich vom Anfang an für ihn als Künstler ein. Er hat es ihnen in seinem späteren Leben nie vergessen.

Knut Hamsun hat beißende Kritik an den Amerikanern und dem amerikanischen Geistesleben geübt, aber das war zu einer Zeit, als die schweren Jahre noch hautnah waren und die Irritation über einige Phänomene im gesellschaftlichen Leben dieser großen Nation zu neu. Und vor allem, er selbst war zu jung und zu unmittelbar, hatte zuviel Freude an grober, verletzender Übertreibung, um der Versuchung nicht zu erliegen.

Später hat Hamsun im großen und ganzen seine Meinung über das geistige Leben Amerikas geändert, um so mehr als auch das geistige Leben Amerikas ein anderes geworden war. Und Hamsuns Meinung über die Amerikaner ist nicht mehr die des jungen Freidenkers von damals, der die Yankees

rücksichtslos aufrichtig, bewußt ungerecht, frech und humorvoll die Seitenhiebe seines Witzes fühlen ließ. Die Wohltätigkeit des Fleischkönigs Armour war kein Einzelfall. Knut Hamsun sagt selbst:
»Ich werde bis zu meinem Tode zu schätzen wissen, was ich dort gelernt habe, und es fehlt mir nicht an schönen und guten Erinnerungen. Ich spreche von der Nation insgesamt und von dem amerikanischen Leben.
Ich möchte die große Hilfsbereitschaft der Amerikaner erwähnen, ihr Mitgefühl, ihre Freigebigkeit. Es ist hier nicht möglich, in der richtigen Weise von einem Rockefeller, einem Carnegie, einem Morgan zu sprechen, ihre Stiftungen haben eine solche Macht, daß mir der Maßstab fehlt, um sie zu messen. Ich denke an die übliche Hilfsbereitschaft der Amerikaner im täglichen Leben. Sie ist sofort da, wenn sie gebraucht wird und fragt nicht, ob die gute Tat sich lohnt. Ich bat einmal um ein paar Dollar, um Bücher für eine kleine norwegische Kolonie in der Nähe einer Stadt, in der ich arbeitete, einzukaufen. – Es ging großartig. Dr. Both setzte sich als erster auf die Liste, und damit folgten viele dem Beispiel, ich mußte das Sammeln selbst stoppen. Ich habe einmal bei einem verhältnismäßig armen irischen Farmer gearbeitet, dessen Wohnhaus abbrannte. Alle Nachbarn von nah und fern eilten herbei, und sie

Knut Hamsun, jetzt mit Schnurrbart, als Straßenbahnschaffner in Chicago 1886

halfen nicht nur, den Brand zu löschen, sondern – sie bauten das Haus wieder auf! Wir, die Leute des Farmers, konnten ruhig unsere Arbeit draußen auf dem Feld und der Weide fortsetzen, und als das Haus fertig war, dankten wir für die gute Tat und zogen ein.«
Von Chicago ging Hamsun nach Nord-Dakota, wo er im Sommer und Herbst 1887 auf der großen Dalrumple Farm in Red River Valley und auf anderen Farmen in der Prärie arbeitete. In den Erzählungen »Zacheus«, »In der Prärie« und »Vagabundentage« hat er diese Zeit geschildert, und erst im Spätherbst 1887 fuhr er nach Minneapolis zu guten Freunden und Bekannten, die er drei Jahre vorher unter so traurigen Umständen verlassen hatte. Überall wurde er herzlich willkommen geheißen, nicht zuletzt von Kristofer Janson und seiner Gemeinde.

III

Es bedurfte noch einiger entscheidender Jahre der Reife, bis Knut Hamsun mit einer Art literarischem Programm hervortrat. Erst 1890 schimmert es in einem Artikel durch, in der Skizze »Vom unbewußten Seelenleben«, in der er Richtlinien für sein literarisches Schaffen aufzeigt. In diesem Artikel bewegt sich Hamsun bewußt fort von der Dichtung seiner Zeit. Das Programm, das er hier entwickelt, romantischer Mystizismus mit ein bißchen Nietzsche, ein bißchen Brüder Goncourt, ein bißchen Dostojewski, das aber in seiner Konsequenz und Ausformung ganz sein eigenes werden sollte, lag verborgen schon in ihm, als er noch in Minneapolis war und seine sporadischen Ausbrüche hatte.
In Minneapolis hielt er eine Reihe Vorträge über die Dichter des Realismus, und er gibt ihnen mit großer Beredsamkeit all die Ehrenbezeugungen, die er später ausdrücklich zurücknahm. Die Realisten waren ja die Großen der Zeit. *Brandes* hatte ihm die Augen für sie geöffnet, sie waren für ihn noch radikale und revolutionäre Kräfte, die die Kunst brauchte. Aber ganz ohne Einwände eines Freigeistes war er nicht, gegen Bjørnsons Moralpredigt und Ibsens »Rätsel«.
Bereits in »Bjørger« sagt der junge Knud Pedersen Hamsund: *Ich muß mich zu allem genau entgegengesetzt verhalten.* Er fand keinen Gefallen an der mehrheitlichen Einigkeit, irritiert, wie er damals über das amerikanische Geistesleben, die Institutionen, die Moral und die innere und äußere

Verfassung war. Aus reinem Oppositionsdrang fühlte er sich zu den wenigen hingezogen, die für eine Sache gegen die vielen *kämpften*. Um welche Sache es ging, kam erst in zweiter Linie. Die meisten von Hamsuns radikalen jungen Freunden waren zum Beispiel glühende Vorkämpfer für die Abstinenz und Befürworter eines totalen Verbots. Hamsun unterstützte sie. Selbst war er weit davon entfernt, ein Abstinenzler zu sein.
Aber noch stärker fühlte er sich solidarisch mit den politisch Verstoßenen, den jungen Radikalen, die in dieser Zeit neue Gedanken vortrugen, den Sozialisten, Marxisten und Anarchisten, die einzeln und ohne Nebenabsichten auftraten und noch keine *Masse* geworden waren. Nicht weil er unbedingt mit ihren politischen Ansichten übereinstimmte, sondern weil er das Recht des einzelnen verteidigte und damit auch das Recht dieser jungen Schwärmer, sich frei zu äußern.

»Erwähne in Amerika das Wort *Anarchismus*«, schrieb er in »Amerikas Geistesleben«, »und ein Mann mit normaler amerikanischer Durchschnittsbildung wird sich augenblicklich bekreuzigen. Unter Anarchismus versteht er schlechthin Dynamit. Daß Anarchismus eine wissenschaftliche Theorie ist, eine Lehre, zu der sich sogar ziemlich vernünftige Leute bekennen, begreift er nicht; er erträgt es nicht einmal, ein Gespräch darüber mit anzuhören, Anarchismus ist Dynamit, Anarchisten müssen gehängt werden! Hier ist eine klaffende Lücke in der amerikanischen Freiheit, eine Lücke, die eben für die amerikanische Demokratie offengehalten wird, in der Amerika so absolutistisch über die Freiheit herrscht.«
1886 waren ein paar Anarchisten verhaftet, verurteilt und gehängt worden, weil sie verdächtigt wurden, eine Bombe geworfen zu haben. Und Hamsun ging mit leidenschaftlichem Ernst zum Angriff auf die amerikanische Freiheit über.

»In dieser Zeit«, sagt er, »liefen die Leute aller Gesellschaftsschichten, von denen, die durch irgendeinen Glückstreffer Millionäre beim Weizenbetrug geworden waren, bis zu denen, die weder ein Buch lesen noch ihren Namen schreiben konnten – liefen alle Amerikaner herum und verurteilten diese sieben Anarchisten zum Tode. Hatten sie je ein Wort darüber gelesen, was Anarchismus war? Nicht einer von hundert, nicht einer von tausend, sie wußten nur, daß diese Sieben *beschuldigt* wurden, die Bombe geworfen zu haben. Das genügte. So beschaffen ist die amerikanische Freiheit. Sie fordert eine gewisse Menge an Freisinn von den Menschen, nicht mehr und nicht weniger. Bei Überschreitungen nach einer der beiden Seiten ist sie intolerant wie ein mittelalterlicher

Despot. Sie ist zu konservativ, um sich von der Stelle zu bewegen; wo sie vor 200 Jahren stand, steht sie noch heute, die Zeit hat ihre Formen kein bißchen verändert, denn sie ist durch Gesetz immer noch Demokratie. Taucht ein Schriftsteller auf, der an das Königtum glaubt, dann ist dieser Schriftsteller nicht frei genug, die Amerikaner jagen ihn aus dem Land, erhebt sich bei dem demokratischen Mob ein Mann, der an den Anarchismus glaubt, die zukünftige Gesellschaftsform, dann ist dieser Mann zu frei, die Amerikaner hängen ihn auf. Was über oder unter George Washingtons äußerst einfachen Verstand geht, wird mit Landesverweisung oder Hinrichtung bestraft. Das ist die amerikanische Freiheit – keine Freiheit für den Menschen, die Person, sondern eine Freiheit für *eine Masse* und für alle... Am 4. Mai 1886 wurde bei einer Volksversammlung auf dem Marktplatz in Chicago von unsichtbarer Hand eine Dynamitbombe geworfen, die fünf Polizeibeamte tötete und zwei verletzte. Niemand wußte, wer der Täter war, es konnte ein Droschkenkutscher, ein Priester, ein Kongreßabgeordneter ebensogut gewesen sein wie ein Anarchist. Während der Gerichtsverhandlung war – nebenbei gesagt – beinahe festgestellt worden, daß der Bombenwurf von der Obrigkeit selbst mittels eines Polizeibeamten arrangiert worden war, um plötzlich einen Anklagegrund gegen die anarchistischen Anführer zu haben. Trotzdem nahm man einfach sieben führende Anarchisten für die sieben Bombenopfer fest und verurteilte fünf von ihnen zum Tode für die fünf, die von der Bombe getötet worden waren, und zwei mit lebenslänglicher Gefängnisstrafe für die zwei, die von der Bombe nur verletzt wurden. Auge um Auge! Zahn um Zahn! Eine praktische und typisch amerikanische Justiz! Parson, der eine der gehängten Anarchisten, war an dem Abend des Attentates nicht einmal auf dem Marktplatz anwesend. ›Nein‹, sagte man zu ihm, ›aber bist du nicht Anarchist?‹ – ›Doch!‹ sagte Parson. Auf diese Weise setzen die freien Amerikaner sich mit Ideen auseinander, sie hängen sie.«

Nachdem die fünf Anarchisten hingerichtet worden waren, trug Hamsun ein schwarzes Band im Knopfloch.

Wie gut es Knut Hamsun in Minneapolis auch gefiel und wie verhältnismäßig gut es ihm als Schriftsteller und Vortragsredner auch ging, so begriff er doch, daß ihm der Weg versperrt war. Er besuchte in dieser Zeit oft seine Freunde und schloß sich nicht hermetisch ab, um zu arbeiten, er sorgte für Trubel in den Begegnungsstätten der Stadt, aber er kam als Dichter nicht weiter in einer Gesellschaft, mit der er sich nun endgültig angelegt hatte, das war ihm klar, und er bereitete sich auf seine Abreise vor.

Um das Reisegeld zu beschaffen, plante er einen großen Abschiedsvortrag, und er mietete für diese Gelegenheit die »Große Dania Hall« in Minneapolis. Der Vortrag wurde im Frühjahr 1888 gehalten und entwickelte sich zu einem einzigen temperamentvollen Angriff auf die oben besprochene amerikanische Freiheit, auf das Geistesleben und die Moral. Der dicht besetzte Saal amüsierte sich köstlich. Das Publikum bestand ja fast ausschließlich aus Norwegisch-Amerikanern, die in dem gelobten Land nicht reich geworden waren und die hier einen äußerst talentvollen Dolmetscher ihrer eigenen Meinungen vor sich hatten.

Der Vortrag brachte Hamsun ganze 40 Dollar ein, und einer seiner Freunde, John Hansen, erzählt, daß »Hamsun glaubte, seine Sache so großartig gemacht zu haben, daß er sich nicht traute, allein auf die Straße zu gehen, worauf ich die Nacht mit ihm zusammen verbringen mußte«.

Aber was von den 40 Dollar übrigblieb, reichte nicht zu der Überfahrt. John Hansen regelte die Angelegenheit, indem er sich Geld von guten Freunden lieh, und gegen Ende des Sommers 1888 konnte Hamsun endlich reisen.

IV

Auf dem dänischen Atlantikdampfer »Thingvalla« gab es drei Klassen. Das Schiff war auf der Heimreise, und in der ersten Klasse war viel Platz für wenige und wohlhabende Reisende, vor allem Amerikaner, die gerne Europa »machen« wollten, und für ein paar Skandinavier, die in Amerika das Glück auf ihrer Seite gehabt hatten und nun nach Hause fuhren. Die zweite Klasse bot ein etwas gemischtes und undeutliches Bild, aber die dritte Klasse war voll besetzt mit den leicht zu erkennenden Glücklosen. Hier fand man alle die Typen, die Amerika nicht brauchte, Bauern und Arbeiter ohne Erfolg und den notwendigen Aufstieg, was im Yankee-Land das Glück bedeutet, in Konkurs gegangene Geschäftsleute, Abenteurer und Intellektuelle.

Die »Thingvalla« war bereits eine Woche unterwegs, und das Meer, das sehr aufgewühlt gewesen war, hatte sich allmählich geglättet. Viele waren seekrank gewesen, aber die meisten waren jetzt wieder gesund, und auf dem Vorderdeck hatten vier junge Burschen aus der dritten Klasse sich einen geschützten Platz gesucht und spielten Karten, um sich die Zeit zu vertreiben. Einer der Spieler war Knut Hamsun, und nichts war natürlicher als das. Hamsun ging einer Partie nie aus dem Weg, wenn er nichts zu tun hatte. Die jungen Männer schienen alle nicht gut gestellt zu sein, ihre Sachen hatten bessere Tage gesehen, ihre Hände waren nicht sauber, die Karten, die sie auf das Deck hauten, daß die Knochen gegen das Holz knallten, waren so abgegriffen und schmutzig, daß man kaum noch den Buben vom König unterscheiden konnte. Und vor einem jeden lagen kleine Pennystücke und ein paar armselige Silbermünzen.

Alle vier waren so in das Spiel vertieft, daß es eine Weile dauerte, bis sie einen gepflegten kleinen Mann mit Vollbart und Goldbrille bemerkten, der aus der ersten Klasse gekommen und in einiger Entfernung stehen geblieben war und sie mißbilligend betrachtete. Hamsun entdeckte ihn zuerst, der Mann kam ihm bekannt vor, und plötzlich rief er aus: »Nein, guten Tag, Herr Professor Anderson, Sie sind ja auch an Bord!«

Der Mann zuckte zusammen und starrte eine Zeitlang mit ungläubigen Augen auf den schmuddeligen Kartenspieler: »Aber... ist das nicht Hamsun...?« kam es zögernd.

»Ja sicher, das bin ich.«

»Na so was, und ich habe geglaubt, Sie wären tot«, sagte der Professor mit einem unsicheren kleinen Lachen, »oder wenn nicht gerade das, Sie wären Lehrer in Norwegen... oder etwas ähnliches...«

Hamsun fegte seine Münzen zusammen, stand schnell auf und begrüßte den kleinen Mann herzlich mit einem Händedruck. »Nein, ich bin keineswegs tot«, sagte er lachend. »Aber wo haben Sie gesteckt?«

»Ich bin, wie Sie wahrscheinlich wissen, seit 1885 dänischer Botschafter in den Vereinigten Staaten gewesen«, sagte der Professor steif.

»Ach ja, ich habe so was in den Zeitungen gelesen.«

»Und wie ist es Ihnen ergangen, wenn ich fragen darf?«

»Ausgezeichnet! Brillant!« Und Hamsun legte los, erzählte in großen Zügen von seinen Erlebnissen, seit er den Professor zuletzt gesehen hatte, schnitt mit Absicht gewaltig auf und lachte und war demonstrativ guter Laune.

Zum Schluß zog er aus seinem alten, schäbigen Postsack eine Menge Papiere, dicht beschriebene Seiten, ein ganzes dickes Manuskript. Es bestand aus Papier jeglicher Art und jeglicher Farbe und war, wie der Professor später in seinen Erinnerungen schrieb »in dem gleichen Zustand wie seine Hände, sein Gesicht, seine Kleider und die Tasche«.

»Das ist das Manuskript einer Rede... Wollen Sie sie lesen? Ich habe sie ›Vom Geistesleben des modernen Amerika‹ genannt.«
Professor Anderson fuhr zurück und lehnte ab. Er habe so viel Arbeit unter der Hand, daß er leider keine Zeit dafür habe.
»Wollen Sie zurück nach Norwegen?« fragte er, um abzulenken.
»Nein, nach Kopenhagen.«
»Ach so, nach Kopenhagen... Warum?«
»Ich reise nach Kopenhagen zu meinem Verleger.«
Der Professor blickte ihn mißtrauisch und etwas prüfend an, aber gab sich mit der Antwort zufrieden. Später, als auch die Familie des Botschafters an Deck kam, um frische Luft zu schnappen, ließ er Hamsun die einzelnen Familienmitglieder begrüßen. Sie schienen ihn wiederzuerkennen und fragten höflich, wie es ihm ergangen sei.
Aber im weiteren Verlauf des Gesprächs kam es zu der fatalen Situation, daß der Professor einen Blick auf Hamsuns nicht allzu gut gebügelten Jackenaufschlag warf und das schwarze Band entdeckte. »Haben Sie Trauer?« fragte er höflich und teilnehmend. »Haben Sie einen Angehörigen verloren?«
»Nein«, erwiderte Hamsun mit ruhiger Stimme, »nicht eigentlich Angehörige. Aber ich trauere... ich trage das Band zur Erinnerung an die fünf hingerichteten Anarchisten.«
Da wichen der Botschafter und seine Familie mit Grauen zurück, drehten sich um und gingen. Hamsun sah sie während der ganzen Reise nicht wieder. Aber Mister Anderson blieb nicht untätig. In seinen Augen war Hamsun ein gefährlicher Anarchist. Er sagte dem Kapitän des Schiffes Bescheid, daß er diesen Mann überwachen müsse. Und als er nach Kopenhagen kam, meldete er ihn bei der Polizei als gefährlich für die Sicherheit des Reiches, mit dem Ergebnis, daß Hamsun monatelang Tag und Nacht beschattet wurde.

Einen ganzen Tag und eine Nacht lag die »Thingvalla« im Hafen von Kristiania, ehe sie weiter nach Kopenhagen fuhr. Aber Hamsun ging nicht an Land. Was sollte er auch da. Er war jetzt ebenso arm wie damals, als er Kristiania verließ, ebenso ohne Freunde, ebenso fremd. Und hatte er sich selbst nicht einmal gelobt, diese Stadt nicht eher wieder zu betreten, bis der Sieg sein war? – Aber diese vierundzwanzig Stunden im Hafen von Kristiania, diese Quarantäne, die er sich auferlegte, sollten, ohne daß er es wußte, in den nächsten Monaten den Weg zum Durchbruch und zum endgültigen Sieg ebnen.

Allein wanderte er auf dem Deck hin und her, wie in einem Traum, ohne Wiedersehensfreude mit den bekannten grauen Silhouetten der Stadt, aber auch ohne Bitterkeit. Die ganze Zeit lasteten die Erinnerungen auf ihm, aber weicher, nicht mehr so schmerzlich wie früher – sie kamen von weit her.
Er sah das elende Loch in der Tomtegaten 11 vor sich, wo er einen Winter lang gelebt hatte, wo er sich durchgehungert hatte, ohne daß er jetzt begriff wie. – Aber dann erinnerte er sich an Menschen, die ihm geholfen hatten. Isaksen, der Jude, bei dem er Geld lieh, war ein netter Mensch, er und auch seine Frau, er schuldete ihm das Geld immer noch... Herrgott – er müßte es ihm mit Zins und Zinseszins zurückzahlen! Er war gerührt bei dem Gedanken. Sie wohnten wohl noch im gleichen Haus – jetzt nur einen Steinwurf von ihm entfernt –, er bekam ein schier unbändiges Verlangen, an Land zu laufen, die Rådhusgata hinunter, vorbei am Ostbahnhof und dann direkt um die Ecke, da war es. Er hatte bereits die Hand in der Tasche – suchte fieberhaft nach Geld. Aber er hatte ja nicht genug! Nicht genug, um die Schulden zurückzuzahlen!
Diese traurige Tatsache drückte ihn eine Weile vollständig nieder. Ach, daß ihm nichts glückte! Nicht einmal *diese* kleine Freude konnte er sich machen. Er hätte jetzt so gerne seinen Mann gestanden, aus Dankbarkeit für eine schöne Erinnerung... Mißmutig wanderte er auf dem Deck hin und her – nein, nichts glückte ihm.
Aber die Erinnerungen stiegen auf. Er erinnerte sich an Isaksens Logierhaus, an die vielen seltsamen Menschen, die dort wohnten und verkehrten – Seeleute, Straßenhändler, Diebe und Prostituierte. Er erinnerte sich an den Mörder, dem Isaksen geholfen hatte – nicht weil er getötet hatte, sondern weil er verfolgt wurde. Isaksen half denen, die in Not waren, das war seine Natur. Ach, er würde ihn nicht vergessen!
Es dämmerte. Nach und nach wurden die Lichter in den Häusern angezündet. In einem Haus schimmerte es rot und behaglich hinter einer Gardine – vielleicht hatten sie einen roten Lampenschirm.
Er erinnerte sich an die Nächte, in denen er vor einem solchen Fenster mit einem roten Licht dahinter gestanden hatte – in denen er gefroren und gewartet hatte! Dort wohnte ein Mädchen. Sie war wohl nicht so einzigartig, dachte er jetzt, aber damals war sie so hoffnungslos außerhalb seiner Reichweite gewesen. Er hatte heimlich für sie geschwärmt. Manchmal hatte er einen Schimmer von ihr hinter der durchsichtigen Gardine zu sehen bekommen...
Er dachte an seine einsamen Wanderungen durch die Straßen und Parks

der Stadt, entlang am Akerselva, zwischen den Gräbern auf dem Krist Friedhof.

Und der Stoff strömte in ihn hinein... er öffnete die Tasche und holte Notizen heraus.

Niemand störte ihn an Bord. Der Lärm der Winde und die Rufe der Hafenarbeiter waren Geräusche, die ihn nichts angingen. Er setzte sich auf eine Bank bei der Reling, nahm Papier und Bleistift heraus – und schrieb... *Es war zu jener Zeit, als ich in Kristiania herumging und hungerte...*

Den ganzen Abend saß er auf der Bank und arbeitete wie im Fieber. Es wurde kühl, aber er schrieb Seite um Seite, bis die Dunkelheit kam und er nichts mehr sehen konnte. Fröstelnd ging er hinunter in den Salon und bat um eine Tasse heiße Milch. Er ordnete die Blätter, las sie noch einmal durch. Es waren einzelne, aus dem Zusammenhang gerissene Brocken, hingekritzelt in wilder Eile, holterdiepolter, so wie sie in ihn hineingeworfen worden waren. Aber alles war klar. Er wußte den Weg. Jetzt kam es nur darauf an, nicht aufzuhören, jetzt kam es nur darauf an, daß er Ruhe zum Arbeiten bekam.

Durchbruch

I

Es war kein Zufall, daß Hamsun wieder Kopenhagen wählte. Natürlich stand hier kein »Verleger«, der ihn mit offenen Armen empfing. Hamsun hatte absichtlich irritieren wollen, als er Professor Anderson die Lügengeschichte auftischte. Was ihn ausschließlich hierhertrieb, war das Wissen um die Position der Stadt im damaligen Geistesleben. Kopenhagen mit seinen hohen Türmen war das Kulturzentrum des Nordens.
Hamsun nahm sich nicht die Zeit, die Stadt wieder in Augenschein zu nehmen. Er suchte sich sofort ein billiges Zimmer draußen im Nordvestvej 25. Er zählte sein letztes Geld und stellte fest, daß es noch für vierzehn Tage *mit* Mittagessen und für drei Wochen *ohne* reichte.
Dann setzte er sich an die Arbeit.
Ohne Unterbrechung schrieb er hier die ersten Kapitel von »Hunger«. Die Notizen von der »Thingvalla« lagen vor ihm auf dem Tisch, und neuer Stoff drängte nach. Noch nie hatte er so bewußt gearbeitet und gleichzeitig mit einem so überfließenden Gemüt. Im Laufe von wenigen Wochen hat er so viel auf dem Papier, daß er selbst erstaunt ist. In einem Freudenrausch weiß er, daß es gut und von ihm geschaffen ist.
Was er bisher niedergeschrieben hat, schließt das Ganze bei weitem nicht ab, aber er hat genug Notizen für den Rest, sein Sinn ist noch voll schöpferischer Kraft. Nachts liegt er da und schreibt blind auf, was ihm einfällt. Am nächsten Tag kann es schwierig zu entziffern sein, aber ein Stichwort genügt, es gibt ihm »einen Schwung durch die Seele«, und er wird auf der Welle weitergetragen.
Er nimmt sich während dieser Tage kaum die Zeit, etwas zu essen. Er wagt kaum zu ruhen, wagt seine Gedanken auf nichts anderes zu richten – er schreibt und schreibt. Unbewußt gleitet er in den verklärten Zustand, den der Hunger hervorrufen kann, in eine Form der Askese, und in Schmerz und Freude durchlebt er seinen Stoff bis in den letzten Nerv.

Schließlich kommt er zu dem Punkt, wo er nicht mehr kann. Erst jetzt hebt er den Kopf und sieht sich um. Sein Blick fängt die Umgebung ein. Gleichsam mit neuen Augen sieht er, wie er wohnt, was er anhat, den Bart, den er im Gesicht hat, und wie seltsam mager er geworden ist.
Als er nachschaut, hat er nicht mal mehr einen Kanten Brot, um sich zu sättigen. Er geht mit seinen Habseligkeiten ins Pfandhaus und setzt das Leben noch eine Weile so fort. Aber er hat nach einer intensiven und selbstzerstörerischen Arbeit in gewisser Weise den praktischen Sinn für das eigene Dasein verloren, er spürt, daß er andere um Hilfe bitten muß.
Erschöpft und mit zitternden Händen packt er seine Blätter in eine Zeitung – und geht hinaus.

Knut Hamsun war nie im Zweifel darüber gewesen, wen er hier in Kopenhagen aufsuchen mußte, wenn es so weit war. Seine Bewunderung für Georg Brandes war noch die gleiche wie vorher. Für ihn war Brandes der große Radikale und der Vermittler des europäischen Geistes, die höchste literarische Instanz im Norden, und kein Weg führte an ihm vorbei.
Aber jetzt schwand der Mut. Hamsuns Nerven hielten nicht mehr viel aus. Er erinnerte sich an seinen demütigenden Gang zu Bjørnson und Garborg – und jetzt stand mehr auf dem Spiel als damals – er sah mit erschreckender Deutlichkeit, daß es jetzt um Leben oder Tod ging für ihn als Künstler.
Zwei Tage lang wanderte er durch Kopenhagens Straßen, in angstvoller Spannung umkreiste er das Haus, in dem Georg Brandes wohnte, und hoffte, einen Blick auf den großen Mann werfen zu können und womöglich Mut zu fassen, um mit ihm zu sprechen. Er sah ihn nicht. So wählte er schließlich einen Weg, von dem er hoffte, daß er ihn zu Brandes führen würde – indirekt. Er ging zu Edvard, dem einflußreichen Bruder des berühmten Georg, der damals Redakteur bei der Zeitung »Politiken« war.
Die Begegnung zwischen Knut Hamsun und Edvard Brandes ist später von dem schwedischen Schriftsteller Axel Lundegård geschildert worden, der am gleichen Abend zu Gast bei Brandes war, wo das Gespräch schnell auf Hamsun kam:
»Brandes kam mir lachend entgegen, ironisch und eine Spur verlegen. ›Stellen Sie sich vor‹, fing er an, ›als ich heute in der Redaktion war, kam ein Norweger und wollte mich sprechen. Und natürlich hatte er ein Manuskript in der Tasche. Aber es interessierte mich anfangs weniger als der Mann. Einen verkommeneren Menschen habe ich selten gesehen. Nicht nur, daß seine Kleider zerlumpt waren. Aber das Gesicht! Wie Sie

wissen, bin ich nicht sentimental. Aber das Gesicht des Mannes machte mich betroffen.

Ich nahm seinen Papierpacken. Es war eine Erzählung. Viel zu lang für eine Nummer in der ›Politiken‹ – das sah ich sofort, sie hätte das halbe Blatt gefüllt. Und für eine fortlaufende Erzählung im Feuilleton unter dem Strich war sie zu kurz. Das sagte ich dem Autor und wollte ihm das Manuskript zurückgeben. Aber im gleichen Augenblick sah ich den Ausdruck in seinen Augen hinter dem Kneifer... und ich konnte eine Ablehnung nicht über die Lippen bringen. Ich versprach ihm, diesen Packen zu lesen, bekam Namen und Adresse des Autors. Und dann ging er.

Ich schob alles von mir weg und setzte mich wieder an meine Arbeit. Aber ich konnte ihn nicht loswerden. Der Ausdruck in seinem zitternden, bleichen Gesicht verfolgte mich. Er hatte etwas an sich – was ich mir nicht erklären konnte. – Jetzt verstehe ich es besser.

Als ich nach Hause fuhr, nahm ich die Erzählung mit. Und nach dem Essen fing ich an zu lesen. Sie packte mich sofort. Und je mehr ich las, desto ergriffener wurde ich. Das hier war nicht nur talentiert wie so vieles andere. Es war mehr. Es hatte etwas von einem Dostojewski...

Als ich die Hälfte der Erzählung gelesen hatte, mußte ich daran denken, daß der Autor in der Stadt herumlief und hungerte. Eine Art Schamgefühl überfiel mich, und wie ein Verrückter rannte ich zur Post und überwies ihm zehn Kronen.

Dann ging ich wieder nach Hause und las weiter. Und je länger ich las, desto mehr schämte ich mich. Und als ich zu Ende gelesen hatte, war ich vollends beschämt. Hören Sie mal!

Er nahm die letzte Seite des Manuskriptes und las laut...

Als er die beschriebenen Blätter wieder weglegte, lachte Brandes sein kleines, verlegenes Lächeln und sagte: ›Verstehen Sie, daß ich mich über meinen armseligen Zehner schämte?‹

›Doch, das verstehe ich.‹

Er sah mich an: ›Hätten Sie die Geschichte gelesen, würden Sie es noch besser verstehen.‹

›Ist sie so einzigartig?‹ fragte ich. ›Wie heißt sie denn?‹

›Hunger.‹

›Und der Autor?‹

›Knut Hamsun.‹«

Edvard Brandes sorgte dafür, daß das »Hunger«-Fragment bei der Zeitschrift »Neue Erde« angenommen wurde. Der Redakteur bekam auch andere Arbeiten von Hamsun zur Durchsicht, und bevor »Hunger« im November 1888 anonym erschien, wurde in der Zeitschrift Hamsuns Artikel über Kristofer Janson, den er schon in Minneapolis geschrieben hatte, veröffentlicht.

Mit dem Fragment »Hunger« wurde er in gewissen Kreisen in Dänemark und damit auch in Norwegen bekannt und besprochen. Eine Anerkennung im Ausland nahm man immer wahr, denn die hochangesehene Zeitschrift wurde im ganzen Norden gelesen. Das ließ hoffen. Hamsun selbst schrieb in einem Brief an Kristofer Janson, er habe hier schildern wollen »meiner kleinen Seele unendliche Beweglichkeit, das sehr eigentümliche Geistesleben, die Mysterien der Nerven in einem ausgehungerten Körper«. Der Gedanke war nicht neu. Er hatte ihn früher schon in einigen kleinen Novellen im »Dagbladet« ausgesprochen, was damals jedoch kaum beachtet worden war. Nun war man zu Hause auf einmal interessiert – und daß der Autor dieser Skizze mit ihrem Inhalt und ihrer eigenartigen Stimmung, ihrer freimütigen, knappen und doch so melodischen Sprache anonym war, reizte die Neugier der Leute um so mehr. Die Zeitungen in Norwegen fingen an zu raten, wer der Verfasser sein könnte. Der Einsender einer Leserzuschrift fand heraus, daß der Autor Garborg sein müßte. Das Erstaunen war groß, als eines Tages herauskam, daß der anonyme Verfasser von »Hunger« der bis dahin ziemlich unbekannte Knut Hamsun war.

Ja, es ging vorwärts. Edvard Brandes vermittelte Hamsun die Beziehung zu P. G. Philipsen, einem angesehenen kleinen Verlag. Etwas bei Gustav Philipsen verlegen zu können, bedeutete damals viel, besonders für die *jungen* Autoren. Man bekam gleichzeitig den offiziellen Stempel, radikal zu sein, wogegen Hamsun nichts einzuwenden hatte. Auf einen Schlag wurden ihm hundert Kronen ausbezahlt, »als Vorschuß auf literarische Arbeiten«, Geld, das er sogleich zur Bezahlung von Schulden verwandte.

Es sah so aus, als ob sich alles in eine günstige Richtung entwickeln würde. Aber Hamsun war eben leicht verwundbar, und seine Arbeitskraft war erschöpft. Man wird nicht über Nacht »sorgenfrei«. Wieder stand er nach kurzer Zeit vor einer Periode mit Hunger und psychischem Zusammenbruch. Wieder mußte er um Hilfe bitten. Er schrieb nach Norwegen an den Großhändler Johan Sørensen, den Verleger der »Bibliothek für tausend Heime«. Er stellt sich vor und erklärt seine Situation.

»Ich kann nicht arbeiten, nicht gut, nicht schön. Ich sitze hier in einer

Dachstube, wo es durch die Wände bläst; es gibt hier keinen Ofen, kaum Licht, nur eine einzige kleine Dachluke. Ich kann jetzt auch nicht gut ausgehen, seit es so kalt geworden ist, ich habe zuwenig Kleider. Wenn nur der Frühling bald käme; aber es sind noch viele Monate bis dahin. Mit Lebensmitteln ist es katastrophal gewesen; im Sommer war es oft ganz aus mit mir – Edvard Brandes hat mich ein paarmal gerettet, dann habe ich etwas für ›Politiken‹ geschrieben, was Brandes mir verschafft hatte, das Geld ist inzwischen ausgegeben – und die Situation ist die gleiche wie vorher. Da ist man am Ende ganz schön heruntergekommen, ziemlich matt; da kann man nicht schreiben und fängt plötzlich an zu weinen, wenn nichts gelingt.

Ich will kein Mitleid erregen, ich will nur versuchen, meine ungereimte Bitte zu begründen, so daß Sie mich vielleicht ein wenig entschuldigen können.«

Und Johan Sørensen half. Er gehörte zu den vielen aus den Jugendjahren, die Hamsun nie vergaß. Sørensen schickte ihm 200 Kronen, und gleichzeitig fragte er Hamsun, wieviel er jeden Monat brauche, um durchzukommen. Auf diese Frage antwortete Hamsun – mitten in seinem herzlichen Dank – in einem Brief aus der St. Hansgaden 18, Dachgeschoß, am 8. Dez. 1888:

»Aber angeben, was ich jeden Monat brauche, das kann ich fürs erste nicht, weil es immer stark variiert hat, und außerdem ist es auch nicht meine Absicht, Ihnen ständig auf der Tasche zu liegen. Ich bin bereits so großartig mit Lebensmitteln versorgt, daß ich lange davon leben kann. Sie können sich nicht vorstellen, wovon ich zeitweise gelebt habe, wenn ich arm war. Ein 20-Øre-Roggenbrot für zwei Tage war normal, wenn ich arm war, aber im Sommer ging es nicht immer so normal zu, ein paarmal war ich ganz am Ende; ich hatte alles, was ich besaß, verpfändet, aß vier Tage hintereinander nichts, ich saß hier und kaute auf Streichholzenden. Und in Kristiania ist es zuweilen auch ganz schlimm gewesen. Aber jetzt hat sich ja auf die eine oder andere Weise ein Ausweg gefunden...«

Ja, es fanden sich allmählich Auswege. Er war nicht mehr der ganz unbekannte junge Dichter, der es auf Grund seiner nervösen Zurückhaltung sehr schwer hatte, in den Kreisen Eingang zu finden, die ihm mit finanzieller Unterstützung und literarischem Interesse normalere Arbeitsverhältnisse hätten sichern können.

Aber *einen* Menschen traf er, der ihm stets in Glück und Unglück zur Seite stand: der Dichter Erik Skram.

Den hilfsbereiten Großhändler Johan Sørensen in allen Ehren – es war der dänische Dichter Erik Skram, der in dieser Zeit Knut Hamsuns großes und andauerndes Vertrauen besaß, sogar seine innersten Gefühle vertraute er ihm an.

Erik Skram, mit Amalie Skram verheiratet, kultiviert, literarisch gebildet, empfand schon bald Sympathie für den jungen Norweger, und nach langen Gesprächen mit ihm bekam er ein besonderes Interesse. Es war nur natürlich, daß er in die merkwürdigen geistigen Zustände, die die Grenze zwischen Leben, Traum und Dichtung verwischten, eingeweiht wurde.

2. Weihnachtstag 1888

Lieber Hr. Skram.

Sie müssen nicht ungehalten über mich sein, weil ich heute schreibe. Ich bin so erregt. Ich weiß wohl, daß ich Sie belästige, und ich bitte um Entschuldigung. Ich möchte mir erlauben, Ihnen etwas zu erzählen.

Sie waren so interessiert an meinem Gemütszustand in den Tagen, als ich sterben sollte. Sie wunderten sich wahrscheinlich darüber, daß ich so große Sprünge machte, als ich davon erzählte. Die Sache ist die, daß zu der Geschichte noch etwas gehört, von dem ich an diesem Abend glaubte, es nicht erzählen zu können, und ich hatte eine fieberhafte Angst, daß es mir unversehens entschlüpfen könnte. Nun möchte ich mir erlauben, es Ihnen zu erzählen – und noch etwas anderes, was damit zusammenhängt.

Ja, ich spürte eine völlig verzweifelte Lust, in ein Bordell zu gehen und zu sündigen. Haben Sie so etwas Verrücktes je gehört? Wenn ich schon sterben sollte! Ich wollte in großem Stil sündigen, mich damit erschlagen, ich wollte in Sünde sterben, hurra flüstern und meinen Geist aushauchen. Man muß sich schämen, es zu erzählen.

Aber ich war so ungeheuer feurig. Und ich war in meinem ganzen Leben so streng gegen mich selbst gewesen – was hatte es nun zu sagen, wenn ich doch sterben sollte. Ich war rasend.

Ich sagte Frau Janson geradeheraus, was mich bewegte, und Frau Janson muß einmal ein Mensch gewesen sein, sie antwortete, daß sie es gut verstehen könne. Tatsächlich, das hat sie mir geantwortet. Aber es hing vielleicht damit zusammen, daß sie so nachsichtig mit mir war, mehr als ich verdiente, peinlich nachsichtig.

Ich verkaufte meine Uhr, um die Mittel für diesen Schritt zu haben, bestellte heimlich einen Wagen, denn ich war zu krank, um zu gehen und wollte gerade verschwinden. Da begibt es sich aber, daß Frau Janson »es« doch nicht »verstehen« konnte; sie bekommt Wind von der Affäre und bestellt den Wagen ab.

So zerschlug sich die Sache. Und ich bereue es nicht – jetzt nicht. Ich bin sicher, ich wäre dort gestorben.

Aber können Sie verstehen, daß ein junger Mensch, der zum Tode verurteilt ist, so verrückt sein kann! Ich kümmerte mich nicht das geringste um die Folgen »jenseits der Grenze«, verschwendete keinen Gedanken daran, obwohl ich damals halbwegs an die Folgen glaubte. Ein Theologieprofessor besuchte mich in dieser Zeit, ein liebenswürdiger Mann, der mich seit meiner Kindheit kannte – ich war unverschämt ihm gegenüber, ich glaube, daß ich ihn verletzt habe, ohne es zu wollen.

Ich war äußerst erregt. Das ging einen Nachmittag so, eine Nacht und einen Vormittag. Dann bot sich mir, um es ganz offen zu sagen, eine Gelegenheit zu sündigen in dem Haus, in dem ich wohnte. Die Gelegenheit wurde mir mit sauberen Worten *angeboten.*

Das wollte ich nicht.

Verstehen Sie es? Dies ist etwas, das mich immer verfolgt hat. Einmal wurde mir ein Hausschlüssel angeboten – eine rote Schleife in der Gardine, ein bestimmter Zeitpunkt, ein Klopfen an die Tür –, da wollte ich nicht. Hätte ich um den Schlüssel gebeten, dann hätte ich für nichts garantiert. So viel kann so wenig für mich bedeuten. Gibt es noch mehr solche Menschen, oder bin ich der einzige Idiot in der Welt.

Dann brach meine Leidenschaft auf eine andere Weise durch: Ich begann das *Licht zu lieben.* Ich versichere Ihnen, es war eine rein sinnliche Liebe, Fleischeslust. Viel Licht, Sonnenlicht, Tageslicht, große Lampen, fürchterliche Flammen, ein fanatisches Licht um mich herum und überall. Frau Janson glaubte, ich wäre verrückt geworden. Bis dahin hatte ich Neros Jubel über das brennende Rom nie verstanden. Es ging wirklich so weit, daß ich eines Nachts die Gardinen in meinem Zimmer anzündete. Ich lag da und sah den Brand, hatte buchstäblich in all meinen Sinnen das Gefühl »zu sündigen«.

Meine Schwachheit hing natürlich *vor allem* mit meiner schweren Krankheit zusammen, aber so wahr mir Gott helfe, meine Lichtverrücktheit habe ich noch nicht überwunden. Solche Dinge wage ich den Leuten nicht zu erzählen, ich trage soviel mit mir herum, was ich nicht zu erzählen wage. Und ich wage nicht, darüber zu schreiben; selbst etwas, das weit weniger »verrückt« ist, etwas, worüber ich versuchen wollte zu schreiben, glaubte ich in die Form eines sonderbaren Märchens bringen zu müssen, das so begann: »Ich war einmal ein Mann, der...« Ich hatte gedacht, es wäre etwas Ähnliches wie bei Bourget, aber jetzt soll das, was Bourget geschrieben hat, nicht so gut sein. Ich glaube es Ihnen; ich selbst habe nie eine Zeile von dem Mann gelesen.

Ich könnte, weiß Gott, eine ganze Menge über verzweifelte Gemütsbewegungen schreiben, aber wenn man Dostojewski schon für verrückt hält, wie soll ich dann etwas erreichen. Was Dostojewski an verwunderlichen Dingen in den drei Büchern erzählt – mehr habe ich nicht gelesen –, das durchlebe ich Tag für Tag, wenn ich nur die Gothersgade hinuntergehe. Leider!

Verstehen Sie mich recht, ich will mich wirklich nicht interessant machen, ich möchte nur in aller Ruhe Ihnen dies alles erzählen dürfen; ich bin so bedrückt, ich weine. Es gibt keinen Menschen, der so wahnsinnige Gemütsbewegungen durchlebt wie ich. Einiges davon habe ich in »Hunger« hineingeschmuggelt, und nun glauben alle, daß Andreas Tangens verrückte Streiche mit seinem Hunger zu erklären sind. Aber das stimmt nicht. Leider!

Obendrein glauben die Leute sicher, daß ich verrückt bin. Aber ich bin, zum Teufel, nicht verrückt! Sie wissen es, Hr. Skram, ich war doch am Weihnachtsabend bei Ihnen, und ich war so vernünftig, wie ein Mensch nur sein kann, nicht wahr? Und doch war ich da genauso verrückt wie jetzt – und jetzt wie da.

Meine Nerven sind blutende Wunden. Das werde ich nicht los.

Lieber Skram, ich kann mich nicht unbedingt dem anschließen, »Die Frau vom Meer« einfach abzutun. Ich kann mit »Fischaugen« und »Fremde« usw. nichts anfangen, aber ich habe den Eindruck, daß nicht alle Worte von Ellida Nonsens sind. Nur sind die Worte in den Mund eines Wesens gelegt, das kein Mensch ist, nicht einmal ein wahnsinniger Mensch. Ich will »Die Frau vom Meer« nicht unbedingt abwerten, weil einige meiner Worte in dem Buch sind, die sich meiner Verrücktheit nähern. Ich bitte Sie nachzuschlagen – ich glaube mich zu erinnern, daß es Ellidas erste Replik auf Seite 108 ist (vielleicht auch 118; ich habe das Buch nicht zur Hand). Ibsen hat da einen halben Gedanken bei mir geraubt; die Worte von den »Menschen als Meerestiere« sind ein Ausdruck für eine Sinnesäußerung, die verwandt mit meiner ist, wenn ich körperlich in das Licht verliebt bin. Mein Blut hat eine Ahnung davon, daß ein Zusammenhang zwischen meinen Nerven und dem Universum, den Elementen besteht. Vielleicht einmal – nach langer Zeit – hören die

Menschen auf, Mensch zu sein, und werden Wesen, Wesen, die sich zu jetzt existierenden Menschen verhalten, wie jetzt existierende Menschen sich zu jetzt existierenden einzelligen Lebewesen verhalten, Wesen, die ein anderes Lebewesen nicht gerade lieben müssen, sondern alles x-Beliebige, Wasser, Feuer, Luft lieben können. Sehen Sie, Ibsen hatte geniale Ahnungen, er hat in »Kaiser und Galiläer« bereits etwas von einem »dritten Reich« angedeutet; aber er ist nicht feinfühlig, und seine Sprache ist zu wenig biegsam. Bei Gott, ich würde versuchen, Ellidas Replik besser zu schreiben. –

Ja, nun habe ich allzuviel geschrieben, ich bitte Sie um Verzeihung. Sie beeindrucken mich so seltsam wohltuend, ich sehne mich nach Ihnen. Sie verwirren mich nicht, Sie sind immer so ruhig. Und wenn Sie etwas sagen, strengen Sie sich nicht an, es zu sagen; Brandes macht mich verrückt, er regt mich auf, er sucht nervös nach Worten, braucht das Gesicht, die Arme, den ganzen Körper, um die Worte zu finden. Und ich habe trotzdem eine böse Lust, ihn zu hören.

Sehen Sie mich nicht verwundert an, wenn wir uns begegnen. Ich bilde mir ein, Mensch zu sein, weder krank noch verrückt.

Ich bekam heute einen Brief von Kristofer Janson; er bedankt sich in einem Brief, der von Güte überquillt, daß ich ihn in »Neue Erde« ausgeschimpft habe – glühende Kohlen auf mein Haupt!

Ich bekam auch eine Einladung von Frau Winkel Horn für den Silvesterabend. Nein, ich schäme mich wie ein Hund über diese Herzensgüte von allen Menschen; ich bin ein fremder Mann ohne Verdienste. Man könnte es verstehen, wenn ich z. B. ein Mann wäre, der über das »Inlandseis« gegangen ist; aber nicht jetzt.

In der letzten Zeit ist die Welt insgesamt so ungewöhnlich hell für mich geworden, ich kenne sie gar nicht wieder. Ihr erster lieber Brief war die erste Anerkennung auf meinem Weg, die ich wirklich geschätzt habe; seit diesem Tag ist die Sonne nicht mehr untergegangen. Aber ich bin unglaublich erregt. Hätte ich meinen zweiten Vortrag für die Gesellschaft nicht fertig, wäre ich jetzt außerstande, ein Wort dafür zu finden. Ich bin sicher, daß ich an diesem Abend – mehr als beim letzten Mal – das Gefühl haben werde, auf dem Katheder zu stehen und den Hanswurst zu spielen.

Lieber, guter Skram, seien Sie nicht zornig auf mich wegen dieses langen Briefes über mich selbst. Vielleicht kann ich Sie einmal mit etwas Gedrucktem erfreuen. Ich muß nur erst fertig werden mit diesem gräßlichen Amerika.

Gestern hatte ich Blut im Mund, nicht viel, bei weitem nicht soviel wie zuletzt, als ich Blut im Mund hatte. Es kam entweder aus dem Hals oder aus dem Magen. Aber der Anblick des Blutes versetzte mich in eine sonderbare Stimmung. Ich schrieb zehn Seiten in einer sehr kurzen Zeit. Und das mir, der ich an einer Seite eine ganze Woche arbeiten kann. Ich schreibe so verzweifelt langsam, es geht mir nichts von der Hand; ich kämpfe mit der Sprache, und es gelingt mir doch nicht so, wie ich will. Die zehn Seiten sind auch völlig unbrauchbar, so wie sie jetzt sind; es sind nur, nach meinem Verständnis, direkt großartig brauchbare Sachen dazwischen, Wortstellungen und Sätze, die ich für mein Leben nicht hergeben würde. So eingebildet bin ich. Ja, ja, Sie vergeben mir wohl, daß ich Ihnen das alles erzähle. –
Ein glückliches Neues Jahr, Skram!

Ihr Ihnen sehr verbundener
Knut Hamsun.

Knut Hamsun, gezeichnet von Erik Werenskiold 1889

Nerven, drückender Arbeit und geschwächter Gesundheit zum Trotz – er nahm sich die Zeit zu einer längeren Atempause.

Er fuhr wieder nach Kristiania, um zu sehen, ob sich dort etwas machen ließ. Ein Journalist vom »Dagbladet« nahm ihn mit zu dem Zeichner Erik Werenskiold und bat ihn, ein Portrait von dem jungen Dichter anzufertigen. Er hatte es ja geschafft, ein gewisses Aufsehen zu erregen, obwohl es nicht immer von Vorteil für ihn war.

In einem Brief an Jonas Lie erzählt Werenskiold von seiner Begegnung mit dem Modell: »Ein großer, starker, magerer, knochiger Bursche, nervös und geniert, einen bestimmten Eindruck habe ich wegen seiner Geniertheit nicht von ihm.«

In einer Nachschrift sagt Werenskiold, daß man sich nicht zu wundern brauche, wenn Hamsun so geniert sei: »Er hatte gefragt, ob es möglich wäre, hier drinnen bei uns den Mantel anzubehalten oder jedenfalls die Galoschen, denn er habe so schlechte Schuhe – er glaubte, wir säßen da und sähen auf seine Füße, und er hatte Fernanda* erzählt, daß er zweimal Essen bekommen habe. Es ist immer das alte Lied. Wird er etwas, setzt man ihm sicher in hundert Jahren sein Denkmal.«

Soweit hatte Werenskiold ja recht – obwohl Denkmal? Kein einziger Norweger hat das kleine Kristiania in der lesenden, zivilisierten Welt mehr bekannt gemacht als Knut Hamsun mit seinem Buch »Hunger«. Er hat sie nicht durch Schönfärberei aufgewertet, *diese seltsame Stadt, die keiner verläßt, ohne daß sie ihn gezeichnet hat.*

Und vielleicht ist es eine Art Rache? Nicht einmal eine kleine Straße in Norwegens Hauptstadt, wo es sonst von Dichterstraßen wimmelt, hat seinen Namen bekommen.

Aber wenden wir uns wieder dem Jahre 1889 zu.

Er fuhr hinüber nach Schweden und wanderte als unbekannter Mann aufs Geratewohl in Båhuslän. Gestärkt und ausgeruht kam er nach Kopenhagen zurück, wo er im Winter auf Einladung des Studentersamfundet** seinen Vortrag hielt. Er, der vorher im Ungewissen herumgereist war und in der Regel vor dünn besetzten Bankreihen hatte sprechen müssen, konnte sich nun in ungehemmter Freiheit vor intelligenten und interessierten Zuhörern im königlichen Kopenhagen austoben! Kein Wunder, daß er triumphierte! Alles, was an Großartigem in seiner Natur angelegt war, konnte sich nun

---

* Der Journalist Fernanda Nissen. (Anmerk. des Verf.)
** Studentersamfundet ist die gesellschaftliche Vereinigung von Akademikern in Kopenhagen und in Oslo. (Anmerk. der Übersetzerin)

entfalten, er empfand zum ersten Mal, daß das Schicksal auch gut und gerecht sein konnte.

Der Vortrag, den er hielt, war in umgearbeiteter und erweiterter Form der gleiche wie die Abschiedssalve, die er im Frühjahr 1888 in der großen Dania Hall abgefeuert hatte, ehe er Minneapolis verließ. – Nach dem Vortrag kam Gustav Philipsen zu Hamsun und erklärte begeistert, daß er das vollständige Manuskript drucken wolle, obwohl er die gewaltige Opposition ahnte, die die weitere Fortsetzung bestimmen würde. Hamsun war einverstanden, und »Vom Geistesleben des modernen Amerika« kam im gleichen Jahr als Buch heraus.

Kurz vor dem Erscheinen wäre es beinahe schiefgegangen. Wohl war Philipsen radikal, aber er war vor allem Verleger, und er fand, daß Hamsun mitunter etwas zu scharf war. In einem Brief an Johan Sørensen äußert sich Hamsun ziemlich verärgert:

»Er hat mir den Rat gegeben, ›die Masse‹ in meiner Produktion nicht ganz zu ignorieren, in dem veröffentlichten Stück von ›Hunger‹, meinte er, hätte ich keinerlei Rücksicht auf die ›Masse‹ genommen, und letzten Endes sei es die ›Masse‹, die die Tausende von Käufern ausmache, ohne die ein Schriftsteller nicht leben könne usw. Es verstimmte mich ein wenig. Es ist mir im Innersten zuwider, auch nur eine Zeile wegen der Masse umzuschreiben, ich wies Philipsen auf meine Abhandlung über Kristofer Janson in ›Neue Erde‹ hin, wo ich meine Meinung hierzu gesagt habe. Mich interessieren die Poesie der Nerven, die Gedankensplitter, die unbestimmten, mimosenhaften Gefühle – mit einem Wort: *die Gemütsbewegungen*. Soll ich nun meine Arbeit vereinfachen – die psychologische Seite davon – zugunsten der Masse, da verändere ich ja meine ganze Position. – Es war auch nur ein gutgemeinter Rat von Philipsen, er wußte, daß ich arm war und die tausend Käufer gebrauchen konnte.«

Aber sie einigten sich, und in einem späteren Brief sagt Hamsun: »Ich glaube auch nicht, daß Philipsen ernstlich Druck auf meine diesbezügliche Art und den Geist meiner künftigen Produktion ausüben wird – ich würde es mir jedenfalls nicht bieten lassen.«

Nein, er ließ sich keine Direktiven bieten, weder von wohlmeinenden Verlegern noch von anderen. Und als das Buch herauskam, wurde es im großen und ganzen freundlich aufgenommen. Man war natürlich entsetzt über die Respektlosigkeit, die Hamsun gegenüber der neuen Großmacht im Westen zeigte, aber man amüsierte sich. Norwegens bester junger Kritiker,

Carl Nærup, äußerte sich einige Zeit später in einem Artikel fast lobend über »das ebenso witzige wie unverschämte Buch ›Vom Geistesleben des modernen Amerika‹ – ein sprudelndes, knisterndes Feuerwerk von unbekümmerten Bränden, frischen Banalitäten, jugendlich übermütigen Paradoxen und geistreichen Epigrammen«. Aber er ist erstaunt, daß das Buch nicht mehr Zorn hervorrief, abgesehen von zufällig eingesandten Leserbriefen an die Zeitungen. »Denn überlegenere Urteile sind wohl niemals über das Geistesleben der Gesellschaft eines so großen Reiches gefällt worden, über die Institutionen, die Moral und die ganze innere und äußere Verfassung. Amerika ist für Hamsun das goldene Land des demokratischen Pöbels, dessen Götter Mammon und Humbug heißen, wo die Freiheit gefesselt und die Gerechtigkeit tot ist und wo es nur zwei Arten von Menschen gibt: Muskelprotze und Geldsäcke!«

Das Buch berührt, kurz gesagt, das gesamte gesellschaftliche Leben der Amerikaner, journalistisch stark vereinfacht, stark tendenziös, aber mit Knut Hamsuns Ernst und aufkeimender sozialpolitischer Sicht hinter den unterhaltsamen Stimmungsreflexionen und eleganten Bonmots. Amerikas Literatur nimmt einen breiten Raum ein, aber Hamsun charakterisiert sie als »trostlos unwirklich und talentarm«. – »Sie hat Liebe und Revolverschüsse, aber sie hat nicht des Lebens treibende Kraft, sie ist ohne des Lebens rote Fülle, ihr fehlen Gemütsbewegungen. Ich nehme natürlich die paar Autoren aus, deren Bücher für moderne Leser erträglich sind, ich nehme Mark Twain aus, diesen blassen Pessimisten, der mit seinem wirklich großartigen Witz und Humor in Amerika ohne Vorgänger oder Nachfolger ist. Ich nehme auch einiges von Poe, von Hawthorne und von Harte aus. –«

Dann geht er auf die ein, die er *nicht* ausnimmt, und da besonders auf zwei Autoren, die sich gerade jetzt auch in Skandinavien eines guten Rufes erfreuen: *Whitman* und *Emerson*.

Etwas hat er übrig für Whitman oder richtiger gesagt, man bekommt den Eindruck, daß er es hätte haben können, wenn er ihn persönlich gekannt – ihn gesehen und gelernt hätte, den *Menschen* Walt Whitman mit dem großen, schönen Gesicht, den sanften blauen Augen und dem langen Haar zu würdigen. Das Aussehen, das Charakteristische auch im Äußeren hat nun einmal bei Knut Hamsun für die Beurteilung eines Menschen eine wichtige Rolle gespielt. Aber der *Dichter* ist für ihn »ein Wilder – ein Naturlaut in einer unbearbeiteten Urlandschaft«, und *Leaves of Grass* ist »als literarisches Produkt ein poetischer Mißton«. –

»Sein Stil ist nicht englisch, sein Stil gehört keiner Kultursprache an. Es ist der schwierige indianische Bildstil ohne Bilder, von dem ebenso schwierigen alttestamentlichen Stil beeinflußt, der über jedes Verständnis hinausgeht. Seine Sprache wälzt sich schwerfällig und unklar die Seiten des Buches hinunter, rauscht dahin mit Kolonnen, Regimentern von Worten, wobei ein Wort das Gedicht unverständlicher macht als das andere. Er hat Gedichte, die in ihrer Unlesbarkeit ganz großartig sind.«

Auch Emerson ist in Hamsuns Augen kein Schöngeist von wirklichem Format. »Ralph Waldo Emerson ist Amerikas bedeutendster Denker, Ästhetiker und eigentümlichster Schriftsteller; damit soll indessen nicht gesagt sein, daß er auch in einem der großen europäischen Länder der vornehmste Denker, Ästhetiker und Schriftsteller wäre« – so beginnt er den Abschnitt über Emerson. Stelle man nicht zu große Anforderungen und ziehe man in Betracht, daß Emerson Amerikaner ist, so mag er durchgehen.

Seine Wirksamkeit ist eigentlich ausgezeichnet und ganz unschädlich. »Bei ihm holten sich seine Landsleute die Mottos für ihre besten und unschuldigsten Bücher. Er wurde der Äsop des amerikanischen Moralmobs.« – »Mitunter führt sein literarisches Talent ihn doch auf ungebahnte Wege; das ist dort, wo er tiefsinnig erscheint. Nun ist man zwar an manche unfaßbare Großartigkeit in den Schriften der Philosophen gewöhnt, doch es ist von besonderem Interesse zu sehen, wie ein gelehrter Yankee sich dabei anstellt, gelehrt zu sein. Ein paar von Emersons gelehrten Äußerungen, in denen man tiefen Sinn gefunden hat, lauten so: ›Erkenntnis ist das Wissen, daß wir nichts wissen können.‹ Das ist so wahr, so wahr! Ich verstehe zwar kein Wort davon; aber Emerson hat hier unendlich recht. Nicht wahr, er hätte unrecht, wenn er sagte: Wissen ist die Erkenntnis, daß wir nichts wissen können. So viel kann es ausmachen, ein Ding auf den Kopf zu stellen! – Eine andere Äußerung ist womöglich noch bemerkenswerter: ›Details sind Melancholie.‹ Ja doch, Details sind Melancholie. Hat man etwa jemals gehört, daß Details ein Schleppseil oder eine Rollgardine seien? Da hat man es also! Den möchte ich sehen, der sagen kann, daß Details der Melancholie weniger glichen als irgendeinem x-beliebigen Seidenschirm auf der Welt. Also sind Details Melancholie...«

Auf diese fröhliche und respektlose Weise spottete Hamsun über den Elitephilosophen der Amerikaner.

Die Literatur ist unwirklich und arm an Talenten, und mit der bildenden Kunst steht es nicht besser. Alles, was Amerika an begabten Malern hat, verläßt das Land und geht nach Europa, um überhaupt schaffen zu können. Die Bildhauerei charakterisiert Hamsun mit der Beschreibung des Washingtonmonumentes, für das sich niemand interessiert, außer für seine Höhe. »Da ragt eine 555 Fuß hohe Stange in die Luft, auf der Spitze soll der siegreiche Washington stehen, es kann auch sein, daß er dort steht, aber man sieht ihn nicht, das Kunstwerk ist von der Erde aus nicht zu erkennen.« – Die Kirche und die Moral nimmt er sich vor, das Rechtswesen und den wütenden, alles zerstörenden Patriotismus ebenso. Nur mit der Bühnenkunst versöhnt er sich bis zu einem gewissen Grad und, trotz allem, mit dem amerikanischen Journalismus, der lebensnah und mutig ist.

Man merkt dieser Hamsunschen Schrift deutlich an, daß es sich um eine bearbeitete Rede handelt. Hamsun benutzt Wirkungsmittel, die sich auf einem Rednerpult vor einem dankbaren Publikum gut machen. Und es war auch nicht seine Absicht, in allen Teilen eine objektive und erschöpfende Analyse des amerikanischen kulturellen und sozialen Lebens zu liefern. Seine Kulturkritik ist *bewußt subjektiv*. Die Schrift beruht nicht auf einer analytischen Untersuchung, sondern auf eigenen Erlebnissen.

»Die Wahrhaftigkeit«, sagt er im Vorwort, »ist weder Zweiseitigkeit noch Objektivität. Die Wahrhaftigkeit ist gerade die uneigennützige Subjektivität.« Er verband mit diesem Buch eine ganz bestimmte Absicht, er wollte beweisen, daß die amerikanische Demokratie ein Zerrbild war, das auf das geistige und soziale Leben des Landes eine tote Hand legte. Hier lüftet Knut Hamsun zum ersten Mal ein wenig den Schleier, und man kann einen Blick auf die Ansichten werfen, die später für vieles in seiner Dichtung und in seiner Weltanschauung die Grundlage bilden sollten. – Am Schluß des Buches fragt er, ob Amerikas geistiges Leben ausschließlich eine üppig wuchernde demokratische Geistlosigkeit sei.

»Gibt es in ganz Amerika keine *Elite*? Keine Auslese an geistigen Menschen, keinen geistigen Hof, keinen Salon, keine Klasse, keine Clique, feinsinnige Individuen, adlige Seelen?«

»Amerika ist Hunderte von Jahren alt«, antwortet Hamsun, »Hunderte von Jahren war es kaum bewohnt, und dann begannen einige gute, brave Leute aus Europa ins Land zu kommen, brave Menschen, strebsame Knechte, Muskeltiere, Körper, deren Fäuste Land urbar machen konnten und deren Hirne nicht denken konnten. Eine Generation ging, es kamen immer mehr Leute auf ihren Segelschiffen nach Quebec, einige

Caféhausbesitzer, die Pleite gemacht hatten, und ein pietistischer Pfarrer folgten. Die Zeit verging, ein Schoner landete in Baltimore mit dreiunddreißig Knechten, fünf Bankrotteuren und einem Mörder an Bord. Die Zeit verging, eine Barke glitt in den Hafen von Portsmouth, ein halbes Hundert Knechte, tausend Pfund Pfarrer, ein halbes Dutzend Mörder, vierzehn Fälscher und zwanzig Diebe an Bord. Dann glitt eines Nachts ein Handelskreuzer in den Hafen von New-Orleans, in einer Nacht so still und dunkel, ein Kreuzer voller Waren, er kam vom oberen Nil und hatte siebzig Schwarze im Laderaum. Sie wurden an Land gesetzt, es waren Muskeltiere, es waren Neger aus Niam-Niam, deren Fäuste roden konnten und deren Hirne nicht denken konnten. Und die Zeit verging, die Leute strömten scharenweise ins Land, man erfand den Dampf, um sie über das Meer zu treiben, man überschwemmte Boston und drang in New York ein. Tag für Tag, Tag für Tag wälzten sich die Menschenmassen der Welt in die Prärie, Menschen aller Rassen und Zungen, brave Leute ohne Zahl, Bankrotteure und Verbrecher, Abenteurer und Geisteskranke, Pfarrer und Neger – alle aus dem Geschlecht der Ausgestoßenen von der ganzen Erde. Und keine adlige Seele...«

II

Das Jahr 1889 war ein intensives Arbeitsjahr. Er schrieb, um zu leben und um seinen Freunden zurückzuzahlen, was er von ihnen geliehen hatte. Und keiner lag ihm da mehr am Herzen als sein guter Freund im Valdres, Erik Frydenlund. In den letzten drei Jahren hatte Hamsun sich abgequält, um ihm und seiner Familie die Schulden bezahlen zu können – es war hoffnungslos gewesen, jetzt war endlich die Zeit gekommen!
Er schickt einen Brief, beschwert von schlechtem Gewissen, weil er in diesen Jahren nichts von sich hat hören lassen. Er weiß nicht, wie er anfangen soll, wagt nicht einmal eine Anrede an seinen lieben Freund. Die Einleitung besteht aus einer Reihe von unzusammenhängenden Ausrufen und aus einigen Kraftausdrücken, um sich selbst Mut zu machen:

Von nun an bis in Ewigkeit! Sei und bleib ewig! Erik, der Teufel hole mich, wenn ich wüßte, wie ich aus dem herauskommen soll! Ich habe sechs Stunden überlegt – volle sechs Stunden habe ich überlegt – ohne Erfolg.

Also:
Wenn Du glaubst, daß ich Dich vergessen habe in dieser langen Zeit, dann irrst Du Dich, Erik.
Aber schau, man wird etwas bitter, wenn es einem schlecht geht, und deshalb habe ich nicht geschrieben.
Nun möchte ich Dir herzlich danken für Deinen lieben Gruß an mich in Axels Brief, er hat mir den Anfang dieses Briefes erleichtert.
Und jetzt bin ich oben!
Jetzt hoffe ich, daß ich nicht länger aus Scham schweigen muß. Ich wußte, daß Du mir keinen Vorwurf machen würdest, auch wenn ich Dich hätte wissen lassen, wo ich war. Aber das war es ja, was mich so verbitterte. Und das verstehst Du doch – nicht wahr?
Mein Gott, Erik Knudsen Frydenlund, wie ich gelebt habe! Du machst Dir keine Vorstellung davon, wie die Därme hie und da geknurrt haben. In Amerika und auch hier zu Hause. Habe tagaus, tagein von einer Mahlzeit gelebt, die ich vielleicht am Anfang der Woche einmal bekam. Habe auf Streichhölzern gekaut. Trockene Kost, Junge! Pfui! Hartes Essen! Zur Hölle damit!
Aber jetzt bin ich oben!
Ich schicke Dir heute mein Buch über das Geistesleben in Amerika. Es ist noch feucht, es kommt direkt aus der Presse. Ich nahm es einfach aus dem Dampf und aus der Hand des Buchbinders. Ich bekam 960 Kronen dafür. (Aber das bleibt geheim, der Verleger will nicht, daß es die Öffentlichkeit erfährt.) Georg Brandes hat mein Buch im Reindruck (3. Korrektur) gelesen und hat ein Wort darüber zum Verleger gesagt, das ich nicht wiederholen möchte, sonst meinst Du, ich sei größenwahnsinnig geworden. Nun soll Brandes die Kritik schreiben, wie ich gehört habe – eine allzu große Ehre. Georg Brandes beurteilt *nur* die Bücher, die Edvard (der Bruder) nicht zu beurteilen wagt. Und Gott möge gnädig zur Kenntnis nehmen, daß ich radikal bin. Lies es nun und sieh selbst.
Dann werde ich mich wieder an den Rest von »Hunger« begeben. Das, was in »Neue Erde« stand, ist nämlich nur ein herausgerissenes Stück, das ich aus Gründen der Not drucken lassen mußte. Das Ganze besteht aus einer Reihe von Analysen, die im Herbst als Buch herauskommen sollen. Habe bereits den Kontrakt mit dem Verleger. Aber es kommt anonym heraus. Deshalb rede bitte nicht darüber. Ich wollte nicht einmal für viel Geld, daß mein Name verraten wurde damals, als ›Hunger‹ erschien. Aber es waren ein paar verdammte schwedische Zeitungen, die als erste ge-

schwatzt haben. Und da war es vorbei. Aber ich werde öffentlich nie zugeben, daß ich das Buch geschrieben habe. Es ist ja so eine Sache, sich selbst zu entblößen, wie ich es getan habe. Und in den restlichen Stücken ist es noch schlimmer. Aber ich bilde mir ein, daß es einen verdammten Krach geben wird, wenn es herauskommt.
Nun sollte ich, wie gesagt, die Hungergeschichte in Angriff nehmen, aber ich bin nicht richtig in Ordnung, der Frühling beginnt wieder meine Nerven anzugreifen. Mein Gott, was für Nerven habe ich bekommen, seit ich bei Euch war. Vertrage jetzt nichts. Einmal war es so schlimm, daß ich mir nicht einmal ein Streichholz anzuzünden vermochte. Als ich es sah, mußte ich es unter dem Tisch machen. Viele Wochen wickelte ich ein Taschentuch um meine linke Hand, während ich schrieb, nur weil ich meinen eigenen Atem auf der Hand nicht ertrug. Das war eine schöne Geschichte! Aber im Winter fühlte ich mich gut, beinahe gesund, könnte es doch jetzt wieder so sein. Ich habe gearbeitet wie ein Schwein und dabei gehungert, da mußte es ja irgendwo knacken. Es wäre schön, ein bißchen Valdresluft und Valdresverpflegung zu bekommen! Weiß Gott, das würde mir guttun!
Aber ich bin jetzt nicht gereizt, wie ich es in Frydenlund war. Und das sollst Du wissen, lieber Freund, es war nicht aus purer Bosheit, daß ich bei Euch so gereizt war. Es hatte eine rein organische Ursache, weiter drinnen – im Gemüt, im Herzen und in den Nieren, wenn ich es so sagen darf. Ich werde es Dir einmal erklären, wenn ich Dich sehe. Mein Verstand kann es in einem Brief nicht beschreiben.
Und wann sehe ich Dich? Hast Du demnächst nichts in Kristiania zu erledigen? Vielleicht treffe ich Dich dort – ja? Ich fahre in Kürze dorthin, denn ich *muß* etwas für meine Nerven und meinen Gemütszustand tun. Habe im Winter zu lange gesessen und gekritzelt. Verdammt! Wenn Du doch nach Kristiania kommen könntest, so daß ich Dich treffen würde.
Ich würde aber auch liebend gern bei der Gelegenheit eine Tour nach Frydenlund machen, und wenn ich darf, dann tue ich es auch. Ich könnte es ja so einrichten, daß ich vor den Allerweltsreisenden komme. Ihr solltet auch keine Extravorbereitungen treffen, weißt Du. Es mag nun gehen, wie es will. Ich würde auch gerne Deine Mutter wiedersehen und hören, ob sie sehr böse auf mich ist. Das Schlimmste wäre wohl, wenn ich mich in Deine Frau verliebte –
Apropos: Ich gratuliere!
Ich gratuliere, hörst Du!

Ich hätte es beinahe vergessen – das Wichtigste von allem.
Ich muß Dich fragen, während ich mich erinnere: Lebt Aas noch? Er ist doch sicher noch am Leben? Er hatte ja nichts anderes zu tun, als zu leben. Also lebt er! Es ist sonderbar, wie gern man den Mann hat, er ist so außerordentlich sympathisch. Ich versichere Dir, ich habe an Aas' schönes Gesicht draußen in der amerikanischen Prärie gedacht. – Nun, und alle anderen leben wohl auch noch?
Ja, dem alten Nils Frydenlund hätte ich schreiben sollen, aber das kann ich noch nicht – *kann* nicht, verstehst Du? Es soll bis zum Herbst auf sich beruhen. Da *kann* ich. Es geht allmählich einiges, siehst Du, es renkt sich jetzt ein. Und das ist gut, nicht wahr?
Ich war im Herbst in Göteburg, war auch bei Kullgrens. Ging von dort zu Fuß durch das halbe Schweden. Aber es tat mir gut. Ich wurde richtig gesund auf der Tour, ihr verdanke ich es, daß ich den ganzen Winter ohne Unterbrechung schreiben konnte.
Aber unter uns gesagt – ich mag die Kullgrens nicht. Und sie können mich auch nicht leiden – da gleicht es sich aus.
Ach, und Frau Lund!
Herrgott, geht es ihr gut? Das tut es wohl. Das *muß* es tun. Ohne Frage, Frau Lund ist putzmunter! Lieber, guter Erik, geh zu Frau Lund und grüße sie von mir. Aber so, daß sie nicht vergißt, daß sie den Gruß bekommen hat. Mein Gott, wie oft habe ich nicht an Frau Lund gedacht. Ja, auch an Lund, weißt Du, aber vor allem an die Frau. Grüße Lund auch. Und dann alle, alle, *Aaberg* – Gott segne ihn über alle Maßen! Grüß ihn, gib ihm die Hand. Grüß auch Deine Mutter und Deine Familie.
Was ich Dir heute schicke, ist nicht meine ganze Schuld. Der Rest kommt noch – Sei nicht böse, lieber Freund. Kannst Du nach Kristiania kommen? Sag es mir.
Dein Hams.

Es ging ständig aufwärts. Im Spätherbst 1889 war Hamsun in Kristiania, besuchte altbekannte Plätze, bezahlte Schulden, schrieb wie ein Wilder Artikel – eine ganze Reihe, und endlich wurde er gut bezahlt. Beim »Dagbladet« bat man ihn, »ein Wort über den Nansenhumbug« zu sagen, über die maßlose Feierei des Sportsmannes Nansen, ebenso über den Schrecken von Hamsuns Kindheit, Lars Oftedal. An Erik Frydenlund schrieb er kampfeslustig und gutgelaunt: »Jetzt bin ich mit einer *Reihe* von Artikeln über *Lars Oftedal* beschäftigt, ich werde sie Dir schicken, denn sie werden gut. Das ›Dagbladet‹ hat sie bestellt. Gott sei mir gnädig, den Mann werde ich fertigmachen!«

Bjørnson hatte Hamsun in diesem Sommer einen Brief geschrieben, warm und herzlich, und ihn nach Aulestad eingeladen – für ein ganzes Jahr! Das war ein Triumph. Aber Hamsun mußte dankend ablehnen. Die Nerven ertrugen jetzt keine Belastung. Bei Bjørnson würde es Feste geben, erregte politische Dispute, eine ewig atemlose Jagd von den täglichen Geselligkeiten zu scharfen Gefechten mit den großen Namen der Zeit. Hamsun hätte hier sicher ein Gefühl von Unzulänglichkeit, es würde ihm nicht gelingen, Maß zu halten und sich gleichzeitig mit seinem eigenen Stoff auseinanderzusetzen. Sein Verstand war zu langsam, glaubte er, zu langsam und zu wenig geschmeidig, um sich in dem Strom der Worte und der großen Gefühle in Aulestad Geltung zu verschaffen.

Er fuhr zurück nach Kopenhagen, wo er gut arbeiten konnte. Er vertiefte die Freundschaft zu dem Künstlerehepaar Erik und Amalie Skram und besuchte sie oft in ihrem Heim. Am Weihnachtsabend 1889 war er Gast bei Georg Brandes. Wieder ein sozialer Triumph. Es war das erste Mal, daß er in dieses superkultivierte Haus kam, wo die Fußböden mit Perserteppichen bedeckt waren, wo die Sessel tief und behaglich und die Wände mit den neuen französischen Meistern in hellen Rahmen geschmückt waren. Hier sah Hamsun zum ersten Mal Cezanne, Monet, Manet und Gauguin – Meister, die im Jahr zuvor in Kopenhagen eine Ausstellung gehabt und großes Aufsehen erregt hatten. Eine neue Sprache, eine neue Schönheit leuchtete ihm von diesen Wänden entgegen, und der lebendige, schöngeistige kleine Doktor war der liebenswürdige Wirt, der alles daransetzte, daß der Gast sich heimisch fühlte.

Doch, es ging aufwärts!

Im nächsten Jahr pendelte er zwischen Kopenhagen und Kristiania hin und her. Es bedurfte so wenig, daß er abgelenkt und in seiner Arbeit gestört wurde. Ohne sich darüber klar zu sein, plagten ihn seine vielen neuen Freunde mit ihrer Liebenswürdigkeit. Er mußte ständig seinen Aufenthaltsort wechseln, um keine feste Adresse zu haben, wo sie ihn erreichen konnten. Er dachte ernstlich daran, sich wieder ins Ausland abzusetzen, diesmal in östlicher Richtung, in den Orient, für den er sich schon immer interessiert hatte. Aber erst mußte er »Hunger« fertig haben, und während die erste Hälfte des Buches im Druck war, schrieb er den Rest in einem möblierten Zimmer in Kopenhagen.

Im Frühjahr 1890 kam »Hunger« vollständig heraus, und mit diesem Werk stand Knut Hamsun, 31 Jahre alt, an dem Ziel, das er sich als ganz junger Bursche gesteckt hatte. Er war Dichter und ein Dichter, über den man sprach!

Dreizehn Jahre hatte er einen Kampf ohnegleichen geführt – gegen Armut und Not, gegen die Interesselosigkeit der Leute, gegen sein eigenes Unvermögen und seine Ohnmacht. Er hatte auf seiner Fahrt hinaus in die Welt keine Kenntnisse und keine Bildung mitbekommen, er war ein armer Bauernjunge, nur mit dem allernötigsten Schulwissen ausgestattet. Er hatte ganz unten angefangen, hatte sich sein Wissen angelesen, ohne eine andere innere Stütze als den unbändigen Willen, sein Ziel zu erreichen. Er hatte keine Vorteile gehabt wie manch anderer junger Dichter, der vielleicht einen Namen bekam, vielleicht auch nicht. Aber zum Ausgleich hatte er das große und seltene Talent als Geschenk erhalten.

Waren sich jetzt eigentlich alle klar darüber? Die meisten sicher, auch Georg Brandes. Aber ein Werk muß ja seine Zeit zum Reifen haben, auch bei der Elite. »Hunger« stellte etwas ganz Neues dar. Doch Brandes erhob einen Einwand, als er das Buch vorstellte.

Hamsun schrieb ihm:

Hr. Dr. Brandes.

Ich dachte gerade an das, was Sie über mein Buch gesagt haben. Von *Ihnen* hätte ich das Urteil nicht erwartet, daß es monoton sei. Erstens spielt es nur innerhalb weniger Monate, und in einem so kurzen Zeitraum ereignet sich oft nicht mehr, als ich beschrieben habe; zweitens habe ich die übliche Dichterei mit Selbstmordüberlegungen und Heirat und Landausflug und Ball beim Großhändler verschmäht – das ist mir zu billig. Was mich interessiert, ist die unendliche Beweglichkeit meiner kleinen Seele, und ich habe geglaubt, daß ich Stimmungen in »Hunger« geschildert hätte, deren absolute Fremdartigkeit jedenfalls nicht durch ihre Monotonie ermüden würden. Es ist von der ersten bis zur letzten Seite nicht ein einziges Gefühl wiederholt worden, d. h. nichts, aber auch gar nichts gleicht dem vorangegangenen oder dem folgenden.

Man darf mein Buch nicht als einen Roman ansehen. Es gibt genug von denen, die Romane schreiben, wenn sie über Hunger schreiben wollen – von Zola bis Kielland. Sie machen das allesamt. Und wenn meinem Buch nun das Romanhafte fehlt, so daß mein Buch vielleicht monoton wirkt, so ist es ja nur eine Empfehlung, daß ich mich ganz einfach entschlossen hatte, *keinen* Roman zu schreiben.

Sie können gestern abend nicht genug und nicht genug im Zusammenhang gelesen haben. Die Szene z. B., wo ich hinauf zum Himmel schnaube, hat im wesentlichen bei Ihnen nur die Erinnerung an das grobe Wort »Abschaum« hinterlassen; aber die ganze Szene ist doch der wildeste Zorn gegen den Himmel, der bisher gedruckt wurde. Und ich glaube nicht, daß es an irgendeiner Stelle etwas Schlimmeres gibt. Wenn man nachzählt, so glaube ich nicht, daß es z. B. in »Raskolnikow« mehr seelische Erschütterungen gibt als in meinem Buch. In »Germinie Lacerteux« auch nicht. Wie kommt es, daß mein Buch monotoner ist als diese Bücher? Auch in ihnen finden wir nur ein einziges dominierendes Gefühl wie in meinem Buch. (Ich hoffe, Sie verdächtigen mich nicht, den *Wert* meines Buches mit den beiden erwähnten vergleichen zu wollen; der Wert ist eine andere Sache. Ich bin keineswegs ein Narr.) –
Ich werde zu meinem nächsten Buch ein Vorwort schreiben, das einiges erläutern soll, ein jahrelang überlegtes Vorwort. Ich hätte es auch jetzt gemacht, aber ich bekam keine Zeit. Bis auf weiteres muß es also irgendwie gehen, ich kann es nicht ändern.
Ich habe den Versuch gemacht – nicht einen Roman, aber ein Buch ohne Heirat, Landausflug und Ball beim Großkaufmann zu schreiben, ein Buch über die zarten Schwingungen einer sensiblen Menschenseele, das besondere, eigentümliche Gemütsleben, die Mysterien der Nerven in einem ausgehungerten Körper. Ich gebe zu, daß ich mich ohne Sie gänzlich allein gelassen fühle – entziehen Sie mir Ihr Verständnis, hat es für mich keinen Sinn fortzufahren. (Ich sehe mich genötigt, die Parenthese hinzuzufügen: Ich bitte nicht darum, daß Sie jetzt laut rufen und der Welt etwas über mein Buch sagen, ich bin kein Narr, was immer Sie auch glauben mögen. Aber allein die Tatsache, daß Ihre persönliche Meinung über meine letzte Arbeit nicht sehr vorteilhaft war, genügt, mir einen Stoß zu versetzen. *Ich* habe doch nur Sie. Und gerade, weil mein Buch ein Versuch zu etwas (nicht Neuem, aber) Besonderem ist, muß ich so genau darauf hören, was Sie dazu sagen.)
Wenn Sie ›Hunger‹ im Zusammenhang und bis zum Ende lesen würden, wäre ich Ihnen sehr dankbar. Ich verspreche Ihnen auch, daß Sie meine nächste Arbeit als Entschädigung nicht zu lesen brauchen, aber ›Hunger‹ ist der Anfang meiner Bücher, deshalb möchte ich gern wissen, wie es wirkt.

Ihr Ihnen sehr ergebener
Knut Hamsun.

Was Georg Brandes auf Hamsuns Brief geantwortet hat, ist nicht bekannt. Möglicherweise hatte er gar keine Zeit zum Schreiben, er war ein sehr beschäftigter Mann. Aber als das Buch auch in Norwegen in den Handel kam und ein Teil des Honorars ausgezahlt wurde, schreibt Hamsun wieder an seinen Kameraden in Aurdal und das vor allem wegen seiner Schulden.

Lieber Erik, ich schicke Dir heute also mein Buch. Ich bitte um Entschuldigung, daß ich das Geld erst jetzt überwiesen habe, es war mir vorher nicht möglich. Nun schaffe ich auch Onkel Nils. Kjørstad muß warten. Sage ihm, daß ich die Zinsen redlich vom ersten bis zum letzten Tag bezahlen werde, für mich ist es ja gleich, wem ich die Zinsen bezahle. Sag ihm das bitte.
Jetzt wollte ich mich eigentlich auf die Reise nach Konstantinopel begeben, aber ich muß sie mindestens um ein paar Monate verschieben. Die Reise dauert nämlich ungefähr zwei Monate, falls das Schiff folgende Route nimmt: Antwerpen, Tunis, Piräus, Smyrna, Saloniki, Sewastopol, Odessa. Und ich kann jetzt keine zwei Monate erübrigen, da zu Weihnachten wieder ein neues Buch herauskommen soll. Also werde ich – nervös und überarbeitet wie ich bin – in eine Kleinstadt fahren, mich vergraben und wieder anfangen zu schreiben. Es ist nicht zu ändern. Das Buch *muß* Weihnachten erscheinen. Es wird eine Sammlung von wunderlichen Novellen. Da bekomme ich ja wieder etwas Geld. Mein Gott, ich bezahle Schulden, bis ich schwarz werde! Aber ich brauche natürlich auch Geld – wie ein Schwein. Ich bekam also 2100 Kronen für »Hunger«, jetzt dauert es vielleicht nicht mehr lange bis zur zweiten Auflage von »Amerikas Geistesleben«, es sind nicht mehr viele Exemplare vorhanden.
Dabei fällt mir ein: Wenn im Sommer in Frydenlund irgendein Mädchen auftaucht, von dem Du glaubst, daß es zu mir passen könnte, dann leg ein gutes Wort für mich ein. Ich bin es, zum Teufel nochmal, jetzt leid, ohne einen anderen Menschen herumzulaufen, an den ich mich halten kann, ohne Heim, ohne einen festen Wohnsitz, von einem Hotel zum anderen, von einem Land zum anderen (aber die Reise in die Türkei muß ich natürlich machen), von einem Schiff, Zug zum anderen – da läßt sich, der Teufel soll mich holen, nichts machen, siehst Du! Wenn Du mir den Dienst erweisen würdest...
Außerdem fällt mir ein: Man hat mir den Posten des Theaterchefs in Bergen angeboten, bot ihn mir im Winter mehrmals an, mit einem Gehalt

von 4000 Kr., aber ich habe nicht gewagt anzunehmen. Ich verstehe zu wenig vom Theaterwesen, weißt Du. Aber das war ja ein üppiges Gehalt.
»Hunger« fällt sicher durch, ich habe das im Gefühl. Die Leute mögen das Buch nicht, davon bin ich überzeugt. Brandes meint, es sei monoton, aber das ist es gerade nicht, und ich wurde wütend und habe Brandes geschrieben, daß es eine Lüge sei. Er solle zum Teufel gehen...
Ja, Du hast es gut, Du bist verheiratet, hast ein Heim, bist glücklich und hast keine Sorgen!
Wie geht es dem Jungen? Er kann sicher noch nicht richtig laufen, natürlich? Und auch noch kein vernünftiges Wort sprechen, begreiflicherweise?
Du mußt Johanna in meinem Namen die Hand drücken.
Lieber Erik, leih »Hunger« nicht aus, bitte, erstens weil es so häßlich wird, und zweitens weil die Aurdaler sich natürlich bekreuzigen werden über die Gottlosigkeit und die säuische Verworfenheit. Du brauchst ja nicht zu sagen, daß Du das Buch schon bekommen hast.
Einen Tag später.
Im Grunde gibt es nichts mehr zu schreiben.
Kommen die Schweden in diesem Jahr zu Dir? Mit »Schweden« meine ich den Kullgren und die Kullgrena, die todsicheren Engel aus dem Paradies.
Hör mal, stimmt es, daß der Amtsrichter Perskogen Aurdal verlassen wird? Gott verdamm' mich, wenn da ein anständiger Mensch kommt und nicht etwa ein anständig verhärteter Egoist, dann ist es gut. Kommt ein Amtsrichter mit einer erwachsenen Tochter zu Euch, dann erscheine ich bald bei Euch in Aurdal. Ha-ha!
Nun, lies das Buch und sage mir kurz Deinen Eindruck. Es ist schrecklich gottlos, aber daran ist nichts zu ändern.
Schreib unter der Adresse von Buchhändler Philipsen. Grüß alle, alle.
In Tod und Leben
Dein K. H.

Ja, »Hunger« war schrecklich gottlos. Das mußte es sein. Es war die Darstellung von Hamsuns eigenem Kampf und Sieg. Nicht der Sieg, durch den der junge Dichter, Anerkennung und Berühmtheit gewonnen hat. Aber Sieg, weil das rote Blut des Lebens stärker ist als Tod und Untergang. Es *muß* stärker sein. Es ist damals wie jetzt schrecklich gottlos, sich in aller irdischen Not nicht auf den Herrn und das Jenseits zu verlassen. In

»Hunger« intoniert Hamsun das Lied an das Leben, das später in seiner Dichtung nie verstummt ist.

Der junge Dichter wandert einsam durch Kristiania. Der Hunger und die Not haben ihn gezeichnet, sein Nervensystem ist angegriffen, sein Körper ausgehungert, so daß er auf seine Mitmenschen erschreckend und unberechenbar wirkt. Alle seine bizarren Einfälle entsetzen und erstaunen die Menschen. Er wird nicht in ihre Reihen aufgenommen – aber intensiv lebt er sein eigenes inneres Leben, erfüllt von Geschichten und Träumen und nach oben getragen von des Lebens Trotz gegen den Untergang.

Wenn er morgens in seinem Zimmer aufwacht, schlägt ihm das ganze äußere Elend entgegen: Das leere, ungemütliche Zimmer hat keinen Ofen, und der Fußboden unter ihm schwankt. Die Wände sind mit alten Zeitungen tapeziert, die Tür hat kein Schloß. Der Wind pfeift kalt durch hundert Ritzen. Kleider und Besitztümer hat er nicht, er hat alles zum Pfandleiher getragen – und der Hunger nagt. Das ist sein Heim, sein Milieu, wo ihn die Auflösung angrinst, aber wo er lebt, lebt – trotz allem. Und draußen, in den Parks der Stadt – das gleiche todesschwangere Leben:

»Der Herbst ist gekommen und hat schon angefangen, alles in Erstarrung zu legen, Fliegen und kleine Insekten haben den ersten Stoß bekommen, und in den Bäumen und unten auf der Erde hört man den Laut des kämpfenden Lebens, raschelnd, sausend, unruhig arbeitend, um nicht zu vergehen. Alles Gewürm rührt sich noch einmal, streckt seine gelben Köpfe aus dem Moos, hebt seine Beine, tastet sich mit langen Fäden vor und sinkt dann plötzlich zusammen, fällt um und wendet den Bauch in die Luft. Jedes Gewächs hat sein eigenes Gepräge bekommen, einen feinen, hinatmenden Hauch der ersten Kälte; die Halme starren bleich zur Sonne auf, und das abfallende Licht zischelt über die Erde mit einem Laut wie von wandernden Seidenraupen. Es ist die Zeit des Herbstes, es ist mitten im Karneval der Vergänglichkeit; das Rot der Rosen ist krank, ein hektischer, wunderbarer Schein liegt über der blutroten Farbe...«

Er fühlt sich selbst wie ein Gewürm in Untergang, gepackt von der Vernichtung mitten in dieser zum Winterschlaf bereiten Welt.

Dann kommt der Winter, eine Zeit, in der die Natur tot ist, und er selbst scheint zu dem gleichen Schicksal verdammt zu sein. Nichts gelingt ihm, fieberkrank und verkommen lebt er sein Leben als Ausgestoßener, bis ihn das Schicksal eines Tages im Hafen an Bord eines Schiffes schubst – er heuert an und segelt hinaus in den Fjord, weg von Kristiania, »wo die Fenster so hell in allen Häusern leuchteten«.

Als das erste Fragment von »Hunger« in der Zeitschrift »Samtiden« veröffentlicht wurde, schrieb Carl Nærup, daß Hamsun mit diesem Stück Prosa von 29 Zeitschriftenseiten den Grundstein für eine neue Dichtung gelegt habe. Die Besprechung des Buches war äußerst positiv und endete mit einem kleinen Hieb auf den Kreis der trockenen und begeisterungsunfähigen Leser und auf Garborg, der seinerzeit Hamsun abgelehnt hatte, weil er zu sehr »beeinflußt« wäre:

»Es gibt immer einige kluge Leute, die, wenn ein neuer Dichter auftaucht, sich zunächst nicht darüber freuen, was er an guten Dingen bringt, sondern die fragen, wo er es herhat. Sie können bei ›Hunger‹ ohne nennenswertes Kopfzerbrechen feststellen, daß Hamsun nicht nur Dostojewski und J. P. Jacobsen, sondern auch Mark Twain und möglicherweise noch mehr Autoren gelesen hat. Ja, das ist wirklich wahr. ›Aber wie hätte ich es vermeiden können, das gelernt zu haben, was ich kann?‹ hat Jacobsen einmal einen solchen Kritiker gefragt. Und darüber sind wir uns sicher schnell einig, daß es allen Autoren gut täte, die gesammelten Werke der drei genannten Schriftsteller zu lesen, falls sie nach der Lektüre ein Buch wie ›Hunger‹ schreiben könnten. Hamsuns Originalität ist ebenso echt und stark ausgeprägt wie bei irgendeinem anderen norwegischen Dichter.«

»Weltgeist zu Pferde«
Mysterien

I

Knut Hamsun ist nun mit einem Schlage ein Mann geworden, mit dem man rechnet. Der ganze literarisch interessierte Norden kennt ihn, und bereits im gleichen Jahr, in dem »Hunger« in Kopenhagen herauskommt, erscheint das Buch auch beim S. Fischer Verlag in Berlin.
Sie schmeckte wirklich gut, diese Berühmtheit, und Hamsun genoß sie in vollen Zügen. Er bekam Freunde und Bewunderer, er wurde so etwas wie ein Mittelpunkt in den dänischen Künstlerkreisen. In dem Künstlercafé »Bernina« war er ein bekannter und geschätzter Gast. Keiner schwang den Pokal wie er, und niemand war ihm überlegen in festlich improvisierten Einfällen. Seine Freunde gehörten meist dem Kreis um den »Turm« an, einer Autorenclique um Johannes Jørgensen und Sophus Claussens. Im Café »Bernina« traf er auch norwegische Künstler, die Brüder Krag an der Spitze. Sie wurden seine Freunde fürs Leben.
Hamsun konnte nun erhobenen Hauptes nach Kristiania zurückfahren, wo er selbstverständlich auch seinen Platz im Kreise der Künstler einnahm. Die jungen empfingen ihn mit offenen Armen. Er blieb allerdings nicht lange in der Hauptstadt. Die Verbitterung war zwar verschwunden – es entsprach nicht Hamsuns Art, lange verbittert zu sein –, aber um arbeiten zu können, mußte er fort. Und er fuhr nach Lillesand, der verschlafensten, allerkleinsten Kleinstadt an Norwegens lächelnder Südküste.
Er wohnte den ganzen Sommer in Lillesand.
»Ich lebe hier ein elendes Drecksleben«, schrieb er in einem munteren Brief an Erik Frydenlund. »Eine jämmerliche Stadt, und es ist nicht ein Mensch in ihr. Ein armer Teufel von Seminarist (Lehrer hier an der Mittelschule) hat obendrein 100 Kr. von mir geliehen, um in den Ferien nach Hause in das Stift von Bergen zu kommen, und wie ich höre, werde ich das Geld nie wiedersehen. Ich sollte hier auch einen Vortrag halten, aber die jungen Damen in der Stadt haben gestreikt, sie wollen mit dem

Autor von ›Hunger‹ nichts zu tun haben. Und ich verdenke es ihnen nicht. Von mir aus können sie alle zusammen zum Teufel gehen.
Der junge Direktor von der Mittelschule im Valdres stammt sicher von hier. Ich habe ihn gesehen, aber nicht mit ihm gesprochen. Du mußt ihm nicht erzählen, was ich oben geschrieben habe, sonst berichtet er es nach hier.
Übrigens habe ich die Lillesander indirekt in einem Artikel ›Kleinstadtleben‹ beschimpft, ich habe den Artikel der ›Bergens Tidende‹ geschickt und Du solltest ihn lesen. Ich glaube, er ist gut.«

Wir schreiben das Jahr 1890.
Für die europäische Literatur ist es ein denkwürdiges Jahr. Auf jeder Zeitstufe, in jedem Entwicklungsplan gibt es bekanntlich latente Kräfte, die auf Grund einer langen Reihe von kausalen Zusammenhängen in eine ganz bestimmte Position gebracht sind, die sozusagen auf dem Sprung liegen, ihren Teil zu der Vollendung beizutragen, scheinbar unabhängig voneinander.
Während der junge *Sigmund Freud* in seiner bescheidenen Arztpraxis in Wien eine neue Methode zur Heilung von Neurosen entwickelte, saß der ungefähr gleichaltrige Knut Hamsun in einem Hotelzimmer in der kleinen norwegischen Stadt Lillesand und arbeitete an einem Artikel, dessen Inhalt auf eine sonderbare Weise mit den gewaltigen Perspektiven des Wiener Arztes korrespondierte.
Freuds Analyse macht den Weg frei zu dem Primitiven in der Seele, zu den Trieben, verdrängten Wünschen und Vorstellungen, seelischen Konflikten, die in starke, unerklärliche Affekte ausschlagen, Impulse aus der Tiefe – das ganze *unbewußte Seelenleben*.
Knut Hamsun seinerseits war Dichter und gab seinen Gedanken eine poetische Form. Er schrieb:
»Bei mehr und mehr Leuten, die ein angestrengtes Gedankenleben führen und dabei empfindlich von Gemüt sind, äußern sich oft seelische Funktionen der wunderlichsten Art. Es können ganz unerklärliche Gemütszustände sein: eine stumme grundlose Entzückung; ein Stich physischen Schmerzes; ein Gefühl aus der Ferne angerufen zu werden, aus der Luft, aus dem Meer; eine grausam feine Hellhörigkeit, die einen noch am Sausen geahnter Atome leiden läßt; ein jähes unnatürliches Starren in verschlossene Reiche, die sich auftun; die Ahnung einer kommenden Gefahr mitten in einer sorglosen Stunde – alles Vorkommnisse von der

größten Bedeutung, die aber rohe und einfache Krämerhirne nicht fassen können...«

Er verlangt, daß die Literatur sich ein wenig mehr mit den seelischen Zuständen beschäftigt, dem Gemütsleben entsprechend, das reife Menschen der Gegenwart führen.

»Da erführen wir«, sagt er, »ein wenig von den heimlichen Begegnungen, die sich unbeachtet an entlegenen Stellen der Seele vollziehen, von dem unberechenbaren Wirrwarr der Gefühle, dem delikaten Phantasieleben unter der Lupe, diesen Wanderungen der Gedanken und Gefühle im Blauen, schrittlosen, spurlosen Reisen mit Hirn und Herz, seltsamen Nervenfunktionen, dem Raunen des Blutes, dem rasselnden Gebet der Knochen, dem ganzen unbewußten Seelenleben.«

Das verschlossene, dunkle Land der menschlichen Seele, das eigentliche Geheimnis der Persönlichkeit wurde auf diese Weise zugleich von zwei Seiten, von zwei jungen Propheten in Angriff genommen. Der eine hatte als

1890. Die schlimmsten Jahre sind vorüber. Knut Hamsun hat sich als Dichter einen Namen gemacht.

Hintergrund ein nüchternes, wissenschaftliches Denken in Verbindung mit tiefgreifenden Studien über das kranke Seelenleben – der andere hatte als Hintergrund seine künstlerische Inspiration. Was der eine kühl und exakt als die tragende Idee der Psychoanalyse formulierte, war bei dem anderen ein Ausbruch in lyrischen Worten – und es war bei ihm gleichzeitig das Programm für eine Dichtung, die zu der ganzen Welt, die er zu erreichen wünschte, sprechen sollte.

Die Abhandlung »Vom unbewußten Seelenleben« schrieb Hamsun für die Zeitschrift »Samtiden«. Sie bildet den Übergang von »Hunger« zu seinem nächsten Werk »Mysterien«.

II

Die folgende Zeit war von Rastlosigkeit und Unruhe geprägt. Hamsun arbeitete an seinem neuen Roman, aber war auch so ungeheuer wach für die verschiedensten Eindrücke, so daß sein Arbeitstag zerstückelt und oft zerstört wurde.

Er konnte z. B. einen Brief von einem Menschen bekommen, den er aus seiner Jugendzeit kannte, von dem Telegrafisten, der mit Walsøes Tochter, Hamsuns erster Liebe, verheiratet ist. Er wird dadurch vollständig aus seiner Gedankenwelt herausgerissen. Der Brief ergreift ihn so, daß er dem Freund in dessen Not helfen *muß*, auch wenn er es eigentlich nicht kann. Zum Schluß weiß er keinen anderen Ausweg, als um Hilfe zu bitten, um selbst helfen zu können, und wieder ist es Erik Frydenlund, an den er sich wendet. Er schreibt:

> Lieber E. K. F., ich habe heute eine Bitte an Dich, die unverschämt und frech ist, aber ich komme trotzdem zu Dir. Ich weiß im Augenblick keinen anderen Ausweg. Es ist einfach eine Schande, zu Dir zu kommen, denn Du bist zu schwach, um nein zu sagen. Aber...
> Lies erst den beigefügten Zettel, den ich aus einem Brief ausgeschnitten habe. Der Brief ist von einem Mann aus Nordland, der mit einer Dame verheiratet ist, in die ich einmal verliebt war; er hat mich ausgestochen, der Schweinehund! Und nun geht es ihm sehr schlecht, er hat fünf kleine Kinder. Sein Brief hat mich rein menschlich ergriffen, es ist alles ganz glaubwürdig, ich habe geweint, ich großer Kerl, bitterlich geweint, besonders wegen seiner Kinder, denn ich erinnere mich an den Ältesten.

Und dann wurde ich so nervös durch diesen verdammten Brief, daß ich zum Telegrafenamt ging und ihm für Oktober 100 Kronen versprochen habe – unter dem Siegel der Verschwiegenheit; denn mit der Frau will ich nichts zu tun haben, der blöden Kuh! Aber ich habe die 100 Kronen nicht, jedenfalls nicht, bis ich das Honorar aus Deutschland bekomme, und deshalb wende ich mich einfach an Dich und bitte Dich darum. Wenn Du sie für eine Weile entbehren kannst, dann leihe mir die 100 bis zum Herbst oder Winter. Gibt es keine andere Möglichkeit, dann werde ich einfach zehn Spalten in einer Zeitung schreiben, Du kannst sicher sein, daß Du das Geld in jedem Fall zurückbekommst.

Ich hätte ihm die 100 vielleicht selbst schicken können, aber ich habe 100 gerade dem Lehrer von der Mittelschule hier geliehen, und die bekomme ich nie wieder, er ist ein Gauner. Aber so etwas macht mir zum Teufel nichts mehr aus, eine andere Sache ist das mit dem Schweinehund in Nordland, der sich bei Gott vor meinen Augen zu Tode hungert. Und der älteste Junge hatte so winzig kleine und seltsame Hände, ich erinnere mich heute noch daran. Und die Hände sind vermutlich mager geworden. Übrigens kann mir die Mutter gestohlen bleiben, aber mit ihm ist es schlimm. Du hättest ihn sehen sollen, einen kräftigeren Kerl gab es nicht. Mein Gott, wie stark er war, ein sanfter Riese, den alle mochten. Und dann die Kinder.

Und deshalb soll er die 100 haben, und wenn »ich sie dem Teufel aus dem Arsch hole«, denn ich habe es ihm telegrafisch versprochen.

Mein Lieber, alles Gute, und tu mir den Gefallen, wenn Du kannst. Du brauchst diesmal nicht bis zum Frühjahr auf das Geld zu warten. Antworte mir schnell, ich bin sehr gespannt.

Dein Hams.

Es kam wie gehofft. Frydenlund schickte das Geld, und Hamsun und sein alter Freund in Nordland waren gerettet. Hamsuns munterer und froher Dankesbrief lautete folgendermaßen:

Lieber Erik, Dank für das Geld. Es war unendlich lieb von Dir, denn »der Riese« brauchte es unwahrscheinlich nötig...

Ich werde zur Zeit sehr von Hämorrhoiden geplagt, eine Arsch- oder Viehkrankheit, wie Du vielleicht weißt, sie wurde gleichsam auf mich geworfen, ich kann nicht sitzen, muß im Stehen schreiben, es tut unverschämt weh. Ich wünschte, daß Frau Rasch eine Zeitlang davon geplagt wäre.

Ich habe jetzt gerade eine Abhandlung geschrieben, die in der »Samtiden«

in Bergen und gleichzeitig in einer deutschen Zeitschrift erscheinen wird. Du solltest Dir die »Samtiden« halten, sie kostet jährlich nur 5 Kronen und ist unsere einzige wirklich gute Zeitschrift.

O Gott, siehst Du, welche Prügel wir norwegischen Schreiberlinge in den dänischen Zeitungen beziehen? Es wird unmöglich, hier zu existieren. Im Oktober werde ich in Bergen einen Vortrag halten (auf Wunsch). Aber laß nichts darüber verlauten, denn ich will es nicht in den Zeitungen haben. Vorher werde ich »Fillesand«* wohl nicht verlassen.

Möge Dein Bart wachsen und Allah Dich im übrigen vor fremden Röcken in Tønsberg beschützen!

Möge Dein Bart wachsen und Allah Dich im übrigen vor fremden Röcken in Tønsberg beschützen!

Grüße und Dank von
Hams.

Und dann stürzte Hamsun sich in eine literarische Vortragsreise, dergleichen Norwegen bis dahin nicht erlebt hatte. Zuvor hatte er die zeitgenössische norwegische Literatur als eine im wesentlichen seelenlose Gesellschaftsdichtung charakterisiert, und in den Vorträgen hielt er daran fest. Die Tournee begann in Bergen, wo die Vorträge über Ibsen, Bjørnson, Kielland und Lie eine Sensation waren und volle Säle brachten. Keiner von den »vier Großen« entging der Kritik, aber am schlimmsten ergoß sie sich über Ibsen.

Hamsun wiederholte die Vorträge in den meisten Städten an der Küste, überall wurde er mit Interesse und Beifall empfangen, in Stavanger mußte das Theater für die Abende, an denen Hamsun sprach, die Vorstellung sogar absagen. Die Zeitungen berichteten durchweg sehr wohlwollend – ja, die linken Blätter schäumten geradezu über und begrüßten ihn als Norwegens ersten wirklichen Dichterphilosophen.

Aber Hamsun selbst war nicht ganz glücklich. Von Stavanger schrieb er an seinen Freund:

»Ich habe jetzt gut verdient, nicht einmal hier geht es besonders schlecht, in Haugesund ging es sogar gut. – Aber hilf Himmel, wie leid ich diese Arbeit bin. Außerdem habe ich mir die Feindschaft von allen Autoren und Schreiberlingen von Lindesnes bis zum Nordkap zugezogen. Ach, wie sehr sehne ich mich nach einer stillen Ecke, wo ich wieder anfangen könnte, an meinem Roman zu schreiben.«

---

* Wortspiel zum Spott über Lillesand: lille = klein; fille = Lumpen. (Anmerk. der Übersetzerin)

Er machte ein paar Monate Pause und ließ sich in Sarpsborg nieder, um zu arbeiten. Aber hier tauchten wieder gewisse Schwierigkeiten auf. Ein Dichter hat das Malheur, in Kristiania auf Abwege zu geraten, ehe er Sarpsborg erreicht, und als Hamsun sich an seinen Roman setzen wollte, war er völlig blank. Wieder mußte Erik Frydenlund herhalten:

»Ich schreibe Dir immer nur, wenn ich Geld von Dir leihen muß«, meint Hamsun ziemlich beschämt, »und ehrlich gesagt, das will ich heute auch, wenn Du kannst.

Die Sache ist die: ich habe wie ein Türke bei meinen Vorträgen verdient, aber wenn Du glaubst, daß davon noch etwas übrig ist, dann irrst Du Dich. Ich habe ungefähr 4000 Kr. verdient. Im Herbst muß ich wieder losziehen, u. a. nach Trondheim und Frederiksstad usw. Aber ich möchte bis Weihnachten auch meinen neuen Roman fertig haben, und soll ich ihn fertig bekommen, muß ich aufhören Zeitungsartikel für 10 Kr. die Spalte zu schreiben. Ich glaube, das Buch wird recht gut, wenn ich ständig dranbleiben kann, sonst garantiere ich für nichts.

Jetzt ist die Frage, ob Du kannst. Ob Du willst – was Du übrigens schon willst. Ich würde mich wahrhaftig nicht über Dich wundern, wenn Du im Grunde nicht wolltest, denn ich habe ja ziemlich unregelmäßig und schusselig zurückgezahlt, was ich von Dir geliehen habe. Nun, diesmal müßtest Du warten, bis das Buch herauskommt. Aber wenn der Teufel mich zum Narren hält und ich das Buch nicht bis Weihnachten fertig habe – ich erwähne es auf alle Fälle –, dann kann ich Dir das Geld erst im Herbst von den neuen Vortragsgeldern geben. Ich soll auch in Kristiania wieder Vorträge halten, und dort hoffe ich mindestens soviel wie in Bergen zu verdienen (14–15 Hundert). Man ist dort versessen auf mich, u. a. um mich anzugreifen – worauf ich pfeife.

Aber was die Höhe der Summe betrifft, so mußt Du mir jedenfalls soviel schicken wie das letzte Mal, wenn Du kannst. Denn ich brauche es, bei Gott. Kannst Du nicht, alter Kamerad, dann nimm es Dir nicht zu Herzen, sondern sage einfach nein. Denn dann weiß ich, daß Du nicht kannst. Ich vertraue Dir voll und ganz. Entschuldige übrigens, daß ich wieder zu Dir komme, der Teufel soll mich holen, wenn ich das gern tue ...«

Im Spätherbst 1891 kam Hamsun endlich mit seinen Vorträgen nach Kristiania, wo der Hauptschlag erfolgen sollte. Er lieh den großen Saal der Brüder Hals, annoncierte, verschickte Einladungen, und am 7. Oktober wurde der erste Vortrag in einem knallvollen Saal vor einem erwartungsvollen und sensationslüsternen Publikum gehalten.

Mit dieser Anzeige wurden die »Skandalvorträge« in Kristiania 1891 angekündigt.

Die Leute strömten gleichmäßig in kleinen plaudernden Gruppen in den Vortragssaal. Kristiania ist eine kleine Stadt, die meisten, die ins Theater, in Konzerte und Vorträge gehen, kennen sich. Es sind Künstler, Literaten, Journalisten, Theaterleute und interessierte Bürger der Stadt. Man grüßt, man nickt, diskutiert ein wenig untereinander: Womit beschäftigt sich dieser Mann, dieser neue Dichter, um den soviel Wind gemacht wird? Keiner weiß mit Sicherheit, was er will. Aber er soll ein verdammt guter Redner sein, heißt es – macht vergnügliche Witze über bekannte und geachtete Männer. Und er ist wirklich schön! sagen die Damen, sie stecken die Köpfe zusammen, sehen sich um – ist er gekommen, ja? Er soll ein schrecklicher Zechbruder sein, sagen die Freudlosen und schaudern in ihren schwarzen Kleidern – Schürzenjäger und Frauenverächter – flüstern die Tugendhaften. – Es summt im Saal, er ist fast voll.

Mit einem Mal herrscht atemlose Stille, die Köpfe drehen sich um, die Augen starren... den Mittelgang entlang kommen drei winzig kleine Menschen, würdig und ernst, ohne ein Lächeln in ihren Gesichtern schreiten sie daher. Aller Augen folgen ihnen. Es fängt wieder an zu summen, die Köpfe neigen sich zueinander... Es ist tatsächlich eine Sensation – Ibsen bei einem Vortrag von Hamsun – dieser beschimpfte Henrik Ibsen zusammen mit Edvard Grieg und dessen Frau.

Ganz unangefochten, mit kerzengeradem Rücken trippelt der kleine Ibsen auf hohen Absätzen nach vorne. Er hat einen schwarzen Gehrock an – die Ordensrosette im Knopfloch, weiße Handschuhe. Doktor Henrik Ibsen. – Mit einem scharfen Blick und zusammengekniffenem Mund fixiert er die große weiße Karte, die er in der Hand hält – die Einladungskarte –, dann setzt er sich in die erste Reihe auf Platz Nummer 1 neben Nina und Edvard Grieg.

»Er ist von Gestalt ein kleiner, unansehnlicher Bursche, ohne Gesäß und ohne Brust, deswegen hat er das Gefühl, daß er, der kein Rednertalent besitzt, beim Schreiben so weit ausholen muß...«

So lautete, als sie beide jung waren, Bjørnsons höchst respektlose Charakteristik von Ibsen. Aber die Gestalt, die nun hier sitzt, kompakt und würdig, die mächtige, breite Stirn lauschend gesenkt, ist kein »kleiner, unansehnlicher Bursche«. Hier paßt Georg Brandes' Beschreibung besser: »Er konnte erschreckend aussehen, wenn er mit aufmerksamen Augen dasaß. Er glich dann einer Autorität. Er sah aus wie ein Mann, der gewohnt ist, sich anderen Menschen gegenüber zu verhalten wie ein Schulleiter gegenüber seinen Schülern, und gewohnt, eine gewisse Angst einzujagen.«

Nach einem langjährigen Aufenthalt im Ausland ist Ibsen zurückgekommen und hat sich in Bergen niedergelassen. Er steht auf dem Gipfel seines Ruhmes, bewundert und vergöttert von den Theaterleuten in der ganzen Welt. »Die Wildente«, »Rosmersholm«, »Die Frau vom Meer« und »Hedda Gabler« sind mit der Genauigkeit eines Chronometers im Abstand von zwei Jahren nacheinander erschienen und haben den Ruhm vollendet, der schon vorher sehr solide war. Was konnte ein kleiner literarischer Komet wie Knut Hamsun daran ändern? Wagte er wirklich, in Ibsens starrende Augen zu sehen? Die Leute stießen sich an und lächelten – das wird lustig!

Auf einmal steht Hamsun am Rednerpult. Er kam so plötzlich, daß das Publikum rein zu klatschen vergaß, beschäftigt wie es mit Ibsens dramatischer Ankunft war.

Hamsun wirkt nicht besonders ängstlich. Die Gestalt ist groß und kräftig, das Gesicht unbeweglich. Aber es *ist* eine Maske. Ein Beobachter, der ihn kennt, glaubt zu sehen, daß er bleicher ist als sonst, die ruhige Haltung überdeckt eine sehr natürliche Nervosität. Er weiß, daß er nun zu einem vergeblichen Angriff auf die Autoritäten ansetzt und daß er Applaus vielleicht nur von denen ernten wird, die gekommen sind, um einer besonderen Form der Unterhaltung beizuwohnen.

Er schaut über die Versammlung, der Saal ist gestopft voll. Er sieht ein paar Freunde, nickt ihnen zu, ein ernstes, kurzes Lächeln blitzt hinter dem Kneifer auf. Er holt sein Manuskript heraus, legt es vor sich hin, öffnet es aber nicht.

Dann beginnt Hamsun zu sprechen. Die Stimme ist groß und tragend, aber anfangs ein wenig kurzatmig. Er spricht sich allmählich frei, und seine besonnenen Worte in der Einleitung bringen die Zuhörer schnell dazu, sich ruhig zurechtzusetzen. Sollte das doch ein literarischer Vortrag nach dem gewöhnlichen Muster werden? Er beginnt mit einer Lobrede auf »die vier großen« Talente. Mit einer kaum merklichen kleinen Verbeugung zu Henrik Ibsen sagt er: »Ich verneige mich demütig vor dem Einsatz dieser Autoren für das kulturelle Leben dieses Landes.« – Bescheiden und erfüllt von aufrichtiger Anerkennung schildert er seine erste Begegnung mit Ibsens, Bjørnsons und Lies Werken während seiner Kindheit und Jugend. Die Zeit brauchte sie, und sie gaben das, was sie hatten, ohne zu knausern...

Er hält plötzlich inne. Die Zuhörer sind ruhig und zufrieden. Ibsen schaut herunter in seinen hohen Hut, rührt sich nicht. Aber er ist vorbereitet auf mehr von der gleichen behaglichen Art.

Da bricht es los wie ein Blitz aus heiterem Himmel.

Die Zeit der realistischen und naturalistischen Dichtung ist vorbei! Jetzt wollen auch die Jungen ein Wort mitzusprechen haben. Weg mit der ganzen nützlichen Gesellschaftsdichtung, wir sind ihrer überdrüssig! Weg mit der populären Schreiberei ohne psychologisches Eindringen in das Seelenleben der geschilderten Personen! »Die Charakterpsychologie der herrschenden Dichtung ist unzulänglich«, ruft Hamsun, »sie reicht nicht aus, den gespaltenen und disharmonischen Gegenwartsmenschen darzustellen.«

Er und die anderen jungen Dichter wollen einer neuen Dichtung zum Leben verhelfen, einer psychologischen Dichtung für die moderne Zeit, einer Dichtung des Seelenlebens über die feinen und empfindsamen, gefühlvollen Gemütsbewegungen im Inneren des Menschen! »Diese Dichtung, meine Damen und Herren, werde ich in meinem nächsten Vortrag näher erläutern!«

Ibsen hat den Kopf gehoben. Seine großen Augen starren. Dann beugt er sich vor und schaut wieder in seinen Hut.

»Die *jungen* Dichter müssen hochkommen!« ruft Hamsun mit mächtiger Stimme aus. »Die allgemein anerkannten Greise halten die Jungen unten – so ist das hier in Norwegen. Und wenn man meint, es gäbe nicht genug von ihnen, dann gräbt man die Toten aus und zeigt sie als Ideale vor, die die Jungen zerbrechen, die Jungen, die aus ihrem starken und reichen Talent heraus dichten!

Es wird soviel von Wergeland gesprochen. Ja, er war ein poetisches Gemüt, aber er hatte unter anderem den ermüdenden Fehler, daß er nicht schreiben konnte. Seine Schwester, Camilla Collet, schrieb viel besser. Nein, Wergeland konnte nicht schreiben. Du lieber Himmel, wie flach er geschrieben hat. Trotzdem werden die Jungen in seinem Schatten zerbrochen!

Und nun erst Henrik Ibsen! Ibsen hat längst seine besten Sachen *geschrieben*, ›Nordische Heerfahrt‹, ›Brand‹, ›Peer Gynt‹, ›Die Kronprätendenten‹ – das war Dichtung! Was hat er seither geschrieben? Dramatisierte Zeitungsartikel, dramatisierte Leserbriefe zu Tagesthemen! O Ihr Götter! wenn man wenigstens nicht hingegangen wäre und diese Schauspiele auch zu Meisterwerken erklärt hätte!

Alles zusammen wird erst zu Meisterwerken, wenn die Anerkennung und das Alter da sind. Und dann werden diese alten Dichter ehrwürdig. Sie machen ihre Spaziergänge zu bestimmten Zeiten, sie gehen gebeugt und sitzen still und mümmeln, und alle Leute finden, daß sie so weise sind. Es geht bergab mit ihnen! Sie funktionieren immer noch rein animalisch – aber es geht bergab!

Alt sein, das heißt vom Leben demoralisiert sein. Denn das wissen wir ja alle, daß das Leben die ideellen Züge unserer Seele abstumpft, so daß am Schluß nur unkenntliche Reste unserer ursprünglichen Natur übrig sind. Nein, ich möchte den Alten sagen: Was Ihr tut, das habt Ihr besser getan, als Ihr jung wart, und wir Jungen machen es besser, als Ihr es jetzt tut!«

Große Bewegung im Saal – einige klatschen, andere lachen, die Gebildeten sind zu gut erzogen, um zu pfeifen. Sie machen pst!

Ibsen sitzt unbeweglich. Edvard Grieg flüstert ihm etwas ins Ohr, und Ibsen antwortet mit einem verbissenen kleinen Nicken.

Hamsun fährt fort, es wird immer schlimmer, es wird ein Skandal. Nach seiner Meinung gibt es nur *einen* großen Dichter in Norwegen – und das ist *nicht* Ibsen! Die Leute haben dergleichen an bewußter Taktlosigkeit noch nicht gehört. Die Unruhe im Saal wächst, aber Hamsuns Ruhe nimmt dementsprechend zu.

»Man spricht von Ibsen als einem Denker. Wäre es nicht besser, zwischen einem angelesenen Räsonnement und wirklichem Denken zu unterscheiden? Man spricht von Ibsens Berühmtheit und schlägt uns seinen Mut um die Ohren. Wäre es nicht besser, ein wenig zwischen dem theoretischen und dem praktischen Mut zu unterscheiden, zwischen dem uneigennützigen und rücksichtslosen Revolutionsdrang und der häuslichen Kühnheit zum Aufruhr? Das eine strahlt im Leben, das andere verblüfft im Theater. Der norwegische Autor, der sich nicht aufbläst und eine Stecknadel als Lanze führt, ist ja kein norwegischer Autor. Irgendeinen Torpfosten muß man finden, gegen den man sich stemmen kann, sonst wird man nicht als mutige Ameise angesehen. Ja, es ist wirklich sehr vergnüglich zuzusehen – es ist ein Schlachtengetümmel und ein Mannesmut wie in einem napoleonischen Scharmützel, aber eine Gefahr und ein Risiko wie in einem französischen Duell! Nein, ein Mann, der Revolution machen will, der darf kein kleines schreibendes Kuriosum sein, ein rein literarischer Begriff für die Deutschen, sondern er muß ein zappelnder, tätiger Mensch im Getümmel des Lebens sein. Ibsens Revolutionsmut soll die Leute sicher nicht hinaus aufs dünne Eis führen, das mit dem ›Torpedo unter der Arche‹ ist eine armselige bürokratische Theorie im Vergleich zu der lebendigen, flammenden Tat.«

Und Hamsun geht los auf Ibsens Dramen. Der Hohn feiert regelrechte Orgien über den impotenten »Edelmann« Rosmer und »Die Wildente«, ein rätselhaftes Machwerk. Mit dem Drama »Gespenster« kann er sich eher versöhnen, es ist trotz allem das menschlichste von Ibsens Dramen.

»Aber«, sagt er, »da sind im letzten Akt ein paar Repliken, die über meinen Verstand gehen. Ich erwähne nur die von Oswald: ›Mutter, gib mir die Sonne!‹ Ich weiß nicht, wie alt ein Mann wie Oswald werden muß, bis er die häßliche Angewohnheit ablegen kann, seine Mutter um ein solches Spielzeug wie die Sonne zu bitten. Aber er sollte aus so einem kindlichen Verhalten doch längst herausgewachsen sein, bevor er zum letzten Mal nach Paris geht. Und Oswald in ›Gespenster‹ ist zu dem Zeitpunkt, als er die Sonne von seiner Mutter verlangt, keineswegs

schwachsinnig genug, um so zu reden, wie er es tut. Auf der anderen Seite ist sein Verstand auch nicht so stark, daß er aus purer Tiefsinnigkeit um die Sonne bittet. Es ist nicht Oswalds Replik, sondern die Ibsens.«
Der halbe Vortrag ist eine sehr kritische Auseinandersetzung mit Ibsens Werk.

Aber wer war denn nur der *eine* – Norwegens einziger Dichter? Ja, das war Bjørnson – dennoch Bjørnson.

Hamsun bewundert nicht unbedingt *alles*, was Bjørnson in seinem reichen, kämpferischen Leben geschrieben hat. Und er ist auch kein Anhänger von BB's Manier, in Aulestad zu sitzen und Bücher mit einer Süffisanz zu autorisieren, als ob er einen »Empfang im Schloß« geben würde. Aber Bjørnson, wenn er sein Bestes gibt, dichtet alle zusammen in Grund und Boden. Hamsun kümmert sich nicht um sein Moralgeschwätz, um seinen Verkünderdrang – es kann ihm offen gestanden an Geschmack fehlen – aber dennoch Bjørnson!

»Ich schätze die ganzen normal großen und landläufigen Genies nicht besonders hoch ein«, sagt Hamsun, »weiß Gott, das tue ich nicht. Zu ihrer Höhe erhob Bjørnson sich schnell. Aber er ist an ihnen vorbeigezogen – weit vorbei! Das hindert natürlich nicht, daß andere Autoren Bücher schreiben, die besser sind als manche von Bjørnsons Büchern, aber was beweist das? Gute Bücher können sogar dänische Kapitäne, norwegische Maler und englische Hausfrauen zuwege bringen. Bjørnson ist ein Mensch – eine überwältigende Persönlichkeit, kein Begriff. Er ist ein lärmender, lebendiger Körper auf unserer Erdkugel und braucht vierzig Ellenbogenfreiheiten. Er sitzt nicht wie eine Sphinx vor den Leuten. Bjørnsons Inneres ist wie ein Wald im Sturm, er kämpft, ist überall dabei und *genießt* seine Affären bei seinem Publikum im Grand*. Er ist *lebensfroh* veranlagt, ist ein gebieterischer Geist, einer der wenigen, die befehlen. Er kann auf einer Tribüne stehen und ein beginnendes Pfeifkonzert mit einer Handbewegung zum Schweigen bringen. Er hat ein Gehirn, in dem es unablässig sprießt und drängt – er siegt kraftvoll und irrt sich gewaltig, aber beides macht er mit Persönlichkeit und Geist. Bjørnson ist unser einziger Dichter mit Inspiration, mit dem göttlichen Funken. Es beginnt in ihm ›wie ein Rauschen im Korn an einem Sommertag‹, und es endet damit, daß man ›nichts, nichts hört außer diesem, außer diesem...‹«

---

* Das Café im Grand Hotel in Kristiania, damals ein beliebter Treffpunkt der Künstler. (Anmerk. der Übersetzerin)

Während der begeisterten lyrischen Rede über Bjørnson sind die Zuhörer ganz Ohr. Und in milder Stimmung geht Hamsun über zu den beiden anderen »Großen« – zu Jonas Lie und Alexander Kielland.

Lie ist auch nur ein »großes, gewöhnliches Genie«, ein häuslicher und gutmütiger Autor, der uns immer Weihnachten besucht – aber Psychologe ist er nicht. Hamsun lobt zum Schluß sein Jugendwerk »Der Hellseher«, es ist und bleibt sein bestes Werk.

Schlimmer geht er mit Kielland um, dem klaren, scharfen Gesellschaftskritiker, dem elegantesten Journalisten Norwegens. Was er bietet, ist Modedichtung und nichts anderes. Kielland und seine Nachahmer können zum Beispiel nie einen Pfarrer darstellen, ohne daß er eine Mischung aus Heuchelei und Geiz ist. Die Auffassung, daß man kein Schriftsteller sei, wenn man dem Pfarrer keinen Hieb gibt, findet Hamsun lächerlich. Und Kiellands demonstrative Liberalität ist für ihn nur die Form des Radikalen für Snobismus.

Über eine Stunde hält Hamsun seine Zuhörer gefangen. Er versucht sie nicht durch objektive Argumente und logische Schlüsse für sich zu gewinnen. Seine Waffen sind Überrumpelung, Unverfrorenheit und lyrische Redegewandtheit. Er unterbricht unvermutet, spricht die Phantasie mehr an als den Verstand, lockt unklare Sehnsüchte hervor, die sich in wachen Schönheitserscheinungen wiegen lassen. Seine Rede ist weniger logisch als freimütig. Sie ist farbig, buntscheckig – nicht wissenschaftlich klar.

Gegen Ende wird er wieder ruhig und besonnen.

»Ich sage: weg mit aller nützlichen Gesellschaftsdichtung! Ich bin nicht so naiv zu glauben, daß sie mit diesen Worten verschwinden wird, aber ich bitte um einen kleinen Platz *zwischen* den vier großen Dichtern – einen kleinen Platz für die psychologische Dichtung...«

Der Vortrag ist zu Ende. Der Applaus tost durch den Saal. Aber die drei kleinen Menschen in der ersten Reihe erheben sich und gehen so hinaus, wie sie gekommen sind – würdig, ohne einen Blick zur Seite zu werfen, ohne ein Lächeln. Und langsam leert sich der Saal.

Die Reaktion auf Hamsuns drei Vorträge in Kristiania war heftig. Gewiß war das konservative »Morgenbladet« schadenfroh wohlwollend, aber in den anderen Zeitungen tobten verärgerte Leser über Hamsuns unerhörte Frechheit, und im »Verdens Gang« stand sogar ein scharfer Leitartikel gegen ihn. »Die Kritiklosigkeit war entzückt über seine Kritik«, hieß es in Thommessens Artikel. »Das ist hart ausgedrückt, aber es deutet vieles darauf hin, daß der größte Teil der Zuhörer sich mit der Unwissenheit des großen Seelenkenners messen konnte. – Mit Feingefühl und Takt verhielt es sich ungefähr ebenso. Der Psychologe schleuderte Unflat auf den anwesenden Henrik Ibsen. Die Augenzeugen waren begeistert und klatschten, nicht zuletzt diejenigen, die neulich dem Autor von ›Gespenster‹ und ›Bund der Jugend‹ zugejubelt hatten. – Die Begeisterung über die kritisch-psychologische Scharlatanerie war anfangs enorm groß. Aber ein Kurs in Unwissenheit, Oberflächlichkeit und Frechheit drei Stunden lang ist zuviel. Die Stimmung erstarb und ist matt – jetzt hinterher. Hr. Hamsun hat Europas beste Autoren auf die gleiche Weise erledigt, wie er vor ein paar Jahren die Vereinigten Staaten von Amerika erledigte, von denen er auch nichts anderes wußte, als daß sie einigermaßen ohne Hr. Hamsun auskommen würden. Amerika existiert heute noch – ebenso unsere Dichter.«

Redakteur Thommessens Angriff schadete Hamsun zum Teil, und wenn er auch einen Stoß vertragen konnte, fühlte er sich doch verletzt über einen so gehässigen Angriff von einem Mann, den er in mancherlei Hinsicht schätzte. Aber er setzte seine Vortragsreise zuversichtlich fort. Überall hatte er volle Säle, im großen und ganzen auch eine gute Presse, und er verdiente auch nicht schlecht.

Aber wenn er in dieser Zeit ein wenig zur Ruhe kam, arbeitete er intensiv an einem Roman, von dem er aus ganzem Herzen hoffte, daß er »mit der norwegischen Literatur abrechnen« würde.

Während der Tournee im Jahr davor hatte er Gegner bekommen, aber auch viele gute Freunde gewonnen, unter anderem in Kristiansund. Hier hielt er sich eine Weile auf und nahm ein wenig an der privaten Geselligkeit teil. Besonders schien er sich mit der Familie Neeraas angefreundet zu haben. Die Geschwister Kalla und Hans Neeraas waren literarisch interessierte Menschen, die eine Reihe von Jahren Hamsun in dem Auf und Ab seines Lebens begleiteten. Briefe von ihnen liegen nicht mehr vor, aber er selbst hält sie auf dem laufenden:

Kopenhagen, 30. Mai 1892
Frl. Kalla Neeraas
Kristiansund
Liebe!
Stehenden Fußes! Dank für den Brief. Du willst mich also jetzt beschämen, und das ist Dir geglückt, ich habe Deine Worte mit glühenden Wangen gelesen. Ich erinnere mich, daß ich mich etwas hitzig über

›Sünde‹ geäußert habe, ich hätte es besser machen können. Mit Rücksicht darauf, daß Du von mir ›belehrt‹ werden solltest...

Du bist ein seltsames Mädchen! Nachdem ich gerade so grob war, zählst Du mindestens sieben Tugenden von mir auf, und mit allen diesen Tugenden muß ich mich herumschlagen und sie in meinem elenden Menschen suchen, nachdem ich mich am Vormittag mit Geistesblitzen für das Buch leergepumpt habe.

He-he.

Und das Buch wird immer größer, schwillt an und wird dicker und dicker mit jeder Stunde. Und nun ist es hochschwanger, und ich erwarte (mit Respekt zu vermelden) jeden Tag seine Niederkunft.

He-he.

Ich bin – in Parenthese gesagt – jetzt nicht voll, aber in einer ausgezeichneten Stimmung auf Grund Deines Briefes, eines Hauches aus Kristiansund. Deshalb antworte ich auch sofort, damit Du diesmal einen lustigen Brief bekommst. Gott weiß, ob ich ihn überhaupt fertig schreiben kann, denn ich erwarte in Kürze einen von meinen Spießgesellen.

Bei Olaf bin ich seitdem nicht gewesen; ich rühre mich nicht aus dem Haus, ehe ich mit dem Buch nicht obenauf bin. Was ich übrigens jetzt bin. Ich gehe zu niemandem, nur abends in den Zirkus oder in eines der Theater oder irgendwo anders hin, wo ich nicht zu reden brauche; denn mein Kopf ist leer. Stell Dir ein Bündel Fischköpfe vor, klaffende Mäuler, unsäglich tote Augen, Köpfe, die einfach ihre Denktätigkeit eingestellt haben, nur Leere – dann hast Du meinen Kopf! So bin ich abends. Aber dann arbeite ich auch mit Händen und Füßen; ja, denn nun soll Schluß sein damit, sich fein zu machen und den Leuten Vorträge zu halten. Ach, wenn mein Buch erst fertig ist, werde ich mich mit einem wahren Hurra auf das nächste stürzen! Beim Barte des Propheten!

Sieh da, jetzt ist der Spießgeselle wahrhaftig an der Tür – Komm rein!

Sonntag, 12. Juni.

Ich wußte es ja, wenn ich einen Brief nicht sofort fertig schreiben kann, dann bleibt er liegen. Nun ist der Anfang vierzehn Tage alt. Entschuldige! Aber Du mußt ein bißchen Nachsicht mit mir haben, weißt Du. Ich bin gestern hier auf meinem Stuhl eingeschlafen, ich habe zwei Stunden mit dem Federhalter in der Hand geschlafen, ich rühre mich nämlich nicht, wenn ich schlafe, ich sterbe weg. Am Nachmittag bin ich aufgewacht und hatte den herrlichsten Anfall eines göttlichen Funkens, wie ich es damals in Kopenhagen erlebt habe. Ich habe in einem Zug von fünf Uhr nachmittags bis um drei Uhr morgens geschrieben, ich saß ununterbrochen daran, vergaß das Abendessen, brannte meine Lampe leer, und war doch nicht leer im Kopf. Großer Gott, ist das schön, wenn es so geht! Ich habe fast ein ganzes Kapitel geschrieben, mindestens zehn Druckseiten. Du kannst im Buch einmal darauf achten, es ist das Kapitel XIX, eines der verzweifeltsten im Buch. Ist das nicht erfreulich? Aber als ich endlich aufhörte, mußte ich noch zwei Bogen Korrektur lesen, da war ich zum Schluß todmüde...

III

»Mysterien« kam im Herbst 1892 in Kopenhagen heraus und ist von Hamsuns Büchern vielleicht das eigentümlichste, leidenschaftlich farbenprächtigste – üppig und kaleidoskopartig wechselnd, wirr wie eine tropische Wildnis.
Die zeitgenössischen Kritiker sagten viel Gutes über eine Reihe von Stimmungsbildern, die das Buch enthielt, und man amüsierte sich über den frischen Ton und die respektlose Tendenz, aber die Komposition sei locker und verschwommen, meinte man damals. Hamsun hat das zum Teil selbst eingeräumt. Das Buch ist unter den schwierigsten Umständen geschrieben worden, stückweise an verschiedenen Orten, in denen er sich gerade aufhielt, »in Sarpsborg, in Kristiania, in Kopenhagen, bei Umzügen, während Verliebtheiten und in Zeiten der Armut – daher die unzusammenhängenden Szenen.« Er hat Lillesand vergessen.
Aber der Grund liegt vor allem in den wechselnden Kultureindrücken, die in dieser Zeit auf ihn einstürmten. Hier mußte er den Gedanken, die er in dem Artikel in der »Samtiden« und in seinen literarischen Vorträgen entwickelt hatte, künstlerischen Ausdruck geben. Programme verpflichteten, während gleichzeitig neue Impulse hervordrängten – von der heimischen Politik und Englands Gladstone im Westen bis hin zu der Stimme des mächtigen Seelenforschers im Osten, dem großen, unsterblichen Dostojewski.
Johan Nilsen Nagel ist die Hauptperson des Buches – und Nagel ist, mit eigenen Vorbehalten des Dichters, Hamsun selbst. Seine stolze, aristokratische Steifheit, das liebevolle Mitleid mit dem einzelnen, die demütig slawische Unterwerfung – das alles sind Bruchteile seines Gemütes.

Seit die »Mysterien« herausgekommen sind, hat man die Person Nagels diskutiert. Hat Hamsun sich mit dem identifiziert, was Carl Nærup in seiner Kritik »die Karikatur eines Genies, des Daseins Fremdling, Gottes fixe Idee« nannte? Das Thema ist von einer Reihe von Kritikern debattiert, analysiert, hin- und hergewendet worden, ebenso von Fanatikern der Antroposophie wie von der äußersten Linken: Hamsun ist Nagel, und die »Mysterien« sind eine schädliche Lektüre. Gleichzeitig nahm die Jugendbewegung um die Dichtung Hermann Hesses ihn als einen der ihren für sich in Anspruch.

Und was nun? Das Buch kann auf beide Arten gedeutet werden. Abgesehen von der Ich-Person in »Hunger« hat Hamsun hier zum ersten und letzten Mal eine nahe Identität mit sich selbst verraten. Das Programm verpflichtete.

Selbstverständlich muß man auch »Mysterien« als einen Roman lesen und mit den Vorbehalten für eine *absolute* Identität, die man immer beachten sollte, wenn es um Dichtung geht. Aber in »Mysterien« hat er sich bewußt in die Mysterien seines eigenen Ichs vertiefen wollen, er seziert es – nicht nur den konkreten, den reflektierenden, liebenden und träumenden Menschen, sondern auch, in der Tiefe, unter allen abgetragenen Schichten, das irrationelle Ich.

Nichts faszinierte Hamsun mehr als der Pulsschlag des eigenen Herzens. Wie in heiliger Verwunderung stand er vor seinen Reaktionen. Momentan begierig, registrierte er in seinen empfindsamsten Augenblicken das vielleicht grundlose Entzücken oder den tiefen psychischen Schmerz seines Gemütes. Solche Sinneszustände drückten ihm ein Zeichen auf, hinterließen Wahrnehmungen von überirdischer Hellhörigkeit und Eindringlichkeit, die »schließlich Beschlüsse und Taten hervorbringen an dem Tage, da die Mimose Blätter treibt«. – »Heine berichtet, daß er zuweilen, wenn er schrieb, über seinem Haupte Flügelschläge hörte und fühlte. Ich glaube ihm aufs Wort, ja, ich glaube ihm buchstäblich!«

Der junge Hamsun war kein »glücklicher und harmonischer« Mensch. Wechselnde Stimmungen und Impulse beherrschten ihn. Er befand sich auf »schrittlosen, spurlosen Reisen mit dem Verstand und dem Herzen...« Er traf eine Frau, die ihn mehr beschäftigte als irgendeine andere, die er vorher kennengelernt hatte. Aber es ging nicht gut aus, er konnte ihr nichts bieten, sein Gemüt war so zerrissen, daß ein harmonisches Verhältnis unmöglich war... »Ach, Gretchen, Gretchen«, sagt der Freund Johannes Jørgensen. »Der sich selbst beobachtende, das Leben beobachtende, sich selbst notie-

rende, das Leben notierende Schriftsteller ist doch ein schlechter Liebhaber! Wie für Midas alles zu Gold wird, wird für ihn alles zu Kunst.«
»Um die Mitte des vorigen Sommers war eine kleine norwegische Küstenstadt der Schauplatz einiger höchst ungewöhnlicher Begebenheiten. Ein Fremder tauchte auf, ein gewisser Nagel, ein merkwürdiger und eigentümlicher Scharlatan, der eine Menge auffallender Dinge trieb und ebenso plötzlich wieder verschwand, wie er gekommen war.«
So beginnt Hamsun sein Buch. Er hat nicht vergessen, wie der Redakteur Thommessen ihn ein Jahr zuvor charakterisierte. Er hält sich an das Wort Scharlatan, gesteht ihm seine Bedeutung zu – und nennt seinen Helden einen Scharlatan.
Nagel ist ein kleiner breitschultriger, dunkler Mann, er hat »ein braunes Gesicht mit einem seltsamen, dunklen Blick und einen feinen, frauenhaften Mund.« Er ist Norweger finnischer Herkunft. Hamsun hat dieses ethnische Motiv möglicherweise benutzt, um seine Fremdartigkeit und alle Widersprüche des Gemüts, die man bei einer Rassenmischung oft beobachten kann, rein äußerlich zu erklären. Er tritt in einem grell gelben Anzug auf, und auf dem Kopf sitzt eine weiße Samtmütze. In der Westentasche hat er eine kleine Flasche mit Blausäure versteckt. Bereits im ersten Augenblick erregt er eine leicht erklärbare Aufmerksamkeit.
»Der Roman« in »Mysterien« ist scheinbar ziemlich einfach. Scheinbar. Hamsun war genötigt, die *äußere* Intrige zu vereinfachen, weil das Buch möglichst viel Platz für eine klare Tendenz haben sollte. »›Mysterien‹, das ist mit einem Wort Hamsuns ganze *Philosophie*«, sagt Carl Nærup. »Wenn wir fragen, warum die Dinge so gehen und nicht anders, warum Herzen zerbrechen und das Glück immer vor dem Untergang steht, dann lautet die Antwort: Mysterien und Geheimnisse – ›der rätselhafte Gott des Lebens‹ will es so. Da ist nichts zu machen.«
Durch eine Reihe lyrischer Stimmungsbilder, unterbrochen von scharfen und witzigen, stark subjektiven Angriffen auf die Politiker und Schöngeister der Zeit, hat »Mysterien« seinen Wert für einen größeren Leserkreis. Einige ganz besondere Seiten von Hamsuns vielfältigem Charakter werden hier deutlich. Seine Bewunderung für den hohen Mann, den Weltgeist. Seine Verachtung für die in einem System verankerte demokratische Gewöhnlichkeit. Und dann seitab davon, seine lyrische Naturvergötterung, seine Demut und sein warmherziges Mitleid mit dem einzelnen.
Die literarischen Vorträge von einst hatte Hamsun nicht drucken lassen. Es steckte eine bewußte Absicht dahinter. Er brauchte sie für dieses Buch.

Hier antwortete er auch auf einige Angriffe. »Der Weltgeist zu Pferde« reitet:

»Ich reiße nicht alle großen Männer herunter, aber ich beurteile doch nicht die Größe eines Mannes nach dem Umfang der Bewegung, die er hervorruft, ich beurteile ihn aus mir selbst heraus, aus dem Ermessen meines kleinen Gehirns, aus meinem seelischen Schätzungsvermögen heraus. Ich beurteile ihn sozusagen nach dem Geschmack, der mir von seiner Wirksamkeit auf der Zunge bleibt. Das ist keine Wichtigtuerei, es ist ein Ausschlag der subjektiven Logik meines Blutes, es kommt nicht vor allem darauf an, eine Bewegung hervorzurufen, in der Gemeinde Høivaag bei Lillesand Kingo durch Landstad verdrängen zu lassen. Es handelt sich durchaus nicht darum, einen Aufruf unter einer Schar von Juristen, Lehrerinnen, Journalisten oder galiläischen Fischern zu machen oder eine Schrift über Napoleon le petit herauszugeben. Es kommt darauf an, auf die *Macht* einzuwirken und sie zu erziehen, auf die Auserwählten und Überlegenen, die Herrenmenschen, die Großen, Kaiphas, Pilatus und den Kaiser. Was hülfe es, auf das Pack Einfluß zu haben, wenn ich trotzdem dem Kreuze überantwortet würde? Man kann das Pack so zahlreich machen, daß es mit den Krallen ein Stück Herrentum an sich reißt; man kann ihm ein Schlächtermesser in die Hand geben und ihm gebieten, zu stechen und zu morden, und man kann es wie die Esel vor sich hertreiben, um bei einer Abstimmung die Oberhand zu gewinnen. Aber den *Sieg* gewinnen, im geistigen Sinn gewinnen, die Welt um Fußbreite vorwärtsbringen – nein, das kann das Pack nicht. Die großen Männer sind vortreffliche Konversationsthemen, aber der hohe Mann, die hohen Männer, die Herren, die Weltgeister zu Pferde, die müssen sich erst lang besinnen, bevor sie wissen, wer gemeint ist, wenn von den großen Leuten gesprochen wird.«

Nietzsches Stimme ist deutlich zu vernehmen, seine Philosophie entsprach nun einmal dem Geist der Zeit, und es vergingen noch Jahre, bis Hamsun sich von dem direkten Einfluß freimachte. Hamsun, dessen Kunst eine seltene Mischung aus verfeinerter Kultur und robuster Einfachheit ist, fand auf die Dauer keine Wohnung auf Zarathustras Hochebene. Seine Schwärmerei für Nietzsche nahm allmählich ab. Seine Gesundheit und sein Humor befreiten ihn von Nietzsches Pathos. Zurück bleibt der Romantiker Hamsun, von dem man auch einen ersten Reflex in »Mysterien« bekommt – der Romantiker, der sich im Gegensatz zu seinen Vorgängern nicht nur mit Bewunderung der Welt der Genies zuwandte, sondern auch der Welt der

Bescheidenen, der Unbekannten und Einsamen, wenn er ihnen begegnete. Nagel verhöhnt »die gewöhnlichen Genies« – Ibsen, Hugo, Tolstoi, Maupassant. Er lehnt die Großen der Zeit schroff ab. Sie sind von dem modernen Reklameapparat aufgeblasen worden, sie vertreten die Wahrheiten der Bürgerlichen:

»Was sind die Dichter, diese wichtigtuerischen Wesen, die es verstanden haben, die Macht im modernen Leben an sich zu reißen, was sind sie eigentlich? Ja, ein Ausschlag, eine Krätze am Körper der menschlichen Gemeinschaft, reizbare und geschwollene Bartfinnen, die man zart behandeln muß, mit Vorsicht und Pietät anfassen, sonst spielen sie sich auf, denn sie vertragen keine harte Behandlung! Ja ja, von den Dichtern müsse man unbedingt viel Aufhebens machen, besonders von den dümmsten, den menschlich am wenigsten entwickelten, den Heinzelmännchengreisen; sonst trollen sie sich ins Ausland! Hehe, ins Ausland, ja! Ach du guter Gott, welch eine köstliche Komödie! Und gab es einen Dichter, einen wirklich geistesberauschten Sänger mit echten Tönen in der Brust, dann konnte man den Teufel darauf schwören, daß er weit hinter den groben, bücherschreibenden Handwerkern, wie Maupassant einer ist, eingereiht würde! Hinter einem Mann, der viel über die Liebe geschrieben und gezeigt hat, daß ihm die Bücher leicht von der Hand gehen; ja, Recht muß Recht bleiben! Ach, ein kleiner, hell schimmernder Stern, in seinem Bereich ein wirklicher Dichter, Alfred de Musset, bei dem die Liebe nicht brünstige Routine war, sondern ein feiner und feuriger Frühlingston in seinen Menschen, und bei dem die Worte auf den Zeilen förmlich flammten, dieser Dichter hatte vielleicht nicht halb soviel Überzeugte auf seiner Seite wie der unbedeutende Maupassant mit seiner außerordentlich groben und seelenlosen Wadenpoesie...«

Das Mitleid mit dem einzelnen und die ritterliche Haltung ihm gegenüber kommen bei der ersten Begegnung mit Minute, einem verzagten und verkommenen, aber gleichzeitig ziemlich verschlagenen Männchen zum Vorschein. Nagel überhäuft den kleinen Kerl, über den die ganze Stadt lacht, mit Wohltaten. Auch für die arme weißhaarige Martha Gude möchte er den Mäzen spielen, er möchte sie reich machen, indem er eines von ihren wertlosen Möbelstücken kauft. Er wird zu Tränen gerührt über die Armseligen, aber gleichzeitig registriert er das süße Gefühl, das sonderbare Behagen, das ihn bei den selbstlosen Handlungen durchströmt. Nichts ist vollbracht mit der guten Tat, denn auch hier ist das Ichgefühl das primäre, das sein eigenes Selbst genießende Ich. Seine Liebe zu der schönen blonden

Dagny Kielland entschleiert ihn auf die gleiche Weise. Er kniet vor ihr, küßt ihre Füße, beteuert, daß er sie liebt – und tut es auch! Aber er zerstört alles in dem Augenblick, als er sich in ihren Augen herabsetzt:
»Aber warum erzählen Sie mir dann all dies Peinliche von Ihnen, sobald Sie nur irgendwie Gelegenheit dazu finden? rief sie heftig.
Und langsam, vollständig beherrscht erwiderte er:
Um Eindruck auf Sie zu machen, gnädiges Fräulein.«
Dagny Kielland ist ein ganz normales Mädchen. Sie versteht so etwas nicht, und sie weicht zurück. Für sie bedeutet Liebe Glück und Harmonie. Für Nagel ist sie eine schmerzliche Passion, nur in den Augenblicken höchster Ekstase ist er glücklich.
Nagel kommt mit den Menschen und der Gesellschaft nicht zurecht, er ist und bleibt ein Fremder. Mit dem Dasein söhnt er sich nur aus in der Natur. Hier findet er für kurze Zeit Ruhe und Harmonie.
Es ist ein warmer Sommermorgen. Er liegt im Wald und starrt hinauf in das unendliche Meer des blauen Himmels...
»Wer nur da oben sein, sich zwischen den Sonnen herumtreiben könnte und Kometenschweife um seine Stirn fächeln fühlte! Wie klein war doch die Erde und wie winzig die Menschen. Welch ein Norwegen mit zwei Millionen Hinterwäldlern und einer Hypothekenbank zum Lebensunterhalt! War es der Mühe wert, für so wenig Mensch zu sein? Im Schweiße seines Angesichts arbeitete man sich mit den Ellbogen einige kümmerliche Jahre vorwärts, um dann trotz allem, trotz allem, zu vergehen! Nagel griff sich an den Kopf. Oh, das endete noch damit, daß er sich aus dieser Welt empfahl, die Sache zum Abschluß brachte! Würde er jemals Ernst damit machen können? Ja, bei Gott im Himmel, ja, er würde nicht zurückweichen! Und in diesem Augenblick war er über den einfachen Ausweg, der sich schließlich immer noch darbot, ganz entzückt. Vor Begeisterung kam ihm das Wasser in die Augen, und er atmete beinahe hörbar. Er wiegte sich bereits auf dem Himmelsmeer und fischte mit einer Silberangel und sang dazu. Und sein Boot war aus duftendem Holz, die Ruder blinkten wie weiße Schwingen, das Segel aber war aus hellblauem Seidenstoff und wie ein Halbmond geschnitten...
Eine bebende Freude durchzog ihn, er fühlte sich hingerissen, verzaubert und versteckte sich förmlich in dem grellen Sonnenschein, der ihn umgab. Die Stille machte ihn ganz benommen vor Zufriedenheit, nichts störte ihn, nur in der Luft oben rauschte der weiche Ton, der Ton des ungeheuren Stampfwerkes. Gott, der sein Rad trat. Im Walde ringsum

rührte sich nicht ein Blatt und nicht eine Nadel. Nagel kroch zusammen, schüttelte sich und zog vor Behagen die Knie unter sich an, weil alles so gut war. Etwas rief nach ihm, und er antwortete Ja. Dann stemmte er sich auf die Ellbogen und sah sich um. Niemand war da. Noch einmal sagte er Ja und lauschte; aber niemand zeigte sich. Das war doch sonderbar, er hatte so deutlich rufen hören. Aber er dachte nicht mehr darüber nach, vielleicht war es nur eine Einbildung gewesen, auf jeden Fall wollte er sich nicht mehr stören lassen. Er war in einem rätselhaften Zustand, erfüllt von seelischem Wohlbehagen. Jeder Nerv in ihm war wach, Musik zog durch sein Blut, er fühlte sich mit der ganzen Natur, mit der Sonne und den Bergen und allem anderen verwandt, spürte aus Bäumen und Erdhaufen und Halmen sich von seinem eigenen Ichgefühl umrauscht. Seine Seele wurde groß und volltönend wie eine Orgel, und niemals mehr konnte er vergessen, wie die milde Musik in seinem Blut gleichsam auf- und niederschwebte.«

Dann ist es plötzlich, als ob die dünnen Stränge zwischen ihm und der Ewigkeit zerrissen werden – er hört Schritte unten auf dem Weg –, ein Mensch kommt, bricht in seine Welt ein und zerfetzt den Traum:

»Er hob den Kopf und erblickte einen Mann, der aus der Stadt kam. Ein langes Brot unter dem Arm, kam er des Weges und führte eine Kuh am Strick hinter sich. Beständig wischte er sich den Schweiß aus dem Gesicht und ging der Wärme wegen in Hemdsärmeln, aber trotzdem trug er einen dicken roten Wollschal zweimal um den Hals gewickelt. Nagel lag still und beobachtete den Bauern. Das war er! Das war der Hinterwäldler, der Norweger, hehe, ja, das war der Eingeborene, mit dem Brot unter dem Arm und der Kuh dicht auf den Fersen! Ach, welch ein Anblick! Hehehehehe, Gott steh' dir bei, du biederer Wiking Norwegens! Möchtest du nicht den Schal ein wenig lockern und die Läuse auslüften? Du könntest nicht mehr leben, du bekämst zuviel frische Luft und müßtest daran sterben ...

In Nagels Gehirn schoß eine lustige Bitterkeit nach der anderen empor. Er erhob sich und ging erregt und mißmutig heimwärts. Nein, er hatte doch immer wieder recht, überall gab es nur Läuse und alten Käse und Luthers Katechismus. Und die Menschen waren mittelgroße Bürger in zweistöckigen Hütten; sie aßen und tranken zu des Leibes Notdurft, verschönten sich das Leben mit Toddy und Wahlpolitik und handelten tagaus, tagein mit grüner Seife und Messingkämmen und Fischen. Nachts aber, wenn es donnerte, lagen sie da und lasen vor lauter Angst im

Johan Arendt. Ach, schenk' uns eine einzige ordentliche Ausnahme, laß sehen, ob das möglich ist! Schenk' uns zum Beispiel ein ausgewachsenes Verbrechen, eine hervorragende Sünde! Aber nicht so eine lächerliche und bürgerliche Abc-Verirrung, nein, die seltene und haarsträubende Ausschweifung, die delikate Ruchlosigkeit, die Königssünde, voll der rohen Herrlichkeit der Hölle!«

Nagels Verwirrung und bedauernswerte Verletzbarkeit wächst. Nervös und unausgeglichen pendelt er zwischen den Polen seiner Stimmungen. Er fühlt, daß die Menschen und Gott in seinem unerforschlichen Ratschluß ihm alles verweigern. Seine Liebe zu Dagny wird ihm nicht so vergolten, wie es sein Gemüt fordert. Auch Martha Gude weist ihn ab. Zum Schluß hat er nur noch sein kleines Giftfläschchen, die letzte Reserve. – »Es wird einen kurzen Krampf geben, ein wenig bittere Komik im Gesicht, zwei- dreimal Schnappen nach Luft«, und dann ist er mit dem Ganzen fertig.

An der Schwelle des Todes verflucht er weinend und zähneknirschend sein verfehltes Leben. Dagny Kielland, Minute, die Hinterwäldler, die großen Männer, »alle Menschen und die Liebe und das Leben sind Betrug, alles, was ich sehe und höre und vernehme, ist Betrug, ja, sogar die Bläue des Himmels ist Ozon, Gift, schleichendes Gift...«

Nagel leert die Giftflasche – aber auch hier waren die Menschen auf ihren Betrug aus. Minute hatte eine günstige Gelegenheit wahrgenommen, die Blausäure ausgeschüttet und Wasser in die Flasche gefüllt.

Wieder hat er die schrecklichen Halluzinationen, wieder muß er die ganze Todesangst durchleben, ehe er am Schluß ins Wasser springt, zerrissen von tausend Widersprüchen seines unglücklichen Gemüts.

Es ist klar, daß viel von Hamsuns eigener Gespaltenheit in diesem Buch zum Vorschein kommt. Hier spielt er mit disharmonischer Leidenschaft auf allen Saiten, die in seinen späteren Werken fülliger und folgerichtiger erklingen sollten.

Aber »Mysterien« enthält nicht nur Hamsuns »ganze Philosophie«, hineingestellt in einen Roman, den die damalige Zeit für etwas verworren und ungeordnet hielt. Das Buch verbirgt in seinem Inneren, zwischen den Zeilen, in den gesagten und nicht gesagten Worten genau den Inhalt des Titels.

Welchen Einfluß kann Dostojewskis »Raskolnikow« auf ihn gehabt haben? Er las das Buch vor und während der Arbeit an »Mysterien«. Hamsun sagt selbst, daß Dostojewski der Dichter ist, von dem er am meisten gelernt hat, der Gigant, der das dichterische Genie besaß, die innere Schönheit seiner Menschen, die mystische Empfänglichkeit und die unbegrenzte Fähigkeit zur Hingabe zu schildern. Aber Nagel beugt sich nicht den sanften Tränen einer Sonja, verlassen wie er von allen ist. Nagel kann den Menschen keine Botschaft bringen. Er muß für sein Handeln einstehen mit allen Folgen und eventuell darüber stolpern. Über einen Mord, den er begangen hat? Wir wissen es nicht, es ist verborgen in einem Traum, einem Alptraum in vielen Nächten. Der Selbstmord ist ein Ausweg, eine Lösung aus Nagels Perspektive.

Dreißig Jahre später nahm Hamsun das Selbstmordmotiv in einem Roman wieder auf, den er »Das letzte Kapitel« nannte. Aber er löste das Problem auf eine andere Weise, in einem anderen Zusammenhang.

Zwei Tendenzromane

I

Redakteur Thommessens Leitartikel gegen Knut Hamsun nach den Vorträgen in Kristiania sollte spürbare Folgen haben – für sie beide. Dieser Angriff *allein* war natürlich nicht der Grund, daß Hamsun sich entschloß, deutlicher zu widersprechen, als er es in »Mysterien« getan hatte. Schon seit längerer Zeit war »Verdens Gang« Hamsun auf die Nerven gegangen, und nicht nur er ärgerte sich. Der ganze linke Flügel, der keine Nachgiebigkeit gegenüber den Schweden duldete, unter anderen Bjørnson, war enttäuscht und wütend. Man meinte, Thommessen fehle es an Haltung, so daß die Zeitung, die ja ein linkes Organ sein sollte, in entscheidenden Fragen versage. Als politisch interessierter Schriftsteller und Journalist hatte Hamsun die Entwicklung verfolgt, Thommessens Manöver gesehen und war zu dem Schluß gekommen, daß dessen Kurs von zweifelhaften Motiven bestimmt wurde.
Die Enttäuschung darüber war bei Hamsun größer als über den Schlag, den Thommessen ihm wegen der Vorträge versetzt hatte. Schläge hatte er auch von Leuten bekommen, die seine guten Freunde waren und blieben. Es saß tiefer – ein Mann, dem er zugeneigt gewesen war, hatte ihn enttäuscht.
Schon als Junge hatte Hamsun »Verdens Gang« gelesen. Es war seine erste selbständige Lektüre, auf diesen Lesestoff hatte er sich, wenn die Bibelstunden vorüber waren, gestürzt. Hier las er die dramatischen Telegramme vom deutsch-französischen Krieg, es war sein erster Kontakt mit den Weltereignissen, und er genoß als junger Mann den journalistischen Stil von Redakteur Thommessen, seine knappe, leichte Form, seinen überlegenen Geist. In »Hunger« ist Thommessen der »Kommandeur«, von dem es heißt: »Ein eigentümliches Gefühl von Furcht und Bewunderung überfällt mich gegenüber diesem Menschen.« Und in »Redakteur Lynge« sagt er: »Wissen Sie, daß Lynge mir teuer gewesen ist, daß ich Lynge geliebt habe? Heimlich habe ich wütende Privatbriefe an jene geschrieben, die ihn in den

Zeitungen getadelt haben, ich bin bei Gott im Himmel der wärmste Freund seines Lebens gewesen.«
Dann kam die Enttäuschung und mit ihr ein abgewertetes Kindheits- und Jugendideal.

Knut Hamsun fuhr nach Dänemark, um an dem Buch zu arbeiten, das zu schreiben ihm jetzt ein Bedürfnis geworden war. Teils wohnte er in Kopenhagen, teils auf der Insel Samsø. Und hier beendete er im Laufe des Winters »Redakteur Lynge« – einen klaren und knappen kleinen Roman, scharf und äußerst anzüglich in seiner Tendenz.
Zum ersten Mal stand Hamsun selbst außerhalb des Geschehens, denn nun ist die Hauptperson der Angegriffene, ein sichtlich lebendes Modell.
Als Künstler zeigte Hamsun sich hier von einer Seite, die in mancher Hinsicht verblüfft. In dem Pamphlet über Oftedal hatte er hinreichend erkennen lassen, daß er schwerstes Geschütz zu einem wohlformulierten Angriff auffahren konnte. In »Redakteur Lynge« ist er der beherrschte Satiriker, kühl und zielbewußt. Nur hie und da in der Liebesgeschichte des Romans wird der Stil zart und bebend wie bei dem Hamsun, den man von vorher kannte.
»Redakteur Lynge« ist frei von Mysterien. Die Absicht ist klar und einfach. Alle erkannten, worauf Hamsun hinauswollte.
Lynges Gegenspieler in dem Buch ist Høibro, ein junger Mann mit Bruchstücken von Nagel in seinem Herzen. Einer, der keiner Partei angehört, »ein bahnloser Komet... einer von den heimatlosen Seelen, ein *Radikaler*, den weder die Rechten noch die Linken bekommen konnten«. Aber im Gegensatz zu Nagel hat Høibro Ideale, die nützlich für die Gesellschaft und von praktischer Art sind, und diese versucht er gegen Lynge ins Feld zu führen. Er tritt für seine Sache ein bei allen, die ihn hören wollen und führt die Angriffe nach rechts und links. »Es gibt«, sagt er zu einem von Lynges Mitläufern, »nur zwei Sorten von Menschen, die sich immer im Leben durchschlagen und bei jeder Sache obenauf sind. Da sind die Ehrlichen im Herzen. Sie kommen durch, sie sind nicht immer praktisch, in ihrem Inneren aber stets obenauf. Und dann die moralisch Beschädigten, die Frechen innerhalb der Gesetzesgrenzen, denen die Fähigkeit abhanden gekommen ist, Gewissensbisse zu empfinden. Sie können sich wieder hinauf handeln, selbst wenn sie geduckt werden...«
Und die folgende Schilderung vom Haus der Volksvertreter enthält auch heute noch etwas von der Komik dessen, wie es wirklich ist: »Aber in den

Sälen und Gängen des Stortings herrschte in diesen Tagen die qualvollste Unruhe; die Repräsentanten zogen sich einander an den Knopflöchern herum und standen sich mit gespitzten Ohren gegenüber, voll unerschütterlicher Überzeugungen und voll Hintergedanken. Wenn sie nur wüßten, wem der Sieg zufallen würde! Wo war die rechte Seite? Sie dachten an die Wahlen und wußten sich keinen Rat; der alte Präsident vermochte ihnen auch nicht den leisesten Fingerzeig zu geben; alles, was sie aus ihm herauskriegen konnten, wenn er mit den Händen auf dem Rücken und das Haupt auf die Seite geneigt an ihnen vorüberkam, war, daß er leider gar nichts sagen könne; er neige nach keiner Seite; in dieser Beziehung sei sein Herz rein; müsse er sich aber einer Partei zuneigen, dann am liebsten beiden Parteien.«

Hamsun war sich klar darüber, daß »Redakteur Lynge« in weiten Kreisen Entrüstung hervorrufen würde. Nicht so sehr wegen des Angriffs auf die politische Haltung des Redakteurs von »Verdens Gang«, da hatte er viele hinter sich. Aber wegen der anzüglichen und ganz perfiden Kritik – einer Anhäufung von allem möglichen, was man als Hamsuns Meinung über den *Menschen* Ola Thommessen auffassen mußte.
Aber Hamsun befand sich auch nicht in seiner besten Stimmung, als er das Buch schrieb. Er wurde von einer »Neurasthenie« geplagt, wie er es nannte, von schlechten finanziellen Verhältnissen und schlechter Gesundheit. Es war, als ob er sich von allen Qualen freischreiben müßte, ohne daß es ihm gelang. Der Freund Erik Frydenlund bekommt einen Brief, der etwas über Hamsuns derzeitigen Gemütszustand aussagt. Selbst eine kleine Schuldensumme, die ihm normalerweise nicht so viel bedeutet hätte und Frydenlund auch nicht, erscheint ihm plötzlich ungeheuer groß:

Lieber E. K. F. – Sei nicht böse, vergib alles. Ich habe heute meinen Gott Vater in Kopenhagen beordert, Dich mit 100 Kronen zu belehnen: Entschuldige, daß ich auf einen Umschlag schreibe, das ist mir noch nie passiert, ich habe kein Papier im Haus ... Ich habe heute Influenza, sehe das Dasein schwarz, und heute abend *muß* ich arbeiten. Ach ja, das ist lustig. Das sage ich Dir, leihe mir nie mehr Geld, denn ich bin der elendeste und säumigste Schuldner in der Welt. Zweifellos bist Du wütend, und warum zum Teufel solltest Du es nicht sein? Aber im Mai sollst Du etwas von mir leihen und mir nicht zurückzahlen, ehe ich ins Valdres komme. Verstehst Du? Ich will das wegen des Gleichgewichts so

> haben und Dich auf mein eigenes schäbiges Niveau in Geldsachen herunterdrücken. Und im Mai bekomme ich viel Geld. Vergiß es nicht. – Du bist jetzt natürlich gesegnet mit vielen netten Kindern? Du mußt sie grüßen. Ich selbst bin jetzt alt, neben den Ohren grau. Und mein Gott, wie ich mich auch geschunden habe. Ich schreibe Dir diesen »Brief« mit einem Gefühl von Scham und Nervosität. Du mußt mir wirklich vergeben, alter Kamerad. Ich bin so kaputt, daß ich meine Uhr auf dem Kamin anhalten mußte, weil ich es nicht ertrug, sie schlagen zu hören...

Aber als das Buch fertig war, hatte er das Gefühl, daß eine Last von seinen Schultern genommen war. Er fuhr nach Kopenhagen ins »Bernina« und zu Freunden. Es gab Trinkgelage und fröhliche Zusammenkünfte, anstrengende Tage und Nächte, bis Hamsun ebenso plötzlich verschwand, wie er gekommen war. Er hatte sich, wie gewöhnlich, in einem möblierten Zimmer versteckt, und er kam erst wieder zum Vorschein, als seine Freunde in der Zeitung lesen konnten, daß Hamsun wieder Vorträge in dem dänischen Studentersamfundet halten würde.
Es war ein Vortrag nach dem alten Rezept. Wiederum amüsierte sich Hamsun mit den unverschämtesten Angriffen auf Henrik Ibsen, und die Opposition und die Verärgerung waren allgemein, sowohl während des Vortrags als auch hinterher. Auch die Brüder Brandes griffen ihn an, aber die Presse lobte ihn, mit Einschränkung, für die frische Darbietung.
Kurz darauf fuhr Hamsun mit seinem Vortrag nach Lund, und hier in Schweden hielt er diesen Vortrag über seine Vorgänger in der Literatur zum letzten Mal. Er hatte ein ganz natürliches Bedürfnis nach Ruhe und spürte, daß das Thema von seiner Seite ausdebattiert war. Die anschließenden mündlichen Diskussionen waren überhaupt eine Belastung für Hamsun. Er merkte, daß sein Verstand nicht schnell genug reagierte gegenüber den schlauen Akademikern. Es fiel ihm schwer, neue Gesichtspunkte zu finden und plötzliche Angriffe ohne eine gewisse Vorbereitung abzuwehren.
In Lund ruhte Hamsun sich aus. Hier traf er schwedische Künstler, die für Jahre seine Freunde wurden, unter anderen den Dichter Birger Mörner, der ein seltsames und wechselhaftes Leben geführt hatte, nicht unähnlich dem Leben Hamsuns, und der jetzt gerade ein Schauspiel vollendet hatte. Hamsun sah das Stück durch, sein Interesse wurde geweckt, und er bat darum, es ins Norwegische übersetzen zu dürfen – er glaubte, es unterbringen zu können, sowohl bei einem Verlag als auch bei irgendeinem Theater.

Allerdings mußte Hamsun die Übersetzung einem anderen überlassen, aber er schrieb ein Vorwort zu dem Stück und bekam es wirklich unter. Das Schauspiel hieß »Selige Baronesse«, es wurde im Aschehoug Verlag herausgegeben und 1894 im Christiania-Theater mit Sophie Reimers in der Hauptrolle aufgeführt.

Dies war Knut Hamsuns erste direkte Berührung mit dem Drama als Kunstgattung, und es gab ihm einiges zu denken. Seit er Theater in Amerika gesehen hatte, stand er dem Ganzen ziemlich kühl gegenüber. In »Redakteur Lynge« sagt er: »Das ist für mich ein erbärmliches Getue. Ich bin diese kindliche Narretei so leid, daß ich mitten im Parkett aufstehen könnte und vor Ekel heulen.« – Aber er war nicht blind dafür, daß man, wie er wußte, mit einem Schauspiel Geld verdienen konnte, und das war ja ein Aspekt, der für einen armen Dichter in Betracht kam – außerdem hatte er einige Repliken fertig daliegen...

Und er machte seine Pläne, machte Notizen, beschäftigte sich mit dem Gedanken.

Restaurant Bernina in Kopenhagen um die Jahrhundertwende, Stammlokal der Künstler aus dem gesamten Norden

Indessen erschien »Redakteur Lynge«, und die Sensation blieb nicht aus. Das Buch wurde Tagesgespräch, von den Bänken auf der Karl Johan* bis zu der feinsten literarischen Gesellschaft im Grand oder bei Ingebret. Der sehr begabte junge Kritiker des »Dagbladet«, Nils Kjær, schrieb eine begeisterte Besprechung, die so endete: »Das Buch ist eine Heldentat im goldenen Zeitalter der Giftfliegen. Der Angreifer ist darauf vorbereitet, allein dazustehen. Er hat den Mut, Wache zu halten und Zielscheibe zu sein. Wir wollen ihn auf der Straße ehrerbietig grüßen.« – Die konservative Presse war wie gewöhnlich wohlwollend und schadenfroh, während »Verdens Gang« nach einer Denkpause einen brauchbaren Ausweg fand: Arne Garborg sollte die Kritik über »Redakteur Lynge« schreiben. Und die Kritik wurde, abgesehen von ein paar anerkennenden Worten über Hamsuns Stil und Talent, so negativ, wie es sich seine Widersacher nur wünschen konnten.

Aber das Buch wurde verkauft. Es kam eine neue Auflage heraus, Hamsun verdiente einen schönen Batzen Geld und sah sich plötzlich in der Lage, ins Ausland zu reisen. In südlichere Gefilde wegen der Influenza und um zu schreiben.

II

Die Reise ging nach Paris. Er bekam Begleitung von einem dänischen Künstlerfreund, dem Dramatiker Sven Lange, und die beiden mieteten sich in einem kleinen, billigeren Hotel im Quartier Latin ein.

Für Hamsun war es auch an der Zeit, aus dem nordischen Wespennest herauszukommen. »Redakteur Lynge« und die literarischen Vorträge hatten ein solches Durcheinander für ihn bedeutet, daß an Arbeit nicht zu denken war. Es verging nicht ein Tag, ohne daß er Gegenstand für Angriffe der verschiedensten Art wurde. Aber in Paris bekam er Ruhe zum Arbeiten.

Er schrieb im Laufe des Sommers seinen zweiten Roman in diesem Jahr fertig, ein Roman, der ebenso wie der vorhergehende seine bestimmte Adresse hatte. Hamsun war nicht von der Art, daß er Dinge, die privat oder im politischen und öffentlichen Leben gegen ihn gerichtet waren, hinnahm, ohne sich über die Verhältnisse, die er als unredlich ansah, zu äußern.

---

* Die Karl Johan ist Oslos (Kristianias) Haupt- und Prachtstraße. (Anmerk. der Übersetzerin)

»Verzeihen?« sagt er in seinem neuen Buch. »Es ist schamlos, das Recht auf den Kopf zu stellen. Man soll eine gute Tat zurückzahlen mit einer noch größeren guten Tat, aber eine böse Tat soll man rächen. Wird man auf die eine Backe geschlagen und vergibt es und reicht auch noch die andere Backe hin, dann verliert die gute Tat allen Wert...«

Er glaubte auch, daß er keinen Grund hatte, über die Verhältnisse in den Künstlerkreisen in Kristiania, für die er wenig Sympathie hegte, zu schweigen. Aus diesem Künstlermilieu holte er den explosiven Stoff zu »Neue Erde«. Das Buch kam im Herbst 1893 heraus.

Mit beißendem Spott geht er auf die Künstler und Halbkünstler los, die ihr, in ihren eigenen Augen, so bedeutungsvolles und schicksalsschwangeres Leben in dem Ententeich Kristiania leben.

Stilistisch gesehen erinnert »Neue Erde« sehr an »Redakteur Lynge« – klar und knapp wie letzteres. Lange hat Hamsun »Neue Erde« für sein bestes Buch gehalten, und man merkt deutlich, wie ernst er das meinte, was er seiner Zeit und seinen Künstlerfreunden ziemlich direkt aus der Tiefe seiner Seele sagte.

Hier in »Neue Erde« ist Hamsuns Held wieder der bescheidene, der zurückhaltende Mann, ohne Attribute, aber mit adliger Gesinnung. Der Lehrer Coldevin. In seinen Mund legt Hamsun die Worte, die zu sagen es ihn drängte:

»Unsere jungen Schriftsteller heben das Niveau nicht übermäßig, das tun sie nicht, nach meinen Begriffen. Sie haben nicht die Kräfte dazu, scheint es. Nein, nein, aber das ist wohl auch nicht ihre Schuld? Gut, aber dann sollen sie auch nicht höher eingeschätzt werden, als sie es verdienen. Es ist doch schlimm, daß wir das Große aus den Augen verlieren und das Kleine groß machen. Sehen Sie einmal unsere Jugend an, sehen Sie auch die Schriftsteller an, sie sind zwar ziemlich geschickt, aber... ja, geschickt sind sie allerdings, sie plagen und plagen sich; *aber sie sind nicht vom Geist erfaßt.* Lieber Gott, wie wenig verschwenderisch sind sie doch mit ihren Mitteln! Sie sind sparsam und trocken und klug. Sie schreiben einen Vers, und diesen Vers drucken sie mit noch anderen Versen. Ab und zu quälen sie sich ein Buch ab, kratzen sich jedesmal gewissenhaft bis auf den Grund aus und fördern ein ausgezeichnet tüchtiges Resultat zu Tage. Sie werfen nichts zum Fenster hinaus, nein, sie streuen kein Geld auf die Straßen. Und früher konnten die Dichter sogar noch ein wenig zusetzen, die konnten sich's leisten, die hatten Reichtum im Überfluß und warfen in herrlicher und unvernünftiger Sorglosigkeit die

Dukaten zum Fenster hinaus. Und dann? Und dann war alles wieder voll von Dukaten. O nein, unsere jungen Schriftsteller sind vernünftig und geschickt, die machen es nicht wie die alten und zeigen uns irgendeine Weitschweifigkeit, ein Unwetter oder irgendeine erstaunliche Triumphszene voll strotzender Kraft.«

Aber diesen »Künstlern« stellt er in »Neue Erde« einen anderen Menschentyp entgegen: den Geschäftsmann, den klugen, ehrenhaften und tüchtigen Mann aus dem Wirtschaftsleben, der wirklich mit seinen ganzen Fähigkeiten in einem ehrlichen Spiel auf Gewinn und Verlust setzt. Ein Stand, den die Künstler als »Krämer« bezeichnen. Hamsun hatte das persönliche Bedürfnis, diesem Stand für das zu danken, was er selbst ihm schuldete. In dem Buch schildert er zwei junge Geschäftsleute von der Art, für die Hamsun immer etwas übrig gehabt hatte. Ihr bescheidenes und uneigennütziges Auftreten ist vielleicht *zu* edel für eine nuancierte Menschendarstellung, aber Hamsun benötigte in diesem Buch scharfe Reliefs.

In »Neue Erde« gibt Hamsun auch zum ersten Mal deutlich und direkt zu erkennen, was er von der Frau seiner Zeit hält, ein Thema, zu dem er später noch oft zurückkehrt. Er schildert zwei Frauen, die beide von dem Dichter Irgens, dem Hauptschurken des Buches, sehr eingenommen sind. Die eine rettet sich zurück zu Mann und Kind, die andere geht zugrunde. Woran liegt es, daß diese Frauen dem Typ Irgens verfallen? Hamsun sagt:

»Unsere junge Frau hat ihre Macht verloren, die reiche und schöne Einfalt, die große Leidenschaft, das Rassemerkmal; sie hat die rechte Freude an ihrem einzigen Mann, an ihrem Helden, ihrem Gott verloren, genäschig geworden, wittert sie jedem nach und schenkt allen einen willigen Blick. Die Liebe erscheint ihr immer mehr als Name für ein gewesenes Gefühl, sie hat davon in Büchern gelesen, hat auch einmal Vergnügen daran gehabt, aber nie ist sie von diesem überwältigenden Gefühl in die Knie gezwungen worden. Die Liebe ist nur wie ein verklungener Ton ganz leise an ihr vorbeigezogen. Aber die junge Frau empfindet ihren Mangel nicht, ach nein, sie ist gründlich gerupft. Da ist nicht mehr zu helfen, hier handelt es sich nur noch darum, den Verlust möglichst zu begrenzen. Nach soundsoviel Generationen wird unsere Zeit schon wieder kommen, alles geht in Wellenbewegung.«

In der Resignation liegt dennoch ein Glaube an die Zukunft verborgen. Die Frau, die jungen Männer, die jungen Künstler – sie waren ja nicht *verdorben*, sie waren nur »bis zu einem gewissen Grad von innerer Hohlheit

erreicht, sie waren entartet und klein geworden. Neue Erde, blasse Erde ohne viel Wachstum, ohne Fruchtbarkeit...«
Hamsun macht sich Sorgen über die Jugend seiner Zeit. Aber er gibt sie nicht auf. Sie ist auf ihre Weise unschuldig, sie ist neue Erde, die einmal neuen Segen hervorbringen wird.

III

Während Hamsun in Paris war und an »Neue Erde« schrieb, wurde er in den norwegischen Zeitungen ständig erwähnt und angegriffen. Garborg war wie gewöhnlich aktiv. Seine sonderbare Haltung gegenüber Hamsun muß man fast schon als allergisch bezeichnen, was man übrigens auch bei vielen Anhängern der neunorwegischen Sprache beobachten kann, soweit es um Hamsun ging. Es ist ein interessantes Phänomen, das vielleicht mit der Mentalität, die jede kulturelle Inzucht hervorbringt, erklärt werden kann. Aber diese Gefühle beruhten keineswegs auf Gegenseitigkeit. Von seiner Vortragsreise im Winter 1891 schickte Hamsun seinem Freund Johan Larsen in Bergen einen Brief, und hier äußerte er sich sehr begeistert über Garborgs Dichtung. »Ich habe Garborgs Buch noch nicht gelesen«, sagt er. »Aber als ich sah, daß die zweite Auflage schon bald herauskommen würde, stiegen mir die Tränen in die Augen, und ich entwarf folgendes Telegramm an Frau Bolette Larsen, Domkirkegaden 6, Bergen: ›Hurra! Zweite Auflage von Müde Männer. Habe es nicht gelesen, aber freue mich wie ein Kind über Garborg und den Sieg der subjektiven Dichtung.‹«
Neben Garborg tat sich auch Jonas Lies Sohn Erik hervor. Ebenso der Literaturkritiker und Autor Hjalmar Christensen. Beide wurden übrigens später gute Freunde von Hamsun. Aber die Angriffe wurden zum Schluß so persönlich und so wenig sachlich, daß sogar Bjørnstjerne Bjørnson mit einer kleinen Verteidigung vor die Öffentlichkeit trat. Und auch wenn Hamsun weit, weit weg von allem Getöse in Norwegen war und am liebsten nichts hören *wollte*, so war er an dem Tag, als er die Verteidigung las, doch froh und bewegt. In Briefen an alte Freunde in Norwegen und Amerika gibt er zu erkennen, wie einsam und exponiert er sich fühlt. An seinen alten Antialkoholikerbruder in Amerika, John Hansen, schreibt er: »Ich bin im Grunde kein hartgesottener Mensch, aber die Verhältnisse haben mich dazu getrieben, alle Welt anzugreifen.«

Drei Jahre lebte Hamsun in Paris. Abgesehen von einem längeren Aufenthalt in Norwegen im Sommer 1894, war er nur ein paarmal kurz zu Hause, um Dinge, die er geschrieben hatte, unterzubringen und sich Geld zu beschaffen.

In Paris traf Hamsun sehr verschiedenartige Künstler, interessante Menschen, die ihm damals und auch später etwas bedeuteten. In Kutscherkneipen lernte er Paul Gauguin kennen, von dem er Bilder bei Brandes gesehen hatte, ferner Gustav Vigeland und Edvard Munch, Herman Bang und Johan Bojer, und besonders mit Vigeland war er seitdem oft zusammen. – Aber keiner dieser Künstler sollte annähernd eine solche Bedeutung für ihn bekommen wie der eine: August Strindberg.

Bereits 1881 hatte er einen Vortrag über ihn gehalten, und während seines Amerikaaufenthaltes hatte er einen Artikel über Strindberg geschrieben. Auch in seinem späteren Leben kehrte er immer wieder zu ihm zurück. Als Strindberg 1894 fünfundvierzig Jahre alt wurde, waren sie gerade persönlich miteinander bekannt geworden, und Hamsun beteiligte sich an der öffentlichen Ehrung.

Strindbergs enormes Engagement im geistigen Leben der Zeit und seine dichterische Verkündigung beschäftigten Hamsun noch jahrelang. Als Phänomen, als Symbol für ein gesteigertes Lebensgefühl – er war ein Künstler nach Hamsuns Herzen. Strindberg war zehn Jahre älter als sein norwegischer Kollege. Zu dem Zeitpunkt, als sie sich trafen, war Strindberg bereits ein berühmter Mann, aber sensibel und neurotisch, und es war nicht leicht, mit ihm umzugehen. Hamsun ertrug jedoch alles von Strindberg, er verstand alles, er verzieh alles. Hamsuns Persönlichkeit muß auch einen gewissen Einfluß auf den kranken Mann ausgeübt haben. Sie wurden Freunde in einer seltsam gespannten Art, der Ton zwischen ihnen war stakkato. Nach einer Abendpromenade am Seineufer mit Strindberg kam Hamsun immer todmüde in sein Logis zurück. Strindberg konnte der intensivste Erzähler sein, ließ seinen Zuhörer nicht eine Sekunde in Ruhe, verlangte Aufmerksamkeit mit jedem Nerv, so daß Hamsun sich oft vorkam wie bei einer Zahnbehandlung. Dann konnte er wieder während des ganzen Spaziergangs kein einziges Wort sagen – nur die Augen glühten unter der hohen Stirn. Es ging eine hypnotische Kraft von ihm aus, sie wirkte ermattend auf den jungen Hamsun.

Strindberg kam oft selbstverschuldet in große Schwierigkeiten. Für den physisch gesunden und im täglichen Leben etwas praktischeren Knut Hamsun war es eine kaum zu bewältigende Aufgabe, Strindberg zu helfen und gleichzeitig alle möglichen Affekte und die neurotische Überspanntheit zu ertragen. Aber Hamsun verstand den eigenartigen Mann, er hatte die Voraussetzungen dafür.

Im Winter 1895, als Strindberg eine seiner großen Krisen durchmachte, veranstaltete Hamsun eine Sammlung für ihn. In einem Brief an den schwedischen Autor Adolf Paul sagt er:

»Strindberg geht es nicht gut. Ich habe einen Aufruf in den Zeitungen für ihn verfaßt, aber ich weiß nicht, was es bringt. Das schwedische Blatt, an das ich den Aufruf geschickt habe, nimmt ihn nicht an, erwähnt ihn nicht. Er steht auf völlig unsicheren Füßen, schreibt hie und da einen Artikel, den ein Blatt vielleicht annimmt, vielleicht auch nicht. – Es wird auch schlecht bezahlt, Figaro bezahlte für seinen letzten Artikel über den ›Schwefel‹ 40 Fr., davon bekam der Übersetzer 20 Fr., so daß Strindberg nur 20 Fr. blieben.

Er hat Schulden bei seiner Wirtin, hat die ganze Zeit dort auf Kredit gewohnt, weiß nicht, wie lange er noch bleiben kann. Er hat ein winzig kleines Zimmer mit dem Bett im gleichen Raum. Es fehlt ihm an Kleidern, im letzten Winter hatte er nur einen hellgrauen Sommeranzug, und das war ihm sehr peinlich, was man ja verstehen kann. Er mochte so nicht zu den Leuten gehen, nicht einmal zu den Redakteuren.

Ich danke Ihnen persönlich, weil Sie sich in Berlin für ihn interessieren wollen. Er hat ein Hühnchen mit Ihnen zu rupfen, sagen Sie. Ach, ich weiß fast keinen, mit dem er nicht ein Hühnchen zu rupfen hat. Mich erträgt er sicher auch nur ungern, er beanstandet, daß ich eine zu ›starke Persönlichkeit‹ für ihn bin. Es ist überhaupt fast unmöglich, etwas mit ihm zu tun zu haben. Aber ich sehe darüber hinweg, wie Sie es ja auch machen – was ich verstehen kann. Er ist trotz allem August Strindberg.

Er sollte in die Lage versetzt werden, das zu tun, wozu er Lust hat. Will er schöne Literatur schreiben – gut. Will er sich als Dilettant mit Chemie befassen – gut. Will er nichts tun – gut. Der Mann hat so viel getan und hat eine so große Bedeutung, daß er sein Leben nach seinem Belieben sollte einrichten dürfen.

Wir wollten eines Abends zusammen essen gehen. Wir blieben vor einer Kneipe stehen, die nicht sehr elegant aussah und wo auch andere ärmlich gekleidete Menschen aus- und eingingen. Aber Strindberg sagte, nein, hier ist es zu hell für mich, hier ist es zu teuer – laß uns woanders hingehen.

Aber die Art, wie er sagte: hier ist es zu hell für mich, ergriff mich sehr. Er sagte es nicht mit einer klagenden Stimme, sondern nur wie eine Tatsache. Hier ist es zu hell für mich.

Und es war doch August Strindberg...«

Hamsun hatte kein gesichertes Einkommen, als er in Paris lebte. Es ging auf und ab – eine glückliche Woche in regelrechtem Wohlstand, dann monatelang von der Hand in den Mund. Einen ganzen Winter lang hatte er nicht die Mittel, in einem möblierten Zimmer zu wohnen. Nachts schlief er auf dem Fußboden, und am Tage, wenn er arbeiten wollte, saß er auf einer leeren Kiste, hatte eine kalte Marmorplatte auf den Knien und schrieb.

Auch wenn er nie ein Großstadtmensch wurde – so war er trotz der bittersten Erfahrungen doch zufrieden in seiner Genügsamkeit.

Der Winter, der zu Hause in Norwegen immer öde anmutete, war auch schlimm genug in seinem kleinen ungeheizten Raum in Paris. In den dunklen Monaten legte er sich abends um acht Uhr hin, stand kurz nach Mitternacht wieder auf und arbeitete durch, bis er bei Sonnenaufgang in irgendeiner Kneipe ein wenig zu frühstücken bekam.

Die Freunde interessierten sich sehr dafür, was Hamsun so trieb. Seine Kraft, jeglichen Drang zu einer Zechtour und deren Folgen zu unterdrücken, weckte wirklich die größte Bewunderung in der leichtlebigen Gesellschaft. Bis nach Norwegen drangen die Informationen über seine beispielhafte Lebensweise. Der große Moral- und Sittenprediger Bjørnstjerne Bjørnson schrieb einem versoffenen Schriftsteller, den er erziehen wollte: »Ihr Konkurrent in Paris, Knut Hamsun, führt ein gesundes Leben, wie ich neulich von seinem deutschen und französischen Verleger gehört habe, einem vortrefflichen Mann, der Zutrauen zu Hamsun hat und ihm hilft. Weihnachten kommt ein neues Buch von Hamsun heraus...«

Ja, Hamsun lebte solide und war viel allein in diesen Jahren. Er wußte aus Erfahrung, daß er sonst nichts voranbrachte. Nur ab und zu, wenn er zum Beispiel ein extra schönes Honorar von zu Hause erhalten hatte, ging er zu dem Stammtisch der Freunde im Café de la Regence. *Und da veranstaltete er ein Fest.* Ein Überschußfest, über das die Pariser sich freuen konnten, vor dem es ihnen aber auch graute. Hamsun machte aus dem Café und den Boulevards ein richtiges Chaos.

»Fuhr man mit ihm durch die Weltstadt«, sagt Johan Bojer, »konnte er auf die Idee kommen, alle leeren Droschken, die er sah, haben zu wollen, alle Blumen, mit denen die Blumenverkäufer durch die Straßen zogen...

Hilf Himmel, haben wir einen Durst, sagte ein Maler, indem er sich an Hamsuns Tisch niederließ. Hamsun winkte dem Kellner und sagte:

Bring uns 25 Flaschen Bier... Nach einem lustigen Frühstück lud er uns zu einer Fahrt mit mehreren Droschken ein, um in der Stadt nach einem Geschäft zu suchen, wo er eine tadellose Toilettenseife entdeckt hatte. Als das Geschäft endlich gefunden war, holte Hamsun eine Armvoll Seifenstücke in Silberpapier und stand nun auf der Straße und teilte seine Schätze an jeden einzelnen aus. So etwas konnte er derart feierlich machen, daß man es nie mehr vergaß. – Seine Nerven waren nach der harten Arbeit manchmal überreizt, und dann verfiel er auf verzweifelte Dinge. Aber er gehört zu den Glücklichen, denen im voraus alles vergeben ist. Das Ganze waren neue Züge in der Hamsungestalt, die bereits damals ein Mythos war und die sich seitdem höher und höher zu den Sternen erhoben hat.«

Fotografie von Knut Hamsun aus der Zeit, als er an »Pan« arbeitete

Pan

I

Im Frühjahr 1894 fuhr Hamsun für eine Zeitlang wieder zurück nach Norwegen. Er hatte sich eigentlich auf den Boulevards nie zu Hause gefühlt, und nun, nachdem »Neue Erde« erschienen war, arbeitete er an einem Stoff, der auf jeden Fall eine andere Atmosphäre brauchte.
Nach zwei Tendenzromanen, die Verärgerung, Sensation und erbitterten Streit hervorgerufen hatten, wollte er sein Publikum wieder in Erstaunen versetzen. Aber jetzt auf eine andere Weise.
Zu Hause suchte er sich einen ruhigen Ort in der Nähe von Kristiansand, und hier schrieb er im Laufe von einigen hektischen Sommermonaten das schönste Buch seiner Jugend, »Pan«.
Bereits ein Jahr zuvor hatte Hamsun das Buch angekündigt. Eine heftige Sehnsucht nach dem Orient und den wärmeren Ländern – auf Abstand – erfaßte ihn in dieser Zeit, und in der »Samtiden« veröffentlichte er das Fragment »Glahns Tod«, welches das letzte Kapitel des Buches darstellt und in Indien spielt.
Es besteht kein Zweifel, daß eine Inspiration von Strindberg die Gestalt des Thomas Glahn mitgeprägt hat. Kein Mensch in dieser Zeit hatte einen größeren, fast physischen Eindruck auf Hamsun gemacht als August Strindberg. »Er nannte sich selbst ein Tier, das sich nach dem Wald sehnt«, sagt Hamsun. »Kultur oder Überkultur – der Mensch hat sich nach Strindbergs Jahr für Jahr wiederholter Lehre von der Natur fortentwickelt und sich damit von der ersten Grundvoraussetzung für eine organische Lebensweise gelöst.«
Und nun bekamen sie Flügel – der Traum und die Sehnsucht.
Knut Hamsun ist es nie leicht gefallen, die Grenzen, die sich während seiner Kindheit aufgebaut hatten, zu überschreiten. Aber vieles spricht dafür, daß gerade dies seine Stärke als Dichter geworden ist. Er saß nun an dem lächelnden Schärengürtel der Südküste und erinnerte sich an seinen Nord-

landsommer vor zwanzig Jahren. Hier träumte er seine Edvarda aus dem Bilderbuch der Erinnerungen hervor – Walsøes junge Tochter Laura, deren Bild er so zart in seinem Herzen bewahrt hatte, daß er nicht nur eine Schuld von hundert Kronen auf sich nahm, um ihrem Mann zu helfen, nein, er mußte versuchen, sich von ihr freizudichten... Der Traum von der ersten Jugend, der ersten allumfassenden Liebe hielt ihn gefangen. Und er schrieb – getrieben von dem Willen, dem Traum Leben zu geben.

»Pan« ist das Lied von dem ewigen Tag des Nordlandsommers und von der Liebe zweier Menschen. In »Mysterien« hat Nagel das Gefühl, daß die Natur ihn ruft, er antwortet mit Ja. Aber sie werden nicht vereint. In »Pan« werden die beiden Elemente bis zur Vollkommenheit für einen kurzen, glühenden Sommer vereint.

»Pan« ist ein zärtliches, schwärmerisches Prosagedicht über die Liebe, wie sie zwischen zwei äußerst empfindsamen Naturen entsteht, wie sie ihren Hochsommer, ihren Herbst erreicht – und stirbt, weil sie sterben *muß*, weil die Liebe, die in zwei sensiblen Gemütern entbrennt, in ihrem Wesen unglücklich ist.

Leutnant Glahn ist, wie Hamsun, eine Mischung aus Kultur und Natur. Er ist ergriffen von einer geheimnisvollen, schönen Lebensmusik, und die Liebe zwischen ihm und Edvarda ist der Hauptantrieb der Handlung.

In der Waldhütte am See lebt Glahn sein Jägerleben. Hamsun erzählt nicht, wo er herkommt, wer er ist, dieser Mann, der ganz sein eigener Herr ist, ohne einen Gedanken an etwas so Alltägliches wie Arbeit oder Pflichten zu verschwenden. Er ist ein Träumer, der den Weg zu seinen Ursprüngen sucht – eine Naturpflanze, ein Waldmensch.

Bei dem Rauschen des Waldes und des Meeres, in der Stille der Nacht und zu den Tönen der Panflöte lebt er sein Leben zwischen Traum und Wirklichkeit. Mit dem Hund Äsop, mit den Tieren und Pflanzen des Waldes, mit Eva, mit der Traumgestalt Iselin und mit Edvarda. Mit denen, die sein Herz rührten, die das Glück brachte und das Schicksal raubte.

Die Liebe zwischen Glahn und Edvarda regt sich zart und fast unmerklich – wie ein Lufthauch. Ein paar Worte wechseln sie vielleicht miteinander, und er denkt ab und zu an sie: »... der keusche Mädchenausdruck ihres Daumens wirkte zärtlich auf mich, und die paar Runzeln über dem Knöchel waren voller Freundlichkeit.«

Der keusche Mädchenausdruck ihres Daumens wirkte zärtlich auf ihn...

Und sie, Edvarda, hatte einmal den Schleier vor ihrem Gesicht gehoben und gesehen, daß er einen »Tierblick« hatte.

Mehr ist es nicht – und alles ist unendlich behutsam und dennoch so voller Schicksal.

Glahns und Edvardas Liebe sprießt im Bunde mit dem Frühling. Draußen im Wald und an der Meeresküste kann man sein Kommen sehen und fühlen:

»Es begann nicht mehr Nacht zu werden, die Sonne tauchte kaum die Scheibe in das Meer hinab und kam dann wieder empor, rot, erneuert, als sei sie unten gewesen und hätte getrunken.« Es riecht süßlich nach Schwefelwasserstoff von dem alten Laub, das im Wald verrottet, die Bäche schwellen an und beginnen zu schäumen. Die Elstern bauen Nester. Es ist der Sehnsucht Zeit. – »Der Frühling war wohl auch zu mir gekommen, und mein Blut klopfte zeitweise wie von Schritten. Ich saß in der Hütte und dachte daran, meine Angelruten und Schleppangeln nachzusehen, aber ich rührte nicht einen Finger, um etwas zu tun, eine frohe und dunkle Unruhe ging in meinem Herzen aus und ein...«

Edvarda kommt auf dem Weg zur Hütte, in der er wohnt:

»Sie kam mir mit heißen Wangen entgegen, mit ganz strahlendem Gesicht.

Haben Sie gewartet? sagte sie. Ich fürchtete, daß Sie warten müßten.

Ich hatte nicht gewartet, sie war vor mir auf dem Weg.

Haben Sie gut geschlafen? sagte ich. Ich wußte fast nichts zu sagen.

Nein, das habe ich nicht, ich habe gewacht, antwortete sie. Und sie erzählte, daß sie in der Nacht nicht geschlafen, sondern mit geschlossenen Augen auf einem Stuhl gesessen habe. Sie sei auch eine Weile außer dem Haus gewesen.

Jemand war heute nacht draußen vor meiner Hütte, sagte ich. Ich sah die Spur heute morgen im Gras.

Und ihr Gesicht färbt sich, sie nimmt meine Hand hier auf dem Weg und antwortet nicht. Ich sehe sie an und frage:

Waren Sie es vielleicht?

Ja, antwortete sie und drückte sich an mir hinauf, das war ich. Ich habe Sie doch nicht geweckt, ich ging so leise, wie ich konnte. Doch, das war ich. Ich war Ihnen noch einmal nahe. Ich habe Sie lieb.«

Auch Glahns Liebe entbrennt. Äußerst feinfühlig und demütig zugleich, wie alle Helden Hamsuns, läßt er sich von der kleinen, schmächtigen braunen Edvarda mit den vollen Lippen und den geschwungenen Augenbrauen einfangen:

»Leichte Schritte, eines Menschen Atemzug, ein frohes Guten Abend.

Ich antworte und werfe mich auf den Weg nieder und umfasse die beiden Knie und das armselige Kleid.

Guten Abend, Edvarda! sage ich noch einmal, erschöpft vor Glück.

Wie du mich liebst! flüstert sie.

Wie ich dankbar sein muß! antworte ich. Du bist mein, und mein Herz liegt den ganzen Tag stille in mir und denkt an dich. Du bist das schönste Mädchen auf dieser Erde, und ich habe dich geküßt. Oft werde ich rot vor Freude, wenn ich nur daran denke, daß ich dich geküßt habe...«

Das Liebesleben der Menschen ist auf das Innigste mit der Natur verbunden in diesem Buch. Wie der Frühling in den Sommer übergeht, so lodern die Gefühle der Liebenden auf.

Glahn war glücklich, aber *vollkommen* glücklich doch nur in der Einsamkeit:

»Sommernächte und stille Wasser und unendlich stille Wälder. Kein Schrei, kein Schritt von den Wegen, mein Herz war voll wie von dunklem Wein.

Motten und Schwärmer kommen lautlos durch mein Fenster hereingeflogen, hergelockt durch den Schein von der Feuerstätte und vom Duft meines gebratenen Vogels. Sie stoßen mit einem dumpfen Laut gegen das Dach, schwirren an meinen Ohren vorbei, daß es mich kalt durchfährt, und setzen sich auf mein weißes Pulverhorn an der Wand. Ich betrachte sie, sie sitzen zitternd und sehen mich an, es sind Spinner, Bohrer und Motten. Ich finde, daß einige wie fliegende Stiefmütterchen aussehen.«

Glahns Glück geht in eine Naturanbetung über. Aber das Glück kommt vor dem Fall, der Rhythmus wird gestört von dem launischen Spiel der beiden, und als das Laub fällt, ist es aus, es ist, als ob die Untergangsstimmung in der Natur ihre kalte Hand auch auf ihre Herzen gelegt hätte. Aber das Lied, die Poesie, der Traum leben weiter in seinem Gemüt. Er ist dankbar, grenzenlos gerührt auch jetzt über jegliche Fügung:

»Ein Hoch, ihr Menschen und Tiere und Vögel, für die einsame Nacht in den Wäldern, den Wäldern! Ein Hoch auf die Dunkelheit und Gottes Murmeln zwischen den Bäumen, auf des Schweigens süßen, einfältigen Wohllaut an meinen Ohren, auf das grüne Laub und das gelbe Laub! Ein Hoch auf den Laut des Lebens, den ich höre, eine schnüffelnde Schnauze im Gras, einen Hund, der über die Erde hin schnuppert. Ein stürmisches Hoch der Wildkatze, die auf die Gurgel sich niederduckt und sich zum Sprung auf den Sperling bereitet, im Dunkel, im Dunkel! Ein Hoch auf die barmherzige Stille auf dem Erdenreich, auf die Sterne und auf den Halbmond, ja, auf den und jenen! ...

Einen Dank für die einsame Nacht, für die Berge, für das Rauschen der Finsternis und des Meeres, es rauscht durch mein Herz! Einen Dank für mein Leben, für meinen Atemzug, für die Gnade, heute nacht leben zu dürfen, dafür danke ich von Herzen! Lausche nach Osten und lausche nach Westen, nein lausche! Es ist der ewige Gott! Diese Stille, die gegen mein Ohr murmelt, ist das siedende Blut der Allnatur, Gott, der die Erde und mich durchwebt. Ich sehe einen hellen Spinnfaden im Scheine meines Feuers, ich höre ein ruderndes Boot auf dem Meere, ein Nordlicht gleitet über den Himmel im Norden. Oh, bei meiner unsterblichen Seele, ich danke auch so sehr, weil ich es bin, der hier sitzt!«

Mit Edvarda, der Tochter des Großkaufmanns Mack, hat Hamsun eine Frauengestalt geschaffen, die sich von den vorhergehenden gesunden und natürlichen Frauen sehr unterscheidet. Besonders *nuanciert* ist Edvarda nicht geschildert, aber sie gelang Hamsun auch nicht so, wie er sie haben wollte. Es ist *das junge Mädchen*, das Glahn in dem »ewigen Tag des Nordlandsommers« verzauberte, nicht *die Frau* – ihr begegnen wir später.

Aber Edvarda ist eine neue Gestalt, weil sie stolz, launisch und intrigant ist, wie sie zugleich auch leidenschaftlich zärtlich und reich an Liebe sein kann. Und sie ist *gefährlich*, weil sie einen Mann in die Knie zu zwingen vermag. Die Liebe zwischen Glahn und Edvarda ist wie ein Fieber, sie sind füreinander bestimmt, aber sie finden sich nicht. Nach der wunderbarsten Vereinigung und der höchsten Zusammengehörigkeit scheint das Glücksgefühl zu sinken. Unmerklich werden sie von Kälte gestreift – ein Blick, ein Wort von dem einen, das verletzt und das der andere mit einem noch härteren Wort vergilt. Eine Guerilla der Liebe, die darauf aus ist, eine stärkere Position zu gewinnen, und die voraussetzt, daß der eine Partner schwächer ist als der andere. Es endet nicht glücklich.

Glahns Verhältnis zu der stillen dunkelhaarigen Eva ist problemlos und nichts anderes als eine Folge des Überschusses, der Freude über die Liebe und das Leben, die ihn füllt »wie dunkler Wein«. Edvarda liebt er, Eva hat nur die liebe Einfalt, die leise Zärtlichkeit, nach der er sich im Innern sehnt und die Edvarda nicht besitzt. Der Traum von Edvarda wird vollkommen in dem Verhältnis zu Eva.

Eva ist einfach, und sie ist gut. Sie ist die Frau eines Schmiedes, sie ist Herrn Macks Geliebte, aber sie liebt Glahn.

Sie stirbt durch ein Unglück, das Herr Mack arrangiert hat. Und da scheint etwas in Glahn zu zerbrechen. Alles ist verloren. Edvarda kann er nicht bekommen, sie haben sich zu weit voneinander entfernt, und sie hat ihn zu tief und dauerhaft verletzt. Eva, die sanfte Eva, die der ruhende Pol in seinem Leben war, ist tot. Und er wundert sich, daß gerade sie, die Beste, sie, die er nicht lieben konnte, sterben mußte:

»Was habe ich noch zu schreiben? Ich löste viele Tage lang keinen Schuß mehr, ich hatte nichts zu essen und ich aß auch nichts, ich saß in meinem Schuppen. Eva wurde in Herrn Macks weißgemaltem Hausboot zur Kirche gebracht, ich nahm den Landweg und kam zum Grabe hin...

Eva ist tot. Entsinnst du dich ihres kleinen Mädchenkopfes mit einem Haar wie dem einer Nonne? Sie kam so still, legte ihre Bürde hin und lächelte. Und sahst du, wie dieses Lächeln von Leben brauste?... Ich begrabe dich, Eva, und küsse vor Demut den Sand auf deinem Grab. Eine schwere, rosenrote Erinnerung gleitet durch mein Inneres, wenn ich an dich denke, ich werde wie von Segen übergossen, wenn ich an dein Lächeln denke. Du gabst alles, alles gabst du, und es kostete dich keine Überwindung, denn du warst des eigensten Lebens berauschtes Kind. Aber andere, die geizig sogar ihre Blicke sparen, dürfen alle meine Gedanken haben. Warum? Frag die zwölf Monate und die Schiffe auf dem Meer, frag des Herzens rätselvollen Gott...«

Glahn ist in Indien. Er hat seinen Abschied als Offizier genommen, ist fertig mit der Vergangenheit und fertig mit dem Leben. Er wartet nur auf eine günstige Gelegenheit, um mit dem Ganzen Schluß zu machen, und ständig provoziert er seinen Jagdkameraden, damit er ihn erschießt.

Seine Liebe zu Edvarda ist sicher nicht der Hauptgrund für seinen Zustand. Eher ist es noch Evas Tod, der für ihn ein schwerer Schlag war, denn sie hatte seiner Seele die nötige Ruhe gegeben. Aber der eigentliche Grund ist seine innere Disharmonie. Wie Nagel wird er am Ende von seinen inneren Widersprüchen zerrissen. Die Liebe beschleunigte diese Entwicklung nur, die zur äußersten Disharmonie und zu dem Schuß führte.

Aber kein Mensch hat wohl ein so großes irdisches Glück erlebt wie dieser Thomas Glahn es in den Augenblicken durchlebt, da sein Gemüt einer süßen, berauschenden Wehmut in seinem tiefsten Inneren zugewandt war. Dem Liebesglück, dem ekstatischen Zusammengehörigkeitsgefühl mit der Natur und dem Aufbruch des Frühlings in ihr.

> Ein Spiel mit dem Frühling auf Erden!
> Musik in der großen Natur
> und ein murmelnder Laut meines Herzens
> als Dank für den Frühling, den ich bekam.
> Es hämmert wie Hufegetrappel mir in der Brust,
> eine Freude von Gott für mich –
> die größte, die einer erfuhr und erfahren wird.

Und Edvarda – den Traum von Edvarda – liebte er bis in den Tod.

»Pan« wurde Hamsuns größter bisheriger Erfolg. Selten ist ein Buch so einstimmig begeistert von der Kritik und dem Publikum aufgenommen worden. Und Ola Thommessen bewies sein liberales Format, indem er eine äußerst positive Kritik seines Redaktionssekretärs in seine Zeitung aufnahm.

Knut Hamsuns Gesamtwerk wurde nun in der norwegischen und ausländischen Presse behandelt, und seine Bücher wurden sämtlich ins Deutsche und teilweise ins Französische übersetzt.

Für den begeisterten Leserkreis wurde »Pan« ein Evangelium der Neuromantik, es wurde mit einem so intensiven Einfühlungsvermögen interpretiert wie kaum ein anderes Werk vorher in dieser kurzen Stilepoche. Und als Hamsun nach seinem totalen Sieg nach Paris zurückkehrte, wurde er von seinen Freunden hoch geachtet und gefeiert – was er mit Fassung und Vernunft hinnahm.

Denn neue Eisen lagen im Feuer.

Gärende Ruhe

I

Hamsun war nun in seinem besten Mannesalter. Noch war er keine vierzig, und einige der bedeutendsten Dichtungen hatte er bereits geschaffen. Der Zukunft sah er getrost entgegen, er wußte jetzt, was an schöpferischer Kraft in ihm steckte. In Ruhe – in gärender Ruhe – arbeitete er weiter. Aber er brauchte auch die Erholung, die eine geordnete und stabile Lebensführung zu geben vermag. Noch hatte er den festen Halt im Dasein, wie Familie und Heim ihn darstellen, nicht gefunden.
Zum Teil reiste Hamsun in diesen Jahren. In Paris traf er zum ersten Mal seinen deutschen Verleger Albert Langen, und 1896 besuchte er ihn in seinem Haus in München.
Langen war ein tüchtiger junger Verleger mit Initiative und gutem Gespür. Neben seinen Buchverlagen in München und Paris hatte er auch noch die politisch-satirische Wochenzeitschrift »Simplicissimus«, ein sehr radikales Blatt, das sich zu Kaiser Wilhelms Zeiten oft am Rande der Legalität bewegte. Langen war mit Bjørnstjerne Bjørnsons jüngster Tochter Dagny verheiratet und hatte somit eine ganz besondere Bindung zur norwegischen und nordischen Kultur. Als er seinen Verlag aufbaute, waren Verbindungen zu norwegischen Autoren und besonders zu Hamsun sehr wichtig für ihn. Rein intuitiv verstand Langen vom ersten Tage an, daß er in Hamsun einen Autor hatte, der in weit höherem Maße als die anderen bei den Deutschen Resonanz finden würde. »Ihre Werke gehen ja auch nicht schlecht«, schrieb Langen in einer vorsichtigen Beurteilung der Situation. »Ich wäre froh, wenn alle Bücher von Bjørnson so gut gingen.«
Bei Langen traf Hamsun wieder einmal Bjørnson, und wie immer beeindruckte er ihn. Aber Hamsun hatte jetzt selbst einen Namen. Er war ins Deutsche, Französische, Russische und Holländische übersetzt. Und im Gegensatz zu Bjørnson hatte er sich manches Mal verstecken müssen, um sich vor dem Ansturm der Leute auf »Berühmtheiten« zu retten. Soviel die

beiden auch an Gemeinsamkeiten besaßen – sie hatten inzwischen doch eine sehr verschiedene Einstellung zur Öffentlichkeit. Bei einem Mittagessen im Hotel Vier Jahreszeiten in München hielt Bjørnson einen kleinen Krug in die Höhe und rief über den ganzen Tisch: »Möchte Hamsun Senf haben?« Ein ganz unnötiger und anmaßender Hinweis, meinte Hamsun, daß hier Bjørnson saß und daß er hier saß. Hamsuns Nerven vertrugen diesen Trubel so schlecht. Der Krug ging durch zwanzig Hände, ehe er ankam – die ganze Zeit saß Hamsun stumm da und spürte, daß er die Hauptperson in einer demonstrativen Vorführung war, und er haßte diese Rolle. – Aber Hamsun unterhielt sich für den Rest des Abends leise und ruhig mit einem bescheidenen unbekannten Mann – einem jungen Autor –, dessen Name Jakob Wassermann war... Im Jahr darauf hatte übrigens auch er schon einen Namen, mit dem er sich in einem Mauseloch verkriechen konnte, da hatte er »Die Juden von Zirndorf« geschrieben.

In seinen Memoiren erwähnt Wassermann das kurze Zusammensein mit Hamsun. Sie unterhielten sich auf Englisch, aber nicht über Literatur. Hamsun wirkte still, sagt Wassermann, er war sehr höflich, redete alle mit »Sir« an (was in seinem amerikanischen Milieu gegenüber Fremden sicher korrekt war), und es war erstaunlich, daß er nicht auf seine literarischen Pläne zu sprechen kam, da er doch schon in mehrere Sprachen übersetzt war.

Aber auch Bjørnson waren nun nach Hamsuns letzten Büchern die Augen aufgegangen, und er hatte erkannt, was für ein Künstler in ihm steckte. In seinem großen Artikel über »Die moderne norwegische Literatur«, 1896, schrieb er herzlich und begeistert über Hamsuns Persönlichkeit und sein Werk: Die Naturschilderungen in »Pan« bewertet er als »das Höchste und Großartigste in der norwegischen Literatur«. Er gibt Hamsun einen freundschaftlichen Klaps für die ersten Bücher, in denen »er glaubte, ein Reformator zu sein«, etwas, was Hamsun seinerseits auch bei Bjørnson kritisiert hatte. Aber dann sagt der Dichterfürst: »Hinter dem allen lacht uns ein herzensgutes Schelmengesicht an, man kann seine Augen nicht von ihm abwenden. Und in seinen letzten Arbeiten ist er äußerst gewissenhaft und rechtschaffen als der oberste Lenker der Fabel und des Geschehens. – Aber seiner chaotischen Periode verdanken wir eine große, neue Gestalt, die Weltruhm erlangt hat...«

Bjørnson spielt hier auf Nagel in »Mysterien« an, und das Werk selbst charakterisiert er als »eines der großen Bücher der Literatur – das sich ankündigt wie ein Schneegestöber von ungestümer Kraft«.

Fröhliches Künstlervölkchen, Lillehammer 1895

Wir sind noch immer im Jahre 1896. Hamsun wohnt in Fräulein Hammers Pension in Ljan bei Kristiania. Er korrespondiert mit Langen, nicht nur in bezug auf seine Arbeit. Hamsun erfährt auch, daß Edvard Munch eine Radierung von ihm machen soll. Er stellt sich zur Verfügung und schreibt:
Lieber Munch.
Ich habe es aufgegeben, vor März in die Stadt zu kommen. Aber Du kannst Dich hier bei meinen 25–30 Lehrerinnen blicken lassen. Ich wohne bei Frl. Hammer, die Adresse genügt. Aber wenn Du trinken willst, dann bring Dir Schnaps mit, denn wir haben keinen. Item bring gute Laune mit, denn ich arbeite und schufte, daß es ein Graus ist.
Aber Zigarren habe ich. Maurer war so nett und hat mir welche geschickt. Verdammt ich mag Maurer.
Dein Knut Hamsun.
Übrigens, wann fährst Du? Es ist ja klar, daß ich in nicht allzulanger Zeit in die Stadt komme. Laß mich wissen, wieviel Zeit ich opfern muß. Nimm das Telefon. Gebrauchsanweisung: Ruf Bækkelaget an. Danach Frl. Hammers Pension. Dann mich.

Es kam anscheinend zu Unstimmigkeiten zwischen Munch, der Kunstzeitschrift »Pan« und Langen, die Kupferplatte kostete 300 Mark, und niemand wußte richtig, wer sie bezahlen sollte. Munch ist jetzt in Paris, und es entwickelt sich ein kurzer Briefwechsel:

Adresse Café de la Régence
Lieber Hamsun! Die Radierung, die ich von Dir gemacht habe, ist von der Kunstzeitschrift »Pan« zur Wiedergabe angenommen worden. (Das heißt, daß die Zeitschrift die Kupferplatte gekauft hat.)
Du hast mir gesagt, daß es Dich nicht weiter stört, wenn sie in Deutschland herausgegeben wird, und da die Zeitschrift in sehr wenigen Exemplaren erscheint (in ganz Norwegen gibt es nur einen Abonnenten), hatte ich keine Bedenken, der Zeitschrift das Angebot zu machen. Es ist für mich von großer finanzieller Bedeutung.
Es ist bloß ein Entwurf, also nicht das eigentliche Porträt.
Ich werde versuchen, daß ich Dir einen Druck schicken kann. Schreibe mir Deine Zustimmung!
Viele Grüße von Deinem
E. Munch

Ljan, Norwegen, 4. März

Lieber Munch.

Fürs erste ist das keine Radierung von mir, da Du nicht gekommen bist und mich gezeichnet hast. Zweitens tut es weh, einfach weh, daß Du mich fragst, um so mehr als ich verstehe, daß Dir viel daran gelegen ist.

Lieber Freund, schicke die Platte lieber mir. Sie ist teuer, und ich habe das Geld nicht dafür, aber ich werde Dir die 300 Mark geben. Ich bin kein unehrlicher Mann und Du bekommst das Geld auf jeden Fall von mir, nur nicht gleich und nicht auf einmal. Ich werde etwas an meinem nächsten Buch verdienen. Und somit schaffe ich die Platte aus der Welt.

Du triffst jederzeit einen anderen Autor in Paris, von dem Du eine Radierung für »Pan« anfertigen kannst. Ich bin sowieso keine Publikums-Größe.

Aber jedenfalls danke ich Dir für die gute Freundschaft.

Knut Hamsun.

Munchs – unter Schwierigkeiten entstandene – Radierung von Hamsun, 1896

Es war sicher in Ordnung, daß die Radierung zum Schluß in der Kunstzeitschrift »Pan« landete, aber einen Abdruck bekam Hamsun nie.

Auch wenn er den ersten stürmischen Gefühlsreichtum seiner Jugend hinter sich hatte – sein »Schneegestöber von ungestümer Kraft« konnte er weiterhin nur mit Mühe dämpfen. In dieser Zeit schrieb er einige seiner besten Gedichte, Dramen, die später im Zusammenhang besprochen werden sollen, und eine Reihe von Novellen. Im Winter 1887 hielt er auch einen Vortrag im Studentersamfundet in Kristiania, »Gegen die Überbewertung von Dichtern und Dichtung« – ein Vortrag, der wegen der »ungestümen« Kraft und zusammen mit anderen verschärfenden Umständen unerfreuliche Folgen für ihn haben sollte.

Gegen die Überbewertung von Dichtern und Dichtung. – Es ist leicht verständlich, daß Hamsun seine ketzerischen Ansichten immer noch hochhielt. Einmal hatte er in einer Serie von drei Vorträgen die Dichtung seiner Zeit angegriffen. Er war diesmal nicht milder, aber gleichzeitig war der Vortrag ein Appell an die Leute, ein Appell aus der hohen Position, die er selbst in den Augen des Publikums innehatte, die Vergötterung der Autoren etwas zu mäßigen – denn jetzt war sie eine Landplage geworden, an der die Leute insgesamt und auf lange Sicht Schaden nehmen konnten.

Unentbehrlich ist die schöngeistige Literatur für ein Volk oder eine Kultur nicht.

Hamsun vertrat hier Ansichten, die er später, sogar bis in seine letzten Jahre, verfocht. Und er übertrug sie unmittelbar auf sich selbst:

»Warum reden Sie mich mit ›Autor‹ an, der ich die Autorenschaft nie sehr hoch eingeschätzt habe. Ich bin Hamsun«, schrieb er 1916 an einen Redakteur, der seine Meinung über etwas wissen wollte, das Ibsens Sohn, der ehemalige Minister Sigurd Ibsen, gesagt hatte. »Zur Zeit versuche ich, mich als Landwirt zu betätigen. Das sollte Sigurd Ibsen auch versuchen. Er ist zwischen Büchern aufgewachsen, und ist das, was er geworden ist, durch Bücher geworden.«

In einem ironischen Leitartikel schrieb er an seinem 51. Geburtstag:

»Ich bin der Romane müde, und das Drama habe ich immer verachtet. Ich habe jetzt angefangen Gedichte zu schreiben, die einzige Dichtung, die nicht prätentiös und nichtssagend ist, sondern nur nichtssagend.«

Dieser Kulturpessimismus nahm mit den Jahren zu, während gleichzeitig sein Lebensoptimismus stieg – es pflegt sonst umgekehrt in der Welt zu sein.

Einen Dichtertyp mit Existenzberechtigung, den Sänger mit der angeborenen, souveränen Begabung, den Ausnahmemenschen sah Hamsun in dem alten Strauchdieb François Villon und in dem Bohemien Verlaine – Verlaine, den er persönlich in Paris gekannt und dem er manches Mal zu einem Glas Absinth verholfen hatte, wenn er das nötige Kleingeld besaß.

»Sie sind auf ihre Weise der Dichteridee sicher näher gekommen als unsere ›großen‹ Dichter, die unbedingt alle zwei Jahre ihren Namen mit einer faden Dichtung in Erinnerung bringen müssen. Denn die Dichter sind ihrem Ursprung nach kein seßhafter und Steuern bezahlender Stand. Sie haben eine Vagabundenseele und sind verwandt mit den Leierkastenmännern.«

Aber solche Dichter waren ja schlechte Muster für anständige Kristiania-Poeten.

Hamsun tat überhaupt nicht viel, um populär zu werden. Er sagte und schrieb das, was er für richtig hielt, und sicherlich oft spontan und aus einer Stimmung heraus. Er hatte den Mut, sich zu seinen Meinungen zu bekennen, aber auch den Hochmut. Trotzdem war er eine beliebte Erscheinung im Freundeskreis in Kristiania und bei dem lesenden Publikum im ganzen Land. Und nach seinem Erfolg und der künstlerischen Anerkennung, die er nun bekommen hatte, war es beinahe eine Selbstverständlichkeit, daß er sich 1897 um ein staatliches Künstlerstipendium bewarb. Die Summe belief sich auf 1150 Kronen und würde es ihm ermöglichen, die Reise in den Orient zu unternehmen, von der er schon so lange geträumt hatte.

Das Komitee für die Vergabe des Stipendiums setzte ihn auch einstimmig an die erste Stelle vor Thomas Krag und Jacob Hilditch.

Dann geschah allerdings etwas Merkwürdiges, das Ministerium überging Hamsun und vergab das Stipendium an den Mundartdichter Vetle Vislie.

In den Künstlerkreisen der Stadt war man empört, Leserbriefe wurden geschrieben, ein Ersuchen an den Kirchenminister gerichtet, er möge sich über die ministeriellen Erwägungen äußern hinsichtlich der literarischen Bedeutung von Vetle Vislie im Vergleich mit Hamsun.

Aber das konservative und pastorale »Morgenbladet« konnte gleichzeitig folgendes drucken:

»Wie wir erfahren haben, ist der Grund für die Ablehnung des Stipendiums, für das Hr. Hamsun vorgeschlagen war, eine von ihm in der obskuren Zeitschrift ›Basta‹ geschriebene schlüpfrige Skizze, die dergestalt war, daß der Verkauf des Blattes in der Stadt verboten wurde. –

›Basta‹ wird, soweit wir in Erfahrung gebracht haben, von einem deutschen Buchhändler Langen herausgegeben.«
»Basta« war eine Art dänischer »Simplicissimus«, und Hamsuns »schlüpfrige« Novelle hatte zuerst in der deutschen Ausgabe gestanden. In die Novellensammlung »Siesta«, die im gleichen Jahr herauskam, in dem Hamsun um das Stipendium nachsuchte, war sie nicht aufgenommen worden. Aber ein Stortingsabgeordneter hatte im Jahr zuvor die Novelle aus der dänischen Zeitschrift herausgepickt und war damit direkt zum Minister gelaufen, der sich an den obersten Staatsanwalt gewandt hatte, der wiederum dem Polizeipräsidenten in Kristiania den Befehl gegeben hatte, den Verkauf der Zeitschrift zu verbieten.
Die Novelle heißt »Die Stimme des Lebens« und ist natürlich in keiner Weise »schlüpfrig«. Sie ist wie alles, was Hamsun jetzt drucken ließ, durch und durch künstlerisch in der Intention und in der Einstellung. Aber das Thema der Novelle ist realistisch und unheimlich. Sie handelt von einer jungen schwarz gekleideten Frau, die dem Ich-Erzähler der Geschichte eines Abends in Kopenhagen auf der Straße begegnet. Er geht mit ihr nach Hause. Als er am nächsten Morgen ihre Wohnung verläßt, sieht er zufällig in das Zimmer neben dem Schlafzimmer und entdeckt dort einen offenen Sarg mit einer Leiche. – Am gleichen Tag liest er in der Zeitung den Namen der Dame unter einer Todesanzeige.
»Ein Mann hat eine Frau, sie ist dreißig Jahre jünger als er, er ist viele Jahre lang krank und stirbt dann eines Tages. Und die junge Witwe atmet auf.«
So endet die Novelle. Das ist »Die Stimme des Lebens«.
Der Rat für schöngeistige Literatur im norwegischen Schriftstellerverband, dem fast alle Kollegen Hamsuns angehörten, protestierte bei der Regierung gegen die Zurücksetzung Hamsuns bei der Vergabe des Stipendiums. Zu den Protestierenden gehörten auch Bjørnson und Garborg – indessen nicht Henrik Ibsen.
Aber der Streit über die Stipendienangelegenheit zwischen den Pfarrern und Konservativen auf der einen Seite und den Künstlern und Radikalen auf der anderen setzte sich noch ein Jahr lang in den Spalten der Zeitungen fort. Und er endete erst, als Hamsun im nächsten Herbst das Stipendium bekam. Es war sicher nicht nur »Die Stimme des Lebens«, die ihm die Unannehmlichkeiten einbrachte. Kleine Dunkelmänner und Politiker vom Typ Oftedal hatten Hamsuns Auftreten in dem Studentersamfundet und bei den Brüdern Hals nicht vergessen. Was brauchte Hamsun ein Stipendium, er verhöhnte ja nur die Schriftsteller, die Steuern bezahlten?

Aber besonders erinnerten sie sich wohl an »Redakteur Lynge« und die Schrift über Lars Oftedal – und dafür bedankten sie sich.

II

1898. Zwei Jahre wohnte Hamsun wieder in Norwegen. Er hatte Paris mit dem festen Vorsatz verlassen, sich einen ruhigen Ort zu suchen, einen Ort, zu dem er von seinen rastlosen Touren durch das ganze Land wirklich nach Hause kommen konnte. Aber es war nicht leicht, etwas Passendes zu finden. Zuletzt war er auch nicht mehr ganz gesund. Er erkältete sich leicht und mußte längere Zeit mit einem hartnäckigen Fieber im Bett bleiben. Verständlicherweise hatte er Angst, daß etwas mit den Lungen nicht in Ordnung war. Aber die Ärzte, die er konsultierte, konnten ihn beruhigen – er sei robust wie ein Pferd, nur empfindlich gegenüber feuchter Luft.

An mehreren Orten versuchte er zur Ruhe zu kommen – in Hotels, in Sanatorien und Pensionen. Am längsten wohnte er in Fräulein Hammers Pension in Ljan. Und das hatte einen speziellen Grund. Denn hier traf er eine junge Dame, die später seine Frau werden sollte, und die Verliebtheit hielt ihn länger fest als beabsichtigt.

Aber Hamsun hatte gewiß nicht gebummelt, weder in Paris noch in der Zeit, die nach seiner Rückkehr vergangen war. Drei neue Arbeiten, die zusammen eine Trilogie bildeten, hatte er hinter sich gebracht – die Dramen »An der Pforte des Reiches« 1895, »Spiel des Lebens« 1896 und »Abendröte« 1898.

Während des Zusammenseins mit Birger Mörner und später mit dem dänischen Dramatiker Sven Lange hatte Hamsun Lust bekommen, sich als Dramatiker zu versuchen. Auch Strindberg war hier nicht ohne Einfluß auf ihn, aber gegenüber dem Giganten Strindberg erhob Hamsun seine Stimme nicht, wenn es um eigene Pläne ging. Strindberg war nicht der Mann, an den er sich vertraulich wandte, und irgendeine *direkte* Aufmunterung bekam er aus dieser Ecke nicht.

Die durchgängige Figur in diesen drei Dramen ist der Wissenschaftler und Philosoph Ivar Kareno. In »An der Pforte des Reiches« ist er ein junger Mann von 29 Jahren, voller Idealismus und sehr reaktionär. Drei Jahre kämpft er darum, daß seine unpopulären Ansichten gedruckt werden. Er läßt sich nicht brechen – und auch nicht beugen. »Drei Jahre sind keine langwierige Bedrängnis für einen Mann wie mich«, sagt er. »Für einen Mann, der an die Türen der Menschen mit so vogelfreien Meinungen klopfen soll wie ich.«

Kareno ist unerschütterlich, weil er die Glut und die Stärke der Jugend besitzt. Er ist unnachgiebig gegenüber den herrschenden Meinungen der Zeit, gegenüber Liberalismus, Demokratie und Nützlichkeitsphilosophie.

»Ich glaube nicht an den Liberalismus, ich glaube nicht an Wahlen und nicht an Volksvertretung... Dieser Liberalismus, der das alte unnatürliche Falsum wieder eingeführt hat, daß die zwei Ellen hohe Menge ihre drei Ellen hohen Anführer selbst wählen soll... Ich glaube an den geborenen Herren«, sagt Kareno, »den Despoten von Natur aus, den Befehlshaber, an ihn, der nicht gewählt wird, sondern der sich selbst zum Anführer aufwirft über die Horden dieser Erde. Ich glaube und hoffe nur eines, und das ist die Wiederkunft des großen Terroristen, der Menschenquintessenz, des Cäsar...«

Kareno tobt gegen alles Reden über Pazifismus und friedfertiges Leben. »Alle finden, das sei schön, das vom ewigen Frieden; ich sage, es ist eine Lehre, würdig des Kalbsgehirns, das es ausgebrütet hat. Ja. Ich verhöhne den ewigen Frieden, und seine frechen Mangel an Stolz. Laßt den Krieg kommen; es gilt nicht, soundsoviele Leben zu bewahren, denn des Lebens Quelle ist unerschöpflich; aber es gilt, den Menschen in uns aufrechten Ganges zu erhalten...«

Karenos Frau Elina ist sehr jung und sehr weiblich. Sie versteht nichts von der Philosophie ihres Mannes und interessiert sich nicht für seine Probleme. Sie spürt nur, daß sie immer weiter auseinandertreiben, und es endet damit, daß sie ihn verläßt. Sie geht zu dem anderen, dem liberalen und aalglatten Journalisten Bondesen, der die Fahne nach dem Wind drehen kann.

In »An der Pforte des Reiches« berührt Hamsun Ideen, die sehr aktuell waren und die damals mit vorurteilsfreiem Interesse aufgenommen wurden, weil man zu den geistig interessierten Menschen aufsah, die diese Ideen hervorgebracht hatten. Hamsun machte indessen keine große Propaganda für seine Philosophie. Das Schauspiel *handelt* von der Fähigkeit eines Mannes, sich selbst treu zu sein, treu seinen Ideen und seinem Lebensziel. Nicht Karenos Ideen sind das wesentliche Element der Handlung, sondern sein Kampf. Wenn Hamsun Kareno zum Philosophen machte und ihm Nietzsche-Worte in den Mund legte, dann nur, weil sie aktuell waren. Der Kampf hätte ebensogut der Nutzbarmachung von

Wasserfällen gelten können oder einer x-beliebigen Sache, die einen Mann in die Opposition treibt.

In »Spiel des Lebens« sind zehn Jahre über Karenos Kopf hinweggegangen, und sie haben seine Haare ergrauen lassen. Aber sein Nacken ist nicht demütig gebeugt. Kareno ist noch genauso unnachgiebig und kompromißlos wie vorher.

Die Handlung ist nach Nordland verlegt, wo Kareno Hauslehrer bei den zwei Söhnen des Großkaufmanns Otermans ist.

War Kareno die alles beherrschende Gestalt in »An der Pforte des Reiches«, so ist es jetzt in eben diesem Maße – Otermans Tochter Teresita.

Wie Edvarda lebt Teresita in dem hektischen Schein der Mitternachtssonne. Sie ist unstet und zugleich intensiv, wie der Sommer selbst dort im Norden. Aber ihr fehlt die wahre Vornehmheit, die immer ein stolzer und versöhnlicher Zug bei Edvarda war. Teresitas Charakter ist labil wie das wechselhafte Wetter. Sie ist ein heißblütiger Typ, den Hamsun wohl aus südlicheren Gefilden geholt hat. In ihrer Liebe, ihrem Auftreten, ihrem Haß und ihrer Eifersucht ist sie oberflächlicher als Edvarda. Und deshalb auch weniger wählerisch in der Wahl ihrer Mittel.

So wie Kareno die Wahrheit sucht und »zum Grund vordringen will« und noch über das hinaus, was die Menschen wissen, geht Teresita auf Raub aus nach der Liebe und dem Glück. So wie Edvarda »ihren Prinzen« suchte, jagt Teresita nach der Befriedigung ihrer Sehnsüchte – immer vergebens, auch als sie bei Kareno Halt macht.

Um diese beiden ist das Drama aufgebaut. Die listig sinnliche Teresita reißt Kareno von Wissenschaft und Arbeit fort – alles vergißt er ihretwegen. Sie zwingt ihn in die Knie, wie sie vorher ihre Anbeter in die Knie gezwungen hat, von den Arbeitern des Vaters bis zu dem buckligen Ingenieur Brede. Kareno läßt sich mitreißen in diesem verrückten »Spiel des Lebens«.

Die Folge von all dem ist eine gigantische Katastrophe. Der Turm, in dem Kareno arbeitet, brennt ab. Die beiden Jungen, Teresitas Brüder, kommen um, Karenos große Arbeit wird vernichtet. Und alles ist Teresitas Werk. Aber sie selbst wird durch einen fahrlässig abgefeuerten Schuß getötet: »Die Gerechtigkeit, die ist ja eine blinde Kreatur. Sie straft ohne Ansehen der Person. Ihre Schüsse gehen einfach von selbst los.«

Kareno war nicht unverletzlich, trotz seiner Stärke und seines Verstandes, weil er ein Mensch von Fleisch und Blut war und ein Mann mit menschlichen Schwächen, die in einen unwiderstehlichen Wirbel von Leidenschaften gerieten. Und diese Schwächen – seine Menschlichkeit im eigentlichen Sinne – sind die Grundlage für die spätere Entwicklung in »Abendröte«.

»Spiel des Lebens« hat technisch gesehen einen mehr experimentellen Charakter als das vorhergehende und das nachfolgende Stück. Hamsun benutzt eine lyrische Symbolik, was übrigens ein einmaliges Phänomen bei ihm blieb. Diese Symbolik bewirkt, daß »Spiel des Lebens« sehr verschieden von den beiden anderen Stücken ist und rein stilistisch den Zusammenhang unterbricht.

Hamsun hat ganz bewußt den Stoff so verschiedenartig gestaltet. Das Spiel des Lebens mit den Leidenschaften und Dämonen, die Teresita und Kareno und die ganze Galerie von Menschen in ihrem Umkreis herumwirbeln sollten, ließ sich nicht mit den traditionellen Effekten darstellen. Hamsuns Fabuliertalent kann sich hier frei entfalten, und das Stück ist, nach dramatischen Kriterien, das stärkste der Trilogie.

In »Abendröte«, dem letzten der drei Dramen, ist Kareno wieder allein die Hauptperson. Elina, die im ersten Drama ihrem Mann die Treue brach und ihn verließ, tauchte in »Spiel des Lebens« erneut auf, und hier in »Abendröte« ist sie wieder Karenos Frau. Er hat ihr vergeben, alle Wogen sind geglättet, sie ist zu ihm zurückgekehrt – mit ihrem Geld und mit dem Kind von einem anderen. »Verzeihen?« sagte Hamsun in »Neue Erde«. »Es ist schamlos, das Recht auf den Kopf zu stellen.« Kareno ist in »Abendröte« fünfzig Jahre alt, und er läßt schemenhaft erkennen, daß er allgemein menschliche Eigenschaften besitzt, wie die, zu verzeihen. Als Wissenschaftler, Denker und Politiker entfernt er sich immer mehr von den Idealen seiner Jugend. »Aber jedenfalls sind Sie so, wie Sie früher waren, uns lieb geworden«, sagt einer seiner Anhänger in dem Versuch, ihn zurückzugewinnen. »Sie klangen nicht mit in dem Chor der Toren, Sie waren unseres Landes Dissonanz.«

Aber Kareno weicht immer mehr zurück. »Der Mensch hat keinen freien Willen«, sagt er und tröstet sich selbst damit. Er *möchte* wohl gerne noch jung sein im Denken und Fühlen, aber die Forderung des Alters nach einem ruhigen und problemlosen Leben meldet sich – und zum Schluß wird er der Renegat, dem er in seiner Jugend Ehre und Leben abgesprochen hat...

Hamsun wurde von verschiedenen Kreisen wegen seiner Stücke angegriffen, vor allem von den christlichen und konservativen Kreisen, wo man an Teresitas Erotik Anstoß nahm. Sigurd Bødtkers souveräne Betrachtungen über »Spiel des Lebens« im »Morgenbladet« führten zum Beispiel dazu, daß er zu »Verdens Gang« überwechseln mußte, und nach der Premiere wurde ein Protest unterschrieben. Aber von Karenos Herrenmoral distanzierte man sich nicht, sie repräsentierte eine Menschenauffassung und ein Zeitthema aus einem anderen Gesichtswinkel als heute. Heute könnte man die Trilogie nur als ein kurioses Zeitbild aufführen. Mit Ausnahme allerdings von »Spiel des Lebens«, das zuletzt 1961 unter der Regie von Jens Bjørneboe im Neuen Theater in Oslo aufgeführt wurde.

III

Aus Fräulein Hammers Pension in Ljan schrieb Hamsun an seinen Freund Erik Frydenlund:
»Jetzt ist auch ›Spiel des Lebens‹ zur Aufführung am Christiania-Theater angenommen worden. ›An der Pforte des Reiches‹ wird wohl ungefähr in einer Woche aus dem Programm genommen werden. – Ich bin nicht gesund, bin ständig matt. Ich bin untersucht worden, aber man findet nichts Schlimmes an den Lungen, ich schwitze bei der geringsten Anstrengung. Und sitze ich abends ein wenig länger, dann bin ich am nächsten Tag ganz erschlagen. Ich habe mir überlegt, ob ich mich im Winter nicht in wärmere Länder begeben sollte...«
Aber Hamsun traf die junge, schöne Bergljot Göpfert, und da kam es anders, als er es sich vorgestellt hatte. Im Frühjahr 1898 bekam der Freund wieder einen Brief:
»Stell Dir vor«, schrieb Hamsun, »es ist ziemlich sicher, daß ich mich in das Abenteuer stürze und am 13. Mai heirate. (Geht es da nicht, dann wird es nichts vor dem 13. Juni.) Jedenfalls werde ich jetzt heiraten. Deshalb muß ich eine vorläufige Behausung bis zum Herbst finden. Gibt es so etwas für mich irgendwo in Aurdal? Ich würde also meine Frau mitnehmen, verstehst Du. Ich möchte kein Sanatorium oder Ole Aaberg oder Ingebret Mærket oder v. d. Fehr, ich möchte nämlich arbeiten. Ich habe mir überlegt, ob *Du* uns nicht nehmen kannst oder willst. Du hast ja Platz und Essen genug für noch zwei Personen, und wir würden Dir bezahlen, was Du verlangst – ich sage das frei heraus und ohne anzugeben, denn ich meine es wirklich so. Die Frau ist schrecklich lieb und nett, klein, munter und zufrieden, und niemand im Haus würde ihretwegen Unannehmlichkeiten bekommen, bestimmt nicht...«
Knut Hamsuns Braut, Bergljot Göpfert, geborene Bech, war eine kleine,

zierliche Dame von 25 Jahren. Sie hatte dichtes dunkelblondes Haar und braune Augen. Die Gesichtszüge waren fein und sensibel, aber das Gesicht konnte auch vor Leben und Fröhlichkeit sprühen. Als Knut Hamsun ihr zum ersten Mal in Fräulein Hammers Pension begegnete, war sie noch mit Eduard Göpfert, dem österreichischen Konsul in Kristiania, verheiratet. Die beiden hatten ein kleines Mädchen von vier Jahren, und nach der Scheidung wurde das Kind dem Vater überlassen, was Hamsun sehr schmerzte, da er außerordentlich kinderlieb war.
Bereits vor der Heirat kam ein Hauch von Kälte in das Verhältnis der Verlobten, ein Einbruch in die Reserve an Wärme, die so notwendig in einer festen Bindung ist. Die Bitterkeit war noch nicht verschwunden, als Hamsun viele Jahre später schrieb: »Es war ein süßes, kleines Mädchen. Die Mutter schickte sie aus Rücksicht auf mich nach Österreich, obwohl ich schrie, daß ich sie haben wollte...«
Knut Hamsun und seine Frau begannen ein gemeinsames Leben, das von Anfang an zum Scheitern verurteilt war. An die Frau, die später eine entscheidende Bedeutung für ihn bekommen sollte, schrieb er: »Die Ehe war die Folge eines *Fiebers*, das übrigens ebenso schnell verging, wie es angefangen hatte. Aber da war das Wort bereits gefallen. Ich bat sie unmittelbar danach, daß sie es sich noch einmal überlegen sollte, daß wir es uns noch einmal überlegen sollten. Aber ich bekam zur Antwort: Es hat keinen Wert, sich die Sache noch länger zu überlegen, finde ich! – So blieb es bei der Heirat. Und so waren wir beide ohne Liebe...« Frau Bergljot hatte sich Hamsuns wegen scheiden lassen, und für ihn gab es keinen Weg zurück.
Frau Bergljot war eine gutherzige, muntere und einfache kleine Frau, aber ihr Einfühlungsvermögen war nicht groß, sie brachte ihrem Mann nicht viel Verständnis entgegen. Er seinerseits war eine monomane Kraft, die sehr viel von einer Frau verlangte, von einem selbständigen, tiefen Verständnis bis hin zu dem beinahe Gegenteiligen, der Unterwerfung. Daß Frau Bergljot solchen Anforderungen nicht genügte, kann man ihr gewiß nicht zum Vorwurf machen. Sie war kein Ausnahmemensch, nur eine durchschnittliche bezaubernde Frau mit kleinen durchschnittlichen Fehlern. – In »Schwärmer«, einem Roman aus Nordland, den Hamsun ein paar Jahre später schrieb, hat er einige Umstände seiner Ehe verarbeitet, soweit es um die Charakterzeichnung der sorglosen kleinen Pfarrersfrau ging.

Schwierige Jahre

I

In Aurdal hatte sich seit Hamsuns ersten Jahren dort oben nicht viel verändert. Einige Villen im Schweizer Stil standen wie aus dem Boden gestampft zwischen den alten norwegischen Holzhäusern, aber die Atmosphäre war die gleiche wie vor dreizehn Jahren, und die gleichen treuen Hände hießen ihn und seine Frau willkommen.

Hier oben, in der friedlichen, naturschönen Umgebung, wo jedes Haus und jeder Baum, jede freundliche Blume hinter den Gardinen in den kleinen Fenstern ihn an eine glückliche Zeit erinnerten, hier vollendete er im Sommer 1898 den Roman »Viktoria« mit dem Untertitel »Eine Liebesgeschichte«.

In einem verliebten Augenblick war der Stoff geplant und der Roman begonnen worden. Unter dem Eindruck der guten Erinnerungen aus den zurückliegenden Jahren, ja, bei dem Duft desselben frischen Waldes, der ihn einmal geheilt hatte, schaffte er es, den feinen, kleinen Roman, der sicher das populärste von allen seinen Werken ist, zu beenden.

»Viktoria« ist die Geschichte von Johannes, dem Sohn des Müllers, und der stolzen, vornehmen Viktoria. Er hat sie seit seinen Knabenjahren geliebt, sie liebt ihn auch, aber sie können nicht zueinanderkommen, sie ist die Tochter des Gutsbesitzers, und er ist nur der Sohn des Müllers.

Zwanzig Jahre früher hatte Hamsun eine kleine Erzählung über das gleiche Thema geschrieben. In »Bjørger« ist es auch ein junger werdender Dichter, der von einer jungen Dame höheren Standes abgewiesen wird und die erst klein beigibt, als es zu spät ist. So sehr sich der naive Versuch von dem reifen Kunstwerk unterscheidet, es liegt doch das gleiche Erlebnis zugrunde. Mehr als einmal hatte der junge Hamsun wohl den Abstand zwischen sich und den »Feinen« gespürt.

Mit Viktoria, dem jungen Fräulein auf dem Schloß, wird wieder eine neue Gestalt in Hamsuns Frauenreihe eingeführt. Viktoria ist vornehm, sie hat eine adlige Gesinnung. Sie ist mit Edvarda verwandt, stolz – aber gleichzeitig weich und zärtlich, und sie ist mit verliebten Augen gesehen. Sie ist die Frau, die Johannes inspiriert. In Gedanken an sie erlebt er Augenblicke höchsten Glücks:

»Meine Seele schwankte auf und ab in mir vor Stimmung, und ich begann zu schreiben. Was ich schrieb? Hier ist es! Ich war von einem seltsamen und herrlichen Gedankengang beherrscht: die Himmel öffneten sich, es war gleichsam ein warmer Sommertag für meine Seele, ich erhielt Wein von einem Engel, ich trank ihn aus einer Granatschale! Hörte ich, ob die Uhr schlug? Sah ich, daß die Lampe ausbrannte? ... Wenn Sie mich fragen, was ich geschrieben habe – es ist ein einziger unaufhörlicher Gesang an die Freude, an das Glück, den ich geschrieben habe. Es war gleichsam, als läge das Glück mit einem schlanken, lachenden Hals nackt da und wollte zu mir...«

Daß auch »Viktoria« nicht glücklich endet, ist bei Hamsuns Auffassung vom innersten Wesen der Liebe logisch. Nagel–Dagny, Glahn–Edvarda, Johannes–Viktoria. Alle diese Beziehungen tragen als Voraussetzung für die wenigen glücklichen Augenblicke der Liebenden die Tragödie in sich. Aber die Schönheit im Tod ist wohl kaum mit einem innigeren Pathos geschildert worden als in Viktorias Abschiedsbrief an Johannes. So wird auch der Tod eine Gabe des Lebens, weil er der Liebe seine Erlösung gibt.

Ja, »Viktoria« ist ein volltönendes Hohe-Lied an die Liebe, nirgends hat Hamsun schönere Worte über sie gesagt. Und zum ersten Mal war auch sein weiblicher Leserkreis restlos zufrieden mit der Hauptfigur des Buches.

II

»Viktoria« wurde fast einstimmig von der Kritik im In- und Ausland gelobt. Der Redakteur des »Morgenbladet«, Nils Vogt, war der einzige, der nicht völlig kapitulierte. Das »Morgenbladet« hatte sich längere Zeit über Hamsuns unorthodoxen Radikalismus, der so schwer einzuordnen war, geärgert. Und da Hamsun es nun, entgegen aller Erwartungen dieser Zeitung, geschafft hatte, eine Frau der Oberklasse zu schildern, sie sozusagen aus dem vornehmen Leserkreis des »Morgenbladet« geholt und sie liebevoll und feinfühlend geschildert hatte – schien Nils Vogt nichts anderes zu tun zu haben, als diese Tatsache zu bestreiten.

Im Herbst 1898 fuhr Hamsun mit seiner Frau nach Helsingfors. Er war deprimiert und des Lebens zu Hause in Norwegen überdrüssig. Er hatte viele private Sorgen und Kümmernisse und wurde zu allem Überfluß auch noch von einer gut organisierten Verfolgung in Form von anonymen Briefen aus einem bestimmten Damenkreis geplagt. Klatsch und Engstirnigkeit florierten, sogar im Valdres, was ihm besonders weh tat.
Nils Vogts Kritik über »Viktoria« bekam Hamsun in Finnland zu lesen, und er faßte sie nicht als eine literarische Beurteilung, sondern als persönliche Beleidigung auf. Nervös und aus dem inneren Gleichgewicht gebracht, schrieb er an die große literarische Instanz seiner Jugend, Georg Brandes, und bat um Hilfe und Rat. Die Antwort muß freundlich und aufmunternd gewesen sein, denn noch am gleichen Tag, dem 24. Dezember setzte Hamsun sich hin und schrieb:

Hr. Dr. Georg Brandes.
Meinen ehrerbietigsten und herzlichsten Dank für Ihre Antwort. Ich bedaure nur, daß ich Ihnen soviel Mühe gemacht habe.
Ich schicke meinen Brief durch Sven Lange, damit er ihn lesen soll und sehen, ob ich Ihnen diesen Brief zukommen lassen kann. Ich habe in diesem Augenblick kein großes Zutrauen zu mir, es waren nämlich ganz andere Dinge als eine Kritik im »Morgenbladet«, unter denen ich litt, die Kritik kam nur am gleichen Abend und war der Tropfen, der das Faß zum Überlaufen brachte. Ich bedaure natürlich, daß ich Ihnen den Brief geschickt habe, aber das ist nun nicht mehr rückgängig zu machen, ich kann Ihnen nur versprechen, Ihnen nie mehr solche Briefe zu schreiben.
»Viktoria« ist nichts anderes als ein wenig Lyrik, ein Dichter kann zwischendurch ja auch mal ein wenig Lyrik haben, die er loswerden will, besonders wenn er zehn Jahre wirklichkeitsnahe Bücher geschrieben hat. Die Kritik über dieses Buch im »Morgenbladet« war so giftig, wie es nur ging. Wenn auf meine mangelnde Bekanntschaft mit ›wirklich feinen Damen‹ angespielt wurde und auf meine Unfähigkeit, sie einigermaßen zu schildern, dann war das auf meine Frau gemünzt, die geschieden ist. Es hängt auch mit der beispiellosen anonymen Verfolgung zusammen, die nun schon seit drei Jahren gegen mich betrieben wird und offenbar nicht enden will. Es ist ein Krieg bis aufs Messer. Das konnten Sie ja nicht wissen. Aber das war es, was mich dazu getrieben hat, mich an Sie zu wenden.
Ich habe Ihnen vor einem halben Dutzend Jahren natürlich *nicht* vorge-

worfen, daß Ihre Kritik grundlos war. Es kann ja mit meiner Kultur schlecht bestellt sein, aber ich habe doch noch fünf Sinne und werde mitunter von ihnen geleitet. Außer Ihren Gedichten und Ihrem Buch über Julius Lange habe ich bestimmt alle Ihre Bücher gelesen, einmal oder auch mehrmals, und ich kenne keine Bücher, die ich heute mit größerem Vergnügen wieder lesen würde. Wie sehr ich Sie geschätzt habe, können meine Bekannten aus vielen Jahren bezeugen, und ich habe dem auch nach meinen geringen Möglichkeiten in einem Artikel in ›La Revue des Revues‹ Ausdruck gegeben. Falls Sie einen anderen Eindruck bekommen haben, rührt es daher, daß wir mündlich einen Zusammenstoß hatten, wodurch ich sehr verwirrt wurde und außerstande war, anders zu antworten als mit unglücklichem Auftreten und bedauerlichen Worten. Sie deuten natürlich die Ereignisse im Studentersamfundet an. Ich sprach von so kleinen Geistern wie Shakespeare und Ibsen und meinte (und meine noch), daß man im Drama kein guter und eindringlicher Psychologe sein könne, weil das Drama die unvollkommenste dichterische Form von allen ist. Dramen – sagte ich – könnten keine Personen schildern, ohne daß sie auf Grund ihrer psychologischen Mängel Freiräume für die verschiedensten Auffassungen über ein- und dieselbe Person offen ließen. Und als Beispiel erwähnte ich unter anderem Hamlet, der Hunderte von Darstellern gehabt hat, alle verschieden. Das war meine respektlose Meinung von Shakespeare! Meine Respektlosigkeit gegen den alten Ibsen war die gleiche. »Baumeister Solness« war gerade herausgekommen, und es gab vielerlei Meinungen darüber. Ich ging in den Saal zu Ihnen und fragte: »Wenn Sie und Ihr Bruder sich nicht einig sind, wie man den Mann und das Buch auffassen soll –?« Sie antworteten: »Ja, was dann.« Aber die Leute im Saal brüllten, weil sie mehr Zirkus haben wollten, und ich war verwirrt und mußte aufhören. Was hätte ich sagen können außer diesem: Wenn Sie und Ihr Bruder, was ja ganz natürlich ist, in der literarischen Grundauffassung übereinstimmen, aber eine entgegengesetzte Meinung über »Solness« haben, indem der eine sagt, daß er ein Genie ist, und der andere sagt, daß er kein Genie ist usw. – kann man sich doch nichts anderes vorstellen, als daß das Buch selbst durch seine blödsinnige Tiefsinnigkeit und seine mangelhafte Psychologie diese Verwirrung stiftet? Ist es nicht fast so, als ob eine Person über dieselbe Sache zwei Meinungen hätte? – Das hätte ich gesagt, wenn ich dazu gekommen wäre. Aber ich hätte es wohl doch nicht gemacht, auch wenn die Leute nicht gebrüllt hätten. Es ist zu schwierig für mich, mit Ihnen zu reden.

Die Sache mit der engstirnigen Kultur kann ich selbstverständlich nur akzeptieren. Es wird zur Zeit viel über Kultur gesprochen, seit ein paar Jahren ist es allgemein üblich, sogar die Zeitungen zu Hause schreiben viel über Kultur. Und Kultur bedeutet ja vor allem, viel gereist zu sein, viele Gemälde gesehen, viele Bücher gelesen zu haben und ein gutes Gedächtnis zu besitzen. Mangel an Kultur heißt nicht, respektlos von John Stuart Mill zu sprechen – das tat nämlich auch Nietzsche, den Sie erwähnen und der ein wenig Kultur besaß –, Mangel an Kultur ist es, Eltern zu haben, die einem nicht zum Studenten oder Doktor oder etwas ähnlichem verholfen haben. Mangel an Kultur ist es, nach Amerika zu fahren und körperlich in der Prärie zu arbeiten und später unfähig zu sein, sich die Meinungen der meisten gebildeten Menschen über alles anerkannt Große anzueignen, trotz der ehrlichsten und eifrigsten Bemühungen. Ich weiß nicht, ob ich verstehe, was Kultur ist, ich könnte mir denken, daß es etwas in der Richtung von *Herzensbildung* ist. Zu Hause in Norwegen traf ich Leute, besonders Zeitungsleute, mit einem unzuverlässigen und leichtfertigen Charakter, mit geringerer Lebenserfahrung als ich sie habe, mit dürftiger Herzenswärme und wenig Wahrheitsliebe. Diese Leute konnten mit angeborener und geübter Überlegenheit die Nase rümpfen über die, die keine »Kultur« besaßen. Und da dachte ich, daß ich mit einer gewissen zusammenhängenden Weltanschauung versuchen könnte, die Irrtümer, vor denen die Bildung bisher Respekt hatte, in meinen Büchern anzugreifen, dann brauchte ich es insgesamt nicht mehr zu bedauern, daß ich nicht genügend positives Wissen besaß, um einen akademischen Grad zu erwerben. Aber man weiß nun einmal von mir, daß ich ein geborener Bauer bin, daß ich nicht die Mittel hatte, vom 15.–18. Lebensjahr Philosophie zu studieren, und es ist wichtig, das zu wissen, wenn man meinen kulturellen Standort bestimmen will. Ich bin mir nicht im Zweifel darüber, daß auch Ihnen das geholfen hat.
Aber das gehört eigentlich nicht hierher. Es mag sein, wie es will. Ich habe Sie nur um Entschuldigung zu bitten für meinen vorherigen mißmutigen Brief. Ich schäme mich, ihn geschrieben zu haben und bereue es, daß ich ihn abgeschickt habe. Aber dann tröste ich mich damit, daß er zu einem Mann gekommen ist, der ihn versteht, der sich auskennt mit der Verquältheit eines Menschen, der einen Augenblick seinen Nacken gebeugt hat. Und ich hoffe auch, daß Sie mich diesmal ein wenig entschuldigen. Ich bin gewiß nicht der Autor, der Sie am meisten mit Fragen über Ihre Meinung von seinen Produktionen belästigt – obwohl ich es gewiß

gewesen wäre, wenn ich jedesmal meinem brennenden Verlangen nachgegeben und Sie gefragt hätte. Es ist so seltsam mit einem Schriftsteller, er lebt so oft in Feindschaft mit allem und jedem.
Heute abend ist Weihnachtsabend. Ich erinnere mich dankbar daran, daß ich vor nunmehr neun Jahren den Weihnachtsabend in Ihrem Hause verbrachte. Viel hat sich seitdem verändert, ich bin dennoch ziemlich langsam im Denken und ziemlich treu von Natur, so saß meine Bewunderung für Ihre flammende Seele noch die gleiche ist.

Ergebenst
Knut Hamsun.

Hamsun und seine Frau blieben ein Jahr in Finnland. Anfangs wohnten sie auf einer Insel vor Helsingfors, aber später zogen sie in die Stadt. Es gefiel ihnen gut, und Hamsun schrieb scherzhafte Briefe an seine Freunde in Norwegen.»Hier in Finnland ist der Whisky gesetzlich verboten, aber Cognac können wir bekommen. Ich laboriere an einem großen Buch, das mich zwei Jahre kostet. Im übrigen habe ich mir einen Werkzeugkasten gekauft, mit Allerweltszeug darin – säuisch teuer. Aber jetzt schreinere ich, daß es eine Lust ist, habe schon einen Schreibtisch meiner Frau ruiniert...«
Die Zeit in Finnland sollte für Hamsun in vielerlei Hinsicht bedeutsam werden. Für die Arbeit war sie nicht sehr fruchtbar, er schrieb ein Drama in gebundener Form, aber er war nicht sonderlich zufrieden mit dem Fortschritt. Indessen traf Hamsun Menschen in diesem Land, die später in allen Wechselfällen des Lebens seine treuen und guten Freunde wurden – vor allem der schwedische Zeichner Albert Engström. Dieser fröhliche Lebenskünstler und lebhafte Humorist wurde sein Bruder und Kampfgefährte in vielen Schlachten. Ebenso am Spieltisch wie bei den dröhnenden Gelagen, bei Banketten unter den Kronleuchtern im Grand Hotel Royal. – Als Hamsun den Nobelpreis erhielt, war Engström sicher der glücklichste seiner schwedischen Freunde. Sein Gratulationstelegramm war ein jubelnder Ruf über die Berge: »Herrgott, wie freue ich mich!«
1941 starb er, und mit ihm war einer der letzten Freunde aus Hamsuns Jugendjahren gegangen. »Er war sanft und behutsam«, schrieb Hamsun in seinem Erinnerungsbuch über ihn, »sein Humor ohne Gift, das Lächeln, das Lachen kamen aus dem Herzen. Sein ganzes Wirken war furchtlos und frei. Ernst mischte sich mit Scherz, alles hochgehalten aus echter schwedischer Wesensart und einem starken künstlerischen Sinn. – Er ist aus dem

Leben gegangen, und wir blieben zurück. Er hat kaum Feinde hinterlassen, seine Freunde waren ohne Zahl.«

Hamsun verkehrte zum Teil auch mit Künstlern wie Albert Edelfelt, Axel Gallén, Wentzel Hagelstam und Jean Sibelius. Der letztere war eine gewaltige Kraft, die einer Gesellschaft Farbe geben konnte. Hamsun erzählt:

»Ich war Ehrengast in einer Gilde, Sibelius war auch da. Er hatte grüne Augen, die noch grüner aussahen, wenn er wütend wurde... Um mich als Norweger zu ehren, fing man an, den Ofen abzureißen. Sie nahmen Schicht auf Schicht ab und legten sie auf den Boden. Es war reiner Irrsinn. Aber dann wollte ich gerne helfen, spuckte in die Hände und packte mit an. Da schoben sie mich beiseite, nein... ich war Ehrengast, zu meiner Ehre rissen sie den Ofen ab!«

Aber die Zeit mahnte zu Ernst, auch die politischen Probleme beschäftigten

Albert Engström: Knut Hamsun 1898. Mit dem Herzen am rechten Fleck. Engström wurde nach der Begegnung in Helsingfors sein langjähriger Freund.

Hamsun während seines Aufenthaltes bei diesem Volk, das er sehr zu schätzen lernte. Der Zar hatte gerade seinen neuen Generalgouverneur Bobrikoff in das Land geschickt, und er hatte den ersten russischen Staatsstreich durchgeführt. Ganz Helsingfors war in Aufregung, alles redete über Politik. Auch Hamsun leistete auf seiten Finnlands seinen kleinen Beitrag zu dem politischen Kampf. Im Frühjahr 1899 hielt er einen Vortrag mit dem Thema »Dichterleben« in der Aula der Universität Helsingfors, und die Einnahmen gingen an den antirussischen Volksbildungsfond, den die Gräfin Mannerheim eingerichtet hatte. – Hamsun schrieb auch Artikel in finnischen Zeitungen, unter anderem über Strindberg und »Vom Verblühen des Geistes«.

Hamsuns Bewunderung für Finnland, den zähen Willen und die Kraft des finnischen Volkes hat sich mit der Zeit noch verstärkt. Aber Hamsuns Besuch und sein weiteres dichterisches Schaffen gingen auch nicht spurlos an dem finnischen Volk vorüber. Bei Autoren wie Teuvo Pakkala, Joel Lehtonen und F. E. Sillanpää, um die repräsentativsten zu erwähnen, kann man einen deutlichen Einfluß spüren.

III

Das staatliche Stipendium ermöglichte es Hamsun, mit seiner Frau durch Rußland, über St. Petersburg und Moskau bis zum Kaukasus, zu reisen. Die Reiseschilderung »Im Märchenland«, die drei Jahre später erschien, ist das Resultat dieser Reise. Und in einer kurzen Schilderung »Unter dem Halbmond« erzählt er von der weiteren Reise in die Türkei.

Auf dieser Reise, die mehrere Monate dauerte, kam Hamsun mit der Pracht und der Mystik des Orients in Berührung. Die Schilderungen von dieser Reise sind stark geprägt von Hamsuns eigenartigem Sinn für Details. Er hat seine Augen überall, sieht Dinge, die andere im allgemeinen kaum beachten würden, und verleiht ihnen dichterische Leben.

Während Hamsun noch in Finnland war, wurde er von guten Freunden davor gewarnt, in Rußland seine Meinung über die russische Politik zu deutlich zu äußern. Er riskiere sonst Unannehmlichkeiten seitens der russischen Behörden. Hamsun hat sich wahrscheinlich nicht viel um diese Warnungen gekümmert, denn die Reise verlief nicht ganz glatt, aber in seinem Buch spinnt er alles zu einem glücklichen Ende – und antirussisch

war er ja nicht. Jedenfalls nicht in bezug auf die große Linie. Keine Literatur hat eine solche Wirkung auf ihn gehabt wie die russische, und in seinem Buch finden wir eine lange Betrachtung über diese Literatur.
Er sitzt in Moskau in einem Restaurant und beobachtet die Menschen.
»Ich bin ganz glücklich, dieses Lokal gefunden zu haben; ein Stückchen von mir entfernt sitzen ein paar alte Leute und plaudern und essen; ihre Gesichter sind nicht häßlich und verschrumpelt, wie es in der Regel bei alten Leuten zu sein pflegt, sondern im Gegenteil kräftig und offen, und ihr Haar ist noch immer dick. Slawen! denke ich und sehe sie an, das Volk der Zukunft, die Weltbesieger nach den Germanen! Aus einem solchen Volk kann eine Literatur wie die russische hervorquellen, grenzenlos, himmelstürmend, in acht mächtigen heißen Quellströmen von acht Dichtergiganten...«
Hamsun zweifelt nicht daran, daß dieses gewaltige Reich mit seinem gesunden, unverdorbenen Volk einmal eine entscheidende Rolle in der Welt spielen wird, wenn die Zeit des Westens vorbei ist. Er ist auch später nicht von dieser Meinung abgewichen. Sie hat nichts mit Politik zu tun. Es ist der Darwinismus, der »survival of the fittest« ist.
Aber die Begegnung mit dem Kaukasus und mit dem Orient inspiriert ihn vielleicht in noch höherem Maße als die Begegnung mit dem russischen Menschen. Hier war das Märchen! Er schildert einen kurzen Aufenthalt in einer kleinen Stadt, in der sie mitten in der Nacht ankommen:
»Es ist pechfinster, aber an den offenen Buden, wo Obst und Tabak und warme Piroggen verkauft werden, hängen Lampen. In jeder Bude steht ein Lesghier oder Kister oder was er nun sein mag, scharf bewaffnet und verkauft friedliche Trauben und Zigaretten, im Gürtel hat er Säbel, Dolch und Pistole. Unter den Akazien gehen Leute auf und ab, der eine und andere verkauft etwas, die meisten aber gehen nur und summen vor sich hin oder träumen stumm; ein paar sind unter den Bäumen stehengeblieben, und da stehen sie. Je weiter man nach Osten kommt, desto weniger sprechen die Leute. Die alten Völkerschaften haben das Stadium des Schwatzens und Lachens überwunden, sie schweigen und lächeln. Und das ist vielleicht auch das beste. Der Koran hat eine Lebensauffassung geschaffen, über die man keine Versammlungen halten, über die man nicht debattieren kann, deren Sinn aber ist: das Leben ertragen, das heißt Glück, später kommt es besser. Fatalismus.«
In der Türkei besucht er einen Friedhof. Grabstätten und Friedhöfe haben Knut Hamsun immer mächtig angezogen. Zu Hause in Nordland und in

Kristiania, in den schlimmen Jahren, suchte er die Friedhöfe auf. In Lillesand ging er tagein, tagaus dorthin und las die Grabinschriften. – Auch hier auf diesem muslemischen Friedhof kommt er in eine seltsame Stimmung.
»Wir sitzen und lassen uns zurückführen zu einem Wohlbekannten, nach einem Lande, in dem wir einst gewesen sind, zu einem Erlebnis im Traume oder aus einem früheren Leben. Unsere Wiege war vielleicht einmal ein Lotus, der in einem Palmenwalde stand und uns schaukelte...«

Aber je mehr er sich von seinem Heimatland entfernt, desto näher kommt er ihm in seinen Gedanken. Seine Wurzeln sind in Norwegen – nicht in den Städten, nicht in dem modernen Treiben – sondern im Nordland seiner Kindheit. Auf dieser Reise kann er dasitzen und kleine Erinnerungen und Ereignisse aus seinen Jugendjahren aufschreiben. Er erinnert sich daran, daß er einmal Hütejunge war und gut geschützt unter einem Bergüberhang saß, wenn es regnete...
Als Hamsun und seine Frau von ihrer langen Reise zurückkehrten, wohnten sie eine Zeitlang in Kopenhagen. Aber die Sehnsucht nach Nordland war nun so groß, daß Hamsun ganz plötzlich aufbrach und einfach dorthin fuhr. Frau Bergljot blieb in Kristiania.

IV

Hammerø, 30. April 1900

Liebster E. K. F.
Stell Dir vor, jetzt bin ich nach 25 Jahren wieder zu Hause, und ich möchte Dir und den Deinen, die mich in der schwierigsten Zeit meines Lebens durchgefüttert haben, einen Gruß schicken. – Es ist so seltsam, zu Hause zu sein, Vater und Mutter sind jetzt zwischen 70 und 80 und fangen an, wieder Kinder zu werden, nein, wie seltsam das ist! – Und dann Du, alter Freund und guter Kamerad! Du bist mir wie ein Bruder. Es war Mist, daß soviel Tratsch und Sauerei im Valdres im Gange war, sonst wären Bergljot und ich wiedergekommen. Es waren sozusagen alle – außer Dir und Deinem Haus – die feindlich gegen uns eingestellt waren. Und das verdiente im Grunde keiner von uns, nicht wahr? Bergljot ist in Kristiania bei ihrem Vater, während ich diese Stippvisite zu den altbekannten Plätzen mache. Wir haben viel von Dir und Frau Johanne und

Deiner Mutter gesprochen. Bergljot sagte, kurz bevor wir aus Kopenhagen abreisten, daß es lange her sei, daß wir Euch einen Gruß geschickt hätten – ich glaube, der letzte kam aus Kaukasien.
Nein, Du kannst mir glauben, hier in Nordland, das ist ein merkwürdiges Volk! Sie glauben heute noch an das 6. Buch Mose, und sie haben die sonderbarsten Vorstellungen über den Vollmond, den Neumond und die ›Quartalswechsel‹. – Ich hatte kurz daran gedacht, Vaters Hof zurückzukaufen (ein Gut, das er für 1600 Kronen vor ein paar Jahren verkauft hat), aber der jetzige Besitzer will die Baronie nicht aufgeben. Ich habe hier einen armen Kerl von Bruder, der gegebenenfalls den Hof bekommen sollte, aber nun geht es ja nicht. Und deswegen habe ich gewaltig geflucht, weißt Du noch, aber sonst bin ich gut gelaunt. Und schreiben werde ich etwas später...

Er ist wieder in Nordland. Bewegt über das Wiedersehen mit den Eltern, Geschwistern und den lieben, vertrauten Stätten, schrieb er Erik Frydenlund als erstem. Denn er gehörte gewissermaßen auch zu der Welt der Erinnerungen, die jetzt lebendig wurden.
Er wohnte in einer Torfhütte. Er mußte Frieden haben, absolute Ruhe um sich herum, was er im Elternhaus nicht bekam, wo ihn soviel ablenkte. So lieh er sich diese Hütte, die am Fuße des Berges gleich neben dem Hof Hamsund lag.
Es ist alles sehr primitiv hier, aber er liebt das einfache, friedliche Leben. Jeden Tag geht er seine Tour durch das Gelände, sieht die Plätze wieder, wo er als kleiner Junge die Schafe gehütet hat. In der Sonntagsstille hört er die Kirchenglocken – sie klingen ein bißchen schwach und armselig. Aber es sind die Glocken des Heimatdorfes. Er denkt daran, wie er von der Höhe des Kreml die roten, grünen und goldenen Kuppeln hat leuchten sehen über der schönsten Stadt der Welt. Aber hier lag die kleine weiße Kirche der Heimat – böse Erinnerungen – sicher, aber es war die Kirche der Heimat.
Und hier sieht er wieder den Frühling kommen, spürt seine Wirkung, den wunderlichen Griff in die Seele, seinen Duft. Und er fühlt, daß dieser Duft nach Heidekraut und Birken und sprießenden Pflanzen ihn in all diesen Jahren begleitet hat.
Er arbeitet an dem Buch, das er bereits im Kopf hatte, als er nach Finnland fuhr.
Wie in seiner Kinderzeit hat er immer ein paar Zettel in der Tasche und

macht sich Notizen. Die Leute zu Hause auf dem Hof und alle Nachbarn halten sich in respektvoller Entfernung. »Er *dichtet*«, sagen sie und sehen in größter Ehrfurcht zu ihm auf, ja, wie zu dem Propheten, der ein magisches Leben lebt und Zeichen in den Sand schreiben kann.
Aber die Kinder im Dorf haben nicht den respektvollen Aberglauben der Erwachsenen. Sie wissen nur, daß Hamsun nett ist und Drops für sie hat. Manches Mal wird er in seiner Torfhütte von kleinen Gesichtern in der Türspalte gestört. Der Neffe Ottar ist besonders schwer zu verjagen. Ottar ist ein blonder, hübscher Junge mit auffallend blauen Augen. Diese Augen erinnern Hamsun an etwas, es sind Vetltræins Augen...
Ansonsten war Hamsun ja nicht der Mann, der es hier in dem Ort seiner Kindheit darauf anlegte, außergewöhnlich und seltsam zu wirken. Wenn er ab und zu die Arbeit und die anstrengende Gedankentätigkeit abkoppelte, unterhielt er sich mit der Familie und mit Freunden aus der Kinderzeit. Gelegentlich arrangierte er auch ein kleines Fest, wenn es ihm gerade einfiel. Da hielt er dann Reden mit drolligen Worten und Wendungen, und es gab reichlich und gut zu trinken von dem, was er mit dem Schiff aus Bodø bekommen hatte.

Das Drama »Munken Vendt« kam zwei Jahre später heraus, er hatte fast vier Jahre daran gearbeitet – natürlich nicht ununterbrochen –, aber es hatte ihn viel Mühe gekostet, und er war manchmal ratlos und voller Zweifel gewesen. Denn hier hatte er sich auf eine Form eingelassen, an die er sich bisher nicht gewagt hatte – das poetische Drama.
»Munken Vendt« ist eine romantische Schilderung aus Nordland, bei der die Handlung in das Ende des 18. Jahrhunderts verlegt ist. In diesem Drama werden die Traumgestalten von »Pan« und »Viktoria« wieder lebendig, und hier spielen Munken Vendt, Iselin, Diderik die Hauptrollen...
Munken ist eine typische Hamsun-Gestalt, ein freier Jäger, sehr verliebt, stolz, trotzig und stark.
Wie in »Pan« wird der Held von dem Liebesspiel mitgerissen. Er wird von der unbekümmerten und zärtlichen jungen Blis geliebt, aber er will Iselin haben, und an ihr geht er zugrunde.
Ursprünglich hatte Hamsun geplant, auch aus diesem Stoff eine Trilogie zu machen, aber während der Arbeit gab er den Plan auf. Statt dessen wurde es ein Drama in acht Akten, das auf Grund seiner Länge für eine Aufführung im Theater ungeeignet war.

Als Antwort auf eine Frage nach seinen Werken äußerte sich Hamsun 1910 über »Munken Vendt« so:
> »Der erste Teil einer Trilogie, in der drei Standpunkte gegenüber Gott dargestellt werden: Aufruhr, Resignation und lebendiger Glaube. Mit dem ›Aufruhr‹ bin ich fertig, es ist nicht einmal ein Standpunkt; für die ›Resignation‹ bin ich nicht kraftlos genug und für den ›Glauben‹ nicht zahnlos genug, um ihn schon zu liefern. Es kommt vielleicht noch mit den Jahren – wie bei allen.«

Hamsun war sich von Anfang an darüber klar, daß das Drama über Munken Vendt in der Form, die es jetzt hatte, kein Theatererfolg werden konnte.

Albert Langen, sein deutscher Verleger, forderte ihn auf, die Theaterausgabe zu kürzen, aber nachdem Hamsun eine Zeitlang daran gearbeitet hatte, gab er es auf: »Ich verstehe mich nicht aufs Theater...«

Hamsun arbeitet überhaupt schwer in diesen Jahren. Seine Ehe war nicht sehr glücklich. 1902 wurde die Tochter Viktoria geboren. Er liebte das Kind, und sowohl er als auch Frau Bergljot hofften, daß nun alles besser würde, aber sie entfernten sich immer mehr voneinander.

Er versuchte wieder zu reisen, um neue Kräfte und neuen Mut zu sammeln. Die Tour ging nach Holland und Belgien, aber wurde ein Fehlschlag. In Ostende geriet er regelrecht ins Unglück. Im Spielkasino der Stadt verlor er eine hohe Summe, und nur durch die großzügige Hilfe seiner Frau, die wohlhabend war, konnte er die Schuld begleichen.

Hamsun war immer peinlich genau in Geldsachen gewesen, er haßte Schulden, und die große Summe, die er nun seiner Frau schuldete, belastete ihn schwer. Er machte alle Anstrengungen, um ihr das Geld möglichst schnell zurückzuzahlen, und im Laufe einiger weniger Jahre hatte sie ihr Geld auch mit Zins und Zinseszins zurückbekommen. Aber anfangs war es nicht leicht. Hamsun schrieb an seine Verleger und bat um eine Handreichung. Langen half und schickte ihm etwas, aber er wußte nicht, wie ernst, wie ehrenrührig die ganze Angelegenheit für Hamsun war.

> »Ich habe drei Versuche gemacht«, schrieb Langen, »um Ihnen das Geld zu beschaffen, und ich habe drei Absagen bekommen. Die betreffende Summe ist ja hoch. Ich kann Ihnen im nächsten Monat 1000 frs. senden, mehr schaffe ich nicht, ob Sie es glauben oder nicht. Der größte Teil meiner Einnahmen aus dem vorigen Jahr ging an Freunde, die mich um Hilfe baten... Ist Ihre Situation so verzweifelt? Spielschulden von einem Dichter! Es handelt sich ja nicht um einen Offizier, der seine Stellung und seine Ehre verliert. Sie sind leichtsinnig gewesen, well, aber Ihr Talent,

Hamsuns erste Frau Bergljot mit der Tochter Viktoria, 1903

Ihr Genie ist Ihnen geblieben. Ältere Leute werden, wenn sie von Ihrem Unglück hören, den Kopf schütteln – die jungen werden sagen: Der Mann hat Pech gehabt. Aber für alle werden Sie trotzdem der Dichter von ›Hunger‹ und ›Pan‹ bleiben...«

Hamsun ließ sich mit solchen Argumenten nicht beruhigen. Er nahm seine Ehre ebenso ernst wie ein Offizier. Er verkaufte Wertgegenstände, die er besaß, verpfändete sogar seine goldene Uhr, und um finanziell wieder auf die Beine zu kommen, arbeitete er mit Hochdruck und beendete 1903 drei Bücher: Die Reiseschilderungen vom Kaukasus »Im Märchenland«, das Schauspiel »Königin Tamara« und die Novellensammlung »Gestrüpp«. Das half ihm über das Schlimmste hinweg.

Von den Büchern, die er jetzt herausgab, ist »Im Märchenland« das bedeutendste. »Königin Tamara« ist ein romantisches Werk mit viel orientalischer Pracht und Poesie. Es basiert ebenfalls auf den Eindrücken seiner Reise in den Orient. Als das Drama im nächsten Jahr mit der Musik von Johan Halvorsen im Christiania-Theater aufgeführt wurde, übertraf die Pracht der Ausstattung alles, was man bisher in Norwegens Hauptstadt bei Aufführungen gesehen hatte. Der Erfolg war trotzdem bedingt, weil die inneren und äußeren Qualitäten des Stückes in keinem angemessenen Verhältnis zueinander standen. – Eine Enttäuschung war es indessen für Hamsun nicht, er vertrat ja sowieso die Meinung, daß das Drama für eine gute und eingehende Psychologie nicht geeignet war.

V

Im Jahre 1902 wurde Bjørnstjerne Bjørnson 70.
Die ganze Welt huldigte ihm, und in der Festschrift, die aus Anlaß des Tages herausgegeben wurde, stand ein Gedicht von Knut Hamsun an den Helden seiner Jugend und seines Erwachsenendaseins, an den Menschen, den er am meisten von allen verehrte.

> Wir nennen einen Namen –
> schon rauscht er uns entgegen
> im goldenen Kornfeld,
> – – –

Theaterdirektor Bjørn Bjørnson erzählt in seinem Buch »Erinnerungen an Aulestad« von dem Festtag des Vaters und dem ergreifenden Augenblick, als ihm Hamsuns Gedicht überreicht wurde: »Er setzte sich hin und las es langsam durch. Wir standen dabei und sahen ihn an. Sahen, wie ergriffen er war. Mit aller Wärme und Heiterkeit in seinem Gesicht lächelte er uns zu, als er es gelesen hatte. Mutter weinte und umarmte mich. Nach einer Weile sagte Vater: ›Nein, daß Hamsun eine solche Meinung von mir hat, das freut mich wirklich. Es ist, als ob ich unerwartet erhöht worden wäre. Ich kann es fast nicht glauben, es kommt so plötzlich über mich...‹«

Abends fand ein Fackelzug für Bjørnson statt, und nach der Festvorstellung im Theater sprach Verner von Heidenstam. Aber Hamsun war nicht anwesend. Bjørn Bjørnson erzählt:

»Vater erhob sich sehr bewegt... *Wo ist Hamsun?* – Ich suchte Hamsun und erfuhr, daß er in einer Klinik in der Pilestredet lag, nicht gefährlich krank. Am nächsten Vormittag gingen wir zu ihm...

Vater blieb einen Augenblick in der offenen Tür zum Krankenzimmer stehen. Er füllte die Türöffnung in seinem dicken Pelzmantel und mit der Mütze in der Hand, und er sah Hamsun an, der allein im Zimmer lag, die Hände unter dem Kopf, und sah ihn wieder an.

Ja – was soll ich sagen – Hamsun blickte ihn an, warm und lächelnd, beinahe schelmisch munter. Vater ging zu ihm hin und setzte sich an sein Bett. Auch wenn sie kein Wort miteinander gesprochen hätten, war es hinreichend deutlich, was sie meinten. – Es waren sozusagen zwei Norweger – norwegischer konnte man gar nicht sein –, die nicht vieler Worte bedurften...«

Aber nur ein Jahr später hatten die politischen Ereignisse das Verhältnis zwischen den beiden abgekühlt. 1903 schrieb Bjørnson seinen berühmten Wahlartikel, in dem er zu Besonnenheit und zu Verhandlungen mit den Schweden in der Unionsfrage mahnte – was Hamsun und die meisten Norweger strikt ablehnten. Und als Bjørnson im gleichen Jahr von der Schwedischen Akademie der Nobelpreis zuerkannt wurde und er ihn annahm, da sahen Hamsun und viele mit ihm einen Zusammenhang – was für Bjørnson selbstverständlich nicht zutraf. Er war nicht von der Art.

Aber Hamsun war über seinen Helden enttäuscht. Und in einem offenen Brief an Bjørnstjerne Bjørnson im »Forposten« legt er seine Gründe für seine Enttäuschung dar: Bjørnson habe alles, wofür er bisher in dem Verhältnis zu den Schweden gekämpft habe, verraten, – und bitterer ist

Hamsuns Wort: »Sie sind alt geworden, Meister, das ist die Sache. Und wahrhaftig, Sie sind nicht alt gewesen.«

Aber 1904, bei einem Volk, das neunzig Jahre lang keinen Krieg geführt hatte und dessen Leben friedlich verlief und bis zu einem gewissen Grad auf Verträglichkeit der Landsleute untereinander eingestellt war, da konnte man es sich nicht leisten, in politischen Fragen zerrissen zu sein – auch nicht in konstitutionellen Fragen. Und später hat vielleicht Hamsun und auch andere der Gedanke gestreift, daß Bjørnsons Meinung doch nicht so verräterisch war.

Jedenfalls war Hamsun nicht nachtragend. Denn aus der Gedichtsammlung, die er in diesem Jahr herausgab, hatte er das Huldigungsgedicht an Bjørnson keineswegs entfernt – was ein anderer berühmter Dichter vierzig Jahre später mit Hamsun machte. Hamsun war treu gegenüber denen, in deren Schuld er stand, und in den folgenden Jahren kehrte er immer wieder zu Bjørnson zurück und ehrte ihn in Schrift und Wort.

Die Gedichtsammlung »Der wilde Chor« enthielt neben dem Gruß an Bjørnson die besten Gedichte, die Hamsun im Laufe der letzten Jahre geschrieben hatte.

Das Buch fand viel Beachtung, als es erschien, und mit ihm rückte Hamsun plötzlich in die vorderste Reihe der Lyriker.

Die Lust, Verse zu schreiben, hatte Hamsun schon als Kind gehabt. Das erste, was er überhaupt schrieb, um seine Stimmung auszudrücken, waren Gedichte. – Als weltberühmter Dichter wurde Hamsun einmal von einem amerikanischen Interviewer gefragt, was er von der modernen norwegischen Dichtung halte. Hamsun antwortete, daß er im allgemeinen keine moderne norwegische Dichtung lese. »Ich lese nur Zeitungen und Lyrik. Die Zeitungen enthalten Leben und die Gedichte Wahrheit.«

»Aber«, fragte der Journalist, »ist es nicht umgekehrt richtig? Gibt es nicht auch etwas Wahres in den Zeitungen?«

»Ach ja, aber dort ist viel mehr Leben – und sogar die *Unwahrheit* ist ein auffälliger Zug im modernen Leben.«

»Da meinen Sie also, daß auch viel Wahrheit im Leben ist, sonst würden Sie ja keine Lyrik lesen.«

»Ja, ein vollkommenes Gedicht ist eine vollkommene Wahrheit.«

»Verspricht Norwegen eine literarische Zukunft zu haben?«

»Ein Land verspricht nie eine literarische Zukunft zu haben. Norwegen wird so viele Dichter bekommen, wie geboren werden. Unsere drei größten

Dichter zur Zeit sind Alf Larsen, Olaf Bull und Wildenvey. Sie schreiben eine wunderbare Lyrik...«
Die Lyriker sind also Norwegens größte Dichter!
Daß Hamsun in einer niedergedrückten Stimmung auch schreiben konnte, die lyrische Dichtung sei nichtssagend, ist natürlich ein Widerspruch – aber solche Widersprüche sind bei Hamsun die Folge seines von Stimmungen bestimmten Lebens, von dem Konflikt zwischen Leben und Dichtung, der sich bei ihm allmählich entwickelte. In schöpferischen Augenblicken kehrte er trotzdem immer wieder zu Gedichten zurück, von Anfang an sang es in ihm. Als Hamsun seinen Einzug in die norwegische Literatur hielt, war es vor allem die Musik, die Melodie der Worte und der Rhythmus der Sätze, die ihn überwältigte. Hier waren das Epische und das Lyrische miteinander verschmolzen zu noch nie gehörten Harmonien. »Der wilde Chor« fügt sich ganz natürlich in einen Zusammenhang ein. Auch in den Gedichten liegt die Verkündigung eines neuen Natur- und Lebensgefühls, das in einer gebundenen Form seiner poetischen Botschaft Ausdruck verleiht.
Mit dieser Gedichtsammlung machte Hamsun Schule für eine norwegische Lyrik, die nun ihre ersten grünen Schößlinge trieb. Hermann Wildenvey, Olaf Bull, Arnulf Øverland – alle stehen sie auf verschiedene Weise künstlerisch in Hamsuns Schuld.

Als »Der wilde Chor« ins Deutsche übersetzt wurde, wollte der Übersetzer Heinrich Göbel gerne etwas über Hamsuns Arbeitsmethode erfahren, darüber, wie seine Gedichte entstanden.
»Jeder Poet weiß«, antwortete Hamsun, »daß Gedichte unter einem mehr oder weniger starken Stimmungsdruck entstehen. Es summt ein Lied in einem, es kommen einem Farben ins Auge, man spürt, daß etwas das Innere durchzieht. Es ist verschieden, wie lange dieser Sinneszustand dauert; ich bin – in guten Augenblicken – darauf aus gewesen, eine Strophe nicht fertig zu schreiben, ehe die nächste herbeiströmte, ich muß die halbfertigen Strophen überspringen und mit einer neuen weiter unten auf dem Papier anfangen, ja, oft steht nur hier und dort eine einzelne Zeile da, die dem großen Strom nicht gefolgt ist. Und sollte ich diesen unvollkommenen Entwurf herausgeben? Das würde weder mich noch meine Leser befriedigen.
Auf diese Weise habe ich eine Menge Strophen liegen, die nicht herausgegeben werden, ehe die Form verbessert ist... Es gibt übrigens keinen wesentlichen Unterschied in meiner Arbeitsmethode bei Prosa und Poe-

sie. Ein großer Teil von dem, was ich geschrieben habe, ist nachts entstanden, wenn ich ein paar Stunden geschlafen hatte und dann aufwachte. Ich bin dann ganz klar im Kopf und äußerst empfänglich für Eindrücke. Ich habe immer Papier und Bleistift neben meinem Bett liegen, ich zünde kein Licht an, aber fange sofort an im Dunkeln zu schreiben, wenn ich spüre, daß etwas herausdrängt. Es ist mir jetzt zur Gewohnheit geworden, und ich habe keine Schwierigkeiten, meine Papiere am nächsten Morgen zu entziffern.
Ich möchte Ihnen nicht den Eindruck von etwas Mystischem bei der Entstehung meiner Gedichte vermitteln. Daß ich am besten im Dunkeln schreibe, ist eine Gewohnheit – eine schlechte Gewohnheit –, zu der wahrscheinlich der Grund in den Jahren gelegt wurde, als ich nicht genug Licht hatte, das ich anzünden konnte, und ich mich behelfen mußte, so gut es ging...
Der Sommer ist meine beste Zeit. Viele meiner Gedanken entstehen, wenn ich im Wald auf dem Rücken liege. Ich versuche, mich weit von den Menschen und von allen Erinnerungen an das moderne Leben zu entfernen, ich versetze mich in die Tage meiner Kindheit, als ich zu Hause das Vieh hütete. Damals ist mein Naturgefühl erwacht – falls ich eines habe...«
Falls ich eines habe!
Selbst während der tiefsten Zweifel und Depressionen hat er diese Worte nicht buchstäblich genommen. Niemand wußte besser als er, wie durchwebt gerade er von einem feinnervigen Naturgefühl war und daß dieses Gefühl und die Träume und Erinnerungen aus seiner Kindheit die tragenden Elemente seiner Kunst waren. Er wußte es bis zum Übermaß. Entfernte er sich von diesen Quellen, war es, als ob er vertrocknete, und bewußt oder unbewußt suchte er wieder den Kontakt.
Er lebt einen Sommer in Südnorwegen. Er wandert am Strand entlang und findet ein einsames Boot bei einer Brücke. Das weckt eine Kindheitserinnerung: *Die Flucht vor dem Onkel zu Hause auf Hamarøy*: Es war an einem Sommertag frühmorgens. Der Junge läuft in Richtung Wasser davon. Er findet am Strand ein Boot, stößt vom Land ab, und der Meeresstrom Glimma treibt das Boot zum offenen Meer. Erst jetzt entdeckt er, daß in dem Boot keine Ruder sind. Er hat die Flucht wohl nicht geplant, er wollte nur weg, weg von dem Onkel – und er legt sich in das Boot und läßt sich treiben. Wie durch ein Wunder landet er auf einer Insel. Hier geht er an Land und wird am nächsten Tag gerettet.
An einem Sommertag, vielleicht dreißig Jahre später, wird er mit einem

einsamen Boot bei einer Brücke in Südnorwegen konfrontiert. Er steigt in das Boot, stößt sich vom Land ab und läßt sich treiben. – Und wieder landet er auf einer Insel.
Sigmund Freud hat den Begriff »Wiederholungszwang« geprägt, das heißt, daß man in ein Muster von Wiederholungen gezwungen wird. War es die Erinnerung an eine Insel aus einer fernen Kinderzeit, daß es »über ihn kam«? Was begegnete seinen Augen draußen auf der kargen Nordlandsschäre in der hellen Sommernacht – ein wenig grünes Gras, ein windzerzauster Busch und ein paar Spiräensträucher?
Eines der schönsten, am stärksten inspirierten Gedichte, das Hamsun geschrieben hat, heißt »Insel im Schärengürtel«.

> Der Nachen gleitet
> Zur Schäreninsel,
> Zum Eiland im Meere
> Mit grünem Strande.
> Hier blühen Blumen
> Für keines Auge;
> Sie stehn befremdet
> Und sehn mich landen.
>
> Mein Herz, verzaubert
> Zum Märchengarten,
> Trägt gleiche Blumen
> Wie diese Insel;
> Sie reden zusammen
> Und flüstern seltsam
> Und lächeln wie Kinder,
> Die sich begegnen.
>
> Wer weiß – ich war wohl
> Im Anfang der Zeiten
> Als weiße Spiräa
> Hier einst zu finden.
> Den Duft riech' ich
> Der Vorzeit wieder,
> Uralte Erinnerung
> Macht mich erbeben.

> Mein Auge schließt sich,
> Ein fernes Erinnern
> Beugt auf die Schulter
> Das Haupt mir nieder...
> So steigt die Nacht auf
> Und deckt das Eiland –
> Dumpf braust vom Meer her
> Nirwanas Brausen.

In seinem Buch »Der Turm« erzählt Johannes Jørgensen, wie es war, »wenn Hamsun von seinem Norwegen herunterkam und das literarische Kopenhagen wie eine Steinlawine überrollte«.
1904 wurde Hamsun ein Stipendium gewährt, und der Erdrutsch war gewaltig und dauerte eine Woche.
Wo der Verkehr von dem geschäftigen Zentrum Kopenhagens durch das Vimmelskaftet strömt, an der Ecke der Badstuestrædet, lag das Künstlercafé »Bernina«, der Treffpunkt der Bohemiens in den 80er und 90er Jahren und der Dichter, Schauspieler und Journalisten um die Jahrhundertwende.
Die eigentliche Zeit der Boheme war vorbei. Der Ritter von der idealisierten Armut und dem ungebundenen Leben mit allen Freiheiten war nicht mehr der Revolutionär in der Kunst. Lange hatte er dagesessen, über den Rand seines Glases gestarrt und darauf gewartet, daß etwas geschehen würde – er wartete vergebens. Dann kamen seine Nachfolger, Sänger der Neuromantik, Radikale mit steifem Hemdkragen und Journalisten von der Boulevardpresse. Sie saßen in denselben Plüschsesseln, an denselben Marmortischen unter dem alten Glasdach des Berninacafés und hielten geistreiche und beschwingte Reden. Neue Wahrheiten wurden im Jahre 1904 verkündet – und lebten, bis sie starben.
Aber es sind doch die spitzesten Federn des Nordens, die im »Bernina« geführt werden. Hier wird intensiv gelebt, und manch seltsames Schicksal erreicht seine Vollendung in diesem Milieu. Hier blitzen die geistigen Waffen über den goldenen Absinthgläsern. Aber hier hört man auch den Knall grundloser Ohrfeigen und aus den dunklen, möblierten Zimmern mit den dichten Gardinen das Echo eines tragischen Revolverschusses.
Seit den 80er Jahren hatte die Bernina-Clique einen erbitterten Kampf gegen bürgerliche Engstirnigkeit, Zensur und guten Ton geführt. Natürlich schleppten nicht alle brennende Ideen mit sich herum. Viele, die sich

täglich im »Bernina« aufhielten, waren nichts anderes als ganz öde Kleinbürger, die in dieser klassenlosen und buntscheckigen Atmosphäre Zerstreuung suchten. Es hob ihr Selbstgefühl, mit »bekannten Personen« zusammenzusitzen. Aber andere glaubten wirklich, hohen Idealen zu dienen, und zu einer Geldstrafe oder einer Gefängnisstrafe wegen »unzüchtiger Schreibereien« verurteilt zu werden, galt als verdienstvoll. Der Norweger Hans Jæger war in dieser Hinsicht ein Vorbild für die Bernina-Boheme. Helge Rode wurde als unzüchtiger Schriftsteller verurteilt. Oscar Madsen zeigte Christian Krohg für seinen Artikel »Im Bernina« an, was jedoch nicht das erwünschte Resultat brachte. Aber Oscar Madsen wurde selbst mit 200 Kronen Bußgeld bestraft, weil er Maupassants »Bel ami« übersetzt hatte. Gustav Wied kam wegen einer Novelle in der Zeitung »København« ins Gefängnis. Ove Rode saß zwei Monate wegen Blasphemie. Gustav Esmann mußte 25 Kronen Strafe zahlen, weil er Edvard Brandes verprügelt hatte. Esmann wurde später von seiner Geliebten erschossen, die sich auch selbst erschoß. Andreas Haukland schlug Edvard Munch auf offener Straße, wurde von der Polizei gesucht, aber entkam, während Thomas Krag sowohl Oscar Madsen als auch den Journalisten Holger Federspiel wegen einer literarischen Indiskretion verprügelte – wofür er natürlich nicht bestraft wurde.

Alles das war ein bewegter Hintergrund der Bernina-Clique. Diese Menschen – Künstler und halbe Künstler – waren fast ausnahmslos besessen von der dramatischen Kunst. Gustav Wied, Rode, Esmann – alle schrieben sie für die Bühne – und Herman Bang war selbst die personifizierte Tragikomödie.

So wie diese Menschen lebten, mußte auch etwas Theatralisches und Tragisches über ihrem Tod liegen. Viele nahmen sich das Leben – sie alle trugen den Stempel der Dekadenz.

VI

August 1904

Die beiden norwegischen Dichter Thomas Krag und Knut Hamsun steigen die Marmortreppe zum Café »Bernina« hinauf. Es ist am späten Vormittag, und sie haben beide Durst.

Sie sind zwei auffallende Personen. Thomas Krag ist sogar eine außergewöhnliche Erscheinung. Lang und dünn, etwas gebeugt und x-beinig nimmt er die Treppe mit ein paar seltsamen, unbeholfenen Sätzen. Er erinnert an ein Insekt. Die hellblauen, etwas hervorstehenden Augen blinzeln kurzsichtig, es liegt ein trauriger Zug in dem Gesicht mit dem halblangen, herunterhängenden Bart. Und sogar der Künstlerschlips um den hohen Vatermörder hängt ruhig und tot herunter und will sich nicht farbenfroh entfalten.

Hamsun ist elastischer, nicht so groß wie Krag, aber kräftig und breitschultrig. Er trägt einen braunen Hut und einen braunen Mantel, die gut zu dem rotbraunen Haar und dem keck abstehenden Schnurrbart passen.

Drinnen im Café werden die beiden Norweger von vielen Tischen mit Willkommensrufen begrüßt und mit scherzhaften Andeutungen auf den vorhergehenden Abend, als es sehr munter zugegangen war und vor allem Hamsun sich hervorgetan hatte.

Aber Hamsun ist jetzt nicht in der rechten Laune. Er nimmt Krag am Arm, und mit raschen Schritten steuert er auf einen leeren Tisch am Eckfenster zum »Strøget« hin zu. Schnell und mit einem Knall auf den Tisch bittet Hamsun um Salzhering, Whisky Soda und Zeitungen.

»Und du bist friedlich, Thomas!« sagt er drohend zu dem stummen Krag, der bis jetzt noch kein Wort gesprochen hat.

Es herrscht ein komischer und höchst persönlicher Ton zwischen den beiden Freunden. Der verweichlichte Thomas Krag hat nicht Hamsuns Frische und den offenen Charme nach den vielen Gläsern. Seine melancholischen Augen und seine leise klagende, nicht sehr melodische Stimme haben indessen eine erstaunliche Wirkung auf die Frauen. Und Hamsun muß sich tatsächlich geschlagen geben, sozusagen auf vertrautem Feld, von diesem Rivalen mit den schönen, liebkosenden Händen.

»Ja«, konnte da Hamsun sagen, »es ist doch merkwürdig, Georg Brandes hat aus reiner Mißgunst das Gerücht ausgestreut, daß ich X-Beine habe!«

Dieser Tag beginnt wie viele andere im »Bernina«.

Allmählich finden sich die Stammgäste ein. Sie suchen sich ihren Tisch, ihre Freunde, ihren Geliebten oder ihre Geliebte. Und gegen Abend scheint ein sonderbarer Zufall die ganze Künstlerelite Kopenhagens hierhergeführt zu haben.

Da kommt Peter Nansen, einer von Gyldendals vornehmen, leitenden Herren in einem gut sitzenden Anzug, elegant, ungezwungen. Eine Zigarette glüht in dem blassen Gesicht. Liegt es an dem Rauch, daß er so angestrengt schaut? Oder ist es der Anblick der schönen Anna Larssen vom

Dagmar-Theater, die bereits im Alter von sechzehn Jahren mit Gustav Wied verlobt war?
Da taucht Ove Rode auf – der kühle Vogel Argus der Presse mit der geschmeidigen Haltung und der schleppenden Sprache. In seinem Gefolge der zurückhaltende Ironiker Valdemar Koppel, Lorry Feilberg und der Zyniker Gustav Esmann, dessen Schriftstellerlaufbahn schon einen Monat später durch eine tödliche Revolverkugel enden sollte.
Der Norweger Hjalmar Christensen kommt dazu – er ist Hamsuns Freund von früher, und der junge Schauspieler Olaf Fønss wird herzlich empfangen. Er ist ein richtiger Mann, zuverlässig, und Hamsun mag ihn deswegen. Der Kreis um Krag und Hamsun wird ständig größer. Und die Stimmung steigt. Peter Nansen hat »Gyldendaler« für Hamsun dabei, und dieser läßt sie in seiner Tasche nicht alt werden. – Die schöne Frau Agnes Henningsen, die erfahrene Spezialistin der erotischen Novelle in der dänischen Literatur, hat lange vornehm zurückgezogen mit Carl Ewald zusammengesessen, aber jetzt schließt sie sich dem Kreis an, und es wird eines von den großen und seltenen Festen...
»Musik! Kerzen! Champagner!« ruft Hamsun. Er steht bereits mit hocherhobenem Glas auf dem Marmortisch und hält eine Rede. Die Gesichter heben sich zu ihm auf. Die Champagnerkorken knallen, der Wein fließt in Strömen. Ja, das ist doch was! Er hat ein Stipendium, die ganze Gesellschaft ist von ihm eingeladen, und er umarmt sie alle in seiner Rede.
Nur *einer*, ein kleiner Mann mit markanter Nase und Brille, sitzt still beobachtend da und lächelt...
Trotz seiner Berühmtheit, trotz des hohen Platzes, den er bereits in der jungen dänischen Dichtung einnimmt, fällt er nicht sonderlich auf, und es läßt sich auch niemand von seiner Anwesenheit beeindrucken. Aber Johannes V. Jensen trägt es mit Fassung, er ist sich seiner Bedeutung durchaus bewußt. Und er hat Zeit und kann es sich leisten, seinem Freund Hamsun zu lauschen, ohne sich vorzudrängen. Johannes V. Jensen ist noch ein junger Mann, und seine Begeisterung für Hamsun ist aufrichtig und echt. Mit seiner Sprachgewalt in »Himmerlandsgeschichten« und »Fall des Königs« eroberte er sich in der dänischen Literatur die gleiche Position wie Hamsun in der norwegischen – aber er ist jederzeit bereit, seinem Lehrmeister Hamsun für vieles zu danken, denn er ist noch jung und hat die Fähigkeit zu Freundschaft und Hingabe. Eine Fähigkeit, die er später bis zu einem gewissen Grad ablegte. Einer der vielen Schäden des Krieges.
Aber keiner – weder Drachmann, Wildenvey noch Olaf Bull – hat Hamsun

festlicher und üppiger gehuldigt als Johannes V. Jensen in dem phantastischen Epos »Held Hagen«. Es ist das Heldengedicht von den Schlachten in Kopenhagen, als die Flasche Champagner 2 Kronen kostete, ein Whisky Soda 50 Øre, und die Kunst und die Künstler noch gediehen.
In der Einleitung hören wir, wie anstrengend es auch damals sein konnte, aber wie tapfer Hagen aushielt. Und dann geht es los:

> Gut. Bei dem fünften Whisky
> zeigt seine sinnende Nase
> zu den brennenden Kerzen;
> der Lotse wittert Fröhlichkeit.
>
> Der Haarschopf an seinem Ohr
> zittert beim Gedanken an Torheit,
> er streckt die schrecklichen Tatzen,
> kräuselt zum Lächeln den Schnurrbart.
>
> Kegelten wir, dann rollten
> die Kugeln, die Rückwand splitterte.
> Bravo! Bataillon!
> Waren wir jenseits der Bahn?
>
> Streitlüstern gingen wir später
> aus dem Zentrum der Stadt,
> bis endlich wir kamen
> draußen zur »Roligheden«.
>
> Da schlürften wir den Champagner,
> Da besahen wir uns die Mädchen...

In 46 festlichen Strophen wird von Hagens gewaltigem Einsatz während einer dreitägigen Zechtour durch Kopenhagens verschiedene Etablissements berichtet.

> Golden und fromm wie Gottvater
> erhebst du dich, Fürst...
> und schmiedest den Champagnerkübel
> mit Inhalt dort auf der Bühne.

> Dann schickst du die Stühle
> freundlich zur gleichen Stelle,
> *den Tisch* wirfst du sanft
> zu bleichen Bajaderen hinauf!

Das Heldengedicht über den Helden Hagen kam 1906 heraus, und vielleicht war es dieser Tag im »Bernina«, der Johannes V. Jensen dazu inspirierte.

Denn Hamsun wird in einem rauschenden Fest gefeiert.

Peter Nansen ist eigentlich gekommen, um mit ihm über Literatur und geschäftliche Dinge zu sprechen, aber es ist vergeblich und jetzt ganz unmöglich. Nansen bleibt nichts anderes übrig, als sich zurückzuziehen, während die Schlacht weiter tobt.

Einer in der Gesellschaft findet heraus, daß Hamsun Geburtstag hat, woran er selbst nicht gedacht hat. Er will davon nichts wissen, »vergeßt den Quatsch! Wir wollen lieber auf die Jugend anstoßen!«

Das Fest wird an verschiedenen Plätzen gefeiert. Man landet bei Wivel. Dort spielt ein großes Orchester, und Hamsun spendiert Wein für die Musiker! Die Stimmung ist ausgelassen, es gibt neue Reden und Blumen für die Damen.

Gegen Abend entdeckt Hamsun, daß sein Geld zur Neige geht, er schickt einen Boten zu Gyldendal nach mehr Geld. Nansen, der wieder in seinem Kontor sitzt und ein kluger, vorsichtiger Mann ist, findet es verrückt, daß Hamsun auf diese Weise sein Geld mit vollen Händen zum Fenster hinauswirft. Er schickt den Boten zurück mit 100 Kronen in Gold und einem Brief folgenden Inhalts:

»Lieber Hamsun, die Kasse ist geschlossen, aber können Sie sich mit diesen 100 Kronen in Gold behelfen, die ich von meiner Frau geliehen habe?«

Eine Weile sitzt Hamsun ruhig und mit schiefem Kopf da und überlegt. Dann geht er hinaus. Nach einer halben Stunde kommt er zurück und seine Brieftasche ist prallvoll mit Scheinen.

»Wo hast du das alles her?« fragt Hjalmar Christensen.

»Nun, ich habe Kredit in Kopenhagen«, antwortet Hamsun unbekümmert. Und das Fest geht weiter.

Aber am nächsten Tag sprach es sich herum, daß Frau Betty Nansen für 100 Kronen langstielige gelbe Rosen geschickt bekommen hatte.

VII

Das unruhige, rastlose Leben, das Hamsun in diesen Jahren führte, war eigentlich seiner innersten Natur zuwider. Er brauchte wohl die Ausgelassenheit der literarischen Zechgelage zusammen mit guten Freunden, so wie seine Nerven die Spannung des Spiels brauchten, aber er hielt die Gelage nie lange aus.

In Kopenhagen hatte Hamsun von Peter Nansen den Auftrag bekommen, einen kleinen Roman für eine Serie, die Gyldendal geplant hatte, zu schreiben. Und das paßte ihm ausgezeichnet. Er hatte den Roman praktisch schon fertig, und 1904 kam »Schwärmer« heraus – eines von Hamsuns lustigsten Büchern.

»Schwärmer« ist die Geschichte von dem großen Telegrafisten Rolandsen, »dem Riesen« aus Hamsuns Jugend in Nordland, der solche Schwierigkeiten hatte, wütend zu werden – und dem Hamsun gutherzig die Prinzessin und das halbe Königreich andichtete. Die Handlung spielt in Nordland bei dem Kaufmann Mack auf dem Rosenhof, einem Bruder des Großkaufmanns auf Sirilund, und das kleine Buch strahlt förmlich vor Humor und verschmitzter Erzählerfreude. – Rolandsen ist ein Typ, den Hamsun mag. Seine blühenden Wortbilder und großartigen Aussprüche sind in ihrer grotesken Liebenswürdigkeit sowohl nordländisch als auch typisch für Hamsun. Als junger Bursche achtete Hamsun auf die Wortwahl der einfachen Leute, wenn sie von ihren Taten und Abenteuern erzählten. Ihre Rede war gespickt mit biblischen Ausdrücken, mit mißverstandenen Worten aus Büchern und Kingos Kirchenliedern. Die Rede hatte eine naive Poesie von unmittelbar komischer Wirkung, über die Hamsun sich amüsierte. Bei dem riesigen, gutmütigen Rolandsen, der übrigens nicht *nur* groß und freundlich ist, sondern auch ein gut Teil Initiative besitzt, wird das Komische eine Eigenschaft. – »Ei, Ihre Augen sind ja Zwillingssterne«, sagt der verliebte Rolandsen, »und in Ihrem Lächeln sonne ich mich.«

Alles endet gut in diesem heiteren Buch. Denn diesmal ist der Held kein *Dichter* mit einem unglücklichen Liebesverhältnis, sondern ein robuster und liebenswerter Mann, den Knut Hamsun einmal gekannt hat und den er nach seinem eigenen Sinn weiterdichtet. Die junge Pfarrersfrau in dem Buch ist natürlich auch nicht *nur* ein Produkt seiner Phantasie, sie ist vielmehr ein deutliches Abbild von Frau Bergljot. Aber auch sie ist mit einem guten und nachsichtigen Lächeln gezeichnet. »Sie war wahrhaftig ein süßes kleines Hauskreuz.«

Die Ordnung, das Gefühl, zu Hause zu sein, wonach Hamsun sich in seiner Ehe so gesehnt hatte, vermochte seine Frau ihm nicht zu geben. Alles, was Unordnung und Durcheinander hieß, wirkte stark verstimmend auf ihn. In »Schwärmer« kann man über den Pfarrer und seine Frau lesen:
»Du lieber Himmel, wie unverdrossen hatte der gute Pfarrer mit seiner Frau im Kampf gelegen, um ihr ein wenig Ordnung, ein wenig Umsicht beizubringen. Vier Jahre lang hatte er sich vergeblich bemüht. Er hob Fäden und Papier vom Boden auf, sorgte dafür, daß alle Dinge wieder an Ort und Stelle kamen, schloß die Türen hinter ihr, sah nach den Öfen und schraubte die Klappe zu. Wenn seine Frau ausging, nahm er sich Zimmer für Zimmer vor, um nachzusehen, in welchem Zustand sie sie hinterlassen hatte: Da lagen Haarnadeln herum, Taschentücher, Kämme voller Haare, und die Stühle waren mit Kleidungsstücken bedeckt. Das grämte den Pfarrer, und er brachte alles in Ordnung. In der kleinen möblierten Kammer seiner Junggesellenzeit hatte er sich heimischer gefühlt als jetzt.«
»Schwärmer« war die Komödie über das Motiv, das Hamsun einmal in einem Liebestraum so schön in »Viktoria« gestaltet hatte. Jetzt war er am Ende einer Reise. Und typisch für ihn, er wählte das schadenfrohe Lächeln statt die Süße der Tränen. Aber »Schwärmer« bedeutet für den Dichter von »Pan« und »Viktoria« den Übergang in eine neue Dichterwelt.

VIII

1905

In dieser Zeit – dem entscheidenden Stadium des Unionskampfes –, als es für Norwegen auf der Kippe zwischen Krieg und Frieden stand, war Hamsun brennend an dem Geschehen interessiert. Er schrieb einige Artikel gegen die gemäßigten antischwedischen Kampfgedichte in dem Flugblatt »Strax«, und er meldete sich bei dem Schützenverein in Drøbak an.
Ausnahmsweise stand er auf der Seite, auf der auch die meisten Norweger standen. Oberflächlich betrachtet hätte es vielleicht besser zu ihm gepaßt, wenn er jetzt die Partei der Minderheit ergriffen hätte, wie man es eigentlich von ihm gewohnt war. Aber Hamsun war *nicht wankelmütig*, das gehörte zu seinen obersten Prinzipien, und diesmal stimmte seine subjektive Auffassung von Recht und Unrecht mit der Auffassung der Mehrheit überein.

Gleichzeitig mit der Befreiung Norwegens am 7. Juni 1905 geschah etwas in Hamsuns Leben, was ihn für kurze Zeit zu »einem Geist mit festem Wohnsitz« machte. Bei Drøbak hatte er für sich und seine Familie ein Haus umbauen lassen, nach eigenen Ideen und eigenen Zeichnungen. Und er hoffte, daß das Zusammenleben mit seiner Frau und der kleinen Viktoria, für die er eine rührende Zuneigung empfand, glücklicher werden würde. Aber das Unabwendbare trat ein, die Ehe wurde 1906 geschieden. Frau Bergljot behielt das Haus, aber verkaufte es bald.

Wieder mußte Hamsun umziehen. Er wohnte eine Zeitlang in Nordstrand bei Kristiania, später in Hotels rundum im Land. Er litt unter dieser ständigen Unruhe, die nicht nur eine Folge der Wohnverhältnisse war,

Richtfest mit Dichterlesung für Hamsuns Villa »Maurbakken« bei Drøbak, 1905

sondern vor allem der Unruhe in ihm selbst, jetzt beim Übergang zu den gefürchteten 50er Jahren.

Im Jahr davor hatte er die Novellensammlung »Kämpfende Kräfte« veröffentlicht. Die zwei bedeutendsten Erzählungen in diesem Buch sind die Reisebeschreibung »Unter dem Halbmond«, in der er die kontemplative Ruhe des Ostens der rastlosen Zivilisation des Westens und dem beginnenden Amerikanismus gegenüberstellt. Und außerdem die Erzählung »Vagabundentage«, in der er sein Leben als junger Mensch in der Prärie schildert. Beide Erzählungen lassen seinen Gemütszustand und seine Sehnsüchte in dieser Zeit erkennen, aber auch eine neue Einstellung, die er gewonnen hatte. Er will heraus aus den Städten, dem modernen Leben, »aus den Cafés mit dem geistreichen Geschwätz und den Hirngespinsten« hin zu dem freien, ungebundenen Leben in der Natur, und er sucht die Ruhe und die Würde für den Menschengeist, den die Philosophie des Ostens repräsentierte.

Hamsun ist fast fünfzig Jahre alt, und er bemüht sich offensichtlich, einen Standpunkt zu dieser fatalen Tatsache zu finden.

Und wieder träumt er sich in die Stille des Waldes und in die weiten fruchtbaren Landgemeinden, wo er, der Stadtmensch, Linderung für seine »Neurasthenie« sucht. Hier lebt er das gesunde Leben. »Seht, jetzt bin ich fort vom Lärm und Gedränge der Stadt, von Zeitungen und Menschen. Vor all dem bin ich geflohen, weil mich das Land und die Einsamkeit, aus denen ich gekommen war, wieder riefen.«

»Unter Herbststernen«, das 1907 erschien, und »Gedämpftes Saitenspiel«, eine Fortsetzung, die zwei Jahre später herauskam, diese beiden Bücher handeln von dem alternden Wanderer, der resigniert. Er steht außerhalb des Geschehens und des Glücksspiels der Liebe. Er ist ein Fremder, der nur schaut und beobachtet und kraft der Erfahrung seines Alters versucht, dem Schicksal einen Stoß in die richtige Richtung zu geben. Er ist der praktische Mann. Das *Praktische* ist eine wesentliche Seite bei Hamsun. Und er gibt gute und vernünftige Ratschläge, wo sie gebraucht werden. Er legt Wasserleitungen in die Häuser, er sät und erntet mit Sachverstand – er erfindet sogar eine Säge, um Bäume damit zu fällen.

Aber – »ach, wie schwer ist es doch, den schicksalsschwangeren Übergang zum Alter in einer schönen und stillen Weise zu schaffen. Da tritt die Verkrampfung ein, ein Gezappel, Grimassen, der Kampf mit den Jüngeren, der Neid.« Nicht immer macht er eine gute Figur.

Jedoch mit einem Lächeln in den Augenwinkeln nimmt er sich wieder eine kleine Pfarrersfrau, die auch über den ersten Frühling hinaus ist – aber keineswegs über den letzten. »In ihrem Innern spielte noch ein hinreißender Walzer.«

Mit diesen beiden Wandererbüchern brach Hamsun mit dem absoluten Individualismus seiner Jugenddichtung, mit einer lyrischen Prosadichtung, die, um ein naheliegendes Bild zu gebrauchen, in verfeinerter, erotischer Musikalität an den jungen Chopin erinnern könnte – beide ohne Vorgänger und ohne Nachfolger. Aber jetzt – sagt ihm sein Stilgefühl als Mensch, daß die Jugend und die berauschende Lebensfülle der Jugend dem Gesetz des Lebens unterworfen sind. In »Gedämpftes Saitenspiel« schildert er mit milder Anteilnahme Lovise Falkenbergs Schicksal in einer unglücklichen Ehe. Hamsun fragt nicht nach der *Schuld* – wer hat Schuld? Aber Lovise ist dem Gesetz unterworfen, dem der wertvolle Mensch bei Hamsun zu gehorchen hat: Ein Fehltritt ist eine schwere Last. Er gereicht dem wertvollen Menschen zum *Schaden*.

Schuld, sagt Hamsun, wer hat Schuld?

»Gott, bewahre mich davor, weise zu werden! Und den Menschen, die einst mein Sterbebett umstehen, werde ich noch mit bebenden Lippen zuflüstern: Gott bewahre mich davor, weise zu werden.«

Abschied von der Stadt

I

Ein Wanderer dämpft seine Saiten, wenn er ein halbes Jahrhundert alt wird. Da spielt er mit gedämpften Saiten.
Ich könnte es auch so ausdrücken:
Kommt er im Herbst zu spät in den Beerenwald, dann ist er eben zu spät gekommen. Und sieht er sich eines schönen Tages nicht mehr imstande, lustig zu sein und vor Freude über das Leben aus vollem Halse zu lachen, dann ist er wohl alt. Leg ihm das nicht zur Last! Im übrigen bedarf es zweifellos eines gewissen Grades von Hohlköpfigkeit, ständig mit sich selbst und allem zufrieden zu sein. Freundliche Stunden aber hat ein jeder. Ein Gefangener sitzt auf einem Karren und fährt zum Schafott. Auf dem Sitzbrett quält ihn ein Nagel, er rückt zur Seite und fühlt sich behaglicher.«
Diese Worte in »Gedämpftes Saitenspiel« waren Hamsuns Standpunkt mit fünfzig Jahren. 1907 hatte er einen Vortrag im Studentersamfundet gehalten, zur Verärgerung vieler. »Ehrt die Jungen« war der Titel des Vortrags, und das konnte ja noch angehen, daß er die Jungen ehrte. Aber daß er dem Alter keine andere Ehre als die der Resignation übrigließ, das schuf großes Mißbehagen, und Hamsun wurde in den Zeitungen angegriffen.
»Eine Mutter« schrieb: »Es war eine große Dummheit von Hr. Hamsun, mit einem so aufsässigen Vortrag gerade jetzt aufzuwarten, da seine Verleger zur Subskription seiner gesammelten Werke einladen.«
Und da war sicher etwas dran. Was sollte der normale Bürger zu folgendem sagen:
»Das vierte Gebot ist auf den Kopf gestellt: Die Eltern sollen die Kinder und die Jugendlichen ehren, nicht umgekehrt! ---
Die Jugend ist die vom Leben angeheuerte neue Mannschaft. Sie besitzt alle Kraft und Herrlichkeit. Vor jeder Verpflichtung weicht das Alter ohnmächtig zurück, und die Jugend drängt nach vorne.«

Aber rein physisch empfand Hamsun die Jahre nicht als drückend. Er war im Gegenteil ungeheuer stark und vital, und sein Appetit auf das Leben war gewaltig. Als er von seinen Reisen und seinem Aufenthalt im Ausland nach Kristiania zurückkehrte, schuf er Leben und Trubel um sich. Die Freunde strömten herbei, Nils Kjær, Carl Nærup, Sigurd Bødtker, Hjalmar Christensen, Hans Aanrud, Henrik Lund, Sven Elvestad, Torstein Torsteinson – und Hamsun veranstaltete Feste, die sich in Heftigkeit und Ausdehnung durchaus mit den Schlachten in Kopenhagen messen konnten. Allerlei kann man von diesen Festen berichten, bei denen der vielfältige Hamsun der dynamische Mittelpunkt war. Aber er machte nicht nur Spektakel, stand nicht unablässig im Grand auf den Tischen und hielt Reden, während er das Orchester mit Champagnerflaschen bombardierte. So unkompliziert war er nicht. Er war nämlich auch der hilfreiche Freund, der galante Kavalier gegenüber den Damen – und er war der einsame, unheimlich reuige Sünder.
Ich bringe hier ein paar Geschichten, die mir von zuverlässigen Zeugen der Hamsunschen Schlachten mitgeteilt worden sind.

Die berühmte Sängerin Cally Monrad und ihr Mann sitzen eines Abends im »Speilen«. Sie sieht wunderbar aus. Das schöne, blasse Gesicht strahlt Ruhe und Würde aus, nur ab und zu lächelt sie mit dem Mund und den großen grünen Augen. Eine vornehme, elegante, gepflegte Erscheinung.
Nicht weit entfernt sitzen Hamsun und einige seiner Freunde schon lange an einem Tisch – die Stimmung ist bestens, das kann man deutlich merken. Plötzlich erhebt sich Hamsun in seiner ganzen Majestät, deutet mit einem großen, zitternden Zeigefinger auf Frau Monrad und ruft: »Man sollte Vitriol in ein solches Gesicht schütten!«
Stille.
Was hat Hamsun gesagt? Das Lächeln ist wie eingefroren auf Frau Monrads Gesicht. Ihr Mann erhebt sich ein wenig, setzt sich aber mit einem dumpfen Knall wieder hin. Alle starren. Ist Hamsun verrückt geworden? Die Kellner treten nervös von einem Fuß auf den anderen.
Kurz darauf stehen Cally Monrad und ihr Mann auf und schreiten aus dem Saal – ruhig, korrekt, aber sehr bleich.
An Hamsuns Tisch entsteht Verwirrung. »Was zum Teufel hast du gesagt?« flüstert Sigurd Bødtker. »Du wolltest Cally Vitriol ins Gesicht schütten?«
Hamsun antwortet nicht, er geht hinaus.

Als Frau Monrad mit ihrem Mann die Garderobe verlassen will, liegt Hamsun auf den Knien vor der Tür – und er hat seine Schuhe ausgezogen. Vielleicht erinnert sich Cally Monrad später an den unglaublichen Skandal, als Leutnant Glahn ohne Sinn und Verstand Edvardas Schuh aus dem Boot ins Meer warf...

Im Grand sitzt ein Teil von Hamsuns Freunden an einem großen Tisch. Der Kellner bringt ihnen in kurzen Abständen Whisky-Soda. Als Hamsun sich nähert, entdeckt er in dem Kreis einen, den er nicht leiden kann. Er macht einen Bogen um den Tisch und setzt sich allein an einen anderen. Es gelingt den Freunden nicht, ihn in ihre Runde zu ziehen. Hamsun bestellt Wein, geht ein bißchen herum, spricht mit Bekannten, aber nähert sich dem Tisch mit den Freunden nicht. Den ganzen Abend sitzt er für sich allein, trinkt beträchtliche Mengen und wird müde...
Das Café will schließen, Hamsuns Freunde sind längst gegangen, und endlich kommt der Kellner Killengren mit der Rechnung. Hamsun ist wirklich sehr müde, er bezahlt, und da fällt ihm ein, daß der freundliche, ausgezeichnete Killengren ein ordentliches Trinkgeld verdient hat. Und er gibt ihm 100 Kronen, die Killengren mit einer Verbeugung annimmt.
Nun wollte es das Unglück, daß der bekannte Rennfahrer Gresvig in der Nähe saß und die Sache beobachtet hatte. Gresvig war ein wohlmeinender junger Sportsmann, der fand, daß Killengren ein so hohes Trinkgeld von einem so umnebelten Dichter hätte ablehnen sollen, und er äußerte seine Bedenken gegenüber Killengren, dem Oberkellner und dem Direktor. Es nützte Killengren wenig, daß er behauptete, Hamsun gebe öfter 100 Kronen Trinkgeld, wenn es ihm einfalle, und es sei gefährlich zu protestieren. Der Direktor drohte Killengren mit Kündigung, falls er nicht eine schriftliche Bestätigung von Hamsun vorlegen könne, daß die Sache in Ordnung sei.
Am nächsten Tag bekam Killengren folgende Erklärung:
»Ich, Knut Hamsun, habe volle Verfügung über meinen Hausstand und erkläre hiermit, daß den Fahrradburschen meine Trinkgelder einen Dreck angehen.

Ergebenst
Knut Hamsun.«

»Ich kam zu spät in den Beerenwald...« schreibt Hamsun in seinem Wandererbuch. Vielleicht hatte er dieses Gefühl, als er, müde von dem

Stadtrummel, in Kongsberg saß und an seinem nächsten Buch »Benoni« schrieb. Aber als er im Frühjahr wieder nach Kristiania fuhr, da hatten alle seine Träume überwintert – und es *war* nicht zu spät.

II

Hamsuns Freund Vilhelm Krag war 1908 als Nachfolger von Bjørn Bjørnson Theaterdirektor des Nationaltheaters geworden. Vielleicht freuten sich einige darüber, aber zumindest *eine* kleine Schauspielerin an diesem Theater hätte es lieber gesehen, wenn Bjørnson geblieben wäre.
Jung und verhältnismäßig unerfahren war Marie Andersen von Bjørn Bjørnson fest angestellt worden, und gleichzeitig hatte er ihr eine Rolle versprochen, mit der sie auf einer Tournee in Norwegen und Dänemark viel Erfolg gehabt hatte – Elina in »An der Pforte des Reiches«.
Aber jetzt war sie nicht sicher, ob Vilhelm Krag ihr Talent ebenso hoch einschätzte wie Bjørn Bjørnson. »An der Pforte des Reiches« würde nicht vor der nächsten Saison aufgeführt werden, hatte Krag gesagt – und da würde er an sie denken. Indessen spielte Marie Andersen kleine Rollen mit Tablett und Briefen und kam nicht weiter, trotz ihres guten Aussehens und ihres offensichtlichen Talents.
Eines Tages bekommt sie Bescheid, sie solle sich im Büro des Theaterdirektors einfinden. Sie geht mit klopfendem Herzen, denn sie hat Angst, daß man sie kurzfristig entläßt, aber Vilhelm Krag ist sehr freundlich.
»Hamsun ist in der Stadt«, sagt er, »er möchte Ihnen gerne guten Tag sagen.«
»Wegen Elina?« fragt Marie Andersen gespannt.
»Wahrscheinlich, wann haben Sie Zeit?«
»Sofort.«
Krag nimmt den Telefonhörer ab und ruft im Boulevard Hotel an. Er spricht mit Hamsun.
»Er kommt in einer halben Stunde.«
Draußen im Gang sieht Marie Andersen einen Mann mit braunem Hut schnell die Treppe heraufkommen. Vor dem Bühneneingang, wo die Schauspieler aus- und eingehen, wird er von jungen Damen umringt, aber er schiebt sie gutgelaunt beiseite, geht zum Pförtner und fragt nach Fräulein Andersen.

Marie, die sich im Hintergrund gehalten hat, tritt vor und sagt ihren Namen. Hamsun nimmt ihre Hand, sieht sie mit einem überraschten Lächeln an und sagt: »Mein Gott, Kind, wie schön Sie sind!«
Das waren Knut Hamsuns erste Worte zu ihr, die später seine Frau werden sollte, 43 Jahre lang in guten wie in schlechten Zeiten.
Er nahm Marie mit ins Theatercafé, führte sie in eine Ecke, wo sie ungestört sitzen konnten, und bestellte Wein.
Marie hatte Hamsun noch nie persönlich gesehen, nur Bilder von ihm, und eigentlich war sie im ersten Augenblick auch nicht hingerissen. In ihren Jungmädchenträumen hatte sie sich den Dichter von »Pan« und »Viktoria« aristokratischer und feiner vorgestellt, auch äußerlich. Er war sehr kräftig, zu bäurisch, wie er da saß, auch wenn er eine Weste mit weißen Kanten und eine elegante, gut sitzende Jacke anhatte. Seine Augen waren nicht dunkel und tief, ihr schienen sie im Gegenteil ein wenig zu hell zu sein. Er sah streng aus, beinahe militärisch mit seinem struppigen Schnurrbart und seiner strammen Haltung. Nur wenn er lächelte, war er weniger streng, und es kam ein warmer Ausdruck in sein Gesicht.
Marie wollte über die Rolle sprechen, an der sie viel gearbeitet hatte und von der sie hoffte, daß Vilhelm Krag sie ihr geben würde.
Hamsun sagte: »Ich verstehe nichts vom Theater, meine Liebe, darüber müssen Sie mit Krag sprechen.«
»Ja, aber ich dachte, Sie – es ist meine beste Rolle, das ist sie wirklich. Wollen Sie die Kritiken sehen, die ich in Stavanger bekommen habe?«
Aber Hamsun wollte nicht über Theater reden. »Sie sind sicher sehr tüchtig«, sagte er, »und Krag gibt Ihnen schon die Rolle.«
Marie saß wie auf Nadeln, jetzt wagte sie auch nicht mehr zu fragen, ob sie vorsprechen dürfe.
»Wie alt sind Sie, kleine Freundin?«
»Sechsundzwanzig.«
»Na, so was, sechsundzwanzig...« Er wiegte den Kopf. »Und Sie haben so schöne Hände...«
Hamsuns ruhige, warme Stimme beeindruckte Marie. Er machte witzige, kleine Bemerkungen und brachte sie oft zum Lachen. Aber es war die Rolle, über die sie Bescheid wissen wollte.
»Nein, ich habe mich nie um das Theater gekümmert«, sagte Hamsun. »Wenn ich meine Stücke auf der Bühne sehe, erkenne ich sie nicht wieder.«
»Aber war Johanne Dybwad nicht wunderbar in ›Königin Tamara‹?«
»Nein, um Himmels willen, es war fürchterlich!«

Und er erzählte, daß er Ragna Wettergren für die Rolle hatte haben wollen. »Frau Dybwad ist zu klein... nein, Ragna Wettergren ist groß und schön! Anfangs saß ich auf einem Orchesterplatz und instruierte ein wenig bei den Proben, aber ich mußte es aufgeben. Frau Dybwad war über jedes Wort, das ich sagte, beleidigt. Sie wollte einen langen Schleier in der Rolle benutzen, die kleine Frau. Ich sagte ihr, sie solle einen kurzen nehmen. ›Nein, hört bloß, was der redet!‹ rief sie. Es sah so aus, als ob sie die Zunge rausstreckte. Und sie behielt den langen Schleier... Nein, ich habe es aufgegeben. Aber sagen Sie mal: Vilhelm Krag ist doch nett zu Ihnen?«
»Ja, sicher, wenn ich nur die Elina spielen kann...«
Hamsun versprach ihr zum Schluß, daß er natürlich mit Krag sprechen würde. Aber Marie sollte sich an Leute wenden, die sich mit dem Theater auskannten, Sigurd Bødtker, Dr. Hjalmar...
Marie wurde es angst und bange, als sie nur die Namen der gefürchteten

Marie Andersen mit 26 Jahren, 1908, Schauspielerin, was Hamsun sehr zuwider war. Sie verließ das Theater, und sie heirateten 1909.

Kritiker hörte, aber sie sagte, daß sie sich darauf freue. Und so endete Marie Andersens und Knut Hamsuns erste Begegnung. Er begleitete sie zurück zum Theater und blieb barhäuptig stehen, bis sie durch die Tür verschwunden war.

Am nächsten Tag wurde ihr eine hohe Kristallvase mit Rosen ins Theater gebracht. Sie zählte die Rosen, es waren sechsundzwanzig...

III

Es entwickelte sich mit rasender Schnelligkeit. Ehe eine Woche vergangen war, hatte Marie versprochen, Knut Hamsuns Frau zu werden, und eine neue Welt öffnete sich ihm, dem ewig Suchenden.

Marie Andersen war eine intelligente und schöne junge Dame mit einem sensiblen Künstlersinn. Sie stammte aus einem guten, alten, gesunden und unverdorbenen Bauerngeschlecht im Østerdal. Hamsun hatte hier eine Frau gefunden, die ihm geistig ebenbürtig war, und deren empfindsames Gemüt ihm in dem Maße etwas geben konnte, wie er es brauchte, als Künstler und auch als Mensch. Was Marie ihrem Mann in all den Jahren bedeutete, davon zeugen seine stabilen Lebensverhältnisse und die von nun an reiche Produktion.

Aber einen Mann wie Knut Hamsun zu lieben und von ihm geliebt zu werden, war keineswegs ein Schmetterlingsspiel, das sollte Marie bald erfahren. Er forderte sie fast bis zur Unvernunft, und zeitweise hielt nur das echte gegenseitige Abhängigkeitsverhältnis, das wohl tiefer war, als sie selbst wußten, das Ganze zusammen.

Knut Hamsun war sich weitgehend klar darüber, welche Anforderungen an die blutjunge Marie gestellt wurden. »Ach, halte bitte lange mit mir aus, Marie«, schrieb er. »Du kannst mir so großartig helfen, falls Du willst. Du kannst mich zu einem Fürsten machen, ich werde überströmen von Dichtung und Büchern.«

Und Marie blieb sein guter Geist. Sie liebte ihn mit einer Hingabe, die in dieser Zeit ihr ganzer Lebensinhalt war. Seine unsinnige, völlig grundlose Eifersucht war oft für sie beide ein Kreuz, und seiner starren Einseitigkeit in vielen Fragen war nur schwer zu begegnen. Aber mit der Ergebenheit ihres Herzens ertrug sie alles. »Du erschreckst mich oft, so daß alles in mir stockt«, schrieb sie ihm. »Ich finde keine Worte, weiß nichts zu antworten, außer der armseligen Tatsache, daß ich mich fügen werde... Vergib mir, kannst Du nicht anders sein, dann muß ich Dich so nehmen, wie Du bist, denn ich kann ohne Dich nicht mehr sein...«

Bevor sie heirateten, war Marie einen ganzen Sommer lang ernstlich krank und lag im Rikshospital. Es verging kaum ein Tag, an dem sie nicht einen Brief aus Kongsberg bekam, wo er jetzt wohnte und an »Rosa« arbeitete. Er hatte Angst, daß sie ihm entgleiten würde, weil er nicht bei ihr sein konnte – sie hatten sich ja erst so kurz gekannt, und Marie war schon einmal mit einem anderen verlobt gewesen. Er schrieb:

Zwei Monate *sind* keine lange Zeit für Dich, um mich kennenzulernen, aber viele, viele Jahre und ein ganzes Leben, das ist etwas anderes.

Du erinnerst Dich sicher, daß ich Dich erschreckt habe und daß Du gesagt hast, Du hättest Angst vor der Zukunft. Ich hoffe, daß meine Eifersucht etwas nachläßt, damit ich Dich nicht mehr erschrecke. Ich weiß jetzt Dinge, die ich mir verbeißen muß, um mich bei Dir nicht unmöglich zu machen. Aber natürlich werde ich immer wieder in mein altes Laster zurückfallen. Armer Kerl. Sag *armer Kerl* zu mir und streiche mir einmal übers Haar. Ich brauche es... Dank für Dein Mitleid mit einem zerrissenen Herzen, für Deine Aufmerksamkeit gegenüber Deiner neuen Liebe. Ich bin übrigens nicht neu, ich bin grau. Und wäre ich nicht Dichter mit ein bißchen ewigem Feuer in mir, dann hätte ich jetzt wohl die Ruder eingelegt. Aber – leider hätte ich beinahe gesagt – ich brenne noch so lange, wie Lumpen von mir da sind. Würde ich doch nur mäßig brennen und Dich nicht zu Tode quälen und mich selbst zum Narren machen... Und wenn Du schreibst, daß ich nur eine Krähe als Liebste habe, dann solltest Du wissen, wie lange ich auf Dich warten könnte, bis Du wieder gesund bist. Wenn ich Dich nur bekomme und Du meine Frau werden willst, dann bin ich glücklich. Ich weiß von keinem anderen Glück in diesem Leben.

Ach, Marie, wenn ich bei Dir wäre, würde ich den Arm um Dich legen und Dich bitten, diese Zeilen in Liebe zu lesen...

Hast Du nicht bemerkt, wie meine Liebe zu Dir *gefestigt* ist, wie sie Dich umschlingt, wie ich an uns beide denke, für uns beide? Es ist kein flatterhaftes Gefühl, das ich für Dich empfinde, es ist dem alten Hamsun jetzt ernst. Ich weiß, daß ich zum ersten Mal liebe. Keine hat meine Seele so vergoldet wie Du. Ich zittere vor Dir, wenn Du »gegangen kommst«. Ich verlösche innerlich, wenn Du gehst, ich werde stumm und dumm, der Raum ist öde, wenn Du weg bist, ich laufe zum Fenster und sehe Dir nach, bis Du verschwindest. Ich bin Dir sogar nachgelaufen, um zu sehen, ob Du dorthin gehst, wohin Du gesagt hast, vom Boulevard ab war ich hinter Dir auf der Straße. Bekommst Du wieder Angst vor mir? Aber ich hoffe ja, daß ich mich bessere, und glaube, daß ich mich schon gebessert habe, etwas gebessert. Ich versuche mit aller Gewalt, meine Eifersucht in einem vernünftigen Rahmen zu halten. Ganz werde ich sie nie ausrotten können. Ich will nur nicht, daß sie Dich erschreckt, Dich quält... Meine Liebe wird jeden Tag eiserner gegen mich. Das sollte man vielleicht nicht erzählen, aber die Liebe macht erfinderisch, ich will Dir sagen, worauf sie gekommen ist: Ich laufe hier so lange wie möglich unrasiert herum, eine ganze Woche. Ich bin keine Schönheit und bin es nie gewesen – außer in Deinen Augen, weißt Du. Aber hier will ich nicht so schön wie möglich für mich selbst herumlaufen. Schön – habe ich gesagt – will ich nur für *sie* sein. Es ist übrigens ziemlich töricht, Dir so etwas Kindisches zu erzählen...

Am Anfang, als Marie krank war, ging es langsam mit »Rosa«. Es fehlte ihm sicher die innere Ruhe. Marie war eine Lebensnotwendigkeit für ihn geworden – nicht direkt bei der Arbeit, er ließ sie nicht oft in seine Papiere sehen –, aber als die Vermittlerin, das Medium, das eine gebende Frau ja oft ist. »Ich kann mit dem Rosamenschen nicht richtig warm werden, mit Dir werde ich wärmer«, schrieb er.
Aber allmählich kam er in Gang, und auf dem Krankenbett las sie:

Siehst Du, meine Marie, es ist nicht so einfach an dem Buch zu arbeiten, es schmeckt viel süßer, an einem Brief für Dich zu »arbeiten«. Du mußt im übrigen nicht glauben, daß ich an »Rosa« nicht arbeite – sogar so viel, daß Du mir verbieten würdest, mich so intensiv mit ihr zu befassen, wenn Du eine eifersüchtige Frau wärst. Aber bei Dir gibt es ja keine Eifersucht...
Du wirst in Zukunft selbst sehen, wie ich arbeite; ich setze mich nicht an den Mittagstisch, gehe nicht auf die Straße, rede mit keinem, ich arbeite nur an dem Buch, das ich gerade in den Händen habe. Es kann also gut sein, daß ich Dich Rosa nenne, wenn ich das nächstemal zu Dir komme...

Was anfangs auch zu Mißstimmung zwischen Knut Hamsun und seiner Geliebten führte, war ihre Liebe zum Theater. Durch das Theater war sie bekannt geworden, und hier konnte sie die Kräfte und Talente, die sie gewiß besaß, zur Entfaltung bringen. Vorher war sie Mittelschullehrerin für Jungen und Mädchen im Flegelalter gewesen – das hatte ihr wenig Freude gemacht.

Aber Knut Hamsun konnte das, was er liebte, nicht mit etwas anderem teilen, am wenigsten mit dem Theater. Er meinte, daß Marie hier nicht genügend mit ihm übereinstimme, er meinte, daß das Leben, das sie an seiner Seite führen würde, bedeutungsvoll genug sei. Er blickte tatsächlich trübe in die Zukunft. »Unser ganzes Unglück ist«, schrieb er, »daß ich als Verächter des Theaters eine Schauspielerin liebe!... Ihr Schauspieler glaubt, daß es etwas *so* Großartiges ist, am Nationaltheater zu sein. So verschieden können die Meinungen sein, ich finde, es ist das verachtenswerteste Brot der Welt, weil es menschlich gesehen charakter- und verantwortungslos ist...«

Überhaupt hat Hamsun sich jetzt gründlich von der Stadt und von der Stadtkultur verabschiedet. In einem Brief an Marie macht er sich regelrecht lustig über eine Einladung, die er bekommen hat:

Ich habe einen Brief mit Wappen vom Hofmarschall Rustad erhalten – den ersten in meinem Leben –, er gibt sich auf Empfehlung die Ehre, Knu*d* Hamsu*m* mit Frau zur Soiree im Königlichen Schloß am Samstag, dem 1. August um 9 Uhr abends einzuladen. Hier habe ich es im Grunde etwas schwer, nein zu sagen, denn komme ich nicht, werden der König und der französische Präsident mich vermissen und verstört nach mir fragen. Aber ich habe geantwortet, daß ich erstens nicht Knud hieße und zweitens nicht Hamsum und drittens keine Frau hätte (mein Gott, wo soll ich eine herbekommen, aber das habe ich nicht gesagt). Aber daß ich dennoch annähme, daß der Brief an mich gerichtet wäre. Hierfür dankte ich ergebenst, leider sei es mir aber nicht vergönnt, zu kommen...

Nein, jetzt war es die stille Stimme des Waldes und des Landes, die ihn rief, von dort, wo er »her war« und wo er sich »einen eigenen Hof und ein ihm gehörendes Østerdalmädchen« erträumte. Sogar seine eigene Dichtung erniedrigte er im Dienste der guten Sache, und er schrieb an Marie:
»Die Schriftstellerei verachte ich so tief, daß mich nur noch eine Art heiliger Geist obenhält, der über meinem grauen Kopfe flattert... nein, ich werde Dich mit den schönsten und süßesten Namen rufen, die ich weiß, und Dich bitten, mit mir auf dem Lande zu leben...«
Im Frühjahr 1909 heirateten sie und zogen aufs Land und zu den Wäldern.

IV

1908 waren »Benoni« und »Rosa« herausgekommen. Die munteren Melodien, die Hamsun in »Schwärmer« angestimmt hatte, erklangen auch in diesen beiden Bänden, die zusammengehörten, und die Handlung ist wiederum nach Nordland verlegt.
Aber er spielt auf mehreren Saiten. Hamsun ist zu dem Großkaufmann

Das Ehepaar Hamsun, Elverum 1911

Mack nach Sirilund zurückgekehrt, und die wehmütige Begegnung mit Glahns Edvarda gibt der Handlung Perspektiven in die Zukunft und in die Vergangenheit. Hier vollendet Hamsun das Bild seiner merkwürdigsten Frauengestalt – sie steht wieder im Vordergrund, beleuchtet von dem Widerschein aus »Pan«.

Der naive, gutmütige und gleichzeitig pfiffige und ganz köstliche Benoni Hartvigsen, der zum Schluß maßlos reich wird, ist die Hauptfigur in beiden Büchern. So wie dem Telegrafisten Rolandsen in »Schwärmer« gönnt Hamsun ihm alles Gute. Er ist der gesunde, vorbehaltlose Glücksritter im kleinen, gegen den Hamsun »das Leben höflich« sein läßt. Benonis große und anfangs gänzlich unerreichbare Liebe ist Rosa, die Pfarrerstochter. Sie überragt ihn beträchtlich an Vornehmheit und Wissen, aber Hamsun gleicht es aus durch das ruhige und stille Glück mit Kindern und Heim, das Benoni ihr bietet. Hamsun konnte mit Rosa nicht richtig »warm werden«. Sie ist auch nicht das, was man spannend nennt. Sie ist die feine, mütterliche Frau, die für Hamsun immer mehr zum Ideal wird. Rosa ist groß und schön, mit einer vornehmen Zurückhaltung in ihrem Wesen. Sie ist gut und einfach und versteht nicht die raffinierte Rede der Studierten, das oberflächliche Gerede über ernste Dinge. »Es war wie ein Sonnenuntergang«, sagt Hamsun, »als ihre Augen sich verdunkelten.« Ihre unglückliche erste Ehe wird geschieden. Rosa findet jedoch das Glück, weil sie im Gegensatz zu Edvarda, die jetzt als Witwe eines finnischen Barons verzweifelt und entwurzelt nach Hause zurückkehrt, unkompliziert und ausgeglichen ist. Aber Edvarda ist interessant.

In »Pan« suchte sie das Glück und fand es in kurzen Augenblicken. Sie sucht immer noch, und nun ist sie dreißig. Sie wandert in ihrer alten Heimat umher und sieht die bekannten Stätten wieder – die Erinnerungen strömen auf sie ein: »Sie war wehmütig, und über ihrer Stimme lag dieser köstliche Samtton, sie sagte: Man spielt alle Spiele des Lebens, und zuletzt bleibt einem niemand übrig!« Edvarda ist nicht für das Glück geschaffen, bei ihr ist zuviel »Kunst und Wirrwarr«. Hamsun bedauert Edvarda, so wie sie ist: aus der Bahn geworfen und unglücklich, aber stolz und stark in ihren besten Stunden. Sie probiert dieses und jenes, sie sucht das Abenteuer bei Munken Vendt, den Hamsun jetzt nach hundert Jahren wieder auferstehen läßt, sie verneigt sich tief vor dem heidnischen Gott des Lappen Gilbert, sie bekommt religiöse Anfechtungen, aber sie erhebt sich wieder. In »Rosa« erhält Edvarda endlich Nachricht vom Tode Glahns, der die einzige Liebe ihres Lebens war. Es ist schwer für sie, eine aufrechte Haltung zu bewah-

ren, und Hamsun hat nicht das Herz, es ganz schlimm mit ihr enden zu lassen. Zum Schluß findet sie einen Menschen, der genauso entwurzelt ist wie sie, und mit ihm fährt sie fort. Edvarda sagt: »Ich habe einen kleinen unberührten Vorrat an Zärtlichkeit in mir, den kann ich jetzt aufbrauchen!« Es gibt eine Menge lebendiger Menschen in diesen beiden Büchern. Der mächtige Ferdinand Mack ist eine scharf gezeichnete Gestalt, aus extrem guten und schlechten Eigenschaften zusammengesetzt, keineswegs kleinlich in der Wahl seiner Mittel, ein geiler Alter mit derben Trieben – aber ein großer Herr, generös und väterlich gegenüber seinen Untergebenen. – »Ich erfuhr, daß Mack in vieler Beziehung in sehr schlechtem Ruf stand; da er aber der geborene Herr war, konnte er allen vorlauten Einmischungen die Türe weisen.« – Mack ist trotz allem ein Mann nach Hamsuns Sinn.
Aber Hamsun sieht nicht nur objektiv lächelnd und mit Wohlwollen auf seine Menschen in »Benoni« und »Rosa«. Zwei uralte, abgestumpfte alte Männer sind von der Gemeinde auf Sirilund untergebracht worden, Mons und Fredrik Mensa. Bei ihnen schildert Hamsun das Alter in seiner maßlosen Scheußlichkeit und seinem Grauen mit einer Schadenfreude und Inbrunst, die lyrische Höhen erreicht. – Hier ergreift Hamsun Partei, hier ist er nicht gnädig. Vielleicht will er die Anfeindungen zurückzahlen, die er nach dem Vortrag »Ehret die Jungen« erleben mußte.
»Sie sind wie zwei Tote aus den Gräbern, ihre Finger haben die langsamen Bewegungen der Maden angenommen. Wenn Fredrik Mensa irgend etwas auf dem Tisch erblickt, das er nicht erreichen kann, richtet er sich auf, um hinzukommen und es zu holen. Was ist denn, was willst du? fragt die Tochter leise und zupft ihn; dann schiebt sie ihm irgendein Stück zu essen in die Hand, und er ist damit zufrieden. Mons sieht freundlich auf eine Schüssel mit Speck und fängt an, darin zu wühlen; rasch hilft man ihm, eine Scheibe herauszunehmen. Mons sieht dem Stück an, daß es aus irgendeinem Grund schwer zu bekommen war – jetzt aber hat er es; er bestreicht es dick mit Butter und fängt zu essen an. Ein Stück Brot wird ihm in die Hand gedrückt. Die Maden umklammern das Brot und halten es fest. Bald ist die Speckscheibe verzehrt, Mons sucht sie auf seinem Teller, aber sie ist weg. Du hast Brot in der Hand, sagt die Frau des Untermüllers, und Mons ist auch damit zufrieden und fängt an, das Brot zu essen. Tauche es zuerst in den Tee, wird ihm gesagt; denn alle möchten den Leichen so gerne helfen und für sie sorgen. Da entdeckt jemand, daß der Arme ja nur trockenes Brot in der Hand hat, und eilt mit Butter und Leckereien herbei. Wie ein mißgestalteter Riese, wie ein

Fels sitzt Mons da und läßt sich füttern, und wenn er nun auch die Brotscheibe verzehrt hat, starrt er auf seine Hand und sagt wie ein Mensch: Ist sie fort? – Ist sie fort? wiederholt Fredrik Mensa wie ein Papagei und ist genauso stumpfsinnig.
Diese beiden Greise, das Gesicht mit Fett verschmiert, mit schmutzigen Händen und stinkend vor Alter, verbreiten an dem unteren Tischende einen Ekel ohnegleichen, eine Vertiertheit, die sich zu beiden Seiten des Tisches nach oben verpflanzt. Hätte man nicht im Speisezimmer bei Mack gesessen, hätte man alle möglichen Dinge angefangen. Nicht ein vernünftiges Wort hört man von den Gästen da unten am Tischende, alle haben ihren Sinn darauf eingestellt, dem Verfall aufzuwarten. Dann wird Mons müde vom Essen, er sitzt da und sieht starr auf die Lichter am Tisch und fängt an, darüber zu lachen. Haha, sagt er, und seine Augen sehen wie zwei Geschwüre aus. Der Teufel hol mich, jetzt ist er vergnügt. Haha, lacht auch Fredrik Mensa ungeheuer ernst und ißt weiter. Die Ärmsten, auch sie haben ihre Freuden, sagen die Leute ringsum...«
Das ist starke Kost. Aber selbst die unbarmherzige Analyse des menschlichen Verfalls besitzt in ihrer Darstellung einen barocken Humor, der immer versöhnend wirkt, trotz allem.

V

Im Jahre 1909 wurde Hamsun 50. Es vollzog sich in aller Stille. Völlig gleichgültig gegenüber seinem Geburtsjahr hatte er bisher immer 1860 angegeben – der Einfachheit halber, es war eine runde Zahl. Die Öffentlichkeit feierte ihn deshalb, als er 51 wurde – was ihm auch gleichgültig war. Denn jetzt lebten er und Marie einsam auf dem Land. Aber es war eine Einsamkeit mit Inhalt und täglichen Freuden, er war zudem jungverheiratet und verliebt. Er spürt, daß er im Innersten besessen ist »von Unbändigkeit und Begehren; oh, es ist ein Augenblick, wie vor vielen Jahren, als ich jung war und stürmischer als jetzt. Vielleicht gibt es im Osten oder Westen von hier einen Wald, denke ich, wo ein Alter es ebensogut haben kann wie ein Junger, dorthin gehe ich!«
Sie wohnten im Østerdal – in Elverum und Sollien. Hamsun war zufrieden, er *wohnte* und war *zu Hause*. Seit dem Tage, da er seiner Frau begegnet war, wurde er von einer neuen Arbeitsfreude erfaßt. Bücher und Artikel

strömten aus seiner Hand – »Benoni«, »Rosa«, »Ein Wanderer«. Er schrieb einen seiner schönsten, in Stil und Aufbau kultiviertesten Artikel, »Die Bauernkultur«, der an den Freund Johannes V. Jensen aus Anlaß von dessen Buch »Die neue Welt« adressiert war und in dem er offen erzählt, daß er zwar ein genialer Sprachkünstler sei, aber ein oberflächlicher Denker. Er hielt seine große Rede vom Balkon des Nationaltheaters zu Henrik Wergelands hundertstem Geburtstag, wobei er wieder Gelegenheit hatte, Bjørnstjerne Bjørnson zu huldigen. –
Hamsun war zeitweise grenzenlos bewegt von seinem neuen Glück, und seine Umgebung merkte es. Redakteur Thommessen schrieb an Hamsun: »Ich meine, Sie könnten mir einen kleinen Artikel vergeben, da ich Ihnen ein ganzes Buch vergeben habe!« »Jawohl«, antwortete Hamsun, »Sie haben recht.« Er sandte Thommessen seine Festrede auf Wergeland und wurde wieder Mitarbeiter beim »Verdens Gang«.

Zu Henrik Wergelands Gedenken, 17. Mai 1908

Bjørnson in Fredrikstad:
»Knut Hamsun schreibt die klarsten, geschliffensten und schönsten Verse in der norwegischen Literatur. Er ist ein wunderbarer Bursche.«

Hamsun (bei einem Umzug in Kristiania):
»Bjørnson ist der Größte in unserem Geistesleben. Oh, er übertrifft alle seine Vorgänger um ein Vielfaches. Oh, der Bursche ist nach meinem Sinn.«

Zeichnung von Blix in »Fliegenpilz« 1908

Im Frühjahr 1910 verbreitete sich in Norwegen die Nachricht, daß Bjørnstjerne Bjørnson im Sterben lag. Hamsun wurde von »Verdens Gang« angerufen und gebeten, sich auf einen Nachruf vorzubereiten. Trotzdem beeindruckte es ihn tief, als Marie mit der Todesnachricht kam. Er wurde vollständig aus seiner Arbeit gerissen, ging still einher und überlegte, aber vermochte sich nicht zu sammeln. »Ich habe das Gefühl, wir Norweger sind allein gelassen worden«, sagte er. Er trauerte und mit ihm das ganze norwegische Volk.

> Es kam ein Bote an die Tür –
> sie falteten unsere Hände,
> sie betauten unsere Augen in Not.
> Alle standen in den Tälern und an den Stränden
> und fragten nach der Botschaft Gebot.
> Es kam ein Bote an die Tür:
> Es war zu Ende. Er war tot.

So beginnt der Nachruf für den Verstorbenen. In schönen, klangvollen Bildern tritt Bjørnson hervor, bei jedem Wechsel im Rhythmus, bei jedem neuen Versmaß scheint man ihn von einer anderen Seite zu sehen.
Hamsuns zwei Gedichte an Bjørnson ergeben zusammen ein vollkommenes Bild von Norwegens Dichterkönig. Sie haben sich durch die Zeiten bewahrt, so wie Hamsun selbst sich bewahrt hat.

In Sollien lebten Knut Hamsun und seine Frau ein ruhiges und in mancher Hinsicht einsames Leben, harmonisch im alltäglichen Beisammensein. Aber er wäre nicht er selbst gewesen, wenn das Verhältnis nicht von seinen grundlosen Eifersuchtsszenen getrübt worden wäre, vielleicht nur durch einige wenige Worte, eine mißverstandene Beobachtung. Eine »Nagelsche« Scharfsichtigkeit auf falschem Wege. Ab und zu fuhr er um der Arbeit willen für ein paar Monate fort, denn wenn er einen gewissen Punkt erreicht hatte, mußte er sich für den Fortgang des Buches sammeln. Oder sie fuhr weg, damit er sich konzentrieren konnte. Aber immer denkt er an sie. Er ist voller Unruhe und vermißt sie: »Ob es regnet oder stürmt wie heute«, schreibt er, »ich gehe nicht einen Schritt, ohne auf einen Baum oder eine Blume zu sehen, die Du vor mir gesehen hast. Auf diese Weise bist Du mir nah...« Und er ist ihr herzlich dankbar, weil sie mit der Vergangenheit gebrochen hat und ihm gefolgt ist:

»Nein, ich habe bei Gott nichts geopfert und mich nicht aufgeopfert. Man kann mit weit größerem Recht sagen, daß Du etwas geopfert hast – es mag sein, wie es will und was es war –, aber Du hast etwas verloren und bist mein geworden, das kann man nicht leugnen. Ich dagegen habe nichts und niemanden verlassen, was ich nicht schon vorher verlassen hatte, und ich kann meine Arbeit weiter betreiben, ohne mein Leben zu verändern, wie Du es tun mußt. Ich muß mich nur ein bißchen nach meiner Liebsten, die ich bekam, richten, aber wenn ich meine Natur in

Notizen für das Gedicht »Zu Bjørnsons Tod«

gewissen Punkten im Zaum halten muß, so wird mir das leicht fallen. ›Geliebte auf Erden‹ – ich sage das noch immer voller Zärtlichkeit, denn es ist ein gewisser Rhythmus darin, der schön für dich ist...«

Hamsuns Ruhm breitet sich in der Welt aus. Er war jetzt in viele Sprachen übersetzt, seine Bücher kamen in Deutschland in hohen Auflagen heraus und nicht minder in Rußland, wo er einen großen und begeisterten Leserkreis hatte. Offiziere und Studenten schrieben und baten um Autogramme, russische Fürstinnen mit literarischem Ehrgeiz schickten ihm kronengeschmückte Liebesbriefe auf englisch, deutsch und russisch. Stanislawski und Dancenko führten seine Dramen mit beachtlichem Erfolg auf. Die Briefe vom Moskauer Künstlertheater waren mit Tschechows Möwenflügeln geschmückt – sie kamen als fliegende Siegesboten.

Er schreibt an Marie:

Gestern bekam ich von der russischen Dame, die um Autogramm und Fotografie bat, eine große Lithographie von Dostojewski. Sie ist sehr interessant. Dostojewski ist der einzige Dichter, von dem ich etwas gelernt habe, er ist der gewaltigste der russischen Giganten. Ich möchte einen Rahmen um das Bild haben und schicke der Dame ein schönes – sollen wir sagen ein sehr schönes oder ein ausgezeichnetes? – Bild von Hr. Ich – ob Du böse bist oder sanft!

Am 4. August 1910 wurde er in allen Zeitungen des Landes geehrt, aber an Marie schrieb er:

Nur Du bedeutest mir etwas in der Welt. Tausend Dank für die Briefe und die Schachtel mit allem Inhalt und das Heidekraut in dem Brief. – Nur Dich liebe ich bis zum Tod, hörst Du, und Du bist die Schönste für mich in diesem Leben. Du bist so unsagbar zart. Dank, Du süße, Du Liebe, *Du meine Einzige!*...

Du bekommst all die mehr oder weniger dummen Zeitungen vom 4. August, wenn wir uns treffen; einige hast Du wohl schon gesehen, es gab wohl kaum eine einzige Zeitung im Lande, die nicht mein Jubiläum feierte, das ist ohne Beispiel. Doch es könnte ja sein, daß es dazu beiträgt, daß ich ein etwas größeres Lesepublikum bekomme, dann ist es ja gut. – Hier lagen 38 Briefe und 112 Telegramme und warteten auf mich gestern abend, und immer kommen noch welche. Gott weiß, wann ich für das alles danken kann. Ministerpräsident Konow verlieh mir am 4. das

Ritterkreuz des St. Olavordens, aber obwohl Vilhelm Krag mich in Siverts und Hjalmars und anderer Namen anrief und mich bat, um der Schriftsteller willen anzunehmen, habe ich nein gesagt. Nein, Marie, ich habe darüber nachgedacht, aber ich bin nicht imstande dazu, das Ganze ist ein zu großer Humbug für mich.

Aber Dank Dir von neuem, daß Du meinen Namen in all die Taschentücher gestickt hast und Dir meinetwegen eine solche Mühe gemacht hast, Du Arme. Aber dafür will ich Dein sein und *nur Dein* bis zum Tode...

In Sollien schrieb Hamsun ein neues Drama, das auch sein letztes wurde. Es war vor allem für sein russisches Publikum gedacht, er war damals sehr abhängig von den dortigen Einkünften. Außerdem waren die Russen nach Hamsuns Meinung die einzigen, die seine Stücke *aufführen konnten*, und das zählte mehr als das Geld.

»Vom Teufel geholt« erschien 1910, und es ist das Drama, das die meisten Aufführungen erlebte. Wie alle seine Stücke ist es zu breit angelegt und etwas schleppend. Aber es besitzt auch die *Stärke*, die Hamsun in vollem Umfang zum Dramatiker macht: eine treffsichere, allessagende Replik. Bei Hamsun ist es die Replik, die die Menschen entschleiert.

Er sagt über sich selbst:

»Ich bin kein Dramatiker. Ich hätte niemals Dramen geschrieben, wenn ich nicht Geld gebraucht hätte. Aber das Honorar für ein erfolgreiches Drama kann ganz ermutigend sein. Die Schwierigkeit bei einem Drama ist im großen und ganzen das Problem mit der Frauengestalt. Die Frau in einem Drama muß ständig *reden*. Aber eine bezaubernde und vornehme Frau sagt nicht viel, sie ist oft schweigsam, sie führt kein dramatisches Leben.«

Nun war Hamsun nie so auf Geld aus, daß er aus diesem Grunde als Künstler Zugeständnisse gemacht hätte. Das hat er *auch* ausgesprochen, und er hat es bewiesen, damals, als er so arm war, daß er hungerte. In einer Kritik über einige veröffentlichte Briefe Ibsens, von denen er meinte, daß man sie besser nicht veröffentlicht hätte, lächelt er über den alten, wohlhabenden Dichter wegen seiner bekannten Geschäftstüchtigkeit: »... Schikken Sie mir 1000 Kronen in deutschen Scheinen, steht da, schicken Sie mir 1000 Kronen in Wechseln, kaufen Sie mir Obligationen für 5000 Kronen, steht da. – Hier kann der Jüngere etwas lernen, so muß man an seinen Verleger, den Halunken, schreiben. Schicken Sie mir in kurzen Abständen 1000 Kronen, kaufen Sie für den Rest Obligationen.«

Nun ist die Sache die, daß es Hamsun Spaß gemacht hat, die Saiten im Drama anzuschlagen, von denen er wußte, daß er sie beherrschte. Die *Replik* vermißt er in vielen Schauspielen, die er sich angesehen und bei denen er sich gelangweilt hat, und er dachte sich: Das kann ich besser! Die Technik des Dramas mit der psychologischen Vereinfachung, mit den Äußerlichkeiten und der Klarheit, die notwendig sind, um die Handlung voranzutreiben, hat ihn nie interessiert, denn sie ist unkünstlerisch. Aber es hat ihm Freude gemacht, Dramen zu schreiben, und er bekam in scharfen Dialogen die Gelegenheit, den Fehdehandschuh hinzuwerfen, wozu es ihn ab und an drängte. Daß er gleichzeitig sein Honorar erhielt, dagegen hatte er natürlich nichts einzuwenden – und immer lag die kleine Hoffnung dahinter: Ist das Stück im Grunde nicht doch gut?

Hamsun hat nie versucht, eine »bezaubernde und vornehme« Frauengestalt in seinen Dramen darzustellen, sonst hätte sie zu wenig Repliken bekommen. Auch Juliane Gihle – die Königsjuliane – in »Vom Teufel geholt« ist keine *Dame*. Sie ist ein ehemaliger Varietéstern, und Hamsun hat mit ihr einen bestimmten Gedanken verfolgt. Hier sollte die Verderbtheit des Theaters entlarvt werden – Marie!

Juliane Gihles Tragödie ist die, daß sie als Frau mittleren Alters nicht vergessen kann, wer sie war, und daß einstmals ihre simple kleine Kunst darin bestand, Männer zu erobern. Ihre Tragödie wird deutlich hervorgehoben gegenüber dem sympathischen Blumenschön, der ihr Geliebter und ihr Schmarotzer in einem ist.

Auch in »Vom Teufel geholt« hat Hamsun Gelegenheit, den eingebildeten Jubelgreis zu verspotten. Aber der alte Gihle wird mit einem Lächeln gesehen, und im Vergleich zu Mons und Fredrik Mensa ist er nur bedingt senil.

Hamsun schreibt in dieser Zeit viele Artikel. Zum ersten Mal geht er zum Angriff auf die neunorwegische Sprache in dem Artikel »Die Landessprache« über. Es sind jetzt zwanzig Jahre her, daß er der Sprachbewegung wohlwollend neutral gegenübergestanden und sogar selbst Briefe in einer Art Neunorwegisch an den Verleger Litleré geschrieben hat. Hamsun war in der Zwischenzeit Sprachkünstler und Spracherneuerer geworden, und seine Stellung ist klar.

In einem Artikel über den Touristenverkehr »Ein Wort an uns« warnt er vor dem Schaden, dem inneren Schaden, den der Tourismus nach seiner Meinung Norwegen allmählich zufügen könnte. Diesen Gedanken, der bei Hamsun ja nicht neu war, wollte er in seinem nächsten Wandererbuch »Die letzte Freude« noch mehr vertiefen.

Nach Hause nach Nordland

I

Während Hamsun in Sollien wohnte, schrieb er den Artikel »Der Theologe im Märchenland«. Es war ein Wort an die Pfarrer, die Angst davor hatten, in die Diözese Tromsø versetzt und dort übersehen und vergessen zu werden. Und die Liebe zu dem Traumland im Norden spricht aus jeder Zeile. Er fragt, was das für ein empfindlicher, überfeinerter Adel sei, aus dem diese Herren stammten, daß sie es in der Diözese Tromsø nicht aushalten könnten.

»Und sollte es nicht auch, wenn man eins zum andern nimmt, mit dem Gedanken an eine Sendung geschehen, wenn man den Beruf eines Pfarrers ergriff?«

Der Theologe könne unbesorgt nach Nordland reisen, etwas ins »abseits« kommen und an Persönlichkeit gewinnen:

»Dort im Norden findet er eine Sternennacht und ein Nordlicht wie niemals hier, und im Sommer erlebt er diese Wunder einer einzigartigen ›vergessenen und übersehenen‹ Flora, eine Blume im Gebirge, ein Busch im Tal, das bleiche Leben, die Stille. Dann hat er die Zeiten der Unwetter, wenn Himmel und Erde sich vermengen und die Orgeln der Ewigkeit brausen. Dann hat er die großen Zeiten der Fischerei, das Gewimmel der Boote, alle Schiffe, Handel und Wandel und Menschen aus allen Gegenden. Dann ist es wieder Sommer, jede Nacht das Wunder der Sonne, die rauschende Welt der Vögel – das alles lenkt die Menschen von den groben Gedanken an den Vorteil ab und hin zu einem religiösen Leben der Betrachtung.«

Hamsun hatte zwölf Jahre lang versucht, »einen kleinen passenden Ort« auf Hamarøy zu finden. Im Frühjahr 1911 reisten seine Frau und er nach Norden. Die Sehnsucht, in der Gegend seiner Kindheit Wurzeln zu schlagen, war entscheidend. – Sie fuhren sozusagen aufs Geratewohl, aber hatten das Glück auf ihrer Seite. Der Zufall wollte es, daß der Hof Skogheim auf Hamarøy zu verkaufen war, eine halbe Meile von Hamsund, dem Heim seiner Kindheit, entfernt. Er kaufte Skogheim und zog ein.

Mit dieser Heimreise nach Nordland leitete Hamsun einen neuen Abschnitt in seinem Leben ein. *Er wurde Bauer.* In »Gedämpftes Saitenspiel« hatte er gesagt:

> »Ich war von all den Feinheiten, die ich mir in vielen Jahren angewöhnt hatte, verdorben worden, mußte erst wieder zum Bauern zurückstudieren.«

Und nun packte er mit gewaltiger Kraft an. Der Hof und die Landwirtschaft mußten wieder instandgesetzt werden, alles war verfallen. Aber daß hier so vieles getan werden mußte, war ein Anreiz. Er arbeitete draußen auf dem

Aus der Hamarøy-Zeit, 1914

Feld und im Wald und beteiligte sich sogar am Umbau des Hauses. Die gesunde körperliche Arbeit wirkte sich günstig auf seine Nerven aus, und die Arbeit am Schreibtisch ging ihm leicht von der Hand. Eher als er geglaubt hatte, konnte er eine Reihe Schilderungen, an denen er vor seinem Umzug nach dem Norden gearbeitet hatte, zu einem Roman zusammenfassen – »Die letzte Freude« kam 1912 heraus.

Es wurde sein letztes Wandererbuch. Aber es ist im Gegensatz zu den vorigen eine Kampfschrift, eine Mahnung für den Norweger und seine Zeit. Es erinnert in vielem an das Jugendwerk »Mysterien« – draufgängerisch, mutig und voller Gegensätze.

Hamsun *greift* in diesem Buch *an*. In den Artikeln über den Fremdenver-

Der Hof Skogheim auf Hamarøy, den Hamsun 1911 kaufte und wo er die Landwirtschaft auf dem kleinen Hof, entsprechend den dortigen Verhältnissen, in großem Stile betrieb

kehr zog er gegen die damalige Mentalität zu Felde, gegen den »Schweizergeist«, gegen die Engstirnigkeit, in der er eine Gefahr für das Volk sah. Und er setzt diesen Angriff in »Die letzte Freude« fort.

Wie in den anderen Wandererbüchern steht der alternde Mann außerhalb der Begebenheiten, auch wenn er in der Ichform schreibt. Falls er im Begriff ist, mit ins Spiel zu kommen, zieht er sich scheu zurück – ein Fünfzigjähriger soll sich nicht lächerlich machen. Er ist nicht wenig eingenommen von der Lehrerin Fräulein Torsen, »dem Typ Torsen«, die »groß und schön« ist und die er gerne retten möchte. Aber sie weicht zurück.

»Ich sah keine Anmut bei ihr, nur Gespreiztheit. Sie hatte ihre Grammatik gelernt, besaß aber keinen Inhalt, *ihre Natur* war unterernährt.« Sie und alle anderen Menschen in diesem Buch gehen verwirrt durchs Leben. Sie kommen »in ihrem Inneren aus der gleichen Kleinstadt«, der Typ Torsen, der Komödiant, der Sportsmann, der Rechtsanwalt, der Lehrer Staur und Solem. Und der Hofbesitzer Paal ruiniert sich finanziell mit dem Hotelbetrieb und dem Silbergeld der Touristen. Aber der fünfzigjährige Dichter steht außerhalb und sieht sie zappeln, und er will nicht mitzappeln. »Liebes Kind, Pharao lacht vor der Pyramide, da steht er und lacht. Er würde auch über uns lachen.«

»Die letzte Freude« ist ein Buch, das tadelt, aber es hat auch eine positive Botschaft. Zu sich selbst sagt Hamsun: »Wenn man fünfzig Jahre alt ist, fangen die siebziger an.« Und er tritt für die Jungen in der Kunst beiseite. Jetzt sind sie an der Reihe. »Es ist die Jugend mit dem Edelstein im Auge... reiche Verschwender, Talente unter freiem Himmel.« Und für die Kinder dieser Zeit hat er den Trost, daß nicht alle ohne Hoffnung sind. Der Typ Torsen wird im letzten Augenblick gerettet, weil er im Grunde aus gutem Stoff ist. Sie heiratet einen Schreiner, einen gewöhnlichen, strebsamen Mann, ungekünstelt und ohne Angeberei. Sie erwerben einen Hof und bekommen zusammen Kinder.

»Kinder? Das reine Wunder! Und wenn das Alter kommt, die einzige Freude, die letzte Freude.«

Knut Hamsun war Bauer geworden. Auf Hamarøy in Nordland wohnte er auf seinem Hof, bearbeitete seinen Boden, machte Land urbar – und holte sich daraus neue Kräfte.

II

Mein Vater.
Ich bin Vaters ältester Sohn. Meine Mutter brachte mich an einem Frühlingstag im Jahre 1912 in »Skogheim« zur Welt.
Meine erste klare Vorstellung, die ich von meinem Vater habe, war ein großer brauner Mann mit einer großen, warmen und sicheren Hand. Er hatte braune, graumelierte Haare, einen braunen Schnurrbart, einen braunen Hut und einen braunen Mantel. Ich erinnere mich, daß er so zu uns ins Haus trat. Ich saß auf Mutters Arm und begrüßte ihn. Vater kam wahrscheinlich von einer Reise zurück... Dann war da noch etwas mit einem Hund, der herumsprang und bellte, wenn er unten am Bauch aufgezogen wurde. Vater und ich lagen mit dem Hund auf dem Boden – vielleicht war es am gleichen Tag.
Vater nahm sich für mich viel Zeit. Wir machten manchmal lange Spaziergänge. Es könnte allerlei passieren, meinte die Mutter, aber wir kamen großartig zurecht und schalteten keinen Dritten in unsere Angelegenheiten ein. Wenn der dritte Mann trotzdem in Gestalt von Mutter oder dem Kindermädchen auftrat, um unseren Spaziergang abzubrechen und uns alles zu verderben, setzte ich mich mit Geheul und Fußtritten zur Wehr. Vater konnte mein Weinen nicht ertragen und mußte mit List und Tücke versuchen, mich schmerzfrei wieder loszuwerden.
Selbst die hellste Kindheit kann schlimme und angsterfüllte Augenblicke haben. Als Kind hatte ich oft Angst vor der Dunkelheit. Aber noch heute höre ich Vaters tiefe und beruhigende Stimme: »Du brauchst keine Angst zu haben, Tore... die Dunkelheit ist lieb, die Dunkelheit ist so lieb, kleiner Freund.«
In den ersten Lebensjahren hing ich mehr an Vater als an jemand anderen, Mutter nicht ausgenommen. Keiner hatte einen so starken Arm, auf dem man sitzen konnte, und nie war er böse auf mich. Seine Geduld war grenzenlos.
Aber ich blieb nicht lange der einzige Kleine im Haus. Als ich zwei Jahre alt war, kam mein Bruder Arild und stach mich bei Mutter und den Mädchen aus. Aber nicht bei Vater. Arild war immer brav und friedlich, ich war vielleicht das Gegenteil davon, aber für Vater waren wir beide gleich gut. Mit drei Jahren kündigte ich dem Zimmermädchen, einer langen Latte von den Lofoten, weil sie Arild liebte und sagte, daß man mich erschießen sollte, weil ich den Arild so schlimm an den Haaren zöge. Das Mädchen blieb.

Wahrscheinlich hatte ich gerade eine böse Phase, und Vater erkannte es. Ich erinnere mich gut, wie er einmal in einer verzweifelten Situation entscheidend eingriff. Mein Bruder lernte gerade laufen. Ich stellte den armen Kerl mitten im Zimmer hin und ließ ihn los. Er schlug mit dem Kopf auf den Boden und brüllte. Mutter kam angelaufen, viele kamen angelaufen, ich wurde beiseite genommen und sollte verhauen werden. Ich lag bereits auf Mutters Schoß und erwartete das Schlimmste – da kam Vater als Letzter herbei und schnappte mich ihr weg.

Es war nicht das einzige Mal, daß er mich vor meiner lebhaften und impulsiven Mutter rettete, die in meinen ersten Lebensjahren wie die leibhaftige Gerechtigkeit vor mir stand. Später hat sich das ausgeglichen. Was meine Mutter mir und uns Kindern allen an Güte und Liebe in der Zeit des Heranwachsens gegeben hat, gehört nicht hierher, und ich erwähne es vielleicht nur dieses eine Mal. Aber was Vater betrifft, so zeigte es sich, daß er durchaus gefährlich werden konnte, ohne handgreiflich zu werden. Seine Persönlichkeit übte eine große Macht aus, und wir Kinder bekamen allmählich mehr Respekt vor ihm *ohne* Schläge als vor Mutter *mit* Schlägen.

Aber keiner hat ein Kind mit zärtlicheren Händen angefaßt als er. Ich habe noch einen kleinen Brief von ihm, den er mir zum dritten Geburtstag schickte:

Brief an Tore von Papa.
Lieber Tore!
Du wirst heute drei Jahre, und Papa wünscht Dir viel Glück zu Deinem Geburtstag. Und jetzt schickt Papa Dir einen Wagen, der fährt, wenn Mama ihn aufzieht. Es ist ein sehr schöner Wagen, und Du kannst eine kleine Puppe in den Wagen setzen und eine Puppe obendrauf, so können die Puppen eine Spazierfahrt machen. Und dann bekommst Du Bananen von Mama, und dann mußt Du brav sein und den Malzextrakt nehmen, damit Du wieder ein gesunder, starker Junge wirst. Papa hat Dich sehr lieb und denkt jeden Tag an Dich. Ich werde versuchen, Gartengerät für Dich zu bekommen, aber hier gibt es kein Gartengerät, bevor es Sommer wird und das Gras wächst.
Nun mußt Du dem kleinen Arild die beiden Rasseln geben und die kleine Gummipuppe, und Du wirst sehen, wie erstaunt er ist. Der arme Arild ist noch so klein, aber jetzt lernt er bald laufen. Also adieu, lieber Tore, und grüße den Kleinen. Ich denke an Euch beide.
Dieser Brief ist an Tore von Papa.

Vater war ein liebevoller und guter Tröster in schlimmen Augenblicken. Ein Ereignis ist mir noch deutlich in Erinnerung – eine schreckliche Erinnerung an ein Pferd, das sich an einem Wintertag losgerissen hatte und dem Kindermädchen und mir auf dem vereisten Weg weit weg von zu Hause nachlief. Ach, was bin ich gerannt und gerutscht und hingefallen auf dem unendlich langen Weg, bis wir endlich nach Hause kamen.
Mein Vater nahm mich immer auf den Schoß, wenn ich vor etwas Angst hatte. Er zeigte mir Bilderbücher, erzählte mir Geschichten, redete ruhig und tröstend mit mir. »Die Dunkelheit ist lieb... Du mußt den Falben einfach tätscheln, Tore – der Falbe ist lieb...«
Mein Kindermädchen hieß Olga, sie war Lappin. Sie saß in der Küche immer auf dem Fußboden und strickte. Stühle war sie nicht gewohnt. Ihre Eltern und Geschwister lebten in einer Torfhütte unten am Wasser. Manchmal nahm sie mich mit, wenn sie ihre Angehörigen besuchte, und diese Besuche gehörten mit zu dem Schlimmsten für mich. Anstatt mit mir zum Kaufmann oder einem anderen interessanten Ort zu gehen, zog sie mich in eine kleine, dunkle Höhle, wo alles genauso roch wie Olga, und wo sie alle die ganze Zeit unverständliches Samisch sprachen. – Eines Tages entdeckte Mutter, daß ich Läuse hatte, und ich glaube, weder Olga noch ich werden je die schreckliche Reinigungsprozedur vergessen, die wir über uns ergehen lassen mußten. Wir weinten alle beide, und Olga sagte: »Ich habe nie etwas anderes gesehen, als daß Leute mit Läusen genauso weit kommen wie Leute, die keine Läuse haben.«

Hier auf Hamarøy, wo ich in meinen ersten Kinderschuhen herumstapfte, war auch Vater aufgewachsen, und er erzählte mir oft kleine Geschichten und Erlebnisse aus seiner eigenen Kindheit. Als ich größer wurde, erzählte er mir auch ein wenig über die Familie, sowohl von Vaters als auch von Mutters Seite. Aber die einzigen, die ich als Kind von seiner Familie kennenlernte, waren seine Mutter und sein Bruder, Onkel Ole. Mein Großvater war 1907 gestorben, fünf Jahre vor meiner Geburt.
An meine Großmutter kann ich mich gut erinnern. Sie lebte noch so lange, wie wir in Nordland wohnten, und zwar immer noch in dem Haus in Hamsund, eine halbe Meile von uns entfernt. Wir holten sie oft mit dem Falben ab, und es war sehr feierlich, wenn sie kam. Sie war damals weit über achtzig und stocktaub. Sie sah wie eine Mumie aus, ohne einen einzigen Zahn im Mund. Als ich Vater fragte, warum Großmutter so seltsam aussehe, antwortete er, daß wir mit der Zeit vielleicht alle so aussehen würden, und

das schien mir ganz unvorstellbar. Aber Großmutter sei einmal sehr schön gewesen, sagte er, und sie habe in ihrer Jugend sehr gut getanzt. Vater hat mir später erzählt, als einmal Journalisten gekommen seien und sie fotografieren wollten, habe sie sich ganz geduldig hingestellt, aber gesagt: »Ihr hättet früher kommen sollen!«

Nein, damals konnte ich nicht begreifen, daß sie schön gewesen war, aber jetzt glaube ich, daß sie ein scharf geschnittenes, rassiges Gesicht hatte. Sie muß eine gute Figur gehabt haben und lange, schmale Hände. Wenn sie sprach, sagte sie nur wenige Worte, gewichtig wie eine Verkündigung. Jetzt im Alter hatte sie eine ruhige Würde, die sicher angeboren war, sie stammte aus einem guten, alten Geschlecht. Aber die ganz bewußte Würde in ihrem kleinen Haus auf Hamsund bekam sie wohl, als ihr Sohn immer berühmter in der Welt wurde.

Nur ein einziges Mal, hat Mutter mir erzählt, vergaß sie sich und wurde wieder die arme Frau, die arme Frau in den harten Jahren, als ihre sieben Kinder klein waren und sie und ihr Mann schwer um ihren Lebensunterhalt in dieser kargen Nordlandsgemeinde kämpfen mußten. Sie war ein paar Tage bei uns zu Besuch gewesen, und als sie wieder nach Hamsund zurückfahren sollte, brach sie wegen einer schönen, blaugemusterten Wolldecke, mit der sie sich nachts zugedeckt hatte, vollständig zusammen. Die Tränen liefen. Mutter mußte die Decke sorgfältig verpacken und zu ihr in den Schlitten legen. – Sonst gehörte Großmutter zu denen, die nie etwas brauchten, und für sich selbst verwendete sie nur wenig von dem, was Vater ihr gab.

Großmutter war das Familienoberhaupt. Viele Nachkommen im ersten und zweiten Glied hatte sie damals sterben sehen. Es lag eine unendliche Geduld und Resignation über ihr. Sie war stolz auf ihren Sohn, der bis nach Amerika bekannt wurde, aber es war alles so gänzlich außerhalb ihrer Sphäre. Sie hatte nicht eines von seinen Büchern gelesen. Womit sie lebte und sicher auch starb, war ein Wort, das er ihr einmal gesagt hatte und das sie tief bewegt zitierte: »Niemals, solange warmes Blut in meinen Adern fließt, werde ich dich vergessen, Mutter.«

Was Großmutter an bedeutenden Fähigkeiten und Kräften besaß, wurde in dem harten Kampf ums Dasein dort oben in Nordland verbraucht. Sie war keinen leichten Weg gegangen, als ich sie mit den Augen des Kindes sah und den unvergeßlichen Eindruck hatte, sie sei alt und seltsam. Sie war erhaben über die Schicksalsschläge der Welt – sie kannte sie.

Die Erinnerungen an die Jahre in Hamarøy sind schwer in eine zeitliche Reihenfolge zu bringen. Bilder tauchen auf und verschwinden. Ich erinnere mich, wie Vater wegfährt und wie Vater heimkommt, besonders wie er heimkommt. Mit den herrlichsten Dingen in Koffern und Schachteln. Eine Schürze für das Kindermädchen, eine rote Samtbluse für die Kuhmagd, einen Hut mit großer Feder für die Mutter. Spielsachen für Arild und mich. Ich sehe den ganzen Hausstand auf dem Boden kriechen, wir ziehen mechanische Tiere auf, werfen Bälle, schieben Spielsteine. Autos und Eisenbahnzüge rattern über den Fußboden. Aber lange Zeit sah ich Vater überhaupt nicht. Er war weggefahren, um schreiben zu können. Er plagte sich sehr damit, das Haus war zu klein, wir Kinder kamen mit unserem Weinen und Spielen seinem Leben zu nahe. Er durfte nicht gestört werden, weder mit erfreulichen noch mit unerfreulichen Dingen. Als ich vier Jahre alt war, kam Ellinor zur Welt. Es wurde dadurch nicht geräumiger und auch nicht ruhiger bei uns.

Aber er wollte auch gerne zu Hause sein. Er baute sich ein kleines Haus, draußen auf dem Feld, eine Hütte mit nur einem Zimmer und einem spitzen Dach. Hier saß er und arbeitete, und niemand durfte in die Nähe kommen. Das Kindermädchen mußte in eine andere Ecke mit uns gehen, so daß wir nicht auf die Idee kamen, davonzulaufen und in die Hütte zu stürmen. Waren wir erst zur Tür hereingekommen, hatte Vater nicht das Herz, uns wegzujagen. Aber gleichzeitig erinnere ich mich, daß er mich auf den Arm nahm und dorthin trug. Das geschah bei schweren Schicksalsschlägen, wenn alle anderen Trostmittel versagten. Und es konnte die schlimmsten Aufschürfungen und selbst Beulen auf der Stirn zum reinen Vergnügen machen.

Ich erinnere mich an die schönen Bilderbücher in der Hütte. Außerdem gab es da verschiedene Schachteln mit Raritäten. Zum Beispiel eine grüne Schlange aus Holz, die sehr lebendig aussah. Und dann war da eine große Schachtel mit Knöpfen, einer schöner als der andere. Ich suchte nach den Knöpfen mit dem Geweih und nach den Knöpfen mit dem Hund und nach denen mit dem roten Stern. Bei jedem Kopf war die Wiedersehensfreude groß, und ich glaube, Vater war genauso entzückt wie ich. Aber zum Schluß kam der Wunderkasten: ein Kästchen mit Kleinigkeiten, die Vater auf Wegen und Stegen im Laufe seines Lebens aufgelesen hatte. Schrauben, Nägel, Beschläge, Schnallen und Glasperlen. Solche Dinge hob er auf bis zu seinem Tod.

Bilder und Ereignisse tauchen auf und verschwinden. Aber vor mir steht

Nordland, so wie ich es damals mit meinen Kinderaugen gesehen habe: Ein grauer Winter ohne Sonne und Leben, aber danach ein Sommer, so wunderbar hell und lächelnd, ein ewiger Tag. Strahlende Sonne über den Bergen und der blauen Glimma, die von lichten Birken umsäumt ist. Und ich sehe einen unendlich ruhigen Fjord und Boote auf dem Wasser. Sie sind mit grünem Laub geschmückt, und entlang der Küste und auf den Schären brennen Feuer. – Das ist die Erinnerung an Nordland und die erste Mittsommernacht meiner Kindheit.

III

Als 1914 der Weltkrieg ausbrach, war Knut Hamsuns Stellung klar. Seine Sympathien gehörten Deutschland, und er verhehlte es nicht.
Seit den Tagen der Pangermanisten Bjørnson, Ibsen und Lie waren die norwegischen Schriftsteller im großen und ganzen deutschfreundlich. In Deutschland stießen sie auf Verständnis, und sie mußten den Weg über Deutschland nehmen, um in der Welt bekannt und gelesen zu werden. Sie fanden es ganz natürlich, die Idee von einer geistigen Solidarität der germanischen Völker zu stützen.
Fast alle von Hamsuns Freunden waren während des Ersten Weltkriegs nach Deutschland orientiert – Nils Kjær, Hjalmar Christensen, Sven Elvestad, Sigurd Bødtker und andere mehr. Aber keiner vertrat seinen *Standpunkt* so leidenschaftlich wie Hamsun. Bereits vom ersten Tage an ergriff er Partei für Deutschland. Ein Privatbrief an einen deutschen Geschäftsmann wurde gegen Hamsuns Willen in der deutschen Presse veröffentlicht und löste eine Pressefehde aus mit Hamsun auf der einen Seite und Christen Collin, Professor für europäische Literatur, und dem Engländer William Archer auf der anderen Seite.
In einem Privatbrief an den Redakteur des »Simplicissimus«, Kasper Guldbransson, schreibt Hamsun: »Frankreich ist mir sympathisch, weil es so schön ist, und Rußland, weil die Russen nach den Germanen das Volk der Zukunft in Europa sind. Aber ich empfinde *keine* Sympathie für England, denn es besteht nur aus Egoismus.« Seit den Tagen Gladstones war Hamsun ein schroffer Gegner Englands. Während des Burenkrieges erwärmten sich seine Gefühle auch nicht, und die Engländer, die er auf seinen Reisen in Norwegen traf, irritierten ihn mit ihrem ausgeprägten

Phlegma, das er als Unhöflichkeit und Selbstgefälligkeit auffaßte. Er schrieb gegen England – nur gegen England. Aber das mußte in *der norwegischen Presse* erscheinen. Er vertrat die ganz selbstverständliche Auffassung, daß Norwegen politisch neutral bleiben und die Presse deshalb entgegengesetzten Meinungen genügend Platz einräumen müsse, auch den deutsch-freundlichen.

In Knut Hamsuns hinterlassenen Papieren vom Ersten Weltkrieg befindet sich auch dieses:

»Dr. Paasche wendet sich in einer Berichterstattung aus Berlin unter anderem auch an mich. Er fragt, warum ich mich in deutschen Zeitungen nicht habe blicken lassen und der Auffassung entgegengetreten sei, daß Norwegen unter englischem Druck stehe.

Wenn ich für deutsche Zeitungen schriebe, würde ich *das* jedenfalls nicht schreiben. Aber ich habe es jetzt während des Krieges für das richtigste gehalten, keiner einzigen Aufforderung nachzukommen und meine Ansicht über irgend etwas in einer ausländischen Zeitung zu äußern. Und die Fronten zu besuchen und anschließend Bankettreden zu halten, sollte dem Politiker aus Toten, Johan Castberg, als einzigem Norweger vorbehalten bleiben.

Eine andere Sache wäre es, daß man je nach Kräften und Fähigkeiten versuchen könnte, der einen oder anderen Auffassung über den Krieg hierzulande entgegenzuarbeiten. Das ließe sich hören – falls nicht augenblicklich Hr. Professor Collin über einen herfiele, der ja jede Äußerung, die nicht allianzfreundlich genug ist, im Keim erstickt. Ich könnte daher der Meinung sein, daß die norwegische Presse nicht neutral genug ist. Das Land ist neutral, die Regierung ist neutral, aber die Presse steht auf Seiten der Allianz...«

Hamsun ging mit seinen Angriffen auf die norwegischen Verhältnisse während des Krieges nicht zur ausländischen Presse. Aber auf *eine* Anfrage antwortete er. Im Herbst 1914 bat ihn der englische Schriftsteller Hall Caine, der während des Krieges eine Art Propagandachef war, um einen Beitrag für ein »König Albert Buch«, das die Sympathie für das kämpfende Belgien in der Welt wecken sollte. Hamsun erhielt das Schreiben zu spät, seine Antwort kam nicht in das Buch, aber sie lautete folgendermaßen:

Bardo, 13. Novbr. 1914

Hr. Hall Caine.

Erst heute, am 13. November erhielt ich Ihren Brief, und da Sie meinen

Beitrag für das »König Albert Buch« bis zum 15. haben wollen, kommt er zu spät. Es wäre mir sonst ein Bedürfnis gewesen, meine kleine Stimme in den Chor der Großen einzureihen.
Ich hätte die ganze Welt zur Hilfe aufgerufen, um Belgien wieder aufzubauen. Ich hätte das innigste Gebet meines Lebens für die belgischen Kinder gebetet, für die kleinen, unschuldigen Kinder in Belgien. Wir lesen, daß sie weinen und keine Milch haben, die Brüste der Mütter sind leer.
Wir haben das gleiche gelesen, als England Transvaal verheerte und Kipling rief: Rottet sie aus!
Das Leben wiederholt sich. Damals war Deutschland das Gewissen der Welt, jetzt ist England an der Reihe.

Ihr ergebener
Knut Hamsun.

Daß der Krieg die Unschuldigsten von allen traf – daß die *Kinder* Hunger und Not litten, schmerzte Hamsun mehr, als man sich vielleicht vorstellen kann. Er hatte jetzt selbst Kinder, die er über alles liebte. Er bemühte sich, eine Sammlung für ein französisches Kinderheim in Gang zu bringen, und er selbst war der erste, der Geld schickte. Während der Krieg seinen grausamen Verlauf nahm und Zehntausende von Kindern in Europa umkamen, setzten die Castbergschen Gesetze zu Hause in Norwegen die Strafe für Kindermord auf ein Mindestmaß herab. Und die norwegischen Frauen töteten ihre Kleinen.
Hamsun reagierte heftig auf die Kindermorde. Er las in den Zeitungen von einer Mutter, die acht Monate Gefängnis für die Ermordung ihres neugeborenen Kindes bekam, und norwegische Frauen und Männer verteidigten ein solches Urteil auch noch. Die sozialen Verhältnisse seien schuld – nicht die Mörder. In einem Artikel im »Morgenbladet« vom 16. Januar mit der Überschrift »Das Kind« ergriff Hamsun leidenschaftlich das Wort.
»Eine solche Mutter und ein solcher Kindsvater sind hoffnungslos verderbt, hängt sie auf!« schrieb er. »Hängt beide Eltern, merzt sie aus! Hängt die ersten hundert, das macht Eindruck, und dann werden sich vielleicht die schrecklichen Zustände bessern. Es muß etwas geschehen, laßt die Kinder in Frieden vor diesem Griff um den Hals, vor all dem Blut, vor dem Mord.«
Es gab eine heftige Reaktion auf Hamsuns Artikel. Sigrid Undset schrieb gegen ihn, sie meinte, daß selbst die strengsten Gesetze hier nichts nützen

würden, die sozialen Ursachen müßten erst beseitigt werden. Hamsun erwiderte: »Die gnädige Frau kann sicher sein, daß sie sich hier irrt. Die Aussicht auf eine lange Strafe beeindruckt sehr wohl, von der Aussicht auf den Strang ganz zu schweigen – der Strang ist endgültig.«
Der Psychiater Dr. Scharffenberg äußerte sich über den psychologischen Hintergrund der Morde, und er kam mit der Statistik. Einige Damen beteiligten sich mit Leserbriefen an dem Streit. Hamsun antwortete in einer Reihe von Artikeln, und ein paar zusammenhanglose Notizen für diese Diskussion sind noch vorhanden. Er war sehr gereizt und wenig gnädig:
»Hr. Doktor Scharffenberg schätzt Selma Lagerlöfs Psychologie hoch ein. Was dieses alte Mädchen, das nie Mutter gewesen ist und niemals Vater, bei einer Kindsmörderin an Psychologie erfunden hat, das imponiert Hr. Scharffenberg.«

»Es ist genau dasselbe, wie wenn ein Amtsrichter namens Sitje sich von Scharffenbergs Kindermordstatistik imponieren läßt. Genau dasselbe.«

»Sie glauben, wenn sie von einer Sache alles wissen, was sie brauchen, dann genüge das. Sie kümmern sich nicht um die Erde, den Boden, auf dem sie stehen, sie schöpfen nicht aus dem Leben, den Menschen, dem Himmel, sie schöpfen aus Büchern. Hr. Scharffenberg hat sicher Höffdings Psychologie und seine übrigen Binsenweisheiten gelesen. Hr. Sitje liest Scharffenbergs Statistik.
Sie sollten nur wissen, wie sie mir mit ihrer Psychologie und ihrer Statistik imponieren.«

»Eine Dame, Frau Katti Møller, weiß ganz genau, daß die Frau das nicht *will*, wovon sie Kinder bekommt, es ist nur der Mann, der das unbedingt will, das Schwein.«

Aber Hamsun hatte in dem Kampf für die Kinder nicht viele auf seiner Seite. Hier reichte die Psychologie bei seinen Gegnern nicht aus, sie verstanden Hamsuns leidenschaftliche Reaktionen nicht. In einem Brief an Johan Bojer sagt er:
»Ich bin zur Zeit mutlos und tief deprimiert, ich schreibe und schreibe und bringe die Dienstmädchen nicht dazu, daß sie aufhören, ihre kleinen Kinder umzubringen. Es nützt nichts, daß ich etwas sage. Hast Du

Schwestern – was meinen sie? Was meint Frau Bojer? Und was meinen Deine Kinder? Es sind doch die Menschen, die nach uns kommen.«
Schließlich erhält der Redakteur Vetlesen vom »Morgenbladet« ein Jahr später einen Privatbrief von Hamsun. Die erste spontane Verbitterung ist gewichen – aber der Zorn ist noch immer da, und Hamsun weicht keinen Zoll:
>»Der Kindermordbrief war privat an Frau Løken gerichtet, aber sie und ihr Mann wollten ihn drucken lassen. Ich antworte, daß es dann nur noch mehr Literatur über die Sache geben würde, aber sie glaubten also noch an Literatur. Ich habe jedoch recht behalten. Nun weist Scharffenberg statistisch nach, daß der Kindermord zur Zeit der Todesstrafe ebenso häufig war wie jetzt – ja, aber die Statistik beginnt erst 1860, als die Todesstrafe praktisch schon aufgehoben war! Mit solchem und ähnlichem Miauen muß ich mich herumschlagen! Ich habe eine bedeutend bessere Statistik als die anderen, aber es ist nutzlos, noch mehr Literatur darüber zu produzieren, das letzte Miau lautete, daß der Kindermord so lange andauern müsse – bis man sehe, wie die neuen Kindergesetze sich auswirkten. Alle Anstalten sind jetzt bereit, die Kinder aufzunehmen. Ja, aber man bringt sie lieber um. Das können wir uns erlauben. Aber den Körperbehinderten und Altersschwachen eilen wir zu Hilfe. Mir ist jeden Tag speiübel, wenn ich an die Menschen und ihr unmögliches Verhalten denke.
>Warum kann das ›Morgenbladet‹ nicht irgendeinen Fachmann ausfindig machen, um in dieser guten, einleuchtenden Sache eine Schlacht zu schlagen. Glaubt Hambro etwa, daß ich mich im vorigen Jahr nur ein bißchen literarisch austoben wollte? Wenn er selbst keine Kinder hat, dann sollte er sich welche zulegen – und danach handeln. Mädchen, die ihre Kinder töten, haben die Grundlage für ihr weiteres Leben zerstört, und falls sie glauben, daß sie ein Geschlecht nur zu ihrem persönlichen Vergnügen bekommen haben, dann sollten sie ein Haus in Vika aufsuchen und nicht Köchin in Ullevaal sein und Kinder kriegen. Frau Løken ist großartig: wenn den Mädchen Heim und Ehe geboten würde, dann würden sie ihre Kinder nicht umbringen, sagt sie. Sie glaubt also, daß diese Kinder aus *Liebe* gezeugt werden! Ein solches Paar sieht sich meist nur einmal, man trinkt ein wenig, schmust ein wenig, gackert nach Hause.
>Aber verzeihen Sie mir, Sie sind ein unschuldiger Mann.«
Der Krieg ging weiter. Hamsun lebte still und zurückgezogen in Nordland.

Die Neuigkeiten draußen aus der Welt las er in den Zeitungen, die oft wochenlang unterwegs waren, bis er sie bekam. Von Freunden in Kristiania und Kopenhagen erhielt er Briefe, in denen sie erzählten, wie das Leben verlief, und daß sie ihn vermißten. Es waren Erinnerungen an eine längst entschwundene Zeit. Der dänische Dichter Knud Poulsen schickte ihm ein kleines Buch mit einem Gruß:

»Können Sie sich noch an mich erinnern? Nein! Es war 1904 – Sie saßen im Bernina ›fest‹, ich kam, und wir gingen zusammen zum Bristol hinunter, kauften einen Regenschirm für Fräulein Friis in Hornbæk, aßen und tranken im Bristol, schickten – vergebens – ›Staffelläufer‹ aus nach Geld und sandten einen Boten zu Ragnhild Jølsen. Ich habe das Gefühl, daß es 500 Jahre her ist...«

Ja, es war lange her. Hamsun klangen diese Worte, als ob sie aus einer anderen Welt, einem anderen Leben kämen. Und die Freunde waren richtig betrübt, daß er so außerhalb ihrer Reichweite war. Kurz nachdem er nach Nordland gezogen war, schrieb sein Freund Cavling aus Kopenhagen: »Wo zum Teufel liegt Hamarøy – es klingt wie Adrianopel: Und wie hältst Du es bloß da oben aus? Reise jetzt lieber durch Europa und laß die Sonne auf Deinen Ruhm scheinen, schlage Dich ein wenig mit den großen Geistern herum, breite Deine Schwingen aus und fülle Augen und Herz mit der weiten Welt, die jeden Tag eine andere wird – und setze Dich einen Augenblick an den Straßenrand. Du bist einer von den wenigen, die wir lieben, und wir möchten es Dir gerne zeigen.« – Von der französischen Riviera ertönte Sven Elvestads Ruf, und aus dem Engebret in Kristiania kamen die Lockrufe von Hjalmar Christensen und Vilhelm Krag: »Wie amüsant wäre es doch, Dich hier unten wiederzusehen! Ich kann Dir versichern, daß Du mit einer Huldigung empfangen würdest, die, den Verhältnissen eines armen Landes entsprechend, eines Fürsten würdig wäre!... Vilhelm hat sein helles Getränk neben sich stehen. Wir trinken in diesem Augenblick auf Dein Wohl und ersuchen Dich, uns beizeiten Deine Ankunft mitzuteilen, damit die Zeremonien für Deinen Einzug nach reiflicher Überlegung festgelegt werden können.«

Die seltsamsten Bitten und Wünsche erreichten Hamsun in seinem kleinen Ort in Nordland: Anfrage des norwegischen Freidenkerverbandes wegen eines Vortrags. Bitte eines Unternehmens, das sich Bio-Kino nannte, ein Filmmanuskript zu schreiben. Ersuchen des Bürgermeisters von Bergen, das Bjørnson-Denkmal zu enthüllen und eine Rede zu halten.

Hamsun dankte allen, aber lehnte ab. Es war nicht nur eine Laune gewesen, daß er sich nach Nordland zurückgezogen hatte. Denn aus der Einsamkeit hier oben, aus der Erde, dem Wald, dem Heim erwuchs ihm eine neue realistische Dichtung.

IV

Bereits 1913, ein Jahr nach »Die letzte Freude«, kam »Kinder ihrer Zeit« heraus und 1915 als Fortsetzung »Die Stadt Segelfoss«. Die Bücher wurden zum Teil zu Hause in Skogheim geschrieben und zum Teil in kleinen Orten irgendwo in Nordland, wo Hamsun hoffte, größtmögliche Ruhe zu haben, in Bodø, Bardu und Harstad.

In »Kinder ihrer Zeit« arbeitet Hamsun den Stoff aus, der in »Schwärmer« bereits angelegt war und seitdem noch viele seiner großen Nordlandromane geprägt hat.

»Kinder ihrer Zeit« beginnt mit einer Schilderung des nordländischen Herrensitzes Segelfoss, wo Herr Willatz Holmsen und seine deutsche Frau Adelheid von einstiger Größe zehren. Willatz Holmsen taugt nicht viel, er hat es nicht weiter als bis zum Leutnant gebracht, und sein Erbe ist ein Reichtum, der langsam dahinschwindet. Aber er ist durch und durch Aristokrat mit der angeborenen Fähigkeit zu befehlen – ein Mann nach Hamsuns Herzen. »Er war beim Volk durchaus nicht eigentlich beliebt, aber er erzwang sich einen ungeheuren Respekt; man nannte ihn nur den Leutnant, weil er eben nicht mehr war; doch man grüßte ihn wie einen General.« Und von diesem Mann, der der Sohn seiner Väter war und der im Schatten der Väter lebte, handelt das Buch. Aber es handelt auch von vielen anderen Menschen – von Kindern der neuen Zeit. Und der Kampf zwischen der alten Aristokratie auf der einen Seite und dem neuen Zeitgeist mit Industrialisierung und Liberalismus und Sozialismus auf der anderen ist der Konfliktstoff, der von »Kinder ihrer Zeit« hinüberführt zu »Die Stadt Segelfoss«.

Hamsuns Jugenddichtung liegt hinter ihm, die vibrierende Leidenschaft des Stils und der Worte ist nun gedämpfter. Er ist nicht mehr der selbstquälerische junge Träumer, der liebt und leidet, die Zeit des lyrischen Impressionismus ist vorbei. Er ist der Dichter, der mit Erfahrung und klaren Augen einhergeht und das Leben erforscht. »Ich habe geliebt und gelitten und war töricht und stürmisch, wie mich meine Natur dazu trieb, mehr habe ich nicht getan, ich bin ein altmodischer Mensch. Und jetzt sitze ich hier im Schatten des Abends, im Abend des Fünfzigjährigen. Fertig damit!« Das waren seine Worte in »Die letzte Freude«.

Aber Hamsun erneuerte sich selbst. Mit dem Menschengewimmel im Leben wurde er nie fertig, und immer mannigfaltiger, immer wieder anders, wie mit neuen Augen gesehen, treten die einzelnen Gestalten hervor.

Leutnant Willatz Holmsen ist eine von Hamsuns einheitlichsten Figuren, er wirkt wie aus einem Guß. Das Leben geht nicht glimpflich mit ihm um, das ererbte Geld schwindet dahin, aber *eines* bleibt ihm stets und unverändert: sein aristokratisches Erbe. Er ist unerschütterlich. Ein Emporkömmling aus einem entlegenen Fischerdorf, Tobias Holmengraa, ist in Mexiko reich geworden und kehrt wie ein König in seinen Heimatort zurück, aber er bringt die neue Zeit und einen neuen Geist mit. Willatz Holmsen läßt sich dadurch nicht beirren. Holmengraa bewirkt, daß in dem alten Segelfoss eine neue Industriegesellschaft entsteht, und Grund und Boden des alten Herrensitzes gehen mehr und mehr in seine Hände über. Aber der Herr bleibt sich gleich, er ist unnachgiebig und unbeugsam. Nur auf einem Gebiet erleidet er eine Niederlage, und das ist seine Ehe mit der warmherzigen und anspruchsvollen Frau Adelheid. Denn auch in seiner Ehe ist er nur eiserner Wille, ohne Flexibilität und ohne die Fähigkeit, einem anderen Menschen entgegenzukommen.

Hr. Holmengraa bringt die neue Zeit mit. Er ist der Mann des Volkes, der Liberalismus in Person. »Er war zweihundert Jahre jünger als die Bewohner von Segelfoss, er hatte gelernt zu grüßen, aber er grüßte mit einem Sklavenhut.« Die Gesellschaft, die im Umkreis von Hr. Holmengraas Betrieben entsteht, ist eine Arbeitergesellschaft, auf der Grundlage seiner Tätigkeit. Hier bekommt Hamsun Gelegenheit, »den Fortschritt« und »die Entwicklung« in einem kleinen Ort zu schildern, der jäh aufwacht, als ob er verschlafen hätte.

Die Menschen fallen auf die Knie vor allen neumodischen Erleichterungen und dem Fortschritt. Ein Kaufmann läßt sich in Segelfoss nieder:

»Ho, wer hatte wohl Lust, den Sklaven zu spielen und an Winterabenden etwas zu arbeiten – man konnte für Geld alles kaufen bei Per im Laden! Er verkaufte fertige Rechen und Axtstiele aus der Fabrik, er verkaufte gebrannten und gemahlenen Kaffee in feiner Verpackung, er verkaufte Kunstbutter in Fäßchen und Speck aus Amerika. In früheren Tagen mußte man seinen Pfeifentabak selbst schneiden – vorbei, Schluß mit dem Geracker. Per im Laden führte geschnittenen Tabak. Und Stiefel? In alten Tagen war Nils der Schuster auf die Höfe und in die Hütten gekommen und hatte alles Schuhzeug, das jedes Haus für ein Jahr nötig hatte, verfertigt, und er klopfte sein Leder, und er pichte seinen Faden, und er hatte seine Arbeit immer wunderbar gut gemacht, Nils der Schuster, jawohl – jetzt verkaufte Per im Laden Schuhzeug aus der Stadt, und das war dünn wie Zeug und blank wie Glas.«

Eine Menge Menschen passieren Revue in »Kinder ihrer Zeit«. Aber Hamsuns Sympathie gehört Willatz. Der alte Aristokrat verläßt das Leben mit einem gebieterischen Wort auf den Lippen, einer Manifestation seines gediegenen Charakters. Und Hamsun fügt bewundernd hinzu: »Redlicher Wille bis zuletzt, goldener Wille.«

Hamsun hatte nicht das Geschick, das einige seiner Kollegen besaßen, leicht und ohne Anstrengung zu arbeiten. Selbst unter den günstigsten Umständen hatte er nur zeitweise das Gefühl, daß es leicht ging, er war ungeheuer empfindsam den äußeren Dingen gegenüber, die ihn bewegten. Am schlimmsten war es immer, einen Anfang zu finden, hatte er den Stoff geordnet, kamen danach die Details, die »Einfälle«, dann war das Schlimmste vorüber. So war es. Aber nun von »Kinder ihrer Zeit« zu der Fortsetzung überzugehen, stellte sich auch als sehr schwierig heraus, obwohl der Stoff mit dem ersten Buch im großen und ganzen vorbereitet war und er sich Notizen für das, was kommen sollte, gemacht hatte.

Aus dem Hotel in Harstad, wo er eine Zeitlang wohnte, schrieb er an Marie: »Ich bin ein so schlechter Arbeiter, daß ich todtraurig bin, denke Tag und Nacht daran, und bekomme keine – wenn ich es so sagen darf: Erlösung. – So schlimm wie diesmal ist es noch nie gewesen, ich kann wohl sagen, daß ich monatelang gekämpft habe, denn erst war ich in Bodø, dann in Bardo, und jetzt bin ich hier, und ich bin keinen Schritt weitergekommen. Ich werde nie mehr ein einmal geschriebenes Buch *fortsetzen*, es zerbricht mich. Ich habe schon in ›Kinder ihrer Zeit‹ 29 große und kleine Personen, und mit dieser Anzahl muß ich hier *beginnen*. Aber ich habe soviel Vorarbeit geleistet, daß ich nicht gerne aufgeben möchte...«

Auf den Leser wirkt »Die Stadt Segelfoss« genauso leicht und unbeschwert und gleichermaßen inspiriert wie »Die Kinder ihrer Zeit«. Das Werk hat die gleiche Elastizität des Stils, die gleichen launischen und geheimnisvollen Stimmungsübergänge, die den Sprachrhythmus ausmachen.

Die Entwicklung, die Leutnant Willatz in »Kinder ihrer Zeit« zu Fall brachte, erreicht in »Die Stadt Segelfoss« ihre Klimax, um am Schluß da zu enden, wo sie begann. Und der Mühlenbesitzer, Herr Holmengraa, ist die Hauptperson, mit ihm steht und fällt die neue Zeit in Segelfoss.

Holmengraa hat nicht wie der Leutnant die angeborene Fähigkeit zu herrschen. Vielleicht ist er noch immer reich, keiner weiß das mit Sicherheit, aber der Zweifel nützt ihm nichts. Er ist zu gewöhnlich, zu gutmütig und nachgiebig. Und wenn er nicht mehr unaufhörlich mit seinem Gold glänzen kann, dann haben seine Arbeiter nicht das Gefühl, daß er der König aus dem Märchen ist.

»Herr Holmengraa fing an, seiner Tätigkeit, seiner Arbeit, seiner Stellung müde zu werden. Jetzt König in Segelfoss? Das war fast schlimmer, als wirklicher König zu sein – dem einen oder anderen Polarfahrer Audienz zu erteilen und im übrigen das zu unterschreiben, was die Mehrheit im Lande beschloß... Er kommt an Bertel von Sagvika vorüber, und Bertel grüßt. Er geht zu einer Gruppe von vier Mann hin, die Mehl in Säcke füllen und diese zuschnüren; sie grüßen ihn und grüßen ihn auch nicht, zwei nicken ein wenig, zwei bücken sich absichtlich tief über die Säcke und tun, als sähen sie ihn nicht. Es sind moderne Arbeiter, die Galoschen tragen; sie kommen angeradelt zur Arbeit, ihre Räder stehen ganz in der Nähe...«

In diesen beiden Büchern spricht Hamsun aus, was er über den Einzug der modernen Zeit in Nordland auf dem Herzen hat, dem Nordland, in das er sich so lange zurückgeträumt hat.

»Unser Leben ist aus dem Geleise gewichen, die Pferde sind ohne Lenker, und da die Pferde wissen, daß das Ziehen abwärts leichter geht als aufwärts, ziehen sie abwärts! Hinab mit uns, hinab! Das Leben wird lächerlich, was wir handeln und wandeln, geschieht alles für Kleider und Essen, wir tun bloß, als ob wir lebten. In den alten Tagen war der große Unterschied da, Schloß und Wildnis waren da, jetzt ist alles gleich; in den alten Tagen war es das Schicksal, jetzt ist es der Tagelohn. Größe, was ist das? Die Pferde haben sie abwärts gezogen; gib auch mir ein Kilo Größe, wieviel kostet es?«

Es gibt nur wenige Menschen aus der alten Zeit in diesem Buch. Der ziemlich versoffene Telegrafist Baardsen, groß, umfangreich und ernst, ist ein gestrandeter Künstler aus guter Familie. Er ist nicht ohne Fehler, aber gerade durch diese Untergangsgestalt kann Hamsun seine Wahrheiten so derb und rücksichtslos aussprechen, wie er will. Und dann ist da der junge Willatz, der Sohn des Leutnants, Künstler und Komponist. Er hat nicht die unnachgiebige Stärke seines Vaters, bei ihm ist Aristokratie tatsächlich eine Weltanschauung, bei dem Vater war Aristokratie eine Selbstverständlichkeit, die überhaupt nicht zur Debatte stand. Der junge Willatz ist auch insofern vom Untergang gezeichnet, als er der vierten Generation einer reichen Familie angehört. Aber Hamsun rettet ihn hinüber in die bildende Kunst und zu der gesunden und instinktsicheren Tochter von Mariane Holmengraa, die Indianerblut in den Adern hat.

Der Ring war geschlossen, als Holmengraas Betrieb in Konkurs ging. Der liberale, wohlmeinende Mühlenbesitzer wurde geschlagen, weil er selbst nicht schlagen konnte. Aber er findet einen Ausweg, er verläßt das Land – also war er doch nicht vollständig geschlagen, und es besteht auch die Möglichkeit, daß er von neuem wieder auftaucht. Vollständig geschlagen wurde nur Baardsen, der Aristokrat, der Untergangstyp, er konnte die Nivellierung nicht überleben. In Holmengraas mystischem Keller fand man ihn tot. »Alle Menschen bekommen es zu wissen; sie hören zu, sie denken darüber nach und gehen dann weiter an ihr Tagewerk.«

V

Hamsun hat seine Weltanschauung nicht aus Büchern erworben. Sie erwuchs ihm aus den Erlebnissen und Erfahrungen seines Lebens. Als der Sozialismus während des Ersten Weltkrieges in Norwegen erhebliche Erfolge verzeichnete, beurteilte Hamsun ihn vor allem nach den Merkmalen, die er bei den einzelnen hinterließ, und nach dem veränderten Zeitgeist. An den Redakteur des »Klassekampen« schrieb er 1916:

»Klassenkampf – was heißt das zunächst. Kampf für keine Klasse oder für eine Klasse? Sie wissen sicher, daß beides in diesem Leben unmöglich ist. Sie selbst sind eine Klasse; Ihre Setzer eine andere; Ihre Kinder, wenn Sie welche haben, werden vielleicht wieder eine Klasse über Ihnen sein.

Sie lassen Hr. Alfred Kruse den russischen Bauern bedauern, weil er nicht lesen und schreiben kann. Glauben Sie wirklich, daß der Umgang mit den Buchstaben den Menschen glücklicher macht? Im Gegenteil. Es liegt eine tiefe Wahrheit in dem Mythos vom Baum der Erkenntnis, bedenken Sie es, der Sie von der Frucht gekostet und gesehen haben, daß Sie nackt sind. Die Konsequenz wäre ja, daß diejenigen, die am besten mit den Buchstaben umgehen können, auch am besten im Leben dastehen – das Gegenteil trifft aber auch zu, sehen Sie sich die Professoren an oder meinetwegen die Redakteure. Es gibt noch unendlich vieles, was eigentlich zu der Kenntnis der Buchstaben dazugehört, womit sich aber keiner von sich aus beschäftigt: der Charakter gehört dazu, das Herz, das Gemüt gehören dazu – das ist alles noch so ungebildet.«

Hamsun sollte Angriffe von hoch und niedrig erleben, und selbstverständlich gingen die Angriffe nicht spurlos an ihm vorüber. Seine Stellungnahme während des Ersten Weltkrieges stieß auf Ablehnung, nicht nur in Norwegen. Auch Georg Brandes schrieb gegen ihn, kam sogar mit der unwürdigen Unterstellung, daß Hamsun mit seiner Deutschfreundlichkeit Geld verdiene. Als Brandes sich etwas später aus dem gleichen Grund verteidigen mußte, fand Hamsun es an der Zeit, ihm einige Worte privat zu sagen:

Sie verwahren sich gegen den Vorwurf, daß Sie sich hätten kaufen lassen, um der deutschen Sache zu dienen – etwas, das sicher kein einziger Mensch außer dem Pöbel bei Ihnen für notwendig hält. Aber Sie hatten vor ein paar Jahren keine Bedenken, mich der gleichen Sache zu beschuldigen. Ich antworte Ihnen, weil Sie nicht zu dem Pöbel gehören.

Sie kennen den Mann nicht, den Sie besudelt haben.

Als ich die Sache Deutschlands vertrat, trat ich auch für Norwegen ein. Ich fürchte am meisten, daß Norwegen eine »Selbstregierung« von England bekommt, Norwegen hat kein 64 gehabt, und ich bin kein Däne. Wüßten Sie etwas mehr davon, wie England während des Krieges in Norwegen regiert, würden Sie mich besser verstehen.

Als ich meine Artikel mit den germanischen Sympathien schrieb und mein deutscher Verleger kurz darauf meine Bücher im »Simplicissimus« inserierte, unterstellten Sie mir, daß »eine gewisse Beziehung zwischen Tat und Belohnung« bestehe. Möge es nie einen größeren Anlaß gegeben haben, Sie zu tadeln, als mich hier! Es ist 15 Jahre her, daß ich eine Nr. des »Simplicissimus« in der Hand hatte, ich weiß nicht, was in dem Blatt steht, ich habe kein Interesse daran, die Inserate zu prüfen. Aber ich weiß, daß ich einen zehnjährigen Vertrag mit meinem deutschen Verleger über 200 Kronen im Monat habe, ungeachtet dessen, was ich schreibe oder nicht schreibe oder worüber ich schreibe. Als der Krieg ausbrach, bestand der Vertrag schon etwa zwei Jahre. Er ist immer noch gültig. Ich hatte also in Deutschland meine Schäfchen im Trockenen und brauchte nichts Neues für eine Belohnung zu unternehmen. Von der anderen Mittelmacht habe ich während meiner ganzen Tätigkeit als Schriftsteller nicht eine Øre bekommen, nicht einmal, als Österreich mich in seine vielen Sprachen außer dem Deutschen übersetzt hat. Von dort konnte ich keine Belohnung für meine »Tat« erwarten.

Indessen habe ich durch meinen Artikel möglicherweise meinem Absatz in England geschadet, das weiß ich nicht, und ich habe auch nicht daran gedacht. Aber Scribner verlegt mich in Amerika und England, und ich erinnere mich, daß ich vor dem Krieg verschiedene Anfragen aus England bekam und aufgefordert wurde, Mitglied eines Schriftstellerverbandes zu werden, der mich unterstützen würde. Ich wurde nicht Mitglied und habe überhaupt nicht geantwortet. Aber ich habe mit Shallow Soil einen guten Anfang in Amerika und England gemacht.

Was nun die Alliierten betrifft, so hat mich Belgien übrigens immer betrogen, und Frankreich hat nur zweimal bezahlt. Ich habe nie verstanden, warum es eine solche Ehre ist, ins Französische übersetzt zu werden, es ist eher Snobismus. Vor dem Krieg hat es mir an honorarfreien Angeboten aus Frankreich nie gemangelt.

Aus Italien bekomme ich recht oft Angebote, beantworte sie aber nicht, und um Japan zu erwähnen, so habe ich ihrem Übersetzer auch nicht geantwortet und ihm auch kein Vorwort geschrieben.

Bleibt noch Rußland. Ich hatte allen Grund, mir durch eine ›Tat‹ die Freundschaft mit Rußland zu erhalten. Ich habe von diesem Land mehr Belohnungen bekommen, als ich jemals von Deutschland bekommen werde. Das Künstlertheater in Moskau zum Beispiel hat mich mehr belohnt, als ich es verdient habe, ich habe von dort wohl zwischen 30- und 40 000 Kronen erhalten. Das hätte ich eigentlich bedenken sollen und lieber allianzfreundlich schreiben, aber ich habe es nicht getan. Kurz und gut: Ich habe nicht am Krieg verdient. Briefe und Telegramme von ausländischen Zeitungen, die um einen Artikel baten, habe ich mit Nein beantwortet, oder ich habe geschwiegen, der Krieg hat mir keine »Belohnung« eingebracht.

Damit ist die Sache wohl geklärt.

Ich möchte hierauf keine Antwort haben. Ich gönne Ihnen auch das letzte öffentliche Wort. In zwanzig Jahren sind wir beide tot, und Ihre üble Nachrede hat dann keine Bedeutung mehr, ich hinterlasse sicher genügend Beweismaterial gegen sie.

Sie sollten jedenfalls jetzt als alter Mann versuchen, Ihr loses Mundwerk im Zaum zu halten. Es hat weder Ihrer Rasse noch Ihrem Charakter Ehre gemacht.

Hamsuns privater Briefwechsel mit Brandes war im Laufe der Jahre merklich abgekühlt. Aber in die Öffentlichkeit ließ er davon nichts dringen, und bei Brandes' Tod senkte er wie alle anderen Dichter in Norwegen den Degen vor dem Geistesmenschen, den er trotz allem sehr bewundert hatte.

Daß Hamsun am Krieg nicht verdienen wollte, zeigte er im kleinen wie im großen. Der Reeder Olaf Ørvig in Bergen, der ein aufrichtiger Bewunderer von Hamsun war, bat um die Erlaubnis, eines seiner Schiffe »Knut Hamsun« zu taufen, und auf die Frage, ob Hamsun ihm eine Fotografie schikken wolle, um sie im Salon des Schiffes aufzuhängen, antwortete Hamsun:

»Ich wiederhole meinen Dank für die Auszeichnung, die Sie mir erweisen, in dem Sie einem Ihrer Schiffe meinen Namen geben wollen. Möge er Ihnen die gleiche Freude bringen wie mir! Das beigelegte Bild ist eine Amateuraufnahme und stammt nicht von Wilse. Es schielt, aber ich schiele nicht – nicht einmal nach Dichtergage und Nobelpreis...«

Wie wenig er nach finanziellem Vorteil schielte, zeigte er auch etwas später, im Jahre 1917, als der Reeder Ørvig ihm eine Aktie von dem Schiff »Knut Hamsun« verehren wollte. Die Aktie hatte einen ansehnlichen Wert, aber er lehnte ab, obwohl er im Begriff war, seine teure und nutzlose Landwirtschaft zu verkaufen und seiner Gesundheit zuliebe in den Süden zu ziehen.

VI

Mein Vater.
Und so verließen wir Hamarøy. Man sagte mir, daß wir jetzt in einem Ort, der Larvik hieß, wohnen würden.
Die Reise nach Süden war lang und ermüdend. Anfangs schien sie mir unterhaltsam zu sein mit dem vielen Neuen an Bord. Vater ging mit mir aufs Deck. Er nahm mich auf den Arm und deutete hinüber zum Land. Er zeigte mir den Hamarøyskaftet, einen hohen, spitzen Felsen, der aus dem Nebel herausragte. Wir fütterten Möwen und ahmten ihre heiseren Schreie nach. Ich konnte sie viel besser nachahmen als Vater, der eine sehr tiefe Stimme hatte.
Vater sprach oft mit dem Kapitän, und zum Glück durfte ich ihn auch begrüßen. Er war ein stattlicher Mann mit blanken Knöpfen und Gold-

schnüren. Ich hatte etwas Ähnliches schon einmal gesehen, als mein erwachsener Nordlandsvetter Ottar Urlaub von der Neutralitätswache hatte und uns besuchte.

Aber auf die Dauer war die Reise nicht unterhaltsam. Vater und Mutter lagen in der Koje und waren seekrank. Ein- oder zweimal hörten wir durch das gleichmäßige Stampfen der Maschine ein dumpfes Dröhnen in der Ferne. Allen Passagieren stand die Angst im Gesicht geschrieben, und sie sagten, daß es Minen waren.

Nach ein paar Tagen kamen wir endlich nach Trondheim, und nach ein paar weiteren Tagen waren wir am Ziel. Mit dem Manuskript von »Segen und Erde«, das sorgfältig in einem dickbauchigen Handkoffer mit zwei Riemen rundum verstaut war, ging mein Vater mit seiner Familie in Larvik an Land.

Es war im Frühjahr 1917, als wir Nordland verließen, um in den Süden zu reisen, wo die Tage länger waren und die Luft mild und gut für Vaters Gesundheit und wo sein Traum, neues Land zu kultivieren, sich vielleicht verwirklichen ließ.

In Larvik zogen wir nach einiger Zeit in eine Villa, die sehr schön in einem großen Garten lag mit Aussicht auf den Fjord und den Hafen. Das Haus hieß »Havgløtt« und war eine ganz gewöhnliche Villa, aber ich fand, daß sie wie ein Schloß aussah, nur der Turm fehlte. Vater sagte, daß wir nicht lange in Larvik bleiben würden, aber ich fühlte mich trotzdem dort bald zu Hause. Mein Bruder und ich bekamen haufenweise Spielkameraden und Freunde. Auf der Straße vor dem Haus wimmelte es von Kindern, die mit Knöpfen nach einem Holzpflock warfen. Wir kamen mitten in der Saison für diesen Sport, und ich sah keinen Jungen, dessen Hosentasche nicht knallvoll mit Knöpfen war. Mein Bruder und ich wurden schnell in den Kreis aufgenommen, und wir bekamen den Rat, Mutters Nähkasten zu plündern. Wir hielten uns gründlich an diesen Rat, und Arild ging sogar so weit, daß er alle Knöpfe von seiner Hose entfernte.

Es waren sorglose Tage, friedliche Tage in der Jegersborggaten in Larvik. Gelegentlich kam es zu einer kleinen Straßenschlacht, an der ich nicht sehr aktiv teilnahm. Übrigens oft zu Vaters großem Ärger. Aber es passierte auch, daß mein Bruder und ich, besonders am Anfang, von den Kameraden geneckt wurden, weil wir nordländisch sprachen. Wir beherrschten die Lokalsprache zwar bald mit der größten Selbstverständlichkeit, aber in der ersten Zeit kamen wir öfter weinend nach Hause, weil wir für unser

Nordländisch gekämpft und Prügel bezogen hatten. Manche Väter sagen in solchen Fällen: »Halt auch die andere Backe hin, mein Sohn!« Vater sagte: »Schlag zurück – aber etwas härter!«
Nachdem wir uns in Larvik einigermaßen eingerichtet hatten, wurde meine jüngste Schwester geboren. Sie bekam den Namen Cecilia. Jetzt waren wir vollzählig und alle noch so klein, daß das große Haus für einen Dichter, der mitten in einer schwierigen Arbeit steckte, noch nicht groß genug war, um in Ruhe arbeiten zu können. Vater mußte sich ein Zimmer in der Stadt suchen. Er mietete ein kleines Zimmer in einem Hinterhof und ging jeden Tag dorthin. Wir sahen ihn oft nur zu den Mahlzeiten. Aber es schien trotzdem nicht so glatt zu gehen mit der Beendigung des Buches, insgesamt war die Zeit in Larvik sicher keine gute Zeit. Für Vater war und blieb Larvik ein provisorischer Aufenthaltsort, bis er wieder dort ansässig werden konnte, wo es Wald und Flur und kultivierten Boden gab, und dann für den Rest seines Lebens. Der Krieg tobte noch immer in Europa. Der Krieg, die Zeit mit ihrer unheilvollen Stimmung, ihrer Hetzerei und ihren Umwälzungen bedrückten ihn.
Dann kam noch eine Sorge zu allen anderen. Meine jüngste Schwester wurde ernstlich krank, und die Ärzte meinten, es sei ungewiß, ob sie durchkomme. Ich erinnere mich, wie sich meine Eltern Tag und Nacht ablösten, um bei ihr zu wachen, sehe Mutter, wenn sie wegen der Kleinen weinte, und erinnere mich an ihre traurigen Augen, die den Vater des Kindes suchten. Ich erinnere mich, wie sie ihm die Hand streichelte und sagte, er sei in der letzten Zeit grau geworden. Und da merkte ich es auch. Er war nicht mehr der braune Mann, den ich von Nordland in Erinnerung hatte, er war ein älterer grauhaariger Mann geworden mit einem müden Gesichtsausdruck. Auf seiner Stirn trat deutlich eine Ader hervor, und die Augen waren schwer. Er war angespannt und sehr nervös, aber die äußere Ruhe hatte er noch immer, und zu uns Kindern war er der gleiche, immer interessiert und voller Anteilnahme an unseren Freuden und kleinen Kümmernissen.
Einen ganzen Monat muß diese Spannung wegen des Kindes gedauert haben. Ich spürte, so klein wie ich war, daß ein Alptraum auf uns allen lag. Vater kam eines Tages mit gelben Rosen nach Hause. Ich erinnere mich, daß Mutter weinte und die Rosen nicht mochte. – Vater ließ einen Spezialisten aus Kristiania kommen, aber es nützte nichts. Ich erinnere mich, wie die kleine Schwester immer weniger wurde und das Gesicht so sonderbar schmal... Dann kam unser Hausarzt mit einer Büchse Kindermehl, und da

trat die Besserung ein. Groß war die Erleichterung und groß war auch die Freude.

Aber Vaters Mißtrauen gegen die hohe ärztliche Kunst ist bei dieser Gelegenheit vermutlich bestärkt worden.

In dem Buchenwald bei Larvik gibt es idyllische Wege und Stege und hie und da Bänke. Sonntags war der Wald immer voller Menschen, aber werktags, wenn er nicht allzu belebt war, nahm uns Vater manchmal mit dorthin. Er liebte es, in aller Ruhe zu gehen und über seine eigenen Dinge zu grübeln. Er ging langsam, die Hände auf dem Rücken, rauchte Pfeife und sprach leise mit sich selbst, oder er antwortete geduldig auf alles, wonach mein Bruder und ich neugierig fragten. Aber wir waren nicht immer zufrieden mit den Antworten, denn er war ständig tief versunken in seine eigene Welt. Gelegentlich setzte er sich auf eine Bank und überließ uns unserem Schicksal. Leute, die vorbeikamen, fanden vielleicht, daß er sich seltsam benahm, sie sahen ihn lange an und gingen irgendwie zögernd weiter, hatte ich den Eindruck. Aber Vater saß friedlich da und machte sich Notizen. Er holte dafür immer einen Zettel und einen Bleistiftstummel heraus. Dann murmelte er mit leiser Stimme, las das Geschriebene mehrmals, mußte seine Worte selbst hören. Er beurteilte sie, nuancierte sie, er erinnerte mich an einen Klavierstimmer. Ab und zu konnte er den Kopf heben, den Kneifer zerstreut von der Nase nehmen und sagen: Jaha – so muß es werden. So soll es sein. – Nachdenklich und ruhig wiederholte er, was er gesagt hatte. – So soll es sein, ja.

Seine Westentasche war immer voller Zettel, es waren alte, abgerissene Kalenderblätter. Vater war auf eine merkwürdige Art sparsam, wenn es sich um Kleinigkeiten handelte: Er kaufte nie einen Abreißkalender, so etwas bekam man gratis. Jedes Jahr kamen Reklamekalender vom Großhändler zu den Lebensmittelhändlern und den Geschäftsleuten, sie kosteten nur ein Dankeschön, und Vater scheute sich nie, um eine Anzahl Kalender zu bitten. Die Rückseite der Blätter wurde später für Notizen benutzt. So war es auch mit anderen Dingen, soweit es seine Person betraf: bekam er einen Brief und das eine Blatt war nicht beschrieben, dann riß er es ab, legte es korrekt und sorgfältig auf seinen Arbeitstisch, um es später als Schreibpapier zu benutzen. Es war in seinen Augen sicher das Beste an einem Brief. Und er hatte vielleicht seine Gründe, es so zu sehen.

Aber die Zeit verging. Aus den Gesprächen meiner Eltern hatte ich herausgehört, daß der Tag sich näherte, an dem wir von Larvik wegziehen würden. Das Buch hatte Vater fertig bekommen, aber er fühlte sich in Larvik nicht wohl. Mutter war eigentlich auch nie ein Stadtmensch gewesen. Sie fuhren abwechselnd durch die Gegend, um sich verschiedene Bauernhöfe anzusehen, die zum Verkauf standen. Vater war in ganz Südnorwegen unterwegs gewesen, bis er endlich etwas fand, was ihm gefiel. Er war wieder jung und begeistert, als er nach Hause kam und uns von dem Hof erzählte, wie schön er lag und wie groß er war und wie wunderbar man ihn instandsetzen und zu einem Musterhof machen könne.
»Aber *steht* das Haus überhaupt?« fragte Mutter mißtrauisch.
»Wie ein Fels!« antwortete Vater.
Und wir Kinder erfuhren, daß der Hof einen Stall mit vielen Kühen hatte und im Pferdestall zwei Pferde standen. Das Haus lag nahe am Wasser, da konnten wir im Sommer baden und im Winter Schlittschuh laufen. Und im Wald wuchsen Nüsse und wilde Kirschen. Der Hof war ein Märchen – und der Hof hieß Nørholm.

Segen der Erde – Nørholm

I

Von einer Dame in Dänemark bekam Hamsun ein kleines Dichtwerk zugeschickt, das sie ihn bat zu lesen. Sie schrieb sehr bescheiden, daß er ihr verzeihen möge – sie habe ihre Bücher noch nie einem *berühmten* Mann geschickt.
Hamsun antwortete:

> Berühmt? Ich bin nur häufig übersetzt worden. Ich kümmere mich um diesen ganzen Unsinn nicht mehr. Und nun hören Sie mal zu: Sie und ich und niemand sollte das Schreiben als eine Aufgabe betrachten. Sie nennen mich »Schriftsteller Hamsun«. Ich werde jetzt 60 Jahre und sollte diese Debütantentitel wie Schriftsteller, Dichter nicht nötig haben. Wenn ich noch nichts anderes geworden wäre als Schriftsteller Hamsun, dann müßte ich versuchen, es zu werden.
> Sie und ich, wir sollen nicht von Dichterei und Nichtigkeiten leben, wir sollen als Menschen etwas bedeuten, heiraten, Kinder bekommen, ein Heim gründen und Erdenbewohner sein. Bedenken Sie das. Ich bin alt und weiß, daß ich vielleicht 30 Bände geschrieben habe, ich erinnere mich nicht genau, aber ich habe fünf Kinder, und die sind mein ganzes Glück. Was soll der Mensch mit Büchern? Ohne meine Kinder hätte ich nicht einmal das Recht auf ein Grab.
> Laßt uns immer weniger Zeit für die Dichtung aufwenden! Laßt uns in unserem Heim tätig sein, bei Frau und Kindern! Bedenken Sie das!

Das war in wenigen Worten Hamsuns Standpunkt nach dem Krieg, als Norwegen reich war an Wertpapieren, verwirrt von den Impulsen einer teilweise zerstörten Welt, von einem desillusionierten Menschengeschlecht – und *seine Landwirtschaft sich in einem schlechten Zustand befand.* Hamsuns Erdverbundenheit war angeboren. Das wird bereits in seinen ersten veröffentlichten Arbeiten deutlich. Aber in »Segen der Erde«, das im Herbst 1917 erschien, hatte er seinen tiefsten und innerlichsten Gefühlen für die Menschen und die Erde eine monumentale und künstlerische Form gegeben. Hier richtete er eine Warnung an seine Generation, während er gleichzeitig eine klassische Dichtung schuf, warmherzig, einfach und zwingend. Eine Dichtung, in der der Mensch ein glücklicher Sklave der Erde ist, das erste und das letzte Evangelium, das einzige, das den Körper gesund hält, das Leben glücklich macht und den Nachruhm unvergänglich.

»Der lange, lange Pfad über das Moor in den Wald hinein – wer hat ihn ausgetreten? Der Mann, der Mensch, der erste, der hier war. Für ihn war noch kein Pfad vorhanden. Später folgte dann das eine oder andere Tier der schwachen Spur über Sümpfe und Moore und machte sie deutlicher, und wieder später schnupperte allmählich der oder jener Lappe den Pfad auf und benützte ihn, wenn er von Berg zu Berg wanderte, um nach seinen Rentieren zu sehen. So entstand der Weg durch die weite Allmende, die niemand gehörte, durch das herrenlose Land.«

So beginnt »Segen der Erde«, Hamsuns Robinsonade über den Neusiedler Isak, der das herrenlose Land in Besitz nahm.

»Am Morgen sieht er eine Landschaft mit Wald und Weideland vor sich ausgebreitet. Er steigt hinunter: da ist ein grüner Berghang, weit unten erblickt er ein Stück des Flusses und einen Hasen, der in einem Sprung darüber hinwegsetzt. Der Mann nickt, als sei es ihm gerade recht, daß der Fluß nicht breiter als ein Hasensprung ist. Ein brütendes Schneehuhn flattert plötzlich zu seinen Füßen auf und zischt ihn wild an, und wieder nickt der Mann: hier sind Tiere und Vögel, das ist abermals gerade recht! Seine Füße waten durch Blaubeerbüsche und Preiselbeerkraut, durch siebengezackte Waldsterne und niedere Farnkräuter; wenn er da und dort anhält und mit einem Eisen in die Erde gräbt, findet er hier Walderde und dort mit Laub und verrotteten Zweigen seit Tausenden von Jahren gedüngten Moorboden: Der Mann nickt, hier will er sich niederlassen.«

Hier draußen im Ödland errichtet Isak seine erste Erdhütte, und hier schickt ihm das Schicksal Inger, die seine Frau und die Mutter seiner Kinder wird. Von Isak auf Sellanraa und seiner Familie und ein paar anderen Menschen handelt »Segen der Erde«, und Isak und Inger sind keine Bauern in Sonntagskleidern. Sie ist ein großes Mädchen mit braunen Augen und guten, kräftigen Arbeitshänden, aber ihr Gesicht ist von einer Hasenscharte entstellt:

»Das einzige war, daß seine Frau undeutlich redete und wegen einer Hasenscharte immer das Gesicht wegwendete; aber das war nichts, um sich darüber zu beklagen. Ohne diesen verunstalteten Mund wäre sie wohl nie zu ihm gekommen, die Hasenscharte war sein Glück. Und er selbst, war er ohne Fehl? Isak mit dem rostigen Vollbart und dem zu untersetzten Körper, er war wie ein greulicher Mühlgeist, ja wie durch eine verzerrende Fensterscheibe gesehen. Und wer sonst ging mit einem solchen Ausdruck im Gesicht umher? Es war, als könne er jeden Augenblick eine Art von Barrabas loslassen.«

Knut Hamsuns enge Bindung an die Natur gleitet harmonisch in eine Schilderung des gottnahen und einfachen Lebens auf Sellanraa. Hier gibt es Nahrung für das Traumleben des Menschen. Hier ist er wieder in dem Nordland seiner Kindheit, dem Zeit und Raum die Patina der Erinnerung gegeben hatten.

»Sellanraa lag so günstig, daß die Bewohner im Herbst und im Frühjahr die Wildgänse, die über das Ödland hinflogen, sahen und ihr Rufen und Locken in der Luft droben hören konnten, es klang wie verwirrtes Reden. Und dann war es, als stehe die Welt stille, bis der Zug vorüber war. Fühlten sich die Menschen da nicht von einer Art Schwäche überfallen? Sie nahmen ihre Arbeit wieder auf, aber zuvor taten sie einen tiefen Atemzug, ein Hauch aus dem Jenseits hatte sie gestreift.
Große Wunder umgaben sie zu allen Zeiten. Im Winter die Sterne und auch die Nordlichter, ein flammendes Firmament, eine Feuersbrunst droben bei Gott. Hie und da, nicht oft, nicht für gewöhnlich, aber hie und da vernahmen sie auch Donnern. Das war hauptsächlich im Herbst, und es war düster und feierlich für Menschen und Tiere. Die Haustiere, die auf der nahen Wiese weideten, drängten sich zusammen und blieben beieinander stehen. Worauf horchten sie? Warteten sie auf das Ende? Und worauf warteten die Menschen im Ödland, wenn sie beim Grollen des Donners mit gesenkten Köpfen dastanden?«

Isak und Inger leben zusammen in der Wildmark. Sie schaffen sich Großvieh und Kleinvieh an, sie roden und bauen, und sie bekommen zwei Söhne. Isak ist zufrieden, und Inger ist zufrieden.

»O diese Inger, er liebte sie, und sie liebte ihn wieder, sie waren genügsam, sie lebten im Zeitalter des Holzlöffels und hatten es gut. Wir wollen schlafen! dachten sie. Und dann schliefen sie. Bei Morgengrauen erwachten sie zum nächsten Tag; es gab wohl allerlei, mit dem man sich abplagen mußte, jawohl, Kampf und Freude, wie das Leben eben ist.«

Aber dann kam das Unglück. Inger bringt ein Kind zur Welt – es hat eine Hasenscharte wie die Mutter, und sie tötet das Kind. Inger muß ins Gefängnis, und Isak sitzt wieder allein da. – Die Jahre vergehen, die Wildmark wird allmählich bebaut, die Zivilisation hält dort ihren Einzug, wo Isak einst der erste Ansiedler gewesen ist. Die neue Zeit bringt den Unfrieden mit, »Fortschritt«, Bergwerk, Telegraf, Spekulation. Und als Inger heimkommt, ist auch sie von der Stadt und der Ausbildung in der Strafanstalt angesteckt. Die Hasenscharte hat man zugenäht, und sie ist auf den Geschmack an den Feinheiten der Zivilisation gekommen. Zu Hause auf Sellanraa und auf der weiten, geruhsamen Hochebene ist die Harmonie zerbrochen. Nur Isak steht noch unerschütterlich da.

»Der Ödlandbewohner verlor den Kopf nicht. Er fand die Luft nicht ungesund, hatte Bewunderer genug für seine neuen Kleider, er vermißte die Diamanten nicht, und Wein kannte er nur von der Hochzeit zu Kanaan. Der Ödlandbewohner quälte sich nicht wegen den Herrlichkeiten, auf die er verzichten mußte: Kunst, Zeitungen, Luxus, Politik waren gerade so viel wert, als die Menschen dafür bezahlen wollten, nicht mehr. Der Erntesegen aber mußte erarbeitet werden um jeden Preis, das war der Ursprung, die Quelle von allem und jedem.«

Aber Hamsun predigt in »Segen der Erde« nicht nur das Evangelium der Erde. Große Teile des Buches sind mit leidenschaftlichem Ernst dem Kampf gegen den Kindermord gewidmet, und Hamsun verurteilt jede Nachsicht in diesem Fall. Die im Grunde so gute, jedoch abergläubische Inger bekommt ihre harte Strafe, die sie resigniert und mit gesenktem Kopf auch annimmt. Mit beißender Ironie schildert Hamsun das Verfahren gegen das Mädchen Barbo, die ihr Kind kaltblütig tötet und freigesprochen wird. In »Segen der Erde« steht Hamsuns letzter Beitrag zu der Diskussion über die Kindermorde. »Wir schützen die Vögel und die Tiere, es scheint mir ein wenig seltsam, daß wir die Kinder nicht schützen.«

Auch »Segen der Erde« hat seinen »Wanderer«. Lehnsmann Geißler kann nirgendwo Wurzeln schlagen, aber er hat viel praktischen Verstand, er ist ein Spieler, nun ja, aber er ist eine große Hilfe und ein guter Ratgeber für die Leute auf Sellanraa, und er spricht mit Hamsuns Stimme:

»Hör auf mich, Sivert, sei zufrieden mit deinem Los! Ihr habt alles, was ihr zum Leben braucht, alles, wofür ihr lebt, ihr werdet geboren und erzeugt neue Geschlechter, ihr seid notwendig auf der Erde. Das sind nicht alle, aber ihr seid es: notwendig auf der Erde. Ihr erhaltet das Leben. Bei euch folgt ein Geschlecht dem anderen, wenn das eine stirbt, tritt das nächste an seine Stelle. Das eben ist unter dem ewigen Leben zu verstehen.«

Und Isak und der Sohn Sivert und die beiden kleinen Mädchen, die nach Ingers Rückkehr noch geboren werden, leben weiter im »Zeitalter des Holzlöffels«. Der Sohn Eleseus taugt nicht dazu, er emigriert, aber nachdem der »Fortschritt« und die Spekulation zusammengebrochen sind, findet Inger zurück zu ihrem guten, alten Ich und wird wieder die tüchtige Frau auf dem Musterhof Sellanraa.

Das Buch endet mit einer Schilderung Isaks, des ersten Landnahmemannes in der Mark. Hier erklingt Hamsuns eigene tiefe Stimme – es ist ein Regenbogen über dieses Bild gespannt:

»Dort schreitet Isak übers Feld und sät, er ist ein Mühlengeist von Gestalt, ein Klotz. Er trägt hausgewebte Kleider, die Wolle stammt von seinen eigenen Schafen, die Stiefel stammen von seinen eigenen Kälbern und Kühen. Er geht nach frommer Sitte barhaupt, während er sät, auf dem Wirbel ist er kahl, sonst aber überaus haarig, ein ganzer Kranz von Haar und Bart steht um seinen Kopf. Das ist Isak der Markgraf...

Er ist Ödlandbauer bis in die Knochen und Landwirt vom Scheitel bis zur Sohle. Ein Wiedererstandener aus der Vorzeit, der in die Zukunft hinausdeutet, ein Mann aus der ersten Zeit des Ackerbaus, ein Landnahmsmann, neunhundert Jahre alt und doch auch wieder ein Mann des Tages...

Wächst und gedeiht hier nichts? Hier wächst und gedeiht alles, Menschen und Tiere und Früchte des Feldes. Isak sät. Die Abendsonne bescheint das Korn, er streut es im Bogen aus seiner Hand und wie Goldregen sinkt es auf die Erde. Da kommt Sivert und eggt, nachher walzt er, dann eggt er wieder. Der Wald und die Berge stehen da und schauen zu, alles ist Macht und Hoheit, hier ist ein Zusammenhang und ein Ziel.«

II

Mein Vater.

Wir kamen im Herbst nach Nørholm. Die kurze Zeit in Larvik hatte keinem von uns viel bedeutet, und da Vater immer gemeint hatte, daß wir nicht lange dort bleiben würden, trennten wir uns leichten Herzens. Anderthalb Jahre hatte unser Stadtleben gedauert.

Unter dem Kråkmotind. Hier schrieb Hamsun den Anfang von »Segen der Erde«, 1915–16.

Mein erster Eindruck von Nørholm, von dem ich mir eine so strahlende Vorstellung gemacht hatte, wurde eine herbe Enttäuschung. Das Haus war groß, weiß und nackt mit leeren schwarzen Fenstern. Es lag in einem ungepflegten Garten, von einem morschen Staketenzaun umgeben. Der Hof war vollgestellt mit Kisten und Kästen, Fahrrädern und einigen Wagen, und unter dem Vorratshaus hockten ein paar zerzauste Hühner. Das alles hatte der vorige Besitzer noch nicht mitgenommen. Und es goß in Strömen.

Das erste Mittagessen auf Nørholm steht mir noch deutlich vor Augen: ein dunkler Novembertag. Die ganze Familie saß auf Umzugskisten in einem leeren Zimmer und aß eine Art Milchsuppe, die Mutter mit viel Mühe auf einem ganz ungeeigneten Herd gekocht hatte. Meine kleinen Geschwister quengelten und weinten, weil es so trist war, und der Sturm heulte im Schornstein. Ab und zu schlug eine schwarze Rauch- und Rußwolke aus dem Ofen in den Raum hinein. Elektrisches Licht gab es nicht, und andere Lampen besaßen wir nicht. Mutter hatte sicher geglaubt, daß wir für 200000 Kronen etwas mehr Komfort bekommen würden. Aber Vater versuchte uns allen Mut zu machen: Wartet ab! sagte er. Und was blieb uns anderes übrig.

Ich schlief in der ersten Nacht auf Nørholm nicht gut. Es rauschte so fremd in den alten Bäumen, und der Sturm machte überall im Haus so ungemütliche Geräusche. Es pfiff durch die undichten Wände oben im Dachgeschoß. Ein Fenster kreischte in den verrosteten Angeln. Es war wie eine Gespensternacht im Märchen.

Wartet ab! hatte Vater gesagt. Wir mußten wirklich warten. Ich glaube, diese erste Zeit auf Nørholm ging Mutter auf die Nerven, besonders weil wir kein Licht und kein Wasser hatten. Es würde alles kommen, sagte Vater. Es kam – nach drei Jahren.

Inzwischen mußten wir das Wasser aus dem Bach holen, und an Winterabenden versammelten wir uns um ein paar kleine Lampen. Eine schöne, große Lampe war in Nordland geblieben. Ich erinnere mich noch, daß Mutter sagte, sie wünsche sich dorthin zurück.

Aus dieser »Dunkelzeit« sehe ich das Kinderzimmer als den hellsten Ort des Hauses vor mir. Der große sogenannte Saal im ersten Stock wurde für uns eingerichtet. Sechs Fenster, Sonne, Licht, Blick auf die Nørholmbucht. Im Winter stand die beste Lampe, die wir hatten, mitten auf dem Tisch, und abends wurden große und kleine Lampen dazugestellt. Ja, ich schaue auf diese Abende zurück als die schönsten und hellsten in meiner Kindheit.

Vater befand sich damals in einer glücklichen Phase, die auch andauerte, denn er hatte als Herr und Landwirt auf Nørholm ein weites Betätigungsfeld vor sich. Er war voller Arbeitseifer und stets gut gelaunt, das färbte auf uns alle ab. Wenn Vater zu uns hereinkam, war er sofort der Mittelpunkt. Ich erinnere mich an sein fröhliches Lachen, das verschmitzte Blitzen in den Augen, an seine vielen lustigen Einfälle. Nie gingen wir abends ins Bett, ohne daß er uns vorlas, wenn er zu Hause war. Es blieb nicht bei Märchen und Geschichten. Er las uns nicht nur Asbjørnsen und Moe immer wieder vor und Gabriel Scotts Jugendbücher – er las fast alle Kinderbücher, die er im Buchhandel fand, und schließlich mußte Mutter ein paar Geschichten zum Vorlesen für uns erfinden. Sie wurden gesammelt und später zu vier Büchern zusammengefaßt.

Vater ging ganz auf in diesen Abendstunden mit uns. Er las so, daß wir einen Augenblick nahe daran waren zu weinen und im nächsten vor lauter Begeisterung die Kissen an die Decke warfen. Gelegentlich erzählte er uns kleine Begebenheiten aus seiner eigenen Kindheit in Nordland, von Tieren und Menschen, von dem Heim, in dem er zwischen Arbeit und Spiel, Aberglauben und Gottesglauben aufwuchs. Aber er erzählte uns nie Dinge, die uns traurig stimmen konnten. Erzählte er von der schlimmen Zeit bei dem Onkel, dann gab er der Geschichte immer einen vergnüglichen Schluß, so daß wir wieder fröhlich waren. Er konnte uns so ernst lächelnd ansehen und sagen: Ich bin froh, daß ihr Kinder ein gutes Zuhause habt.

Die Leute in der Pfarrei Eide verhielten sich zunächst etwas abwartend gegenüber Vater, der plötzlich in diese ruhige, ein wenig pietistische Gemeinde gezogen war. Einige hatten sicher dies oder jenes von ihm gelesen und waren erschüttert. Andere hatten vielleicht Gerüchte und Geschichten über diesen unchristlichen Dichter gehört. Es dauerte jedenfalls eine Weile, bis wir Kontakt mit den Leuten von Eide bekamen.

Aber eines Tages standen zwei von den führenden Männern der Gemeinde unten in der Wohnstube und wollten Vater willkommen heißen. Beide waren ernste Männer mit Vollbart und in dunklen Anzügen. Der eine ergriff das Wort und drückte den Wunsch für eine gute Nachbarschaft aus. Und er hoffte gleichzeitig, daß die »Kinner« jede Woche zur Sonntagsschule kämen, die im Schulhaus gehalten wurde. Vater meinte, daß wir wohl keinen Schaden daran nehmen würden, und sagte lächelnd, daß er vielleicht selbst dorthin käme. Aber da sagten die beiden sehr ernst, daß die Sonntagsschule nur für »Kinner« gedacht sei, aber daß mindestens alle vierzehn Tage Erbauungsstunden für Erwachsene und Kinder im gleichen Schulhaus abgehalten würden.

Ich fand, daß die Männer nett und freundlich aussahen. Bei dem einen mußte übrigens etwas mit den Augen nicht stimmen, manchmal sah man nur das Weiße. – Nachmittags tranken wir alle zusammen Kaffee, aber es wurde etwas peinlich, als Vater ihnen später aus reiner Zerstreuung Whisky Soda anbot. Kurz darauf verabschiedeten sie sich.

Und die Sonntagsschule war nicht spannend. Eine erzieherische Wirkung hatte sie auf meine Geschwister und mich nicht. Wir sangen Kirchenlieder, es wurde Andacht gehalten, und es wurden religiöse Erzählungen gelesen, die in der Regel von »einem kleinen Mädchen und seiner kranken Mutter« handelten. Ich saß die ganze Zeit da und dachte an Vaters Vorlesen, und der Zeitvertreib mit ihm schien mir viel unterhaltsamer zu sein. Das beste an der Sonntagsschule war, daß wir andere Kinder kennenlernten und somit neue Spielkameraden fanden.

Meine Eltern bekamen allmählich auch Kontakt mit Leuten in Grimstad, das acht Kilometer entfernt lag und wo wir mit Pferd und Wagen unsere Einkäufe erledigten. Aus dieser Zeit steht eine sehr alte Dame deutlich vor mir, die uns ab und zu besuchte oder wir sie. Es war eine Dame aus den »vornehmen Kreisen« der Stadt – Frau Apotheker Arntzen. Ihren Vornamen erfuhr ich nie. Die prächtige Apotheke, in der sie wohnte, steht heute unter Denkmalschutz.

In Verbindung mit dem ersten Kinderbuch meiner Mutter fällt mir ein, daß Frau Arntzen einmal lächelnd erzählte, daß sie als kleines Mädchen auf H. C. Andersens Schoß gesessen und er ihr eines seiner Märchen erzählt habe.

Heute, als Vater und Großvater, muß ich daran denken, wie man durch die damals traditionelle mündliche Überlieferung einer entfernten Zeit erstaunlich nahe kommt. Die alte Frau Arntzen erzählte ihre Geschichte meiner Mutter, die wiederum erzählte sie mir, so wurde sie weitergegeben von Generation zu Generation, von ihrem Ursprung vor 150 Jahren bis zu meinem jüngsten Enkelkind. Es sind Menschen, nicht Bücher, die erzählen. Was meinen Vater betrifft, so bezweifle ich nicht, daß die Erzähltradition auf Hamarøy seine Phantasie beflügelte. Auch bei meiner Mutter war es so. Die eigenen Berichte und Erfahrungen unserer Eltern, keine wohlgemeinte Anleitung von einer Schule, prägten in den ersten Jahren die Erziehung, die meinen Geschwistern und mir zuteil wurde. Besonders mein Vater stand oft in Opposition zu dem üblichen Schulunterricht. In einem wohlanständigen, bürgerlichen Sinn wurde er in einer engen südnorwegischen Kleinstadt von den Leuten kaum als eine moralische Autorität angesehen. Bis dahin hatte er sich zu oft in unpopulären Wendungen geäußert und Bücher mit einem unchristlichen Inhalt geschrieben. Aber erfahrungsgemäß hatte er meist Recht in dem, was er uns Kindern erklärte, wir lernten davon und verstanden, daß es richtig war, auf ihn zu hören. Er folgte seinem Instinkt und uns Kindern gegenüber war er von einer Güte, die für uns offenbar war. Gelegentlich konnte er wohl auffahren und laut und heftig fluchen, ohne auf irgend etwas Rücksicht zu nehmen, aber das war die Reaktion auf Nervosität und Anspannung, wenn er mitten in einer Arbeit steckte, und wir wußten, daß es schnell vorüberging. Seine Devise war schlicht und einfach: Sei freundlich zu denen, die kleiner sind als du, und zu denen, die freundlich zu dir sind. Aber gib zurück und das kräftig, wenn sie dich piesacken. – Ich entsinne mich, daß er mir einmal einen Brief zeigte, den er von einem Mann bekommen hatte, der um finanzielle Unterstützung bat. Er sagte zu mir: Jetzt will ich dir erklären, warum ich diesem Mann *nicht* helfen werde. Vor vielen Jahren, ja es sind vierzig Jahre her, habe *ich* diesen Mann um eine Unterstützung gebeten, als ich in der Klemme saß, und der Mann hatte genügend Mittel, um mir zu helfen. Er lehnte ab. Jetzt lehne *ich* ab! Ich sage ihm nicht warum, und er erinnert sich wahrscheinlich nicht daran, was damals geschehen ist.

Vater vergaß seine schwierigen Jugendjahre nicht so leicht, als er in einer verständnislosen Mitwelt so hart kämpfte, daß er zuweilen selbst hartherzig sein konnte. Er vergaß diejenigen, die ihm geholfen hatten, nie, aber auch nicht diejenigen, die ihm die kalte Schulter gezeigt hatten.

Dann bekam er ein anderes Mal Zuschriften, die ihn tief bewegten. Ich weiß nicht, wie oft er eingeschriebene Briefe mit einem Lacksiegel auf der Rückseite weggeschickt hat. Und Künstlerkollegen und alten Freunden half er immer – das war eine Selbstverständlichkeit.

Vaters Verbundenheit mit der Natur, seine oft zuversichtliche, oft resignierte, aber immer persönliche Auffassung von jedem noch so kleinen Ding im Dasein waren für uns Kinder anregend und fördernd. Worte, die in seine tägliche Sprache eingingen, waren solche wie: Gott segne dich! Diese Worte gebrauchte er nicht, weil sie ihm auf der Zunge lagen, weil er sie in seiner Kindheit vielleicht oft gehört hatte. Es verbarg sich vielmehr ein tief religiöses Gefühl dahinter, ein demütiges Bewußtsein – ebenso wie die biblischen Worte den Sprachkünstler in ihm anrührten.

Und ich erinnere mich an die stillen Abende auf Nørholm, wenn wir im Bett

lagen und Vater seine Märchen fertigerzählt hatte und der Reihe nach aus den vier Kinderbetten ein vertrauensvolles Abendgebet gesprochen wurde, während Vater lächelnd dabeistand und zuhörte und zum Schluß sagte: Ja, das war schön, Kinder. – Ich erinnere mich an seine freundliche Ruhe, erinnere mich, daß wir seine großen Hände öffneten, in denen wir Tüten mit Süßigkeiten fanden, und in der Tür winkte er uns allen eine gute Nacht.
Das sind Erinnerungen an eine unbekümmerte Kindheit, die ich hier heraufbeschworen habe, und alle sind sie unauslöschlich mit meinen Eltern verbunden. Und da dieses Buch von *ihm* handelt – mit meinem Vater.

Unser neuer Wohnsitz nahm von Anfang an seine ganze Zeit und seine Energie in Anspruch. Er hatte nun einmal herausgefunden, daß der Hof zu ihm paßte. Daß fast alles darniederlag und verfallen war, spornte seine großen Pläne, zu roden und neues Land zu kultivieren noch an. Von früh bis spät war er auf den Beinen und überall zugegen. Er forcierte aber nicht das Tempo. Sein Wahlspruch lautete *festina lente*. Er ging jedoch gründlich und überlegt zu Werke. Zuerst nahm er sich der Landwirtschaft an. Mein Vetter Ottar wurde benachrichtigt, und er und unser Mädchen Hilda aus Hamarøy, die er gerade geheiratet hatte, kamen von Nordland herunter zu uns. Ottar sollte Gutsverwalter sein und in einem besonderen Haus, dessen Bau Vater sofort in Angriff nahm, wohnen.
Wir freuten uns sehr, Ottar wiederzusehen. Er war so schön und blond, und es war lustig, mit ihm zu reden. Wir frischten alte Erinnerungen auf, und er erzählte mir Dinge von Hamarøy, an die ich mich noch erinnerte. Überhaupt war Nordland durch Vaters Erzählungen und meine eigene Phantasie zu einem guten und schönen Fleck Erde geworden, zu dem ich mich zurückträumen konnte.
Ottars Frau Hilda war viel älter als er. In Nordland kam es oft vor, daß die Frau älter war als der Mann. Hilda dachte sehr vernünftig: Wer soll mich ernähren, wenn ich alt und hinfällig werde und keinen Mann habe, der arbeiten kann! Und Ottar war wohl einverstanden damit. Er war überhaupt sehr friedfertig, und er und mein Vater kamen gut miteinander aus. Auf Nørholm mußten tausend Dinge instandgesetzt und organisiert werden, und Ottar begriff schnell, was Vater meinte, wenn er sagte, daß es so und so sein müßte und nicht so.
Hilda hatte die Verantwortung für den Stall, und Vater legte besonderen Wert darauf, daß sie die Verschläge sauber hielt und freundlich zu den Tieren war. Und das hatte sie von Nordland her in sich. Bei der Armut dort

oben mit den dürftigen Weiden und den langen Wintern hatte man selten mehr als ein paar Kühe auf dem Hof. Und deshalb liebt der Nordländer jedes Tier, das er besitzt. Das erzählte mir Hilda, und sie redete richtig liebevoll mit den Kühen, wenn sie sie versorgte. Hilda und ich schleppten Heu und machten die Verschläge sauber. Ich mochte den Geruch der Tiere und das Geräusch, wenn die Milch in den Eimer spritzte. Ich mochte es, wenn das neugeborene, breitbeinig dastehende Kalb an meiner Hand saugte, und der Duft von frischem Heu war der beste Duft, den ich kannte. Mein Vater war oft im Stall und sah nach den Tieren, er nahm sich eine Kuh nach der anderen vor, erkundigte sich, wieviel Milch jede Kuh gab, wie viele Kühe im Frühjahr und wie viele im Herbst kalben würden. Einmal ging er auf eigene Faust los und kaufte fünf Kühe. Als er zum Mittagessen zurückkam, war er nicht sonderlich zufrieden. »Die Kühe waren wirklich gut«, sagte er, »mit Ausnahme von ein paar, die ich nicht gekauft habe. Aber mein Gott, in was für einem Zustand sie sind, viel zu mager, und die Klauen sind zu lang. Ich muß nach Grimstad und eine Klauenzange kaufen.«

Ich erinnere mich, daß er mehrere Tage im Stall saß und Klauen schnitt. Denn als er nachsah, hatten auch einige von den alten Kühen zu lange Klauen. Er war empört, daß so etwas auf unserem Hof passieren konnte,

Nørholm. Knut Hamsun im Garten, 1929

und der Stall hallte wider von dem Muhen und der Unruhe, während Vater die Sache in Ordnung brachte. Als er mit der letzten Kuh fertig war, da war er erleichtert und zufrieden. Nur eines schien ihn noch zu plagen. Er sagte: »Ich hätte die beiden anderen Kühe auch kaufen sollen, sie waren nicht schön, das stimmt schon. Aber Herrgott, ich hätte sie trotzdem nehmen sollen, und wenn nur, um ihnen die Klauen zu schneiden, sie waren so mißhandelt...«

Er ging sehr liebevoll und sorgsam mit den Tieren um. Behandelten wir Kinder sie ein wenig zu hart, dann war Vater sofort zur Stelle und brachte uns Vernunft bei. Er suchte die Wildenten auf dem Teich, die Vögel und Tiere im Wald und jedes Leben auf dem Hof zu schützen.

Nachdem die Landwirtschaft richtig in Gang gekommen war, sollte das Hauptgebäude in einen ordentlichen Zustand versetzt werden. Vater machte die Zeichnungen für den Umbau selbst. Und er fertigte Skizzen an für die Verzierungen über Türen und Fenstern und Profile für die Zierleisten und Säulen. Es sollte möglichst alles in einem einfachen Empirestil gehalten sein. Unermüdlich erklärte er dem Baumeister und dem Schreiner, wie sie es machen sollten, und wurde etwas nicht nach seinen Vorstellungen ausgeführt, mußte es noch einmal gemacht werden. Es fragt sich, ob die Restaurierung auf diese Weise besonders billig war, aber das Haus wurde auf jeden Fall solide, und Vater bekam es schließlich so, wie er es haben wollte.

Später wurde der Gartenzaun entfernt, und an seine Stelle kam ein hoher Eisenzaun, für den er den Entwurf auch selbst gezeichnet hatte. Im Garten wurden die alten verfaulten Bäume gefällt, die Anlage wurde erweitert, und neue Bäume wurden gepflanzt. Dort, wo der Zaun parallel zur Landstraße verlief, wurden eine Menge Ziersträucher gepflanzt, teils um den Staub abzuhalten, den die vorbeifahrenden Autos aufwirbelten, teils um mehr Ruhe vor allen Autos zu bekommen, die hielten. Daß das Hauptgebäude so nahe an der Straße lag, hat Vater übrigens in all den Jahren geärgert. Es war und blieb nach seiner Meinung der einzige Nachteil von Nørholm.

III

Als »Segen der Erde« 1917 erschien, war Hamsun ein weltberühmter Dichter. Oft war er des Nobelpreises für würdig erachtet worden, aber die Schwedische Akademie hatte ihm die höchste literarische Auszeichnung der Welt bisher nicht verliehen, weil die Mehrheit der Mitglieder meinte, die idealistische Haltung trete in seiner Dichtung nicht deutlich genug in Erscheinung, wie der Stifter es forderte. Schon lange hatte Albert Engström sich darum bemüht, daß Hamsun der Preis zugesprochen wurde, ebenso Hamsuns einflußreicher Freund Harry Fett. Aber vergebens.

Mit »Segen der Erde« flog Hamsuns Name wieder um die ganze Welt. Er bekam Danksagungen und Briefe aus dem letzten Winkel. Maxim Gorki schrieb ihm privat: »Sie sind der größte Künstler im ganzen heutigen Europa – in keinem Land gibt es einen, der mit Ihnen verglichen werden kann...« Hamsuns Dank an den Russen war aufrichtig und von seiner eigenen Achtung vor Gorki geprägt. Aber am meisten freute er sich über einen Gruß von Ellen Key, die nicht nur das Schlagwort vom »Jahrhundert des Kindes« lancierte, sondern ihr ganzes Leben, solange sie geistig klar war, für diesen schönen Gedanken lebte und arbeitete. Mit »Segen der Erde« kam Hamsun wieder ins Gespräch als Nobelpreiskandidat, und diesmal herrschte keine Uneinigkeit mehr in Stockholm.

An einem Novembermorgen im Jahre 1920 bekam Hamsun folgendes Telegramm von dem schwedischen Botschafter in Kristiania:

»Im Auftrag des Sekretärs der Schwedischen Akademie habe ich die Ehre, Ihnen mitzuteilen, daß Ihnen der Nobelpreis für Literatur zuerkannt wurde. Ich bitte Sie, meine wärmsten Glückwünsche aus Anlaß dieser wohlverdienten Auszeichnung entgegenzunehmen.«

Marie brachte ihm freudestrahlend die große Neuigkeit, und Hamsuns Reaktion war typisch für ihn: Er saß am Frühstückstisch und aß. Ruhig, ohne von dem Brot und der heißen Milch aufzublicken, sagte er: Das ändert *jetzt* gar nichts für uns!

Ein Fremder hätte denken können: Was ist das für ein Getue – natürlich ist er glücklich und stolz, warum zeigt er es nicht?

Marie blieb eine Weile zögernd stehen, dann sagte sie: »Aber die *Ehre*, Knut, freust du dich denn nicht?«

Knut Hamsun sah jetzt zum erstenmal auf, und seine Antwort war knapp, fast beißend: »Findest du nicht, daß ich genug geehrt werde – *in meinem Alter?*

Leise ging Marie aus dem Zimmer, *sie* verstand, was ihren Mann in diesem Augenblick bewegte, und es waren Gedanken, denen er später in seiner Dankrede bei der Feier in Stockholm würdig und beherrscht Ausdruck verlieh.

Natürlich war er sehr ergriffen. Es war nur so plötzlich gekommen. Er schrieb einen Brief.

bei Lillesand, 24. Nov. 1920.

Lieber Albert Engström, Herr auf Grislehamn, Strix und Skjærgaarden!

Wäre es noch wie in alten Zeiten, schriebe ich jetzt einen langen Brief voller Verrücktheit und Freude an Dich, aber um es offen zu gestehen, ich bin vom dem großen Ereignis wie gelähmt, ich sitze den lieben langen Tag da und wackle mit dem Kopf und spiele Idiot. Und alle diese Telegramme und Briefe von allen Ecken und Kanten nehmen mir den Rest meines Verstandes. Meine Frau, die jahrelang die Briefe für mich beantworten mußte, ist für eine Woche nach Kristiania entfleucht – jetzt, sie ist mit einer anderen Dame weggefahren, aber ich finde es ziemlich treulos, wo ich jetzt zum Idioten geschlagen bin und allein nicht zurechtkomme.

Lieber Engström, Du schreibst mir aus Paris, daß ich Freunde in Schweden hatte. Ich wußte es doch, daß ich einige gute alte Freunde dort hatte. Aber daß diese segensreichen Freunde die Macht hatten, eine ganze Akademie zu beeinflussen, das grenzt für mich an ein Wunder. Ich begreife es auch nicht. Ich muß gestehen, daß ich mir nicht einen Tag Gedanken über den Nobelpreis gemacht habe. Ein Mann in Kristiania hat mir vor drei Jahren geschrieben, daß er mich in Erinnerung gebracht habe, ich hielt das für einen schlechten Witz, so daß ich bestimmt wie ein Trottel geantwortet habe. Jetzt weiß ich also, daß dieser Herr Karlfeldt mich für den Preis vorgeschlagen hat. Du erwähnst in Deinem Brief aus Paris, daß Du mit Karlfeldt über mich gesprochen hast – da habt Ihr beiden Kumpane und Verschworene wohl die Angelegenheit geregelt. Aber daß Ihr die Akademie für die Idee gewinnen konntet, ist mir immer noch ein Rätsel. Denn zweifellos hatte die Akademie auch noch andere und mindestens so würdige Kandidaten. Im Grunde ist es wohl Karlfeldts Preis, den ich bekommen habe, weil er ihn ablehnte. Ich weiß nicht, wie ich Euch allen danken soll. Und dann Karlfeldt! Er schreibt mir den freundlichsten und liebenswürdigsten

Brief – nachdem er notgedrungen die ganze Schmiererei in meinen Büchern durchgelesen hat. Wie kann ich ihm das entgelten? Ich schrieb ihm einen idiotischen Brief, einen unordentlichen Brief und bat ihn zu versuchen, mir einen Frack zu beschaffen, ehe ich vorgezeigt würde. Bitte Karlfeldt, er möge meine Aufdringlichkeit entschuldigen, tu mir den Gefallen. Ich werde also ein paar Tage vor dem 10. Dez. nach Stockholm kommen und mir dort die Sachen nähen lassen, glaubst Du, daß das geht? Vor mehr als dreißig Jahren hat mir ein Schneider in Kristiania einen Frack genäht, ich hatte ihn bei der Hochzeit des Schneiders an, dann nicht mehr, er ist also noch ganz neu – wenn er nur nicht so altmodisch wäre!

Jetzt will der Postbote gehen, und ich muß Schluß machen. Das Beste an Karlfeldts Brief ist, daß er mir versprochen hat, Ihr beide, Du und er, werdet Euch um mich kümmern, mein Gott, wie dankbar bin ich dafür! Und daß ich den Presseleuten entgehen kann und daß ich nicht so viele Reden halten muß – was früher eine Freude und eine Ehre für mich gewesen wäre!

Entschuldige mein Gekritzel!

Preis und Dank für alles!

Dein Knut Hamsun.

Wenn irgend möglich, möchten wir – meine Frau und ich – Dich und Dr. Karlfeldt Weihnachten hier bei uns haben.

Nun trafen Briefe und Telegramme aus der ganzen Welt ein. Hamsun wand sich in den vielen Huldigungen und ließ Marie antworten. Er selbst fragte bei der Akademie und bei Albert Engström telegrafisch an, ob er den Preis persönlich entgegennehmen müsse. Da die Antwort kategorisch ja lautete, galt es, herauszufinden, was er an Kleidung für die Feierlichkeiten mitnehmen mußte. Engström gab ihm diesbezüglich einen kurzen und klaren Bescheid, und Hamsun stellte sich auf das Unvermeidliche ein.

Als Knut Hamsun und seine Frau sich zur »Krönung des Skalden« in Stockholm einfanden, wurden sie von Albert Engström und Erik Axel Karlfeldt, dem Sekretär der Akademie, herzlich empfangen. Beide sorgten dafür, daß sich der Aufenthalt in Stockholm angenehm und anregend gestaltete und daß sogar der große und gefürchtete Tag für Hamsun zu eitel Sonnenschein und Wonne wurde.

»Ich will keineswegs versuchen, diese Feier zu beschreiben«, schrieb Marie Hamsun später, »denn dafür hatte ich meine Augen zu sehr auf einen Punkt gerichtet. Es ist ja ein Ereignis, das sich jedes Jahr in den gleichen festlichen Formen wiederholt. Menschen aus der Elite des Geisteslebens, Mitglieder des Königshauses, große Gala, Blumen und Musik und Reden. – Die Preisträger saßen auf einem Podium hinter dem Rednerpult. Davor saßen Prinz Carl und Prinzessin Ingeborg mit Prinzessin Märtha. Die Damen der Preisträger hatten ihren Platz ebenfalls in der Nähe. Über einen Abgrund zwischen ihm dort oben und mir hier unten versuchte ich ängstlich sein Gesicht zu erforschen. Aber es drückte nichts von dem aus, was ihn zu dieser Stunde an widerstreitenden Gefühlen bewegen mußte. Es war, als ob er nicht in einem großen Augenblick seines Lebens auf einem Podium saß, er, der Scheue und Empfindsame, alle Augen auf sich gerichtet. Daß es sich auch lohnen könnte, andere und anderes anzusehen, kam mir nicht in den Sinn. Aber ich war ungeheuer erleichtert, als die lange Rede über ›Segen der Erde‹ zu Ende war und er vom Podium heruntersteigen und den Preis in Empfang nehmen konnte...«

Bei dem Festbankett führte Hamsun Selma Lagerlöf zu Tisch. Zum ersten Mal in seinem Leben traf er jetzt »dieses alte Mädchen«, deren Dichtung er nie sonderlich bewundert hatte, die aber nun bei einer persönlichen Begegnung in vielerlei Hinsicht einen starken Eindruck auf ihn machte, sie war eine Persönlichkeit und ein stattlicher Mensch. Auch jetzt kamen sie sich nicht näher, aber durch eine Reihe von Jahren schickten sie sich Grüße und versicherten sich ihrer gegenseitigen Hochachtung.

Meine Damen und Herren!
Nein, wie soll ich mich einer so von Herzen kommenden Liebenswürdigkeit gegenüber verhalten! Sie erheben mich sehr hoch, und ich verliere den Boden unter den Füßen, der Saal braust mit mir davon. Es ist nicht gut, jetzt ich zu sein, ich bin heute abend an Ehren und Reichtümern satt geworden, aber die letzte Huldigung war eine Welle, bei der ich ins Schwanken gerate.

Es kommt mir da zugute, daß ich auch früher im Leben – in den Tagen meiner Jugend – Gelegenheit bekommen habe, ins Schwanken zu geraten. Ich fühle mich verleitet zu sagen, daß einem alle Dinge des Lebens einmal zugute kommen.

Aber ich werde mich hüten, vor einer so ausgewählten Versammlung über Weisheit zu sprechen – um so mehr, als hier die große Wissenschaft das Wort geführt hat. Ich habe der Akademie und Schweden im Namen meines Landes für die Ehre zu danken, die mir hier erwiesen wird, und persönlich muß ich meinen Kopf unter dem Gewicht einer großen Auszeichnung beugen. Ich bin stolz darauf, daß die Akademie meinem Nacken genügend Stärke zugetraut hat, sie zu tragen.

Ich schreibe meine Bücher auf meine eigene Weise, aber ich habe von allen gelernt, nicht zumindest von der schwedischen Lyrik des letzten Menschenalters. Und wenn ich nun auf dem Gebiet der Literatur etwas beschlagen wäre, so würde ich dies im Anschluß an die letzte Rede ein wenig genauer ausführen. Aber das wäre ja von meiner Seite nur ein ganz äußerliches Gehabe und ein Geschwätz, dem jeder echte Brustton fehlte. Auch bin ich dazu nicht jung genug, ich vermag es nicht.

In dieser Stunde, in all diesem Licht und in dieser glänzenden Versammlung täte ich eines jedoch viel lieber – ich träte gern zu jedem einzelnen von Ihnen mit Blumen, mit Versen und Geschenken, wäre gern wieder jung und ritte auf der Woge dahin. Das ist es, was ich um eines so großen Anlasses, um eines letzten Males willen gern täte. Aber das wage ich nicht mehr, ich könnte das Bild nicht vor der Karikatur retten. Ich bin heute in Stockholm an Ehren und Reichtum satt geworden – jawohl, aber mir fehlt das Wichtigste, das Einzige, es fehlt mir die Jugend. Keiner von uns ist so alt, daß wir uns ihrer nicht mehr erinnerten. Es ziemt sich, daß wir Alten zurücktreten, aber daß wir es in Ehren tun.

Dessenungeachtet, was ich nun tun sollte – ich weiß es nicht –, dessenungeachtet, was sich am besten schickte – ich weiß es nicht –: ich leere mein Glas auf Schwedens Jugend, auf alle Jugend, auf alles Junge im Leben!

Hier sagt Hamsun mit klaren, einfachen Worten, was er davon hält, das Alter zu ehren, in diesem Fall ihn selbst. Aber die Zuhörer waren nicht in der Stimmung, es wörtlich zu nehmen. Marie erzählt, daß einer ihrer Tischnachbarn, ein schwedischer Diplomat, so bewegt war, daß er Tränen in den Augen hatte. Man wußte nicht, daß höchstwahrscheinlich ein einziges kleines Telegramm Hamsun überhaupt Mut gemacht hatte, an diesem Tage hier zu stehen und den Nobelpreis entgegenzunehmen.

Das Telegramm kam an dem Tag, als die Neuigkeit bekannt geworden war, und lautete:

»Der Schriftstellerverband grüßt und dankt, weil Du noch einmal Norwegen Ehre gemacht hast.

Johan Bojer.«

Hamsun dankte nicht in seinem Namen für die Ehre. Er dankte im Namen seines Landes. Etwas, das später einmal vergessen wurde.

IV

Im Herbst 1920, als Hamsun den Nobelpreis erhielt, gab er auch ein neues Buch heraus, das nach dem Eindruck, den seine Hymne an die Erde gemacht hatte, fast wie ein Schock wirkte. Es war »Die Weiber am Brunnen«. Hatte »Segen der Erde« in seiner einfachen und positiven Sprache sehr eindringlich zu den Menschen gesprochen, ihnen einen Weg gezeigt, so machte Hamsun in dem neuen Buch anscheinend wieder alles zunichte. »Die Weiber am Brunnen« ist eines seiner unterhaltsamsten Bücher, aber es ist nicht ohne bittern Beigeschmack, und eine unmittelbare Botschaft, wie »Segen der Erde«, an die bedrängte Menschheit hat es nicht.
In der kleinen Küstenstadt sind alle Menschen mit sich selbst beschäftigt. »Sie begegnen einander auf den Wegen, einer pufft den anderen auf die Seite, manchmal schreiten sie übereinander hinweg. Es geht gar nicht anders, manchmal schreiten sie übereinander hinweg...« – Der Krüppel Oliver Andersen ist die zentrale Figur des Buches. Er war ein gewöhnlicher junger Seemann, den das Schicksal eines Tages zum Krüppel machte, als er von der Takelage stürzte und den Luvbaum zwischen die Beine bekam. Er wird zum Kastraten Oliver, fett und etwas geistesschwach, etwas boshaft und verschlagen. Die Kinder, die er in seiner »Ehe« bekommt, stammen von anderen, aber Oliver verschafft sich dadurch auch kleine Vorteile. Hamsuns Abscheu vor dem Abnormen, dem Unnatürlichen, dem Häßlichen bricht in der Schilderung von Oliver durch, der immer deutlicher zum Symbol seiner Zeit wird. »... seine Reden, alle Lügen, seine Großmäuligkeit, seine Stimme, die einer Frauenstimme immer ähnlicher wird, die matten wasserblauen Augen, der allzeit feuchte Mund! Mit jedem Jahr verfiel er sozusagen mehr, nur sein Appetit war immer derselbe.« Bereits in der kleinen Schilderung »Kleinstadtleben«, 1890 in Lillesand geschrieben, gibt es einen Entwurf für den Typ Oliver und das krabbelnde, dumpfe Leben unter der Oberfläche einer klatschsüchtigen Kleinstadt.
Der junge Bursche Abel ist Hamsuns Held in diesem Buch. Im Gegensatz zu dem schwächlichen Bruder Frank, der viel Schulwissen besitzt und Philologie studiert, ist er sensibel, aber gesund und naturverbunden. Die Schilderung von Abels Jugendjahren bis in die Zeit, da er ein praktisch tätiger Mann ist, bildet einen neuen Höhepunkt in Hamsuns Prosa. Der philosophische Postmeister und der Schmied Carlsen sind ehrenhafte Menschen, aber das Leben zerbricht sie, sie sind alt. Der junge Abel ist die Hoffnung und der Glaube in diesem bitteren, aber auch humorvollen Buch.

Wir merkten ihm nie etwas an, sahen nach der kühlen Aufnahme von »Die Weiber am Brunnen« nie ein Zeichen der Enttäuschung bei ihm. Aber natürlich ist kein Autor unverletzlich. Ich kann mich eines kleinen Gesprächs entsinnen, das ich viele Jahre später mit ihm hatte, während er an den Landstreicher-Romanen arbeitete. Er war in »seinem Haus« und blätterte in einigen seiner älteren Bücher – was er übrigens selten tat –, um vielleicht etwas über Personen oder Situationen zu finden, das er gebrauchen konnte, weil er im Augenblick festsaß.
Er fragte mich:
»Hast du einmal ›Die Weiber am Brunnen‹ gelesen?«
»Ja, natürlich.«
Er fragte mich nach meiner Meinung. Als einziges sagte er: »Es ist wirklich ein recht unterhaltsames Buch.«
So lautete seine Antwort auf die Kritik – genau zehn Jahre später.

Knut Hamsun war über sechzig, als »Die Weiber am Brunnen« herauskamen. Nach seiner eigenen Berechnung war er jetzt in das graue hohe Alter gekommen. Aber seine geistige Kraft war noch ungebrochen, wenn er sich auch oft müde fühlte. Und wenn er selbst sagte: uralt, dann war es mit zusammengebissenen Zähnen. In einer Enquete wurde ihm einmal die Frage gestellt: Was ist für Sie das größte Unglück? Er antwortete: Zu sterben. Ich würde es jedenfalls nicht tun, wenn ich nicht dazu gezwungen wäre!
Der Gedanke an den Tod beschäftigte ihn sehr in einer neuen depressiven Phase, in der er wieder seine eigenen Theorien auf der einen Seite und einer unerhörten Lebensbesessenheit auf der anderen gegenüberstand. 1919 war seine Mutter gestorben. Er trauerte tief um sie. Die Analytiker haben feinsinnige Betrachtungen über Hamsuns »Ödipuskomplex« angestellt, von »Königin Tamara« bis zu den *mütterlichen* Frauen in den späteren Werken. Es mag sein, wie es will. Am einfachsten und natürlichsten ist sicher die Feststellung, daß er seine Mutter liebte wie jeder gute Sohn und sie in dem flackernden Schein der Erinnerung als das sanfte und schlichte Ideal der Hüterin des Hauses sah, das in sein Bild vom Menschen und vom Glück paßte. Er ging auf seinem Hof still einher, wie immer freundlich zu Frau und Kindern, aber sie spürten, daß er bedrückt war – der Gedanke an den Tod bekam durch den Heimgang der Mutter neue Nahrung. Und in dem nächsten Buch »Das letzte Kapitel«, das 1923 erschien, berührt er diese Gedanken. Die Stimmung ist anders als in »Die Weiber am Brunnen«.

Das Lächeln, das bittere, das spöttische, das herausfordernde – aber dennoch das Lächeln – leuchtet selten auf zwischen den Zeilen in »Das letzte Kapitel«. Die beiden Werke sind jedoch insofern miteinander verwandt, als sie von der beißenden Ironie über das Menschengewimmel auf Erden geprägt sind, wie sie gleichzeitig getragen werden von einem Appell an das Leben für den, dem es die Hand reicht.

Die Handlung spielt nicht mehr in einer kleinen Küstenstadt, sondern in einem Hochgebirgssanatorium, in dem Menschen leben, hin- und herlaufen, klatschen, intrigieren und sterben, genau wie in der Kleinstadt. Hier läßt Hamsun sich nieder, hier nimmt er die Menschen unter die Lupe, hier, wo sie sozusagen am Rande des Verlöschens leben – im letzten Kapitel des Lebens, welches mit dem Tod endet.

Es sind gewisse Vergleiche zwischen Hamsuns Roman und Thomas Manns »Zauberberg«, der 1924 erschien, also ein Jahr nach »Das letzte Kapitel«, gezogen worden. Aber die Übereinstimmung besteht im wesentlichen nur in dem gleichen Milieu, in dem die Haupthandlung sich abspielt.

»Hier werden wir mit dem Strick um den Hals dem Untergang entgegengeführt, und wir gehen willig mit, unserem eigenen Besten direkt zuwider. Wir hören von einem weisen Plan im Dasein, aber ihn sehen, ihn einsehen – nein. Ich weiß nicht, was das Richtige ist, einige sind ja ernsthafte Männer und halten das Leben durchaus nicht für eine Narretei. Aber so gehen wir und so wandern wir. Ohne Unterlaß werden wir geführt, was Alter und Zeit in uns nicht zunichte machen, das schaffen sie jedenfalls um bis zur Unkenntlichkeit. Wenn wir dann eine Weile gewandert sind, so wandern wir noch eine Weile, dann wandern wir einen Tag, darauf eine Nacht, und endlich in der grauen Dämmerung des nächsten Morgens ist die Stunde da und wir werden getötet, in Ernst und Güte getötet. Das ist der Roman des Lebens und sein letztes Kapitel der Tod. Wie mystisch das alles zusammen ist! Wir waren im Grunde also nur eine Mine, die dalag und auf den Funken wartete, und nach dem Knall liegen wir still, stiller als alle Stille, wir sind tot.«

In »Das letzte Kapitel« ist Fräulein Julie d'Espard eine der Hauptpersonen. Sie ist ein ganz gewöhnliches kleines Bürofräulein, ein wenig beschädigt durch den Umgang mit Kollegen und Sportlern, »Krausköpfen, das neue Norwegen mit seinen zappeligen Torerobeinen und seinen Rekorden im Hochgehopse«, ein wenig verdorben und banalisiert in ihrem Gefühlsleben, aber sie kann Französisch. Wieder der »Typ Torsen«. Und Fräulein d'Espard geht ihren verwirrten Weg durchs Leben, aber Hamsun ist diesem

Frauentyp gegenüber gütig, der wohl ein Produkt seiner Zeit ist, der aber die großen Möglichkeiten einer starken Natur besitzt. Er rettet sie – und sie rettet ihn.

Wie?

Hamsun hat nicht wie *Dostojewski* seinen Mitmenschen den Trost der christlichen Lehre zu geben. Er predigt nicht wie *Karl Marx* die Rettung der Menschheit durch den Sozialismus. Und er sieht nicht wie die Propheten des Materialismus das Rätsel des Lebens und des Todes im Stoff und seinen Bewegungen gelöst. Hat Hamsun eine »Weltanschauung«, dann teilt er sie nicht mit vielen, sondern mit denen, die eine seelische Wiedervereinigung mit der Natur erlebt haben, die Kräfte und Lebensfülle erhielten, indem sie in die Natur zurücksanken.

Hat Hamsun eine »Ideologie«, dann ist es das Evangelium von der Erde und der Arbeit. Die Erde als des Menschen göttliche Grundlage, die Arbeit mit der Erde als Ursprung der Gesundheit und Reinheit und des Glücks der Familie, die Arbeit als der große moralische Faktor, der wahre Adel.

Ja, er rettet Julie d'Espard. Sie nimmt zum Schluß den Bauern Daniel, der gesund und unverdorben ist. Daniel tötet ihren Verführer, tötet ihn in einem primitiven Affekt, um für sich und sein kleines Heim das Glück zu erhalten. Und während Daniel die Strafe verbüßt, wartet Julie mit ihrem Kind auf ihn, zufrieden mit ihrem Los und dem, was die Zukunft ihr bringen wird.

Aber im Sanatorium, diesem Kurhaus für Kranke und Nichtkranke, werden sie zusammengewürfelt, der Rechtsanwalt, der Großkaufmann, der Dieb und »der Selbstmörder« – der der Philosoph des Buches ist und Hamsuns Prüfstein für Leben oder Tod. Er ist es, der vor der großen Entscheidung steht, betrogen von seiner Frau, lächerlich und unmöglich gemacht. Das ganze Buch hindurch ist er mit seinen Selbstmordgedanken beschäftigt – dann kommt die Reue seiner Frau und die große Versöhnung –, aber es ist zu spät. In der gleichen Nacht brennt das Sanatorium bis auf die Grundmauern nieder, die Frau findet den Tod, viele Menschen verbrennen – aber der Selbstmörder wird gerettet. Nun steht er endlich vor der Entscheidung. Mit ruhiger Genauigkeit schildert Hamsun die ganze Zeremonie – wie er sich einen Baum aussucht, probiert, ob der Ast hält, das Seil an dem Ast befestigt, die Schlinge knüpft. Dies alles macht der Selbstmörder durch – er erlebt sein eigenes Ende. Und dann –

»Das nächste ist, daß er es nicht tut. Nein, es nicht tut. Er sitzt im Heidekraut, bläst auf seine Hände und weint. Gott steh uns bei, wir sind

jämmerlich, wir sind Menschen! Da man nicht am Tode hängen kann, hängt er am Leben. Der Selbstmörder hat nichts, woran er hängen kann, er sieht nicht die Sonne, nichts auf Erden macht ihn froh, 106, 106. Brennen in den Händen, todmüde, er ist ein Nichts, er friert sich in den Schlaf.
Das Brennen weckt ihn fast augenblicklich wieder, und er erhebt sich. Er sieht sich ängstlich um, als wäre etwas hinter ihm her, läßt den Strick hängen und macht sich auf den Weg zu der Sennhütte. Hund, sagt er zu sich selber, Hund, Hund...«
Auch dem unglücklichen Selbstmörder gibt Hamsun einen freundlichen Stubs ins Leben, das zu verlassen er nicht geschafft hat. Und er hat ein kleines Kind, das sicher nicht sein eigenes ist. Aber das sein eigenes werden soll.

V

Mein Vater.
Mit sieben Jahren begann ich auf der Volksschule in Eide. Der Lehrer war ein geduldiger, grauhaariger alter Mann mit freundlichen Augen. Der erste Schultag fing damit an, daß wir ein paar Kirchenlieder sangen, dann durften wir Neuen wieder nach Hause gehen. Das wiederholte sich am nächsten Tag. Lehrer Markussen meinte, daß man am Anfang nicht so schnell vorgehen sollte. Das stimmte völlig mit Vaters Ansicht überein.
Aber als einige Wochen auf die gleiche Weise vergangen waren, meinte Vater, daß er und Mutter vielleicht versuchen sollten, mir die Buchstaben beizubringen. Vater hatte nämlich den Verdacht, daß ich für mein Alter etwas zurück war, und das gefiel ihm nun gar nicht. Wenn ich erst auf die höhere Schule ging, sollte ich jedenfalls zeigen, daß ich nicht dümmer war als die anderen.
Abends saß er stundenlang neben mir und versuchte, mir den Unterschied zwischen den beiden kleinen gedruckten Buchstaben b und d einzutrichtern. Er suchte einzelne Abschnitte heraus und ließ mich immer wieder einfache Worte mit b und d lesen. Aber ich muß schwer von Begriff gewesen sein, und er raufte sich manchmal die Haare, weil er sich so über mich aufregte. Eines Tages schaffte ich es endlich, und er triumphierte.
Schlimm wurde es indessen, als wir ein paar Jahre später in der Schule mit

den Zahlen angefangen hatten. Rechnen war nicht meine starke Seite. Vater mußte mir ab und zu helfen. Er lehrte mich, die Zahlen ungeheuer genau hinzuschreiben. Er war auch fabelhaft sicher bei Tabellen. Aber im übrigen hatte er wieder reichlich Gelegenheit, sich die Haare zu raufen, als wir die Rechnungsarten durchnahmen. »Was zum Teufel wollt ihr mit allen diesen Nullen?« rief er Mutter zu. »Wenn ich eine Krone und fünfzig Øre schreibe, dann schreibe ich das so: 1,50. Wenn ich eine Krone und fünf Øre schreibe, dann schreibe ich das so: 1,5!« Erst nach einiger Überredung gestand er seinen kleinen Irrtum ein.

In der Schule bekam ich allmählich viele gute Freunde. Es waren Kinder von den Nachbarhöfen. Anfangs sahen die meisten mich mit einem abwartenden Blick an. Ich redete ja anders als sie. Es klappte nicht mit dem gutturalen R, obwohl ich mich schwer bemühte. Und außerdem wußten die Kinder, daß Vater irgend etwas trieb, von dem keiner in der Klasse eine klare Vorstellung hatte, was es war. Dichter wurde offensichtlich als ein lächerlicher Beruf aufgefaßt, was Vater nicht rundweg ablehnte. Wenn ich mich in der ersten Zeit mit einem Kameraden überwarf, wurde ich in der Regel als »Dichtersohn« beschimpft. »Halt die Schnauze, Dichtersohn!« sagten sie.

Markussen kannte sich indessen in dem einen wie dem anderen aus. Ich erinnere mich, daß er sich einmal viel Zeit nahm, um zu erklären, was ein Dichter ist. Er richtete mich in Gegenwart der ganzen Klasse auf, was mich in noch größere Verlegenheit versetzte.

Ich glaube, meine Schulfreunde hielten meinen Vater für recht eigentümlich. Sie machten große Augen, wenn sie ihm begegneten, denn er sagte oft etwas Seltsames zu ihnen. Es kam ja tatsächlich vor, daß er mich und meine kleinen Kameraden auf dem Schulweg traf, und er fing immer ein Gespräch mit uns an. Er machte Späße und tätschelte den Kleinsten den Kopf. Das war offensichtlich etwas ganz Neues für die Kinder in der Gemeinde. Daß ein fremder Mann stehen blieb und mit ihnen scherzte und ihnen dann noch über die Haare strich oder ihnen einen freundschaftlichen Klaps aufs Hinterteil gab, wenn er ging, das war in ihren Augen ein sonderbares Benehmen. Wenn Vater sagte: »Na, ihr kleinen Trolle, wo geht's denn hin?«, dann wußten sie nicht, was ein Troll war. Und wenn Vater sich richtig grimmig gab, dann zupfte er sie ein bißchen am Ohr und sagte: »Ich werde dich mal richtig an deinem Ohrknubben packen!« Aber so einen merkwürdigen Ausdruck hatten sie noch nie gehört. Sie verstanden jedoch, daß er es gut mit ihnen meinte.

Als ich ihnen erzählte, daß Trolle in den Märchen vorkamen, die Vater und Mutter uns vorlasen, da starrten sie mich dumm an. Bisher hatte ihnen noch niemand gesagt, daß es so etwas wie Märchenbücher gab. Vorlesen kannten sie nur aus der Sonntagsschule.

Wenn es um solche Dinge ging, fühlte ich mich sehr überlegen. Aber es konnte andere Situationen geben, in denen ich regelrechte Minderwertigkeitskomplexe bekam. Bei der Kleidung war das so. Hier hatte Vater seine bestimmten Vorstellungen, die mich manchmal tief verzweifeln ließen. Wenn er mich zum Beispiel in »lugger« in die Schule schickte, waren mir die mitleidigen Blicke der anderen Kinder entsetzlich. »Lugger« sind im Winter sehr praktische dicke Strumpfsocken, aber man benutzt sie nur in Nordland, in Eide waren sie gänzlich unbekannt. Wie alle Kinder hatte ich eine Mordsangst davor, anders zu sein als die übrigen Kinder. Aber Vater hatte seine Erfahrungen aus seiner Kindheit, wo jedes Kleidungsstück so lange getragen wurde, wie es nur ging, und wenn es noch so geflickt war, und er hatte kein Verständnis für meine »Vornehmheit«. In einer armen Nordlandsgemeinde machten die Kinder sich nicht lustig über die Kleider der anderen, bekam ich zu hören. Ich vergesse nie, mit welchem Neid ich auf den ärmsten Jungen aus der kleinsten Kate in der Gemeinde schaute, denn er hatte Holzschuhe und *Wickelgamaschen*! Das war der letzte Schrei im Distrikt Eide. Vater kämpfte dagegen an, erklärte mir, daß ich gerade deshalb darauf verzichten sollte. Das verstand ich nicht, und es endete damit, daß er nachgab, er kapitulierte vor dem Fortschritt, und ich bekam *Wickelgamaschen*.

Vater war wirklich kein schwacher Mann, aber wenn es uns Kinder betraf, kapitulierte er oft und gerne. Und nicht nur gegenüber seinen eigenen. Nørholm wurde allmählich der Tummelplatz für viele Kinder in Eide, und Vater beobachtete uns mit wachen Augen. Er tröstete uns in unserer Kindertrauer, und er freute sich mit uns an unseren Spielen. Draußen auf der Landstraße oder in den Straßen von Grimstad, wo auch immer er einen Kinderwagen sah, mußte er hingehen und hineinschauen, wer darinlag. Spielende Kinder waren für ihn mehr als ein schöner Anblick, sie waren ein Symbol des Lebens. Ich erinnere mich, wie er in der schlechten Zeit während des Ersten Weltkriegs und auch noch danach meinem Bruder und mir mit ernstem Gesicht von den unschuldigen Kindern in Europa erzählte. Er bekam herzerreißende Bittbriefe aus vielen Ländern. Mein kleiner Bruder war ungeheuer stolz, als mein Vater ihn einmal 10 000 Rubel für die Kinder in Rußland wegschicken ließ und es in der Zeitung stand.

Aber ich erinnere mich auch, daß die Bettelbriefe aus nah und fern eine schwere Belastung für meinen Vater waren, wenn er mitten in der Arbeit steckte. Es graute ihm jedesmal, wenn er einen Berg Briefe, der vor ihm lag, öffnen mußte, und oft überließ er Mutter das Ganze. Mitten in dem grauen Wust von Tragödien fehlte es auch nicht an sehr grotesken Beispielen für dreiste Taktlosigkeiten. In dem Brief einer Dame aus Wien stand zum Beispiel: »Da ich aus den Bilanzen des laufenden Monats ersehe, daß Sie mir, im Gegensatz zum vorigen Monat, die 50 Kronen, um die ich bat, nicht geschickt haben...« – da reagierte er nicht gerade so, wie die Dame gehofft hatte.

Vater war in dieser Zeit über sechzig. Aber niemand sah es ihm an. Er war groß und schlank und unglaublich kräftig für sein verhältnismäßig hohes Alter. Es gibt auch Geschichten, die davon erzählen, wie stark er in seiner Jugend gewesen war. Einmal sitzt er zum Beispiel in einem Café und hat einen sonderbaren Einfall. Er geht zur Theke, hebt die junge Frau, die dahinter steht, hoch in die Luft und stellt sie auf der anderen Seite vorsichtig wieder hin, worauf er zurück zu seinem Tisch schlendert und sich setzt. Er hatte nicht einmal einen roten Kopf von der Anstrengung bekommen. So etwas brachte er damals fertig, aber in lustiger Gesellschaft mit Freunden hat er auch in späteren Jahren noch manche Kraftprobe bestanden.

Noch als alter Mann legte er eine überzeugende Probe von seiner Kraft und seinem Temperament ab: Ein junger Zigeuner war auf den Hof gekommen und bat um etwas zu essen. In der Küche gaben sie ihm ein paar belegte Brote, aber da er den falschen Eindruck bekommen hatte, daß die Mädchen und die Kinder allein im Haus waren, fing er an sich aufzuspielen, warf das Essenspäckchen fort und wollte Geld haben. Vater wurde gerufen, und da war Schluß mit dem Fordern. Vater war vor Wut weiß im Gesicht. Der Knebelbart sträubte sich, und die Augen waren zwei leuchtende Punkte in seinem Kopf. Der Zigeuner hob den Stock, um sich zur Wehr zu setzen, aber er wurde schnell entwaffnet. Vater packte ihn mit eisernem Griff und beförderte ihn aus dem Haus, die lange Auffahrt hinunter bis zur Landstraße. Dort schleuderte er den Mann einige Meter von sich: Hau ab! Vater war damals in den Siebzigern!

Er erhielt sich seine Elastizität und seine Stärke durch das einfache Leben auf Nørholm. Einmal in der Woche waren wir an der Reihe, als Mitglied der Gemeinschaft für den Milchtransport, mit der Milch in die Molkerei nach

Grimstad zu fahren. Im Winter war es oft ein hartes Stück Arbeit, bei Kälte und tiefem Schnee mit Pferd und Schlitten den langen Weg zurückzulegen. Und wenn Ottar fuhr, begleitete Vater ihn meistens. Sie mußten neben dem Schlitten hergehen, falls der Schnee zu tief und die Last zu schwer war. Aber er war ebenso zäh wie der vierzig Jahre jüngere Ottar. Und es half eben mehr, wenn er den Schlitten bei einer Steigung schob, als wenn Ottar und ich schoben.

Auf einer solchen Tour hatte er immer eine dicke Pelzmütze auf, einen dicken Mantel und Schaftstiefel an. Die Stiefel hatte er bei seinem Bruder, Ottars Vater, der Schuhmacher auf Hamarøy war, bestellt, und sie waren sehr schön, mit vielen Verzierungen auf dem Schaft. Was Vater übrigens nicht liebte. Er machte sich nichts aus schöner Kleidung. Sie mußte vorhanden sein, falls er *wirklich* fein sein sollte. Ansonsten war er der einfachste von uns allen. Wenn der Zufall oder einigermaßen gesicherte wirtschaftliche Verhältnisse ihm die Gelegenheit boten, etwas Neues zu probieren, hörten wir oft: Nein, das ist für euch Kinder und für Mama, ich brauche so etwas nicht. Damit bin ich nicht aufgewachsen.

So klang es auch, als damals das Badezimmer instandgesetzt wurde. Vater badete – nach vielen Erwägungen – einmal in der Woche, weil es angeblich gesund war und vor Erkältungen schützte. Aber er sagte: Was ist das für eine teuflische Plage! Und es kam von Herzen. Könne er die Beine in eine Waschbütte stecken und sich so waschen, meinte er, habe es denselben Nutzen, ja, vielleicht noch einen größeren.

Alles, was er sich aus seiner Kindheit bewahrt hatte, war tief in ihm verankert und war zu einem Gesetz für ihn geworden: »Schneidet den Käse ordentlich ab, Kinder, nur Engländer und Handelsreisende schneiden den Käse nicht ordentlich ab! ... Haltet das Messer nicht wie einen Federhalter – das ist ein affektiertes Benehmen sondergleichen. Eßt den Teller leer, laßt nichts liegen.«

Während Vater an »Das letzte Kapitel« arbeitete, spürten wir alle, daß er sich in einer schwierigen Phase befand. Zu Hause vermochte er nicht zu schreiben, die Landwirtschaft nahm ihm zuviel von seinen Kräften, deshalb fuhr er weg. Von solchen Aufenthalten in den Kleinstädten rundum schrieb er oft lange Briefe an uns Kinder, und immer waren sie spaßig und gütig und unendlich fürsorglich – trotz seiner eigenen Gemütsverfassung. Der folgende Brief ist aus dem Hotel Ernst in Kristiansand:

Lieber Tore! Ja, hier ist der Brief, den ich Dir gestern abend versprochen habe, aber es wird wohl kein großartiger Brief. Ach, Du armer Kerl, nun bist Du schon so lange krank! Wenn es mir möglich wäre, käme ich geradewegs nach Hause und würde nach Arild und Dir sehen, aber ich muß arbeiten, solange ich arbeiten kann. Weißt Du, es geht jetzt nicht mehr so schnell, ein großes Buch zu schreiben, ich bin jetzt 63, und viele sterben, wenn sie so alt sind. O ja, es gibt aber auch viele, die werden 100 Jahre, bis sie sterben, und ich werde sicher 90 Jahre, glaubst Du nicht? Und da habe ich noch 27 Jahre vor mir.
Du bist jetzt wahrscheinlich sehr mager und blaß nach der langen Krankheit. Aber wenn es Dir wieder besser geht, dann wirst Du wohl ordentlich reinhauen, beinahe wie ein Menschenfresser. Und Arild – schleicht sich vielleicht in die Speisekammer und holt sich etwas. Ich frage mich, ob es hier in Kristiansand etwas gibt, womit ich Euch Kleinen eine Freude machen könnte. Laßt es mich wissen, wenn Ihr einen Extrawunsch habt. Aber Mutter bekommt in Grimstad sicher auch alles mögliche für Euch. –

Der Hof Nørholm, aus dem Hamsun einen Musterbetrieb machte

Hier im Hotel sind zwei kleine, völlig gleiche Hunde, es sind Terrier, und der eine hat jetzt sieben Welpen bekommen. Aber die kleine Mutter ist so alt, daß sie nicht genug Milch für alle sieben Jungen hat, und so wurden vier von ihnen totgeschlagen, und die Mutter hat nur noch drei. Ich hätte einen von den Welpen genommen, aber sie sind nicht rasserein, denn der Vater war kein Terrier, sondern ein elender Köter, und da wird auch nichts Gescheites aus den Jungen. – Ja, Du und Arild, Ihr seid jetzt sicher begeistert, daß Ihr nicht in die Schule zu gehen braucht, Ihr seid ja rechte Faulpelze. Aber sobald Du wieder auf der Höhe bist, Tore, mußt Du ins Wohnzimmer gehen und Klavier üben, damit Du nicht alles vergißt, was Du gelernt hast. – Siehst Du, ich schreibe mit Absicht nur auf der einen Seite des Papiers, damit Du auf der anderen zeichnen kannst. – Ich hoffe sehr, daß Mama Euch tüchtig vorliest, wo Ihr jetzt krank seid, lockt sie mit einem Fünførestück, damit sie Euch jeden Abend liest. Und wenn sie es für 5 Øre nicht tun will, müßt Ihr alle vier nur ein fürchterliches Geschrei veranstalten, dann liest sie umsonst. – Kannst Du meine Schrift gut lesen, Tore? Ich gebe mir große Mühe, deutlich zu schreiben. – So, mehr

Blick vom Schreibtisch im Dichterhaus auf Nørholm

vermag ich heute abend nicht. Gott sei Dank, daß wenigstens Ellinor und Cecilia wieder gesund sind, und nun müßt Ihr, Du und Arild, wahrhaftig auch bald wieder auf die Beine kommen. Ich denke jeden Tag an Euch alle, aber ich werde so nervös, wenn ich zu Hause bin, deshalb muß ich noch eine Zeitlang hierbleiben. Gute Nacht, lieber Tore und Arild und Ellinor und Cecilia und Mama.

Von Papa.

Bevor wir Nørholm übernahmen, war der größte Teil des wertvollen Waldes abgeholzt worden. Vater setzte alles daran, den Schaden wieder zu beheben, so gut es ging. Er schien zu glauben, daß der Wald an den Kahlschlägen litt. Tannen- und Kiefernsetzlinge wurden bestellt. Sie kamen fuhrenweise auf den Hof, und Vater stellte viele Leute zum Pflanzen ein. Mein Bruder und ich waren noch keine kräftigen Burschen, aber wir wurden auch angeheuert. Und im nächsten Jahr waren die kleinen Bäumchen im ganzen Wald angewachsen. Vater war von Herzen froh über jedes einzelne, das aus dem Heidekraut herausragte.
Aber Ottar wurde krank, er und Hilda kehrten nach Nordland zurück, und nun waren wir ohne Gutsverwalter. Vater kam in eine schwierige Lage, er wußte nicht, wo er einen neuen tüchtigen Mann hernehmen sollte. In den Gemeinden in Südnorwegen gab es zur Zeit kaum einen arbeitsfähigen jüngeren Mann. Alle waren nach Amerika ausgewandert, das damals gerade eine Blütezeit erlebte. Wir stellten schließlich einen jungen Mann ein, der soeben mit der Landwirtschaftsschule fertiggeworden war. Nach ein paar Monaten bat Vater ihn freundlich, doch wieder nach Hause zu fahren.
Dann meldeten sich zwei Dänen und wurden eingestellt. Vater hatte immer Respekt vor der dänischen Landwirtschaft gehabt, und nun kam Schwung in die Sache. Moore wurden trocken gelegt und in Haferfelder verwandelt, die ganze Flur, die teilweise feucht war, wurde entwässert und in einen guten Zustand gebracht. Wir hatten am Anfang acht Kühe auf Nørholm. Die beiden Dänen brachten es so weit, daß wir über vierzig füttern konnten. Vater hatte noch nie eine derartige Arbeitskraft und Freude gesehen, und als sie zu ihm kamen und baten, den Hof für vier Jahre pachten zu dürfen, war er einverstanden.
Und Vater atmete erleichtert auf. Er brauchte dringend eine Ruhepause von all der Mühe, die mit einem landwirtschaftlichen Betrieb verbunden ist. Nun konnte er sich besser auf das Schreiben konzentrieren – und auf den Umbau. Er hatte große Pläne. Die Nebengebäude mußten um das Vierfache

erweitert werden. Er träumte von einem Musterhof. Kuhstall und Pferdestall sollten größer und heller werden. Bei den Mooren sollten Scheunen gebaut werden. Vater stellte Leute aus der Gemeinde an für den Ausbau der Nebengebäude, und von früh bis spät war er unterwegs, um überall nach dem rechten zu sehen.

Eines Tages kam ein Schwede mit einem seltsamen Plan. Der Kuhstall müßte aus gestampfter Erde gebaut werden. Er war Ingenieur und hatte Broschüren und Zeichnungen bei sich.

Das ist vielleicht komisch, dachte Vater, nur gestampfte Erde! Alle Mann mußten ran zum Stampfen. Der Schwede wohnte einen ganzen Monat bei uns und leitete die Arbeit. Dann wurde die Verschalung weggenommen, und das ganze Bauwerk stürzte zusammen.

Ohne ein Wort zu sagen, packte der Ingenieur seine Sachen, hielt ein Auto auf der Landstraße an und verschwand. Als Vater kam und die Ruine sah, konnten die Leute ihn nur von dem Schweden grüßen. Es sei nicht die richtige Schmiere gewesen!

An einem anderen Tag kam ein großer älterer Mann draußen von den

Im Dichterhaus. Hier schrieb Hamsun zum großen Teil seine Werke zwischen 1919 und 1948.

Schären und suchte Arbeit. Der Mann hieß Gustav und war stocktaub. Vater fing auch an, ziemlich schwerhörig zu werden, er hatte es von der alten Großmutter auf Hamarøy geerbt. Das Gespräch zwischen den beiden war lustig. Sie riefen und schrien einander an, ohne daß der eine richtig verstand, was der andere sagte. Es endete damit, daß Gustav das Mädchen für alles bei uns wurde, und Vater hat es nie bereut. Viele Jahre, bis zu seinem Tod, war er auf Nørholm eine Art guter Engel. Es gab kein Ding zwischen Himmel und Erde, das Gustav nicht reparieren und zusammensetzen konnte. Bei allem wußte er Abhilfe zu schaffen, von einer geliebten Puppe, die den Kopf verloren hatte, bis zur leckenden Dachrinne. Gustav hatte das röteste und freundlichste Gesicht, das man sich vorstellen kann. Er war übrigens auch oft ernst, er war ein gottesfürchtiger Mann. Aber die Augen waren immer gleichbleibend freundlich. Gustav war fromm wie ein Kind, liebenswürdig zu allen. Und das war vielleicht gar nicht so verwunderlich, er hörte ja nichts anderes von der Bosheit der Welt als das, was ausdrücklich in sein Ohr gebrüllt wurde.

Als das stattliche Wirtschaftsgebäude mit einem Stall für fünfzig Kühe, einem Stall für drei Pferde, einer Scheune usw. – alles unter einem Dach – endlich fertig war, ließ Vater die Leute noch ein kleines Haus, abseits von den übrigen Gebäuden des Hofes, bauen, einen Raum, wo er in Ruhe sitzen und arbeiten konnte. Er entwarf das Haus selbst. Es sollte keine Luxuswohnung werden, nur ein praktisches, kleines Haus, in dem er seine Bücher und seine Papiere unterbringen konnte. Es lag unter einem Bergvorsprung, und die Fenster waren nach Süden gerichtet. Das ganze Haus bestand aus einem kleinen Flur und einem einzigen großen Raum mit drei Fenstern. Die Wände wurden zugestellt mit Bücherregalen, und vor das eine Fenster stellte Vater seinen Arbeitstisch: zwei Böcke mit einem Brett darüber. Das Brett wurde mit Packpapier abgedeckt. Über die Lehne des Holzsessels, auf dem er sitzen wollte, hängte er einen alten, abgetragenen Mantel – hier hatte er die Atmosphäre, in der er arbeiten konnte.

Viele Male, wenn ich an dem Haus vorbeiging, sah ich durch das Fenster den weißen Kopf, über die Arbeit gebeugt. Oft schaute er auf und winkte mir zu. Aber er duldete es nicht, gestört zu werden. Es war wie bei der Hütte auf Hamarøy. Er mochte es absolut nicht, daß jemand in sein Haus kam, nicht einmal, wenn er selbst abwesend war. Ich glaube, er war in gewisser Weise beschämt und fürchtete, daß Fremde sehen könnten, wie ärmlich es da drinnen aussah.

Einer von den wenigen, die er freiwillig in seine Höhle ließ, war der Maler

Henrik Lund, der jahrelang sein guter Freund gewesen war und der ihn mehrmals gemalt hatte und ihn auch hier am Schreibtisch malte.

Wenn Henrik Lund nach Nørholm kam, um zu malen, brachte er auf Vaters Bitten oft ein paar Freunde aus Oslo mit. Da konnten sie zwischen der Malerei ein bißchen pokern. Das war für Vater mitunter ein großes Vergnügen – eine Spannung und eine Entspannung, die er brauchte. Bei

Eines der vielen Porträts, die Henrik Lund von Knut Hamsun malte, 1922. Nationalgalerie, Oslo

diesen Anlässen wurde eine besondere Schublade in seinem Zimmer geöffnet. Sie enthielt Whisky, Black and White. Die Flaschen lagen fein säuberlich nebeneinander wie Zwillinge in der Wiege.
Einen kurzen Blick in eine solche Pokergesellschaft zu werfen, war für meinen Bruder und mich das Herrlichste, was wir uns vorstellen konnten. Diese sündige, gut riechende Atmosphäre, geschaffen aus Zigarettenrauch, hohen goldenen Whiskygläsern, Spielkarten und Geldscheinen, sogen wir in vollen Zügen ein. Es war spannend zu sehen, wo die Vermögen landeten, und wir bekamen runde Augen, während wir den Gesprächen der Erwachsenen lauschten.
Henrik Lund hatte eine ansteckend gute Laune und viel Witz. Aber am sonderbarsten fand ich es, Vater zu hören. Er war plötzlich ganz verändert. Aus meinem ernsten, nachdenklichen und manchmal nervösen Vater war jetzt das Gegenteil geworden – er war munter und sorglos. Die Augen leuchteten, er lachte schallend. Die ganze Zeit, während er spielte, machte er drollige Bemerkungen. Die Stimme war tief und klangvoll, daran erinnere ich mich am besten. Aber ich erinnere mich auch, wie herzhaft er lachen konnte, wenn er beim Spiel verlor. Es wunderte mich sehr, und ich dachte, daß es doch eine verdammt überlegene Art war, ein Unglück hinzunehmen.

Depression und Psychoanalyse

I

Wahrscheinlich waren die Jahre nach dem Ersten Weltkrieg eine schwierigere Zeit für Hamsun als die Jahre des Durchbruchs um die Jahrhundertwende. Es gab so vieles, was ihn enttäuschte, zunächst der Friedensschluß, der den Keim zu neuem Streit in der Welt in sich barg. Hier sah Hamsun ganz klar. Dann kamen die sozialen Umwälzungen, die zu einer Demokratisierung auf breiter Front und zu einer Nivellierung von Werten führten, die für Hamsun wesentlich waren. Zu diesem Zeitpunkt wurde er aus anderen Positionen und mit anderen Voraussetzungen als früher angegriffen, und im Grunde kämpfte er ein Leben lang auf dieser Ebene.

Es liegt nicht viel Stoff in Form von Briefen vor, aber *einer* soll hier wiedergegeben werden, weil er in seiner barschen und direkten Sprache, verbunden mit Vertrautheit und alter Freundschaft, von einer Zeit Abschied nimmt und weil er eine Journalistik beschreibt, die er nicht mag. Der Brief ist an den Redakteur der dänischen Zeitung »Politiken« gerichtet.

Nørholm 5. Novbr. 1923

Lieber Cavling.

Du sollst nicht mehr fortfahren, Deine persönliche Liebenswürdigkeit jedesmal an mich zu verschwenden, wenn Deine Zeitung mich nicht mag. Du hast anderes zu tun – und ich habe übrigens auch nicht die Zeit und die Gesundheit, um zu antworten. Die manuelle Arbeit, einen Brief zu schreiben, kostet mich sozusagen Pein, und ich habe nicht wie Du eine Schreibmaschine, in die ich diktieren kann.

Ich habe nie etwas anderes als gesittetes Benehmen bei den übrigen dänischen Zeitungen gesehen, sie schreiben mir höflich und bitten hie und da um einen Beitrag. »Politiken« hat nun jahrelang geglaubt, sie könnten mit mir eine Ausnahme machen:meine vier letzten Arbeiten sind mit einer ruinösen Überlegenheit behandelt worden; als ich den Nobelpreis erhielt, schrieb Deine Zeitung als einzige in der Welt, daß ich ihn nicht verdient hätte, und ich wurde in einer Zeichnung ›sitzend auf meiner Ehre‹ dargestellt; einer von Deinen Mitarbeitern, den ich unter einem falschen Vorwand empfing, machte hinterher ein Interview, das er entgegen seinem Versprechen drucken ließ usw. So hat mich keine andere Zeitung behandelt. Und nach diesen Vorfällen trittst Du mit unschuldiger Miene auf und bist der alte Freund.

Ich glaube nicht, daß ich mich während meiner langen Schriftstellerlaufbahn jemals bei Dir noch bei anderen über Kritiken beklagt habe, das liegt mir nicht, ich bin eigentlich ein etwas zu gleichgültiger Bursche dazu. Aber wäre mein letztes Buch* so unsagbar schlecht, wie »Politiken« tut, dann hätte ich es kaum herausgegeben. Mit dieser Kritik in der Hand wäre es mir nicht möglich gewesen, einen Verleger zu finden. Da ich inzwischen kein x-beliebiger mehr bin, hätte vielleicht eine Zeitung, dessen Redakteur mir auch privat nicht feindlich gesonnen ist, mit etwas weniger »Wichtigtuerei« (wie Karl Larsen das nennt) über mein ernstes Buch schreiben können.

Versteh mich recht: ich beklage mich jetzt nicht, mach Du nur weiter so, Du kannst auch Deine Leute zusammenrufen und Dich zum Beispiel über diese Zeilen lustig machen. Aber ich will Dich von der Doppelzüngigkeit entbinden, daß Du glaubst, mir freundliche Briefe zu schulden, während Deine Zeitung mich tartarisch behandelt, diese Art von Freundlichkeit verpflichtet mich nämlich zu einer dankbaren Antwort, und das ist etwas peinlich. Ich habe Dich, soviel ich weiß, nie um eine Gunst gebeten und werde es auch nie tun, aber ich habe Dich gemocht, weil Du tief innerlich ein Poet bist, deshalb schreibe ich auch jetzt diese Zeilen, sonst hätte ich geschwiegen.

Ein Freund von mir hat mir also geraten, zu reisen und fremden Menschen zu begegnen. Falls Du ihn wiedersiehst, sage ihm, daß ich sicher ein bißchen mehr gereist bin als viele andere, ich bin in vier der fünf Erdteile gewesen, das ist doch etwas. Und was die Begegnung mit fremden Menschen betrifft, da ziehe ich es vor, über Menschen zu schreiben, die mir *nicht* fremd sind.

Wollte ich fremde Menschen um mich versammeln, dann könnte ich es haben, im Verlauf eines halben Menschenalters hat man sich an mich

---

* Das letzte Kapitel

gewandt, aus Nord- und Südamerika, aus Indien, Japan, Madagaskar, abgesehen von den vielen europäischen Ländern, und darum gebeten, empfangen zu werden. Ich mußte diese Bitten abschlagen. Ich kann mich nicht so schnell darauf einstellen, mit fremden Menschen zu plaudern und Unsinn zu reden. Ich meine sogar, daß es entschuldbar ist, wenn Menschen in der heutigen Zeit ihre Sicherheit verlieren, so daß sie den Kopf beugen und sich der Stimme enthalten. Es gibt nämlich mehr als eine Meinung über jedes Ding, und es gibt überwältigend viele Dinge.

Ich habe Deine Zeitung hauptsächlich wegen Georg Brandes' Feuilleton und der ausgezeichneten außenpolitischen Kommentare gelesen. Brandes ist über mein Lob erhaben, aber ich möchte Dich bitten, Deinem außenpolitischen Mitarbeiter meinen aufrichtigen und ehrerbietigen Dank zu sagen. Keiner hat richtiger als er gedacht und keiner glänzender formuliert. Wenn Du Frejlif siehst, dann grüße ihn bitte von mir. Ich habe seine bemerkenswerten Artikel im »Zuschauer« gelesen.

Dein alter Freund
Knut Hamsun.

Ich habe einen Herrenhof?
Ich schickte einen meiner Söhne hinüber zu den beiden dänischen Pächtern mit dem Zettel in einem Umschlag und bekam ihn unterschrieben zurück. Ich und ein Herrenhof! Spukt der Nobelpreis immer noch? Leider hat er nicht für alles gereicht. Ich mußte im vorigen Jahr 40 000 Kronen für die notleidende Menschheit herausrücken, und ich mußte 40 000 Kronen Steuern bezahlen. In diesem Jahr wird nicht einmal mein neues Buch meine Steuern decken, und ich habe drei Jahre daran gearbeitet.
Mein »Herrenhof« ist groß genug, zu groß für mich, ich bin nicht soviel gewöhnt, und ich weiß auch nicht, warum ich es verdienen sollte. Ich habe Nørholm meiner Kinder wegen, sonst wären ein kleines Haus und ein Wald genug für mich.
Abgesehen von dem persönlichen Verhältnis zwischen Knut Hamsun und Henrik Cavling – lag natürlich eine sozial-politische Tendenz hinter den Versuchen, ihm, kurz gesagt, einen Denkzettel als Reaktionär und Nachschwätzer einer bestimmten philosophischen Richtung zu verpassen. Weil es sich hier um äußerst nuancierte Begriffe handelt, ist es für das allgemeine Verständnis notwendig, zu verallgemeinern und zu vereinfachen.
Jede Philosophie – auch die von Nietzsche – sah Hamsun mittels seines künstlerischen Temperaments. Die Lehre vom »Übermenschen« als einem

künftigen Entwicklungsideal, als einem Symbol für die *Lebenssteigerung* konnte der Aristokrat Hamsun verstehen, beziehungsweise er verstand sie auf seine Art. Er verstand die überschäumende Lebensfülle des Übermenschen und die Verschwendung als moralisches Prinzip: »Ich geize nicht mit dem, was mir gegeben ist, ich verschwende mit tausend Händen.« Und ebenso verstand er das Hohe Lied an den *vornehmen* Menschen, der in sich Werte schafft und der »das Glück, in der enormen Spannung und in dem Bewußtsein eines Reichtums, der schenken und geben will«, kennt. So hatte Hamsun den deutschen Philosophen gelesen und verstanden, den Ausnahmemenschen Nietzsche. Er tastete sich mit seinem dichterischen Instinkt an ihn heran und akzeptierte die »Umwertung aller Werte« bei Nietzsche, die bei ihm selbst bereits im Gang war. Aber er wurde nie ein systematischer Denker, und es darf bezweifelt werden, ob er die Gedanken des Philosophen bis in die äußerste Konsequenz verstanden hat. Hamsun wurde auch nie ein Politiker, und noch weniger wurde er ein »Nazi«. Durch seine gewaltige Produktion – angefangen von »Hunger« bis zu dem letzten Roman, den er schrieb – erfahren wir, wer er war: der Romantiker, der aus seiner eigenen Ursprünglichkeit eine neue romantische Märchenform schuf, mit romantischen Helden und Schwärmern und einer neuen romantischen Märchensprache von bezauberndem Reiz und großer Kraft. Wie so viele seiner Helden kommt er selbst aus einem »Grenzland«, uns anderen unbekannt. Es ist die einzige Erklärung, die wir geben können. Und seine eigene ist nicht konkreter: »Ich operiere nur mit der Empfindlichkeit meiner Eindrücke, die mir vielleicht angeboren ist, gestützt von einer minimalen Fähigkeit, nach innen zu schauen – weit zu schauen...«

Es ist nicht verwunderlich, daß Hamsun von seiner Veranlagung her die Zeiterscheinungen mit dem größten Mißtrauen betrachtete und oft zum Angriff überging. 1918 hatte er eine Broschüre »Die Sprache in Gefahr« herausgegeben, und hier tritt der Sprachkünstler Hamsun energisch für die norwegische Schriftsprache ein und greift die Philologen und instinktlosen Politiker leidenschaftlich an. Es erleichtert, seine Meinung zu sagen.

Mit »Die Weiber am Brunnen« und »Das letzte Kapitel« hatte Hamsun es bis zu einem gewissen Grad geschafft, sich von anderen schweren Gedanken freizuschreiben. Natürlich trat keine plötzliche Veränderung von heute auf morgen ein, aber zeitweise fühlte er sich unbeschwert und fröhlich, und eines Tages setzte er sich hin und schrieb seinem alten Freund, dem Postmeister Frydenlund, einen herzlichen Brief:

Ich denke sehr viel an Dich, das mußt Du mir glauben, und nun an diesem Montag morgen setze ich mich endlich hin, um Dir diese Epistel zu schicken, seit der letzten sind sicher viele Jahre vergangen. Die Tage haben ja leider die schlechte Gewohnheit, Staub auf uns zu schütten, bis wir zuletzt ganz überwachsen sind von Schmutz und Elend und nicht mehr das sind, was wir für unsere alten und verdienten Freunde sein sollten.

Ich habe oft gedacht: Du mußt doch auch einmal Ferien haben wie alle anderen Leute in einer Stellung wie Deiner, und da müßte es mir eigentlich gelingen, Dich im Sommer hierher zu meinem kleinen Ort zu locken. Es wäre großartig, wenn wir ein wenig über alte Zeiten schwatzen könnten. Und Du müßtest Deinen »Sonnenstrahl« mitbringen, von dem Du schriebst. Sie könnte eine Dachstube im Haus bekommen, genau wie Du. Aber vielleicht ist sie schon verheiratet, die Hexe, da ist sie nicht zu bewegen. Ja, ist es nicht seltsam, ehe man sich's versieht, sind die Kinder erwachsen und beinahe ebenso alt wie man selbst, ich meinerseits habe eine zwanzigjährige Tochter, die jetzt ein Jahr in Frankreich war.

Ich möchte so verdammt gerne, daß Du kommst, und das möchte meine Frau auch, obwohl sie Dich nicht kennt. Wenn Du einen Vertreter brauchst, werde ich ihn bezahlen, das Ganze soll *Dich* natürlich nicht eine Øre kosten. Da Du im öffentlichen Dienst bist, fährst Du vielleicht gratis, das weiß ich nicht, aber wenn nicht, dann wird das Reisebüro Bennet Fahrkarten für Dich und die Deinen schicken. Und hier bekommst Du das Landesübliche zu essen und zu trinken, das hält Dich zusammen, bis Du wieder nach Hause fährst. Du wirst sogar Deinen Whisky bekommen, Du Trunkenbold! Schnaps, denke ich, gibt es wenig in Aurdal – wenn nicht Timand noch lebt und etwas brennen kann.

Es klingt vielleicht albern, wenn ich dauernd vom Bezahlen rede, aber ich werde es Dir erklären, wenn Du kommst, ich habe in den letzten Jahren gut verdient, meine Leser hier zu Hause werden immer zahlreicher, aber am meisten verdiene ich im Ausland. Deshalb, verstehst Du, hat es keinerlei Bedeutung für mich, wenn Du mich mit Deiner Reise hierher kräftig ausbeutest. Es würde mich nur freuen. Und ich weiß etliche, die hier nach Dir fragen, das sind meine vier Kleinen zwischen 10 und 15 Jahren ...

Es war überhaupt eine große Freude für Hamsun, Freunde aus alten Tagen wiederzusehen. In den späteren Jahren bedrückte ihn ein deutliches Gefühl der Einsamkeit und der Leere, als ein Freund nach dem anderen starb.

Nicht nur, daß ein ihm persönlich lieber Freund fortging – mit ihm verschwand auch eine Epoche, ein Rest von einer besseren Zeit.
Aber noch waren einige da. Erik Frydenlund kam zu Besuch, Vilhelm Krag, Hans Aanrud, Johannes V. Jensen.
Nachdem Erik Frydenlund wieder abgereist war, schickte Hamsun ihm einen munteren Freundesbrief, als Dank für ein Fahrtenmesser, das dieser ihm verehrt hatte:

»Lieber EKF: Ich danke Dir vielmals für das Messer! Es hat schon etliche Proben ausgehalten. Als erstes wollte ich es so scharf wie ein Rasiermesser machen, aber ich habe nicht lange genug durchgehalten. Ich weiß auch nicht, ob man Mäuse damit rasieren kann. Aber es ist das beste Messer, das ich je gehabt habe, um gegen Löwen anzugehen. Und heute habe ich es hinten in meinem Haus ausprobiert, Du weißt, wo ich wohne.

Knut Hamsun 1923, Zeichnung von Olaf Gulbransson während eines Besuches auf Nørholm

Ich hatte ein Holzscheit, das nicht in den Ofen ging – Du hast ja einen kleinen Eindruck von meinem Bärenofen bekommen, da geht einiges rein. Nun, ich fing an, auf dem Holzscheit herumzuspringen, es nützte nichts. Aber dann nahm ich das MESSER aus der Scheide und schnitt eine Kerbe in das Scheit und sprang wieder drauf, und da brach das Holz wie nichts. Es ist wirklich ein vielseitig verwendbares Messer, das Du mir geschenkt hast, und ich denke nicht daran, mit Dir zu tauschen, wenn Du wiederkommst.

Ich habe jetzt Nørholm an zwei Dänen verpachtet, ich war es so leid, mich die ganze Zeit um die Landwirtschaft kümmern zu müssen, und da es tüchtige Burschen sind, werden sie Gewinn machen, während ich immer nur Verluste aufzuweisen hatte.

Erinnerst Du Dich an die Himmelsbrücke, die wir über den Bach gemauert haben? Die Überschwemmung im Herbst hat sie weggerissen. Und jetzt habe ich sechs Wochen lang vier Männer dagehabt und außerdem die Jungens vom Hof und die Pferde, um die Brücke wieder aufzubauen. Nun glauben alle Leute, daß sie halten wird. Was glaubst Du? Du verstehst ja etwas davon und kannst mir Deine Meinung sagen, wenn Du Weihnachten herkommst und die Brücke inspizierst. Ich werde mit Dir gehen und Dir alle Finessen bei jedem Stein erklären.

Der Gärtner war da und hat schwer im Garten gewühlt und die Anlage umgestaltet. Und dann jammerte meine Frau die ganze Zeit über die Kieselsteine auf den Wegen und wollte Muschelkalk haben. Also kam ein Prahm und brachte Muschelkalk. Aber nun stellt sich heraus, daß er abfärbt wie Kreide und unsere Fußböden schmückt. Jetzt besteht natürlich die Meinung, wieder zu Schotter zurückzukehren.

Die Kinder sind tüchtig, nicht in der Schule, aber bei Spiel und Unfug. Arild ist erkältet, hat jedoch von seiner Verrücktheit und seiner Unvernunft nichts eingebüßt, beide Jungen beneiden mich übrigens um das Messer, obwohl sie selbst schöne Messer besitzen. Die Kinder haben sich ihren eigenen Weihnachtsbaum geschlagen und im Kinderzimmer aufgestellt, und sie haben selbst den Schmuck dafür gekauft. Die beiden Damen sprechen über Signe und fragen, ob sie Weihnachten mit Dir hierherkommt. Ich habe ja gesagt.

Jetzt glaubst Du vielleicht, daß ich noch einen neuen Bogen nehme, aber da irrst Du Dich. Und hiermit Adieu, bis wir uns wiedersehen. Und ein Gruß von uns allen.

Dein Hams.

Trotzdem – es war keine leichte Übergangszeit. 1926 fuhr er nach Oslo und blieb dort mehrere Monate. Er ging wegen seiner Nerven zu einem Psychiater. Gleichzeitig versuchte er mit einem neuen Buch in Gang zu kommen, was diesmal besonders schwierig zu sein schien.
Jeden Tag ging er zum Arzt.
»Gott helfe mir«, schrieb er an Marie, »ich habe das alles satt, aber der Doktor ist so sicher, daß in mir ein Quell entspringt und ich wieder wie ein Junger schreiben werde. Mir scheint, ich spüre auch eine kleine Veränderung an mir, es ist nämlich kein Zweifel, daß ich etwas aufrechter *gehe* in der Hoffnung auf diese Quelle, die entspringen soll, ich spüre es, wenn ich unter vielen in der Straßenbahn stehe, ich ducke mich nicht mehr ganz so tief wie vorher. Aber das ist ja noch kein Quellsprung. Der kommt! sagt der Doktor, ich warte, es bleibt mir nichts anderes übrig.«
Monate vergingen. Hamsun hielt es nur schlecht aus in Oslo, aber er blieb. Marie war allein mit den Kindern und den Problemen auf dem Hof. Sie fühlte sich einsam, und sie schrieb es ihm. Eines Tages bekam sie Antwort: »Ich bin mit mir selbst einig geworden, daß ich binnen kurzem hier aufhören und nach Hause kommen will, und ich möchte den Doktor so langsam darauf vorbereiten. Ich kann aus allen möglichen Gründen nicht ewig hierbleiben. Ich meine ganz bestimmt, daß ich innerlich fester geworden bin, und glaube, daß ich wieder etwas schreiben kann, eine ›Quelle‹ ist nicht in mir entsprungen, aber wenn ich mich fünf Monate lang für schweres Geld habe analysieren lassen, ohne die Quelle zu kriegen, dann lassen wir es eben in Gottes Namen bleiben. *Ich bin jedenfalls in vierzehn Tagen zu Hause, wenn nicht früher.*«
Und er erzählte Marie, die sich so einsam auf Nørholm fühlte, gleichzeitig von dem Leben in Oslo:

Über was in aller Welt mußt Du dich im Grunde grämen? Daß ich Dich bekam, daß Du Dich nicht in möblierten Zimmern hier durchschlagen mußtest? Ja, glaub' nur, die haben es gut, die Schauspieler hier, das ist schon etwas, wonach man sich zurücksehnen kann! Immer mehr Kleister ins Gesicht, um die Falten zu verstecken, immer mehr Trinkerei, um sich innerlich aufrecht zu halten, einige lesbisch, andere homosexuell, alle verschuldet wegen der Kleider, die sie tragen. – Bei uns in Nørholm ist es einsam, und das ist für uns beide nicht *nur* gut. Wir müssen mehr Hilfe haben, eine Hausdame, dann brauchst Du nicht mehr auf dem Sprung zu sitzen, ob uns jemand besucht. Diese Ausgabe wird vielleicht dadurch gedeckt, daß wir beide, Du und ich, leichteren Sinnes werden, damit ich wieder arbeiten kann. Ich *habe* jetzt Lust zu arbeiten, und ich grüble immer noch über ein richtiges Sujet nach, dann will ich mich so gut wie verpflichten, ein Stück zu schreiben, denn ich habe vielerlei aus der Zwischenzeit, was ich verwenden kann. Warum ich ein Stück schreiben will, ist so zu erklären: ein wenig sah ich ja von »Gentleman«; seitdem habe ich Hedqvist getroffen, der mich bat, »Dunungen« anzuschauen. Gut, ich bekam Eintrittskarten für Gundersen und mich und sah »Dunungen«. Ich höre kaum besser, aber Gundersen flüsterte mir das zu, worüber das Publikum lachte – ach, Herrgott, was für armseliges Zeug, und wie dankbar die Leute für wenig waren! An einer Stelle sitzt die »Dame« auf einem Stuhl und redet eine Viertelstunde lang elegisch mit sich selbst! Ich habe keinen Zweifel daran, daß ich es besser gemacht hätte, ich erkenne jetzt auch, daß Spannung dazu gehört, worum ich mich früher nicht gekümmert habe. – Aber auf eine Weise war es gut, daß ich die zwei Male im Theater war, es war, als ob ich einen kleinen Schubs bekommen hätte, es juckte mich ein wenig, selbst etwas zu tun. Denn es war unglaublich, wie langweilig das Ganze war, sowohl im National- wie auch im Centraltheater, und kann ich ein Stück machen, das etwas geht, wenn auch nicht viel, dann verdiene ich an vielen Orten; ich bekomme immer noch Geld aus Deutschland...

Hamsuns wirtschaftliche Verhältnisse waren nicht mehr so gesichert. Einiges Geld verlor er, als die Banken nach dem Krieg anfingen in Konkurs zu gehen. Als 1924 der Gyldendal Norsk Forlag gegründet wurde und man die norwegischen Dichter, die bei Gyldendal in Kopenhagen herausgekommen waren, nach Hause holte, steckte Hamsun 200 000 Kronen in das Unternehmen, dem man anfangs Schlimmes prophezeite, das sich später aber doch als sicher erweisen sollte. Hamsun selbst stellte keine großen Ansprüche, aber die Landwirtschaft kostete viel, und er dachte vor allem an die Kinder, als er an Marie schrieb:

»Ich habe oft gedacht, daß eine Katastrophe über uns hereinbrechen wird, wir haben ein wenig zuviel bekommen, als daß es gutgehen könnte, ich weiß es nicht. Aber vermag ich noch etwas zu schreiben, denn wird es an nichts fehlen, dann verdienen wir viel mehr, als wir brauchen. Deshalb behandle ich mich selbst wie kostbaren Samt und wie ein rohes Ei und setze mich keiner Aufregung aus...«

Im Winter 1927 mietete Hamsun eine Villa auf Bygdøy bei Oslo und wohnte dort einige Monate mit seiner Familie. Hier auf Bygdøy beendete er den Roman »Landstreicher«, der im Herbst herauskam. Die Hauptperson in »Landstreicher« und in den beiden folgenden Romanen »August«, 1930, und »Nach Jahr und Tag«, 1933, ist der Phantast und Weltumsegler August. Hamsun hatte sich diese Figur als Hauptperson für ein Lustspiel ausgedacht, das er jedoch nicht schrieb. Die Trilogie ist die Komödie in erweiterter Form, sie ist die Tragikomödie über das moderne Leben.
Als Johan Nilsen Nagel vierzig Jahre zuvor in der Literatur auftauchte, war er ein Schwärmer in der Traumwelt der Neuromantik, der Phantasie und des Unbewußten, hoch erhaben über Ziel und Zweck. Nagels Gott steuerte ein Schiff aus duftendem Holz über das blaue Wasser des Himmels mit einem Segel wie ein Halbmond geschnitten. Zerrissen von den Widersprüchen seines Gemütes und den Mysterien ging Nagel zugrunde.
Augusts Gott ist ein anderer, er ist der Gott unserer Zeit: Lärm, krampfhafte Geschäftigkeit, Industrie. August geht nicht zugrunde an einer inneren Disharmonie, sondern an seiner eigenen und der zeitgemäßen wurzellosen Jagd nach Profit und Vorteil. Einer Jagd nach Illusionen und Nichts.
In der ganzen Trilogie ist *er* der Mann, der den »Fortschritt« antreibt und Leben und Bewegung mitbringt, wohin er auch kommt. In »Landstreicher« ist er der junge Seemann, der die Meere gekreuzt hat und der alle mit seinen unglaublichen Gesichten und seinen Goldzähnen verblüfft und bezaubert. Es kribbelt und krabbelt in seinem unruhigen Hirn von verrückten und gescheiten Einfällen. »Der August war und blieb eine merkwürdige Figur, geschickt und voller Schwungkraft, verlogen bis zum größten Mißbrauch der Lüge, gern gesehen von allen, treu und hilfsbereit, gar manchmal zum eigenen Schaden, aber in der Not gewissenlos bis zum Verbrechen.« Er kann sich gut vorstellen, einen Mann umzubringen und seine Schuhe zu stehlen, wie er gleichzeitig selbstlos und freigebig ist – besonders wenn er verliebt ist. Er besitzt eine elementare Form der Liebe sowie eine maßlose materialistische Phantasie. Und August bringt Aufschwung, Leben und Spekulation in die kleine, verschlafene Bucht.
In den beiden nächsten Büchern »August« und »Nach Jahr und Tag« setzt seine blinde Geschäftigkeit verschiedene Projekte in Gang, Fischindustrie, Handel, Bank, sogar Tabakanbau – in Nordland! Er betrügt ohne Skrupel:
»Geschäft ist Geschäft, sagte August und macht sich bereitwillig daran, die drei Männer, die er einfangen wollte, zu unterweisen, ja, als sei er ein Freund der Familien. Er schwebte nicht, er hatte seine ›Erdkruste‹ unter

den Füßen, saß da auf der Lauer und voll guten Glaubens und tischte ihnen eine Geschäftslüge nach der anderen auf, tischte Zahlen und Berechnungen, Hundekünste, Perlen von Schwindel auf, und bei all dem war er unschuldig in seinen Absichten. Er war unschuldig, er glaubte an seine Mission und log ehrlich und redlich zu deren Vorteil. Er saß da in seinem Stuhl, krank und verlogen, und war ein Ausdruck der Zeit und der Entwicklung.«

August ist Landstreicher, ein Weltnomade aus Veranlagung und Natur, und er ist auf seine Weise dynamisch und völlig unabhängig, weil er niemals Wurzel faßt. Anders ist es mit seinem Freund und Kameraden Edevart. August riß ihn aus seiner natürlichen Lage hoch und machte ihn zum Landstreicher gegen seine eigentliche Natur. In weit größerem Maße als bei August wurde die Liebe in Edevarts Leben bestimmend. Und die Liebesgeschichte, die Hamsun von Edevart und der jungen Ehefrau Lovis Margrete erzählt, wirft einen goldenen Glanz auf das ganze große Buch »Landstreicher«. Früher hat Hamsun ewig schön über die Liebe geschrieben, aber immer mit einem lyrisch romantischen Licht über der Schilderung der Liebenden. In der Schilderung von Edevarts und Lovise Margretes Liebe begegnen sich das realistische und das romantische Element, frisch und lebendig, aber mit einer Demut und einer Scheu gegenüber dem Liebesleben, die stets ein veredelnder Zug in Hamsuns Charakter waren. Die Liebe zwischen den beiden ist nicht sehr kompliziert, denn sie sind selbst sehr einfach, aber die Liebe verliert ihre dünne Tauschicht an dem Tag, als Lovise Margrete zu ihm aus der Welt dort draußen zurückkehrt, in der sie gelernt hat...

Lovise Margrete wurde Edevarts Schicksal. Sie versuchten zusammen ein Leben in Amerika, aber als sie zurückkamen, waren sie der heimatlichen Erde entwurzelt. Sie verließ ihn, und der Landstreicher blieb zurück. »Er war für sich selber unkenntlich geworden, sein Erbe aus der Erde der Heimat ist umgestülpt, sogar sein reicher Aberglaube und seine Vorurteile sind jetzt fort, sie waren einmal ein Besitz, aber jetzt sind sie fort, sein Gemütsleben hat sich verringert, er ist ein kläglicher Mensch geworden, der nichts ist.« Eines Tages verschwindet er auf See. »Gott hatte es so gewollt.«

Aber August verschwindet nicht.

Edevart hatte ihn gefragt: »Du willst nun also wohl wieder nach Amerika gehen? Ja, darüber ist kein Zweifel! erwiderte August. Es gibt keinen anderen Weltteil für einen Mann wie mich.«

August kam zurück. In »Nach Jahr und Tag« ist er gealtert und grau, aber er hat immer noch den gleichen unbegreiflichen Unternehmungsgeist: Er taucht in der Stadt Segelfoss auf, wo der Sohn vom Laden-Theodor nun ein großer Kaufmann und Konsul ist und in dem alten Herrensitz von Willatz Holmsen wohnt.

Es ist, als ob Hamsun allmählich immer mehr Sympathien für August gewinnt. Gewiß, er ist das erdichtete Symbol für eine Zeit und einen Zeitgeist, die Hamsun geißelt und angreift, aber er hat sich in den beiden ersten Bänden der Trilogie so über diesen abenteuerlichen Erdumsegler amüsiert, daß er ihn im letzten Band entschuldigt und ihm viel vergibt. Die *Zeit* machte ihn zu ihrem Sendboten.

»Er hatte den Ruf, Entwicklung und Fortschritt zu schaffen, und sei es dadurch, daß er die Ordnung der Dinge vernichtete. Er war abnorm verlogen, wie die Zeit selbst, da er jedoch unwissend war, durfte er unschuldig genannt werden... Ein Lump und ein Lügner, Verbrecher, Spieler, Prahlhans, Narr, aber ohne jegliche Bosheit, schuldlos, mit der Gabe der Freundlichkeit, mit der Fähigkeit, sich sehr zu freuen, wenn es gut abgelaufen ist. – Hier steht er als alter Mann und hat weniger Schulden, als man ihm schuldig ist.«

In der Stadt Segelfoss wird August wieder tätig, und das Alter hindert ihn keineswegs daran, sich zu verlieben, was ebenso unerbittlich in einer Karikatur endet wie alles andere. Aber Hamsun gönnt ihm eine kurze Frist in Wohlstand und mit großer finanzieller Macht. Er bekommt einen alten Lotteriegewinn in die Hand und legt ihn in – Schafen an. Die riesige Hochebene wimmelt von Augusts Schafen, und in einem symbolischen Schluß der Trilogie wird geschildert, wie die Schafe ihn in den Abgrund reißen. »Ein Meer von Schafen ward des Seemanns Grab, heißt es in dem Lied von August.«

Das Werk über August ist die Krönung einer neurealistischen Dichtung, für die Hamsun die Grundlage bereits während des Ersten Weltkrieges legte. Im Alter strafte er seine eigene Theorie Lügen und schuf eine Kunst, die ihn in ihrer Klarheit und Stärke, in der lächelnden Selbstironie und dem goldenen Humor zu einem der größten Epiker unserer Zeit macht.

In der August-Trilogie steht Hamsun nicht mehr außerhalb des Geschehens und auch nicht darüber. Er ist hineingeglitten, hat sich eins gemacht mit allem, hat es aufgenommen mit seinem vitalen Instinkt. Seine Wirklichkeitsschilderung ist so wachsam und feinfühlig für alles Minutiöse und gleichzeitig so spontan mitreißend, daß dies nichts mehr mit dem älteren Realismus zu tun hat. Hier wird geschildert, wie die Ehefrau Ane Maria sich an dem Schiffer Skaaro rächt. Sie lockt ihn zu einem Moor und läßt ihn hilflos darin versinken, während sie im Hochgefühl der Rache seinen Drohungen und verzweifelten Bitten lauscht. Sein einziges Vergehen bestand darin, daß er ihre erotische Eitelkeit verletzt und *sie nicht genug angefleht hatte*. Das Drama ist mit einer Kraft und einer vibrierenden Ruhe geschildert, die einen wieder an Dostojewski erinnern. Aber Ane Marias anschließende Qual und Reue, bei der Dostojewskis Seelenerforschung eingesetzt hätte, berührt Hamsun nicht im gleichen Maße. In seiner neurealistischen Dichtung geht Hamsun selten auf das innerste Seelenleben ein, er sieht es nicht als seine Aufgabe an zu moralisieren, wenn es sich um die mystischen und skrupellosen Kräfte des Gemüts handelt. Er kann sich über die gesunde Unmittelbarkeit der Menschen freuen, ihre Fähigkeit zur Hingabe und zum Staunen über Wunder, Sagen und Geschichte, aber keiner lebt ein so verinnerlichtes Leben, daß er durch eigene Reflexionen und ein eigenes Lebensgefühl sein Schicksal ändern kann. Hamsun begleitet die Menschen bei ihrem täglichen Kampf und ihrer Arbeit. Er hat eine eingehende Kenntnis von dem einfachen Leben der Fischer, Bauern und Kaufleute, die auf den Leser beinahe trivial wirken könnte, wenn er nicht gleichzeitig die dichterische Fähigkeit besäße, das Glück und die Zufriedenheit über alles, was man erreicht hat, zu schildern:

»Ja, ihr segelt und segelt und seht alle Menschen und die Größe der Welt, sagt der alte Martinius Halskar, aber ich weiß nicht, ich bin so ungelehrt und gering –

Ja, was meinte er damit?

Nein, sagte er, nichts weiter. Es ist nur so merkwürdig, wie ihr alle mit dem Leben umspringt und es so verschieden macht. Gott hat einen jeden von uns auf seinen Platz gestellt, und hier sind wir, ihr aber segelt davon. Nun habe ich mein ganzes Leben in der Bucht zugebracht, so wie mein Vater dort lebte und mein Großvater dort lebte und dessen Vater vor ihm wiederum. Wir sind alle alte Leute geworden, und es werden jetzt bald dreihundert Jahre sein, daß wir den gleichen Himmel und die gleiche Erde sehen. Ein Haus nach dem anderen ist uns verfault und zusammengebrochen, und so haben wir uns ein neues aufgebaut, gerade gut genug, daß wir darin hausen konnten. Die Vorsehung war mit uns. Wir haben nicht die Welt umsegelt, sondern in der Bucht gelebt, und wir sind im Winter auf den Fischfang hinausgezogen und haben so gut gelebt, wie wir konnten, Jahr für Jahr. Das war genug für uns. Wir hatten keine Ursache, uns vor Gott zu beklagen, er hat uns am Leben erhalten und uns nicht verlassen.«

Den Demütigen, den Genügsamen, den Geduldigen im Herzen gehört Hamsuns ganze Sympathie. Den Regenbogen über *dem* Bild vom menschlichen Wohlergehen hat August ausgewischt – aber er war so unschuldig, und fast alle Menschen sind es mit ihm. Seine Unternehmungen mißlingen – aber das Leben lebt.

II

Es lagen sechs Jahre zwischen »Landstreicher« und »Nach Jahr und Tag«. In dieser Zeit arbeitete Hamsun oft in verschiedenen Kleinstädten, aber er saß auch viel in seinem Dichterhaus auf Nørholm, da konnte er gleichzeitig die Landwirtschaft im Auge behalten.
Am 4. August 1929 wurde Hamsun siebzig, und es zeichnete sich ab, daß das Ereignis groß gefeiert werden würde, worüber er sich keineswegs freute. Er hatte das Gefühl, aus seiner Bahn geschoben zu werden, und seine Nerven schrien bei dem Gedanken an den ganzen öffentlichen Trubel, der störend in sein Leben eingreifen würde.

Mein Vater.
Je mehr sich der Tag näherte, desto schlechter wurde seine Laune. Unruhig wanderte er im Garten auf und ab, stocherte mit seinem Stock irgendein Unkraut heraus, saß eine Weile auf der Bank unter einer Gruppe von Ahornbäumen, ging zu »seinem Haus«, kam wieder zurück. Er war rastlos, und es grauste ihn.
Er redete mit uns über die Sache, und es endete damit, daß er, Mutter und ich rechtzeitig vor dem 4. ins Auto stiegen und die Küstenstraße in südlicher Richtung davonfuhren. Er war sich übrigens im Zweifel gewesen, ob wir unser eigenes Auto nehmen sollten, er fürchtete nämlich, daß die Journalisten unsere Autonummer kannten. Und er hatte sogar mit dem Gedanken gespielt, sich seinen berühmten Knebelbart abzurasieren. (Ab und zu las er gerne einen guten Kriminalroman!)
Wir hatten auf der Fahrt entlang der Küste schönes Herbstwetter, und Vater studierte eifrig die Landschaft. Es gab nicht viel, was ihm im Vorbeifahren entging. Aber um schöne Ausblicke und dergleichen kümmerte er sich wenig. Im Gegenteil, es schauderte ihn jedesmal, wenn wir uns auf der schmalen Straße einem Steilhang näherten. »Nein, ich wage nicht,

hinauszusehen«, sagte er, »mir wird so schwindlig. Ich habe das schon von Kindheit an. Ich konnte als Kind nicht einmal auf Bäume klettern. Obwohl ich es hätte brauchen können, wenn ich die Kühe hütete und sie abends wiederfinden mußte.«

Worauf er achtete und was ihn vor allem interessierte, waren die Orte, an denen wir vorbeikamen. Die Höfe, die Kühe auf der Wiese, die weidenden Schafe, Leute, denen wir auf der Straße begegneten. Wir fuhren über eine öde, nackte Hochfläche nach Kvinesdal. Vater wunderte sich: »Wovon in aller Welt leben die Leute hier? Keine Landwirtschaft – so etwas Trostloses!«

Den 4. August verbrachten wir in Flekkefjord. Wir sahen in den Zeitungen, daß man angefangen hatte herumzurätseln, wo Vater geblieben war. Wo ist Hamsun? stand da... Hamsun in Westnorwegen gesehen?... Ist Hamsun ins Ausland gefahren?

Wir waren in einem Hotel in der Stadt abgestiegen, und Vater hatte Mutter und mich gebeten, die Wirtin dazu zu bringen, daß sie schwieg. Sie fiel aus allen Wolken und fühlte sich sehr geehrt, aber versprach dichtzuhalten. Deshalb weiß ich nicht, wie es kam, daß im Laufe des Tages ein Sängerchor aufkreuzte. Die Wirtin stand auf der Treppe und scheuchte ihn weg.

Am nächsten Morgen kamen die Osloer Zeitungen. Vater war irritiert und entmutigt: »Es ist ein widerlicher Anblick, daß die Blätter so voll sind von einem einzigen Mann!« Er schüttelte den Kopf und saß eine Weile stumm da, dann fügte er hinzu, etwas wehmütig, etwas erstaunt: »Jajaja... und das, weil man ein Greis wird!«

Wir blieben ein paar Tage in Flekkefjord. Der Ort war klein und friedlich, und Vater fühlte sich sicher. Er saß im Salon des Hotels und las die Olav Trygvasons Saga, die er als Lektüre mitgenommen hatte. Aber bald fand er heraus, daß Flekkefjord ein bemerkenswerter Ort war. Hier gab es einen Pfarrer, einen Uhrmacher, einen Doktor und eine Menge Kaufleute, über die er sich gerne ein bißchen umgehört hätte. Wovon lebte man hier? Reparierte der Uhrmacher so viele Uhren, daß es sich lohnte? O ja, sie schafften es gut. Sie lebten alle zusammen ihr Leben hier... aber eigenartig war es.

War er wieder der Wanderer, der sich in einer kleinen Stadt niederließ?

»Es spielen viele Kinder dort bei der Kirche«, sagte er, »nein, was sie für einen Lärm machen. Wenn ihr Lust habt, dann kommt mit, und wir schauen ihnen ein bißchen zu.«

Mutter und ich waren vielleicht nicht so erpicht darauf, ich erinnere mich, daß wir meinten, Flekkefjord ginge ja an für ein oder zwei Tage, aber daß wir uns danach noch etwas anderes vorstellen konnten. Als ich eines Tages andeutete, daß wir uns allmählich wieder auf den Weg nach Hause machen sollten, sah Vater mich erstaunt an: »Eilt es dir so sehr? Warum diese Hetze?« Aber er gab nach... »Jaja, mal sehen, wir werden wohl umkehren.«
Als wir uns verabschiedeten, nahm die Wirtin Mutter beiseite und fragte, ob sie den Sessel, in dem Hamsun gesessen hatte, »Hamsunsessel« nennen dürften und ihn unter ein Bild des Dichters stellen. Mutter riet lächelnd davon ab – gesetzt den Fall, er käme wieder nach Flekkefjord!
Und er kam wieder. Und er verzieh der Wirtin und auch dem Sessel, der tatsächlich unter einem Bild von ihm stand – denn hier konnte er in Ruhe arbeiten.
Nach Hause fuhren wir eine andere Strecke. Vater wollte eine kleine Abwechslung in der Landschaft haben und nun, da er sich nicht mehr verfolgt fühlte, hatte er die Ruhe, alles genau anzusehen, was ihn unterwegs interessierte. Am wenigsten kümmerte er sich auch hier um hohe Berge und Aussichten, am meisten aber um Äcker und Wiesen. Er jammerte laut über das aufgesetzte Heu, das vom Regen durchnäßt wurde, und er mußte aussteigen, um ein im Bau befindliches Haus zu untersuchen: »Was um Himmels willen haben die für ein Material benutzt?«
Diese Hetzerei! hatte er in Flekkefjord zu uns gesagt. Dort sollte alles in Ruhe vor sich gehen, die Stadt interessierte ihn, er hatte viele Fragen gehabt. Aber hatten wir jetzt auf der Heimfahrt ein Auto vor uns, da war es auf einmal ganz anders, da war er von der Hetze angesteckt, es ging ihm sichtlich auf die Nerven, hinter einem Auto herzufahren. »Nein, so fahr doch, Marie!« hieß es jetzt. Und führte die Straße an einem steilen Abhang entlang, sollte sie schnell fahren, um rasch *vorbeizukommen*, nicht langsam, um einen Unfall zu vermeiden. Und während wir das Auto einholten und in imponierendem Tempo vorbeijagten, beugte er sich zu der entgegengesetzten Seite und hielt sich mit beiden Händen fest. Saß er an der Talseite, schloß er die Augen.
Bei der Heimkehr fanden wir den Rest der Familie in einem überquellenden Reichtum von Blumen, Briefen und Telegrammen. Die ganze Welt hatte Vater ihre Huldigung zum 70. Geburtstag gesandt. Vater war nicht undankbar, aber er fühlte sich so hilflos gegenüber diesen Ovationen, die ihm aus einem Anlaß gebracht wurden, den er am liebsten übersprungen hätte.

Im Frühjahr 1927 hatte Vater folgendes Telegramm an den Postmeister Frydenlund in Aurdal geschickt:
»Tore gesund, aber lang und schmal, 15 Jahre. Könnte eine Zeitlang Valdresluft gebrauchen. Hat jemand in der Stadt Aurdal Zimmer und Essen und Luft abzugeben?«
Frydenlund antwortete umgehend, daß ich kommen und bei ihm wohnen könne. Ich blieb drei Jahre und machte in Aurdal mein Mittelschulexamen.
Vater hatte einen unerschütterlichen Glauben an die Luft und die Sonne und die Kost in Aurdal – und an seinen alten Freund. Hier war er selbst zu Kräften gekommen, und hier hatte er seine glücklichsten Jahre verbracht. Mir ging es nicht anders.
Frydenlund hatte einen schönen weißen Vollbart, freundliche blaue Augen und eine frische Gesichtsfarbe. Er war einer der besten Menschen, denen ich je begegnet bin, und ich habe es vor allem ihm und seiner Familie zu danken, daß ich eine so schöne und sorglose Zeit in Aurdal verbrachte. Nach ein paar Tagen schrieb ich Vater und erzählte, daß es mir ausgezeichnet gefalle und die Luftveränderung mich sehr hungrig mache. Er schrieb sofort zurück, wie sehr er sich freue. »Und laß es Dir gesagt sein, Tore«, schrieb er, »such Dir etwas, womit Du deinen langen Körper betätigen kannst.«
Im Laufe dieser drei Jahre wurde Aurdal eine Art Treffpunkt für die Familie. Zur Weihnachtszeit im nächsten Jahr kam auch mein Bruder und fing hier mit der Schule an, und Mutter und meine Schwestern besuchten uns wiederholt. Vater schrieb mir oft in dieser Valdreszeit und nahm immer lebhaften Anteil an meinen Freuden und Sorgen. Stets wollte er wissen, wie es in der Schule ging, und Frydenlund mußte ihm Fragen beantworten, die einem Vater sehr am Herzen lagen: aß ich ordentlich, war ich viel an der frischen Luft? Mir erzählte er, was sich zu Hause auf dem Hof ereignete. Angefangen von den kleinen Neuigkeiten, daß ein Kalb im Stall geboren war und zehn Obstbäume im Garten gepflanzt worden waren, bis zu der echten Sensation, daß er einen großen Traktor für die Arbeit in den neuen Mooren gekauft hatte. Er schickte mir viele dieser guten, kleinen väterlichen Briefe, die ich aufhob und immer wieder las. Nicht weil sie besonders inhaltsreich waren, aber weil sie einen Hauch von den Dingen hatten, über die er stets mit mir sprach, und ich fühlte mich ihm da sehr nahe.

Lieber Tore!
Heute bin ich etwas erkältet und wage nicht, drüben in meinem Haus zu sein, deshalb will ich Dir diesen Brief und diesen Geldschein schicken.
Die Zeichnungen, die ich von Dir bekommen habe, waren sehr gut, besonders das Selbstporträt, vielleicht kannst Du einmal ein großer

Der Landwirt Knut Hamsun 1929

Porträtist werden. Und das Gedicht, das Du mir geschickt hast, hätte ich nicht besser machen können, da wirst Du vielleicht auch noch ein großer Dichter. Und nach Amerika kannst Du auch kommen. Überhaupt steht Dir die Welt offen, Freund Tore, Du mußt nur etwas älter werden und ein wenig abgeklärter in Deinem Schädel.

Wir mähen jetzt die Felder, wir haben auch schon den Damm eingesät, so daß er grün ist, nun warte ich noch ein wenig, dann pflanzen wir Ziersträucher auf dem Damm entlang des Zaunes.

Der taube Gustav ist heute hier und macht verschiedenes, unter anderem bringt er die Tür zu Deinem und zu Arilds Zimmer in Ordnung, und dann legt er einen guten und starken Boden in Ellinors Bett, damit sie nicht ganz durchsackt.

Verbrauch das Geld nicht für irgendeinen Unsinn, bring es lieber auf die Bank, dann hast Du etwas in Oslo, wenn Du heimkommst. Und dann mußt Du vernünftig sein, Tore, und nicht so närrisch in der Begna schwimmen, Du bist die Strömung nicht gewöhnt...

Und er schrieb, wie schön es im Herbst auf Nørholm war. Wie der Garten im August und September von großen dunkelroten und gelben Herbstblumen glühte, und wie voll die Apfelbäume hingen. Das Wetter war so mild, er konnte draußen auf der Bank unter den Ahornbäumen sitzen und auf seinen Kalenderblättern Notizen machen. Und ich sah ihn deutlich vor mir, ich hatte oft mit ihm zusammen auf der Bank unter den Ahornbäumen gesessen, ja in seinem braunen Mantel – dem Mantel aus Nordland. »Ach ja«, hörte ich ihn sagen, »dieser Mantel ist jetzt fünfunddreißig Jahre alt, aber er hält gut noch weitere fünfunddreißig Jahre aus...« Ja, dachte ich, das kann wohl sein, so sorgfältig wie er ihn flickt und stopft. »Mein Vater war Schneider«, pflegte er zu sagen, »ich mußte lernen, auf meine Kleider achtzugeben.«

In einem anderen Brief schrieb er mir: »Ich möchte, wie früher schon, verhüten, daß Du Dich zu modisch kleidest, was ich mehr als alles andere verabscheue. Kleider machen Leute – ja, aber Kleider machen keine Menschen. Es soll von meinem Sohn nicht heißen, daß er sich zuviel aus seinen Kleidern macht, in meiner Jugend wurde das nämlich von einem meiner Bekannten gesagt...« Es fehlte in seinen Briefen nicht an rechtschaffenen Ratschlägen und Ermahnungen. Aber lustig war auch seine Inkonsequenz. Er hatte eine höchst persönliche Einstellung, einen eigenen Moralkodex für den Umgang mit Geld. Spare den Schilling, laß den Taler fahren! Es gibt viele Geschichten über Vater zu diesem Thema – seine Sparsamkeit im kleinen und gleichzeitig seine grandiose Verschwendung, wenn er glaubte, daß die Situation es erfordere. Er handelte immer wieder so, sein ganzes Leben lang.

Mentz Schulerud erzählt in seinem Buch »Norwegisches Künstlerleben« eine Geschichte, die von Hamsuns Freund Sigurd Bødtker und der Schauspielerin Agnes Mowinckel bestätigt wird:

Ort der Handlung ist Drøbak, ein bevorzugter Sommerort am Kristianiafjord. Zeit der Handlung das Jahr 1905. Hamsun ist im Begriff, für sich und seine kleine Familie in Drøbak ein Haus zu bauen.

»Eines Morgens war Bødtker, der den Sommer in Drøbak genoß, auf dem Weg zum Kai, um wegen einer literarischen Angelegenheit das Schiff zur Hauptstadt zu nehmen, da traf er Hamsun, der auch unterwegs war – den Mantel sorgfältig über den Arm gehängt. Er hatte von einem Schneider in Frogn* gehört, der einen Mantel unglaublich gut und schnell wenden konnte. Puh, sagte Sigurd, *du* kannst es dir doch leisten, einen neuen Mantel zu kaufen; schlag dir die Grillen aus dem Kopf und komm mit in die Stadt, da haben wir eine hübsche Tour. Hamsun hielt zwar an seinem Plan fest, aber er war einverstanden, die Sache zu verschieben, und fuhr mit Bødtker nach Kristiania, den Mantel ständig auf dem Arm.

In der Stadt angekommen, sagte er zu Sigurd Bødtker: Du kannst bei deinem Verlag doch später hereinschauen, jetzt gehen wir erst mal ins Grand und frühstücken gut.

Bødtker ging mit, sie fanden einen gemütlichen Tisch, Hamsun legte den Mantel vorsichtig über eine Stuhllehne und schenkte ihm von Zeit zu Zeit einen umsichtigen Blick, während sich neue Gäste bei dem Tisch einstellten. Freunde und Bekannte, die im Sommer in der Stadt waren, ließen sich entzückt nieder; bald wuchs der Tisch durch Knospenbildung, wie es damals zu geschehen pflegte, wenn Hamsun anwesend war. Und es wurde ein großes Trinkgelage, das ein paar Tage und Nächte dauerte und ihn einige tausend Kronen kostete, bis die beiden Drøbak-Fahrer endlich aufbrachen, Bødtker unverrichteter Dinge, Hamsun mit dem Mantel sorgfältig über dem Arm, auf den er während des ganzen Gelages aufgepaßt hatte. Sie kehrten in ihre ländliche Idylle am Wasser zurück, und sobald das Schiff am Kai angelegt hatte, ging Hamsun zu seinem Schneider, damit der Mantel gewendet wurde.

---

* Frogn ist ein kleiner Ort in der Nähe von Drøbak. (Anmerk. der Übersetzerin)

Als ich einmal nach den Weihnachtsferien zu Hause in Nørholm ins Valdres zurückfuhr, kam Vater mit. Er wollte gerne die vertraute Gegend wiedersehen und vielleicht versuchen, dort zu arbeiten. Frydenlund hatte ihm wieder Unterkunft angeboten, und als wir in den Zug stiegen, merkte ich, daß er sich freute.

Aber die Landschaft glitt schnell an uns vorüber, und Vater war verzweifelt. »Stell dir vor, ich kann keine einzige Stelle mehr wiedererkennen seit der Zeit, als ich im Valdres war. Es geht zu schnell, es jagt an mir vorbei. Das letzte Mal fuhr ich in einem Karriol durchs Valdres... ach ja, es sind dreißig Jahre her.«

Es war wie in Nordland. Er hatte irgendwie nicht erwartet, daß die Zeit auch diesen Ort seiner Kindheit eingeholt hatte. Erst als das Tal sich weitete und der Zug hielt, fand er sich nach und nach wieder zurecht.

Bei Frydenlund bekam Vater ein geräumiges Zimmer im oberen Stockwerk. Dort hatte auch ich mein Zimmer. Den ganzen Tag saß er da oben und schrieb oder legte Patience. Besonders wenn es mit der Arbeit nur träge voranging, griff er zu den Karten, wie früher auch. War er aber in Fahrt gekommen, blieben die Karten in der Schublade. Ich habe ihn sogar schon den ganzen Kartenstoß verbrennen sehen. Das geschah, wenn der Stoff Form angenommen hatte und er keinen Tag mehr verlieren wollte.

Wenn ich morgens aufstand, war er auch schon auf den Beinen. Ich konnte ihn in seinem Zimmer singen hören, während er sich anzog. Es mußte übrigens ein schwarzer Tag sein, den Vater nicht mit einem Kirchenlied begrüßte oder etwas trällerte. Ich sagte einmal zu Frydenlund, es sei seltsam, daß Vater sämtliche Kirchenlieder kenne, obwohl er nie in die Kirche gehe. »Ja«, sagte Frydenlund, »in jungen Jahren war dein Vater eine große Stütze im Kirchenchor von Aurdal.«

Wenn ich jetzt zurückdenke an die schönen Jahre, in denen ich bei Frydenlund lebte, meine ich, daß sie allzu schnell vergangen sind. Aber in der Zeit, als Vater dort war, konnten die Abende manchmal ziemlich lang werden, besonders als ich mich unsterblich verliebt hatte. Da verlangte Vater sehr oft, daß ich mit ihm und der Familie in der Wohnstube saß und Doppelkopf spielte. Ich glaube, daß ihm jegliches Verständnis für meinen besonderen Zustand abging.

Sonst übte ja Vaters Persönlichkeit während meiner ganzen Kindheit und Jugend einen großen Einfluß auf mich aus. Er hatte einen ruhigen Tonfall, der mich immer zuhören ließ, und glaubte ich einmal ernstlich in der Klemme zu sitzen, war Vater mein bester Freund. Er hatte großes Verständnis für Dinge, die manch ein anderer mir vielleicht vorgeworfen hätte. Er richtete mich mehr als einmal auf: »Man soll nur nicht glauben, daß die, die keine Dummheiten machen, immer die klügsten sind.«

Es war seiner Natur zuwider, seine Gefühle vor uns Kindern zu offenbaren. Mit Liebkosungen war er sparsam. Seine Freigebigkeit und Güte uns gegenüber verbarg er oft hinter einem kleinen Scherz oder einem hilflosen Schweigen. Als er von Aurdal abreiste und ich Abschied von ihm nehmen wollte, drehte er sich wie zufällig für einen Augenblick um, suchte etwas in seiner Innentasche und drückte mir mit abgewandtem Gesicht ein paar Scheine in die Hand. Er wollte keinen Dank, er sagte nur: »Sei fleißig...« Das machte einen nachhaltigeren Eindruck auf mich als eine große Abschiedsszene und hundert Ermahnungen.

Einige Zeit später erzählte er mir in einem Brief, wie die Arbeit an der Fortsetzung der »Landstreicher« voranschritt. Es gehe langsam, denn seine

Knut Hamsun hackt Holz für seinen eigenen Ofen, 1930.

Hand habe jetzt mit den Jahren schlimm angefangen zu zittern. Er müsse beide Hände nehmen, wenn er schreibe, mit der linken stütze er die rechte. Aber es gehe sicherlich voran, wenn es auch vielleicht sein letztes Buch werde...
Er hatte gleichsam uns und sich selbst darauf vorbereitet, daß »August« womöglich das letzte Buch würde. Er hatte sich seit längerer Zeit krank gefühlt, und im Herbst 1930 wurde er operiert. Es war eine nicht ungefährliche Operation, jeder zehnte Patient starb daran, hatte der Oberarzt gesagt. Ich erhielt ein paar Briefe von ihm, während wir alle ängstlich auf das Resultat warteten.

> Lieber Tore! Ich will Dir nur sagen, daß ich jetzt ins Krankenhaus gekommen bin und daß ich mir viele Bücher mitgenommen habe, die ich beabsichtige, während ich hier faulenze, zu lesen. Ich soll übermorgen operiert werden, aber ich fürchte, es gibt zwei Operationen. Es ist mir übrigens egal, ich habe es gut hier, und um die Operation kümmere ich mich kein bißchen. Aber Du mußt mir nun hierher nach Arendal schreiben, wenn Du mir etwas mitteilen willst.
> Später:
> Nein, ich bin noch nicht fertig operiert, ich liege hier mit aufgeschnittenem Bauch, aus dem ein Gummischlauch in eine Bütte hängt. In ein paar Wochen soll ich noch einmal operiert werden. Aber ich habe keine Schmerzen. Erst bei der nächsten Operation wird es ernst. Erzähle es Arild, dann brauche ich keinen zweiten Brief zu schreiben, ich kann jetzt nicht mehr. Sei gesegnet, mein lieber Tore!

Vaters gute Physis half ihm, er überstand die Operation ohne Komplikationen und kam allmählich wieder zu Kräften, auch wenn er meinte, daß es unerträglich lange dauere. Er sprach davon, daß er vielleicht versuchen werde, ins Ausland zu reisen, weg von der Kälte und dem Schnee in Norwegen, vielleicht zusammen mit Mutter und mir.
In einem Brief an ihn erwähnte ich eines Tages meine eigenen Sorgen. Ich kam auf dem Gymnasium in Oslo nicht zurecht, ich wollte auf einer Malerschule anfangen, es war das einzige, wonach mir der Sinn stand. Vater antwortete:

> Lieber Tore, ich habe Deinen Brief bekommen. Aber erst will ich von etwas anderem sprechen.
> Ich habe gehört, daß Du auf dem Künstlermarkt zusammen mit Sigurd

Hoel in einem Boxkampf aufgetreten bist, aber den Spaß darfst Du nicht wiederholen. Es ist gut und schön, wenn man die Kunst, sich in einer schwierigen Situation zu verteidigen, beherrscht, aber die ganze Prügelei ist und bleibt eine Roheit, und damit zur Belustigung des Pöbels aufzutreten, muß jedem feinsinnigen Menschen zuwider sein.
Du brauchst nicht zu glauben, daß der Sport Dich gesünder macht, das ist nur Aberglaube. Die Menschen in den angelsächsischen Ländern leben auch nicht länger, im Gegenteil. Ich kenne keinen idiotischeren Gesichtsausdruck als bei Sportsleuten, die sich auf die Ergebnisse in den Zeitungen stürzen...

Für die Malerei hatte er mehr Sympathie, wir könnten uns das überlegen, meinte er, aber erst sollte ich mein Examen machen.
Ich machte es nie, aber statt dessen wurde etwas aus dem Malen.

Die Auslandsreise wurde geplant und durchgeführt. Ziel war die französische Riviera, und an Neujahr 1931 fuhren meine Eltern und ich los, und alles verlief normal und friedlich, bis wir nach Berlin kamen. Da waren wir plötzlich mitten im Trubel. Bereits am ersten Tage wurde bekannt, daß Hamsun, »der Einsame«, aus seiner kalten Höhle im Norden herausgekrochen war, und auf der ersten Seite der Zeitungen stand in großen Lettern »Willkommen Knut Hamsun«.
Die Zuneigung der Deutschen schlug gewaltige Wellen: Blumen und Briefe – und Journalisten. Drei Tage saß Vater in seinem Zimmer im Central Hotel, belagert von der leichten Infanterie der Zeitungen mit gespannten Kameras. Mutter und ich waren abwechselnd unten im Vestibül und erklärten, daß Vater sich keinesfalls interviewen lassen würde. Es gehörte zu seinen Prinzipien, seit einmal der dänische Redakteur Anker Kirkeby in unserem Haus in Larvik gesessen hatte und ein vollkommen verzerrtes Resümee von dem Gespräch, das ihm gewährt wurde, zusammenschrieb. Das erzählte ich, so gut ich konnte, und schließlich wurde die Belagerung aufgehoben.
Ich erinnere mich noch an ein anderes Ereignis in Berlin, an sich ein unbedeutendes Ereignis, aber es machte einen tiefen Eindruck auf Vater.
Frühzeitig an einem trüben Morgen wollten wir weiterreisen. Auf der Straße war kaum ein Mensch zu sehen, aber in dem Augenblick, als ich aus dem Haus trat, bemerkte ich eine kleine, schmächtige Dame, die grau und unscheinbar gegen die Hotelwand gelehnt stand. Als Vater sich als letzter im Auto zurechtsetzte, lief sie herbei mit Rosen in der Hand.

»Ich danke Ihnen für ›Viktoria‹!«
Vater ließ das Auto anhalten, das sich bereits in Bewegung gesetzt hatte, er nahm die Blumen und sah uns an, nervös und verwirrt.
»Was hat die Frau gesagt?«
Mutter beugte sich vor: »Sie hat sich für ›Viktoria‹ bedankt.«
Vater reichte der Frau die Hand, etwas betreten, er hatte sicher das Bedürfnis, ihr ein paar Worte zu sagen, und ich sah mit Erstaunen, daß ihm die Röte ins Gesicht stieg. Es kam kein Gespräch zustande, er drückte ihr nur lange die Hand. Aber die Dame lächelte uns nicht ein einziges Mal an, sie starrte nur mit ernsten Augen auf Vater.
Später saßen wir im Zug nach Süddeutschland. Die Blumen verwelkten in einer Vase an der Wand. Vater hob ein paar Blätter auf, die abgefallen waren, preßte sie sorgfältig zusammen und legte sie in den Aschenbecher – summte leise vor sich hin. Ich erinnere mich nur, daß Mutter sagte: »Es haben ihm sicher einmal viele Menschen Blumen für ›Viktoria‹ gegeben!«
Dann kam es langsam von Vater: »Sie war sehr ernst, das junge Mädchen, aber sie hat es so schön gemacht. Sie hat mir für ›Viktoria‹ gedankt... ach ja, sie ist wohl enttäuscht worden, vielleicht« – er lächelte wehmütig.
In Mailand gingen wir in das Bahnhofsrestaurant, und Vater begann augenblicklich, unangefochten wie immer, Kleinigkeiten zu entdecken und zu untersuchen, die weder Mutter noch mir noch irgendeinem anderen Menschen aufgefallen wären. Mit dem Kneifer auf der Nase bog er verbogene Gabelzinken wieder zurecht, überprüfte, ob das Messer gerade war und der Löffel am Rand nicht beschädigt. Und vor allem: Was stand auf den Eßbestecken? Es war unglaublich, was er alles an Lesestoff aufspürte, während wir auf das Essen warteten. Auf dem Messer fand er das Wort Solingen und nickte verständnisvoll. Aber was noch dastand, war unmöglich zu entziffern... ein paar Worte nach Solingen. Ich mußte es versuchen, Mutter mußte die Brille aufsetzen und es versuchen, aber es war für uns ebenso verzweifelt unleserlich. Dann nahm er ganz aufgeregt den Teller hoch, sah auf die Rückseite und rief: »Und hier ist auch keine Aufklärung zu bekommen!«
Als wir mit dem Essen fertig waren, mußten wir den Tisch verlassen, ohne die Schrift gedeutet zu haben. Das war nicht in seinem Sinne. Und als wir den Bahnsteig betraten, sollte der Zug schon vor fünf Minuten abgefahren sein. Wir rannten los und erreichten ihn gerade noch.
Ansonsten verlief die Reise ohne Aufregung – bis wir nach Ventimiglia an der italienisch-französischen Grenze kamen.

Es begann damit, daß ein französischer Zollbeamter in unseren Koffern das Oberste zu unterst kehrte, und Vater augenblicklich gereizt war. Er bat Mutter, dem Zöllner zu sagen, was er davon hielte. Die Folge war, daß der Franzose auch ärgerlich wurde, er war jetzt noch mehr darauf versessen, etwas Zollpflichtiges zu finden, und die Enttäuschung konnte man ihm deutlich anmerken, als er nichts fand. Er wollte gerade gehen, da entdeckte er, daß Vater eine Pfeife rauchte, und eine Hoffnung schien in ihm aufzukeimen. Er fragte Vater, ob er Tabak bei sich habe, aber Vater war taub und wenig bewandert im Französischen, er verstand kein Wort und rauchte seelenruhig weiter.
Der Zöllner fragte immer triumphierender nach Tabak, und endlich begriff Vater.
»Tabak, ja natürlich«, sagte er und knallte zwei Schachteln Tiedemanns Mixture auf den Tisch. Der Franzose nahm die Schachteln und verschwand.
»Du mußt sicher für den Tabak bezahlen«, meinte ich.
»Zoll!« rief Vater. »Und das uns, die wir durch Schweden, Dänemark, Deutschland, die Schweiz und Italien gefahren sind, ohne Zoll für den armseligen Tabak zu bezahlen!«
Der Zöllner kam lächelnd mit einem Stück Papier zurück, streckte vor unseren Gesichtern zweimal zehn Finger in die Höhe und wollte 20 Francs haben.
»Zum Teufel...!« Vater sank zurück auf seinen Sitz und bekam vor Zorn einen roten Kopf. »Für das Bißchen da soll ich 20 Francs bezahlen! Eher werfe ich den Tabak weg!«
Er zog das Abteilfenster herunter, riß dem Zöllner den Tabak aus der Hand und wollte den ganzen Kram rausschmeißen.
Aber der Franzose war schneller, er riß die Schachteln wieder an sich und verschwand abermals durch die Tür. Eine Minute später kam er mit zwei Kollegen zurück. Sie sprachen wild durcheinander, aber soviel verstanden wir, daß Vater arrestiert würde, wenn er nicht sofort bezahlte. Ein südländisches Gefängnis war meines Wissens ein äußerst unangenehmer Aufenthaltsort. Vater gehörte nicht zu denen, die nachgaben, wenn er meinte, im Recht zu sein, und die Franzosen schienen auch nicht weichen zu wollen. Da kam mir eine Idee: Ich hatte bemerkt, daß der Zöllner sehr interessiert an meinen norwegischen Briefmarken gewesen war, die er bei der Wühlerei in meinem Koffer fand. Ich holte ein paar davon heraus, winkte die Franzosen in den Gang und gab ihnen die Briefmarken. Das hätte ich vorher machen

sollen. Denn nun regelte sich die Angelegenheit – ohne Zoll und ohne Arrest.

Ich ging mit dem Tabak wieder in das Abteil und erklärte Vater, wie ich die Sache in Ordnung gebracht hatte. Aber er sagte grimmig: »Das hättest du nicht tun sollen. Sie hätten es ja versuchen können.« Aber Mutter warf mir einen dankbaren Blick zu.

Es dauerte eine Weile, bis seine Laune sich wieder einigermaßen hob. Aber je näher der Zug uns zu dem Ziel Nizza rüttelte, desto mehr interessierte er sich für die Landschaft, durch die wir fuhren, die weißen Häuser und Apfelsinenbäume, die Terrassen mit Wein und Oliven, und bald glättete sich sein Gesicht wieder. Er lehnte sich im Sitz zurück, schnaufte durch die Nase und lachte, wie es seine Gewohnheit war: »Stellt euch vor, er wollte mich einsperren, der Trottel... jajaja!«

In Nizza stiegen wir in einem großen Hotel ab. Eine Menge kleiner Hotelboys rissen uns augenblicklich die Koffer aus den Händen, als wir auftauchten, und es ging so schnell, daß Vater gar nichts merkte. Als er sich umdrehte, um seinen Koffer zu nehmen, war er weg. »O nein, jetzt habe ich meinen Koffer im Zug vergessen!« rief er verzweifelt und faßte sich an die Stirn. Als ich ihm erklärte, daß die Boys das Gepäck schon mitgenommen hatten, wurde er wütend und sagte: »Da soll doch der Teufel... ich will meinen Koffer selbst tragen!«

Als wir in unsere Zimmer kamen, standen die Jungen in Reih und Glied da und wollten Trinkgeld haben. »Nein, raus mit euch!« rief Vater ihnen auf Norwegisch zu. »Trinkgelder gebe ich erst, wenn ich das Hotel verlasse!« Den Hotelboys blieb nichts anderes übrig, als zu verschwinden. Und so ging es weiter. Wir waren nicht beliebt im Hotel, denn Vater gab nicht einen Sou Trinkgeld. Und es war nur ein Tropfen auf den heißen Stein, wenn Mutter und ich den Angestellten heimlich ein paar Münzen zusteckten, falls sie ausnahmsweise die Tür für uns öffneten und wieder schlossen.

Aber dann kam der Tag, an dem wir in eine Pension in Beaulieu sur Mer umzogen. Vater hatte die Rechnung bekommen, saß im Vestibül und addierte Zahlenreihen auf einem Stück Papier. Als er fertig war, bezahlte er die Rechnung und teilte anschließend derartige Summen Trinkgelder an hoch und niedrig aus, daß eitel Sonnenschein herrschte. Unser Auszug wurde großartig. Vater wurde für manchen kühlen Blick entschädigt, und wie eine königliche Familie wurden wir zu den wartenden Autos hinauskomplimentiert.

Als meine Eltern nach Hause fuhren, blieb ich noch ein paar Monate in Südfrankreich. Es war eine herrliche Zeit, aber ob Vater die gleiche Freude an *seinem* Aufenthalt gehabt hatte, ist fraglich:

Dienstag, 27. Januar 1931
Lieber EKF: – Marie und ich sitzen im Zug, der verdammt rüttelt. Wir haben Tore in Nizza installiert, so daß er zurechtkommen kann. Du hast ihn drei Jahre lang so gut gefüttert, daß er rein körperlich ein Monstrum geworden ist, aber sehr stark ist er nicht.
Wir sind mittags von Nizza weggefahren, ich kritzele das hier zwischen Marseille und Lyon – o Gott, wie der Zug schlingert! Aber was erträgt man nicht alles seinen Kindern zuliebe. Eine säuische Belastung für Marie und mich, diese Reise. Zwar haben wir Palmen und Weinberge und Apfelsinenbäume mit den schönsten Früchten gesehen und Sonne und alles zusammen, aber vieles davon habe ich schon früher gesehen, und die Sonne wärmt nicht, ich habe Influenza und sitze mit drei Paar Hosen da...

Der Ring schließt sich

I

Nach der großen Trilogie über August schien Hamsun sich mit dem Leben ausgesöhnt zu haben, er war ein alter Mann geworden, der die Menschen mit einem liebenswürdigen, etwas überlegenen Lächeln betrachtete. In seiner Jugend hatte er mit kraftvollen Worten die Unendlichkeit der Sehnsucht interpretiert, später richtete sich die Sehnsucht auf bestimmte Dinge, die Jahre ernüchterten ihn. Er wurde ein Erdenbewohner mit Interesse für das Praktische, während er gleichzeitig das Fernweh und die angeborene Unruhe bei den Menschen als ein Element insgesamt betrachtete. Er hatte jetzt das Bedürfnis auszuruhen, und er kam zur Ruhe in dem Weltbild, das er sich geschaffen hatte.
Aber »ein Dichter ruht nie«, das waren seine eigenen Worte, und er machte keine Pause. 1936 erschien sein nächstes Buch »Der Ring schließt sich«. Es war Hamsun ein persönliches Anliegen gewesen, dieses Buch zu schreiben, ein Anliegen, das nicht nur auf dem Dichterischen beruhte. Es sollte ein Trost sein, und wenn er noch so klein war, für etliche Menschen, die er kannte. Die Handlung spielt in einer mittelgroßen Küstenstadt in Norwegen, das Buch ist ortsgebunden, aber es gehört in unsere Zeit.
Abel Brodersen ist die Hauptperson in »Der Ring schließt sich«, er ist das Überbleibsel des Menschen in Hamsuns Dichtung, der mit Nagel begann und mit Rolandsen, Baardsen und August fortgesetzt wurde. Hamsun nimmt Abels Kindheit mit in das Bild, sie war nicht gut, er wurde oft gründlich gedemütigt. Aber hier liegt nicht die Ursache für Abels Schicksal verborgen, er trägt sie in sich. Vielleicht wurde sie draußen in der Welt geformt, nachdem er zum zweitenmal auf See gewesen war und als »poor white« unter Negern in Kentucky gelebt hatte. Vielleicht damals, als er Angèle fand und sie heiratete. Sie war der Teil seines Ichs, den er suchte, aber sie wurden kein Paar, sie wurden eins, denn sie war wie er, ohne Ehrgeiz. Sie waren weiß, aber lebten zusammen in der Negerstadt.

Abel saß in seiner norwegischen Heimatstadt und erzählte: »Hier kostete das Leben fast nichts, ich fischte ein wenig im Streamlet, steckte süße Kartoffeln, trieb mich nachts herum und fand immer etwas in der Umgegend. Es ging uns gut.« Aber Angèle und das Kind, das sie bekommen sollte, wurden getötet, es war ein Unglück, sie waren zusammen mit dem Freund Lawrence... Ja, wie kam das? Lawrence nahm es auf sich, antwortete Abel, nun saß er im Gefängnis.

Abel erbte Geld von seinem Vater, dem alten Schiffer, der in der Torheit seines Alters das Mädchen Lolla geheiratet hatte, bevor er starb. Aber Abel kann mit Geld und schönen Kleidern nicht umgehen, er verschleudert alles und landet in einem Schuppen.

»Aber in all seiner Geringheit war er doch nicht ohne Charakter. Das war immerhin etwas. Er besaß eine göttliche Gleichgültigkeit dafür, wie alles ging. Das war immerhin etwas. Er konnte aushalten, konnte entbehren. Er klammerte sich nicht an den oder jenen und wollte verteidigt werden, denn er war vorurteilsfrei kritiklos und fand nicht, daß er etwas besaß, was verteidigt werden müßte. Seine schwache Triebkraft und mittelmäßige Intelligenz waren seine einzige Ausrüstung und späterhin seine Rüstung, aber die war fest und vollkommen, eine Souveränität bei ihm. Das war er überhaupt: eine Souveränität.«

Die selbstlose Lolla verschafft ihm mit Hilfe ihres Geldes den Kapitänsposten auf dem Milchschiff »Sperling«. »Alle wollen etwas werden«, sagt Abel, »nur ich nicht. Ich will nicht. Mir fehlt der Wille.« Er läßt das Schiff im Stich und fährt hinaus in die Welt. Aber was sollte er da draußen, er war nirgendwo zu Hause. Eines Tages taucht er in seiner Heimatstadt wieder auf.

»Warum bist du ausgerissen? fragt Lolla.

Das wirst du nicht verstehen, antwortet Abel. Und wenn es nur gewesen wäre, um ein Grab wiederzusehen? Und wenn es nur gewesen wäre, um wieder große Kakteen unter freiem Himmel zu sehen. Angèle und ich gingen oft hin und betrachteten die Kakteen, sie sind merkwürdiger als anderen Mißbildungen, weil es ihre Natur ist, Mißbildungen zu sein. Das waren Angèle und ich auch, darum gingen wir oft zu ihnen hin. Außerdem wollte ich Lawrence wiederfinden, einen Kameraden von mir. Ich weiß nicht, ob du dich erinnerst, daß ich dir von ihm erzählt habe.

Hast du ihn gefunden?

Ja. Aber sie hatten ihm den Garaus gemacht.

Oh –!

Ja. Ihn einfach umgebracht. Ich kam zu spät.

Entsetzlich! sagte Lolla und schüttelte sich.

Entsetzlich! sagte auch Abel. Aber im Grunde machen sie es dort auf eine ganz schöne Art: sie setzen ihn in einen Stuhl und bringen ihn zum Sterben.«

Aber es war Abel, der Angèle und das Kind und Lawrence getötet hatte. Es kam eines Tages heraus, als er mit seiner alten Liebe Olga sprach. Sie war jetzt verheiratet, aber sie war die große Liebeshoffnung seiner Jugend gewesen. Unheimlich offen schildert Hamsun die erotische Spannung, die nach Abels Geständnis in der Luft liegt. Hier raubt die verderbte, sensationshungrige Olga mit ihren gespaltenen Instinkten Abel die letzten Reste eines Traumes:

»Ich habe, sagte sie, und ihre Augen schimmerten dabei, ich habe zweimal einen Mörder bei mir gehabt. Das ist doch etwas!

Er wurde blaß, die Unterlippe fiel ihm herunter, ganz töricht fragte er: Also deshalb –?

Sei mir nicht böse! Es war spannend! Ich weiß, ich bin eine Hexe.

Marie und Knut Hamsun mit den Töchtern Cecilia und Ellinor, 1939

Soso, dir war es also um die Sensation zu tun!
Ich wußte ja, daß du böse würdest, und jetzt tut es mir leid, daß ich es dir gesagt habe.
Bevor du gehst, Olga: Wäre es für dich ungefähr die gleiche Sensation gewesen, wenn du den Bischof dazu rumgekriegt hättest?
Nein, Abel, sagte sie bekümmert, es war mir trotz allem um dich zu tun. Aber dann kam dies noch hinzu und erregte mich, das ist wohl wahr. Drei Leben, dachte ich, und das ist Abel! Ich habe in diesen Tagen immer daran gedacht, und es erregte mich...«

Aber Abel nahm es nicht schwer. Er hatte diese »göttliche Gleichgültigkeit« gegenüber allen Schicksalsschlägen. Er glaubte, jeden Tag noch genug zu tun zu haben, er mußte sich sein tägliches Brot beschaffen, außerdem hatte er andere Träume als Olga – Tagträume, die ihn von der Wirklichkeit des Lebens wegführten. Daß Olga sich seiner Lumpen schämte und ihn mied, bereitete ihm keinen großen Kummer. Er war zufrieden und auch demgegenüber gleichgültig. Und man hat fast den Eindruck, daß Hamsun wie zum Trost dazu nickt, daß Abel wenigstens *eine* Gabe besitzt – zu träumen und vergessen zu können.

Er ist völlig frei von Gewissensbissen und Schuldgefühlen, auf diese Weise vegetiert er wie ein Tier. Es fällt ihm nicht ein, den Revolver zu nehmen, den er gegen Angèle benutzt hat, und seinem Leben ein Ende zu machen. Als er jedoch eines Tages von der Polizei hört, daß man in Amerika gerne ein paar Details über seinen Freund Lawrence hätte, und er außerdem zu Geld kommt, fährt er eben nach drüben. Es ist ihm ganz egal, wo er ist – im Leben, im Gefängnis oder tot. Damit schließt sich der Ring.

Das Buch ist wie alle späteren Werke Hamsuns ein umfassender Roman. Auch hier treten viele Personen auf, aber sie sind alle nur Nebenfiguren um Abel, zum Teil allerdings sehr interessante. Es sind kleine Existenzen, aber lebendige Menschen, so wie Alex. »Ordentlich im Dienst und durchschnittlich gutmütig und dumm, wenn ihm das Leben übel mitspielte, kaum aber kam er wieder etwas in die Höhe, so wurde er unausstehlich und trug die Nase hoch.« Da ist seine Frau Lili, die im wesentlichen aus ihrem Geschlecht besteht. Und Olga, eine Dame in Müßiggang und Unzufriedenheit, heftig und zärtlich, hysterisch. Aber es gibt auch den braven Clemens und Lolla, das praktische und tüchtige Mädchen, das Abel gut ist und ihn aufzurichten versucht und am Schluß eine glückliche Ehefrau und Mutter wird. Wir finden eine köstliche Schilderung von dem Untergang des Milchschiffes »Sperling«, das keinen Kapitän an Bord haben wollte. Es endete auf einer Schäre. »Ja, ja, ja, ja, so ging's, als die Mannschaft das Schiff auf eigene Faust führte.«

Aber alle Nebenfiguren zusammen haben Hamsun bei weitem nicht so interessiert wie Abel. Er weckt Verwunderung, Abscheu, Mitleid. Er ist jenes Überbleibsel, das zu seiner Strafe auf Erden weilt, ohne es zu merken. Der junge Clemens sagt: »Wir anderen bringen es zu dem bißchen, was wir sind, weil wir so durchschnittlich sind. Er ist aus einem Grenzland, das uns unbekannt ist.«

»Der Ring schließt sich« hat Hamsun selbst einen Torso genannt. Er hat lange daran gedacht, Abel etwas aufzurichten. Er wollte ihn seine Strafe in Amerika verbüßen lassen und ihn dann nach Hause holen, aber er gab es auf: »Ich bin des Burschen überdrüssig.«

Als »Der Ring schließt sich« herauskam, war Hamsun 77 Jahre alt und konnte auf ein langes Dichterleben zurückblicken. Aber seine physische Stärke und seine beinahe unglaubliche Vitalität hielten ihn aufrecht. Die Schwerhörigkeit hatte mit den Jahren zugenommen, aber die Sehkraft war gut, und er verfolgte lebhaft interessiert die Geschehnisse in der Welt. Er hielt sich eine Menge Zeitungen, und er *las* sie auch. Durch das Radio kamen die neuesten Nachrichten, und er wollte ausführlich darüber unterrichtet werden. Ab und zu schrieb er auch in den Zeitungen. Seine Aktion gegen Carl von Ossietzky als Kandidaten für den Friedensnobelpreis ist bekannt. Sehr wahrscheinlich hat die Aufmerksamkeit, die sie weckte, tatsächlich dazu geführt, daß Ossietzky den Preis *bekam*. Aber gleichzeitig kann man gewiß auch zugeben, daß Hamsun mit seiner Behauptung, es handele sich um eine politische Demonstration, recht hatte. Aus Mangel an Kandidaten, die nachweisbar etwas Direktes und Entscheidendes für den Frieden leisten oder geleistet haben, werden seit Ossietzky Personen oder Institutionen mit Verdiensten auf human-politischem Gebiet gewählt – was ja schön und gut ist, aber kaum in Übereinstimmung mit den Forderungen des Stifters.

Ziemlich unberührt von dem Sturm der Entrüstung, der über ihn hereingebrochen war, fuhr er manchmal mit dem Linienschiff von Nørholm nach Oslo. Ich begleitete ihn verschiedentlich und erinnere mich an eine Episode auf einer dieser Touren.

Beim Mittagstisch saß er zufällig neben einem älteren Mann, der das Pech hatte, als die Suppe gebracht wurde, etwas über Hamsuns Kleider zu

verschütten. Der Mann entschuldigte sich vielmals, aber taub wie mein Vater war, verstand er nicht, was der Mann sagte, und winkte seine Entschuldigungen freundlich ab.
Später kam er mit einem Zettel zu mir, und ich las: »Kann ich Ihnen mit irgendeinem Ersatz dienen?« Er lachte und steckte den Zettel in die Tasche. Er hob so etwas mit Vergnügen auf – eine drollige Formulierung, die er vielleicht einmal bei einer geeigneten Person benutzen konnte? Er sammelte immer noch kleine Merkzettel.
Während seiner kurzen Aufenthalte in der Hauptstadt wohnte er meistens im Hotel Bondeheimen. Hier wohnte manchmal auch seine berühmte Schriftstellerkollegin Sigrid Undset. Das Mittagessen wurde zu festgesetzten Zeiten im Speisesaal des Hotels serviert, und ich erinnere mich, wie die beiden aneinander vorbeisegelten, jeder zu seinem Tisch, stolz wie zwei Vollschiffe, ohne einen Seitenblick und ohne einen Gruß. Wahrlich – die Zeit der festlichen literarischen Trinkgelage war vorbei!

Knut Hamsun auf der Straße Karl Johan, Sommer 1936

Es ist wenig glaubhaft, daß ein Zeitungsstreit im Jahre 1915 die Ursache für eine solche Polarkälte war. Mein Vater hätte sie sicher mit ein paar freundlichen Worten begrüßt, so wie auch Selma Lagerlöf, als er sie in Stockholm traf. Aber Sigrid Undset war für eine gewisse zugeknöpfte Zurückhaltung bekannt, die gegenüber Hamsun zu üben ihr in einer politisch zerrissenen Zeit bestimmt nicht schwerfiel.

Er erzählte mir übrigens in einem anderen Zusammenhang, daß er finde, die Gegenwartsromane von Sigrid Undset seien schwierig zu lesen – »sie pflügt«. Ich glaube, er zielte wie bei Amalie Skram auf die Sprache. Aber Sigrid Undsets Mittelalterromane schätzte er natürlich sehr hoch ein.

Ansonsten habe ich nicht den Eindruck, daß er viele von den norwegischen Romanen, die in diesen Jahren herauskamen, las, er las vielmehr die Zeitungen, Nachrichten, Leitartikel, Feuilletons, und die alten Philosophen, zu denen er immer wieder zurückkehrte – Schopenhauer, und was sein Verlag, Gyldendal in Kopenhagen und Oslo, ihm an übersetzter Literatur schickte. Sein Lesen war umfassend, von den großen Amerikanern mit Hemingway und Steinbeck an der Spitze bis zu den Büchern, die Debütanten ihm zur Begutachtung sandten, und ihnen sagte er gerne ein paar lobende Worte, um ihnen zu helfen und sie aufzumuntern. Als ihm Riksmålsvernet* in den 30er Jahren ein neues Wörterbuch zukommen ließ, sprach er sich in einem Privatbrief auch darüber aus, aber er war wenig begeistert:

»Es ist beladen mit einer Pferdelast von deutsch-dänischen Wörtern, die in der norwegischen Sprache unnötig sind, ja, von der ersten Zeile im ›Vorwort‹ an ist es unnorwegisch. Ich bin zu unkundig, um das Sprachproblem zu diskutieren, aber ich habe mich in meinen späteren Büchern bemüht, mit meiner Sprache zu sagen, was ich meine – ich werde Ihnen mein neues Buch im Oktober schicken, wenn Sie es lesen wollen.

Das ganze Geschwätz über Ibsen ist nach meinem Verständnis falsch, er hatte ja kein empfindliches Ohr für die Sprache, er war unmusikalisch, und sein Norwegertum im ›Peer Gynt‹ ist imitiert und unecht. Asbjørnsen und Bjørnson waren in ihrem kleinen Finger norwegischer als Ibsen im ganzen Körper.

---

* Riksmålsvernet: (wörtlich Schutz des riksmål). Riksmål ist die sprachlich politische Bezeichnung der eigenen Variante derer, die das amtliche bokmål als dem nynorsk (Neunorwegischen) zu nahestehend ablehnen. Riksmålsvernet ist eine Institution, die u. a. ein Riksmål-Wörterbuch herausgibt, in dem man sich an Beispielen aus der Literatur über guten norwegischen Sprachgebrauch orientieren kann. (Anmerk. d. Übersetzerin)

Und dann die Rechtschreibung in dem Wörterbuch! Was soll da der Schutz für die norwegische Sprache? Soll er die Schreibweise stabilisieren, für die der sprachpolitische Gauner und geistige Kleinbauer Jørgen Løvland einige willige Werkzeuge bekam, um sie zusammenzubasteln. Sollen wir Arbeiter an der Sprache und mit der Sprache nur die Aufgabe haben zu murren, aber den Leuten, die das erfinden, nachgeben – und beim nächsten Mal wieder nachgeben?
Die Schulen – jawohl. Und die Zeitungen.
Aber soll der Schutz für die norwegische Sprache die Schulen und die Zeitungen schützen? Er soll *die Sprache* schützen. Der Schutz sollte versuchen, das Unnorwegische in seiner Sprechweise auszurotten, der Schutz sollte damit beginnen, ein norwegisches ›Vorwort‹ zu schreiben.
Wir werden die Sprache norwegischer machen...«
Hamsun hatte noch seine alten Meinungen über Ibsen und auch über die Sprache und die Politik. Aber er war auch nicht blind gegenüber Fehleinschätzungen. Er hatte zum Beispiel im Laufe der Jahre eine Menge Briefe von Schweizern bekommen, die sich über Ausdrücke beklagten, die er für ihr Land in »Die letzte Freude« benutzt hatte. Nun erhielt er einen Brief von einer Dame, die besonders aufgebracht war, sie nannte die Uhrenindustrie, Böcklin, Gottfried Keller...
Hamsun antwortete gerecht und ruhig:
»Vor vielen Jahren – vielleicht vor zehn Jahren – wurde ich in einer Berner Zeitung wegen meiner dummen Worte über die Schweiz angegriffen. Ich antwortete, bat um Entschuldigung und erklärte, daß meine Aussagen auf der Meinung zweier Wissenschaftler beruhten, nämlich des Dänen Brøndsted und des Schweden Nyström, deren Bücher ich angeführt hatte. Aber meine Antwort wurde in der betreffenden Zeitung nicht veröffentlicht.
Sie werden verstehen, daß ich keine private Korrespondenz mit Ihnen und mit anderen Schweizern in dieser Angelegenheit eingehen kann.
Böcklin war in keinem anderen Sinn und mehr Schweizer, als Holberg Norweger und Thorvaldsen Isländer war.«
Hamsun hatte einen natürlichen Alterungsprozeß durchgemacht und war mit den Jahren besonnener geworden. Oft runzelte er nur die Brauen zu allem Getöse der Zeit, das er nicht verstand. Er hatte auch keinen Sinn für ihren Humor, ihren Jargon, Donald Duck, Wodehouse... und die Sporthelden, der Sportkult waren ihm vollkommen fremd. Er verirrte sich einmal zu einem Fußballspiel. Er schaute auf die Vorgänge mit der Verwunderung

eines Kindes, aber ohne dessen Sachkenntnis. Er verstand absolut nicht, worum es eigentlich ging, und er lachte belustigt, wenn die Spieler sich gegenseitig den Ball wegschnappten, und hielt es zehn Minuten aus.
Nein, Hamsun schüttelte sein weißes Haupt zu dem Geschrei einer Zeit, die Zehntausende auf den Tribünen versammelte.
»In 400 Jahren werden sie das 20. Jahrhundert als das Jahrhundert von Nurmi, Gunder Häggs und Sonja Henie charakterisieren.«
Ein Nachkomme des geistig hochstehenden Esaias Tegnér sagt das – er ist Sportredakteur und eine Autorität. Hamsun schüttelt wieder sein weißes Haupt, aber es gibt Dinge, die darauf hindeuten, daß der Sportsmann recht bekommt.

Hamsun reiste recht viel in dieser Zeit. Er sprach sogar davon, daß er nach Amerika fahren wollte, als er an die Fortsetzung von »Der Ring schließt

Dubrovnik, 1938

sich« dachte, denn ein Teil der Handlung sollte in Amerika spielen. Später wollte er nach Palästina, er war ungeheuer interessiert an den jüdischen Plantagen und las Bücher darüber. Aber die Entfernung war zu groß, es blieb bei dem Wunsch. Er fuhr nach Deutschland und Frankreich, und 1938 hielt er sich mehrere Monate in Italien und Jugoslawien auf.

Ich fuhr als Reisebegleitung mit. Während unseres Aufenthaltes in Jugoslawien konnten wir im Radio Hitlers Triumphzug nach Wien verfolgen, als der *Anschluß* perfekt war. Und in einer deutschsprachigen Zeitung konnten wir die Notiz lesen, daß Egon Friedell Selbstmord begangen hatte, eine Tragödie, die Vater tief beeindruckte und verstimmte. Er saß eine Weile stumm da, dann sagte er: »Er hätte zu mir kommen sollen...« Darauf ging er in sein Zimmer, und ich sah ihn an diesem Tage nicht mehr.

Später schrieb er einen Brief an die deutsche *Reichsschrifttumskammer*. Es betraf nicht Friedell, sondern meinen Freund Max Tau, der unter schwierigen Umständen noch immer in Berlin lebte.

Mein Vater war jetzt 79 Jahre alt, dennoch beschäftigte er sich mit etlichen schriftstellerischen Plänen. Aber er war geplagt von seiner Taubheit, und die Eindrücke gelangten nicht mehr so unmittelbar zu ihm. Auf einer Kunstausstellung stand er vor einem modernen Landschaftsgemälde. Er sagte: »Wenn ich in einen solchen Wald käme, würde ich glauben, ich sei verrückt...« So wie dieser Wald konnte ihm das Leben nun oft erscheinen, und so war es auch mit den musikalischen Eindrücken, die ihn früher bereichert hatten, er hörte den *Rhythmus* des Jazz, aber die Musik vernahm er nicht mehr, er war zu taub.

Auf einem Zettel steht:

»Ich hörte die Graugänse, wenn sie hoch oben vorbeiflogen. Es war wie ein menschliches Gespräch, wie wenn Kinder redeten – es war schön. Nun höre ich keine Graugänse mehr – keine Stare, kein Vogelgezwitscher, nur ein Brausen im Ohr.«

Aber er hinterließ auch einige kleine Notizen, die er in Bari an der Adria aufschrieb:

»Langer, langer Spaziergang am Meer entlang – prachtvolle Straßenanlage, weiße Mauern, grauer Asphalt auf der Fahrbahn, zu beiden Seiten Fliesen. Schwer und ermüdend zu gehen. Tue mich zusammen mit einer Taube, sie geht willig mit, solange ich ihr etwas gebe und ihr schmeichele, aber als mein Vorrat zu Ende war, verließ sie mich wegen eines Täuberichs, dem wir begegneten und der vor ihr hertanzte.«

»Pferdedroschken. Wenig Autos, aber die wenigen hupen wie die Feuerwehrautos. Bemerke einen Signore, der gerade in sein Auto steigt und starten will, als erstes probiert er, ob seine Hupe funktioniert. Sie sind Kinder. Mein Gott, wie sie hupen!«

»Ein Mann steht an einer Theke und schreibt. Er sieht nicht auf, kümmert sich den Teufel um uns, obwohl wir einen Führer und zwei Träger haben. Endlich sieht der Mann auf – er schielt so schlimm, daß es ein Mißbrauch der Scheeläugigkeit ist. Er sagt ein paar leise Worte, danach kümmert er sich wieder einen Teufel um uns. Es ist der Wirt.«

Knut Hamsun in Grimstad 1941. Er wartet auf den Bus.

Hamsun schaute mit offenen Augen um sich, dachte und philosophierte, lächelte über Beobachtungen, ruhte nicht. Er wollte ein kleines Reisebuch schreiben.

1940

Mein Vater.
Aber der Krieg kam. Die Deutschen gewannen die Segelregatta nach Norwegen, und das Land wurde besetzt.
In den fünf langen Jahren der Okkupation hatte Vater nicht einen frohen Tag. Er war der Auffassung, daß England, gekränkt durch unsere Neutralität, schuld an unserem Unglück war, und mit dieser Auffassung stand er nicht allein da. Die Aufforderung, die Besatzungsmacht hinzunehmen, unterschrieb er nicht mit Freude. Er ging auch nicht in Quislings Partei, aber er empfand für den Mann persönliche Sympathien und meinte, daß er im Falle eines Sieges der Deutschen die norwegischen Interessen am besten wahrnehmen könne.
Im übrigen zog er sich in dieser Zeit mehr und mehr von allem Verkehr mit den Menschen, die nicht zu seiner unmittelbaren Nähe gehörten, zurück. Es war Schluß mit den Touren zu den kleinen Städten an der Südküste, wo er sich so oft für ein paar Tage niedergelassen hatte, das Leben in aller Stille beobachtet, sich Notizen gemacht und auch Kontakt mit der Außenwelt gehabt hatte. Aber vermutlich weckte gerade die harte Wirklichkeit dieser Tage das Bedürfnis in ihm nach Erinnerungen und dem Wert der Erinnerungen. Er schrieb an seinen Bruder Ole, den Schuhmacher in Hamarøy:

Nørholm 3/5 1943

Lieber Ole!
Ich habe Dein Telegramm bekommen. Du bist jetzt alt, und alt werden wir alle. Nur wir beide, Du und ich, sind noch da von den Langekrer-Jungen. Aber Du bist der einzige, der geruhsam im Haus unserer Kindheit gelebt hat, ich war der Schlimmste im Umherirren. Wir müssen ziellos umherirren, wir Menschen haben so wenig Einfluß auf unser Schicksal. Du hast in einem langen Leben viele Paar Schuhe gemacht, ich habe viele Bücher geschrieben, aber wir sterben beide, und wir werden beide vergessen. Man sollte sich nicht darum kümmern, denn es werden neue Menschen geboren, die auch sterben und auch wieder vergessen werden. So geht es uns...

Von mir gibt es nicht viel zu schreiben, nur daß ich die ganze Zeit gesund gewesen bin bis zum vorigen Jahr, da bekam ich eine Gehirnblutung, und das hat mich sehr beeinträchtigt. Aber nun geht es mir wieder recht gut, so daß ich nach Baden-Baden zu Ellinor fliegen werde.
Fliegen ist ein großes Vergnügen, das kannst Du mir glauben, Du hast es sicher noch nicht probiert. Ich bin viele Male ins Ausland und wieder nach Hause geflogen, und wenn man da oben unter dem Himmel nicht seekrank wird, ist es eine großartige Möglichkeit zu reisen. Und schnell geht es.
Während ich hier sitze und an alles bei Euch zu Hause denke, fallen mir die Moore südlich von Rønningen ein. Sie konnten sie sicher entwässern und kultivieren, falls das Gefälle zum Meer für den Abfluß des Wassers ausreichte. Ich erinnere mich an Einan nach Liland zu, dort war gewiß das beste anbaufähige Land, und es liegt so schön. Ich habe immer noch mein altes Interesse für die Landwirtschaft, und ich habe Nørholm auf das Doppelte vergrößert und habe bis jetzt einige hunderttausend Tannenbäume in meinem Wald gepflanzt. In vierzig Jahren kann man Nutzen aus dem Wald ziehen. Aber nun fange ich an müde zu werden, und ich muß Leute haben, die alles pflegen. An den Kindern habe ich keine Hilfe, sie leben ihr Leben. Marie indessen war sehr tüchtig und ist es noch. Und außerdem habe ich einen äußerst tüchtigen Gutsverwalter.
Wenn ich jetzt mit Ellinor aus Baden-Baden zurückkomme, habe ich eine kurze Frist. Falls ich noch lebe, werde ich am 22. Juni nach Wien fliegen. Ich soll zu einem Treffen dorthin kommen. Das Schlimme ist nur, daß ich so taub bin, wie Mutter und Großvater es auch waren, aber ich sehe gut. Ich fürchte, daß Du vielleicht nicht so gut siehst, deshalb habe ich diesen Brief mit einem Zimmermannsbleistift geschrieben, den ich immer wieder gespitzt habe.
Ich weiß nicht, ob Du zu denen gehörst, die Blumen zu ihrer Beerdigung haben wollen. Ich schicke einer Leiche nie Blumen. Ich finde, es ist eine abscheuliche Sitte, und ich habe in meinem Testament bestimmt, daß keine Blumen zu meinem Kadaver geschickt werden. Und Du und ich, lieber Ole, wir zwei, die wir von Langekra sind, wir werden uns nicht um solch einen ärgerlichen Unsinn kümmern, mit dem die Frauensleute unsere Särge herausputzen. Wir werden einfach so sterben, wie wir gelebt haben, ohne Getue.

Einen Gruß von Marie und mir
Bruder Knut.

Ein munter bitterer Ton, kein Gejammer, keine Sentimentalitäten. Der Brief ist in dem Stil geschrieben, der immer zwischen den beiden Brüdern üblich war. Und Ole mißverstand ihn auch diesmal nicht.
Persönlich tat Vater während der Besatzungszeit viel für bedrängte Landsleute. Wenn es um die Begnadigung der zum Tode Verurteilten ging, schrieb er oder schickte ein Telegramm an Hitler, Göring und Goebbels, und den deutschen Reichskommissar Terboven suchte er mehrmals auf. Er fuhr zu Hitler, um für die norwegische Sache zu sprechen und zu versuchen, Hitler davon zu überzeugen, daß Terboven verschwinden mußte. Er kam tief enttäuscht und niedergeschlagen zurück. Ich redete lange mit Vater nach seiner Rückkehr, ich habe ihn selten so unglücklich gesehen.
Das Gespräch mit Hitler, das äußerst höflich begonnen hatte, wurde immer kühler. Es kam zu einem regelrechten Zusammenstoß, und es endete damit, daß Vater die Nerven verlor. Während des Besuches weinte er vor Enttäuschung, daß die Mission mißglückte, auf die er und andere eine so große Hoffnung gesetzt hatten. – Aber den anwesenden Deutschen hatte er trotzdem nicht wenig imponiert. Denn nicht *ein* Mann hatte sich bisher getraut, so direkt mit dem Führer zu reden und so wenig Respekt vor seinen Meinungen zu zeigen. Und das, obwohl der Dolmetscher nicht gewagt hatte, alles zu übersetzen.
Ich fragte Vater, welchen Eindruck er persönlich von Hitler hatte.
»Ich habe mich nicht um ihn gekümmert«, war seine Antwort. »*Ich*, sagte er die ganze Zeit... *ich*! Und dann hielt er mir einen endlosen Vortrag, von dem ich fast nichts verstand... Pläne von diesem und jenem, von einer Eisenbahn, die *er* von Trondheim oder einer anderen Stadt aus bauen wollte...«
»Wirkte er hysterisch?«
»Nein, *das* nicht. Er sprach ruhig, aber zum Schluß schien er laut zu werden... Aber ich kümmerte mich nicht um ihn, er ist klein und untersetzt und sieht aus wie ein Handwerksgeselle...«
Mit seiner aristokratischen Gesinnung bekam Vater ernstliche Zweifel in seiner Seele bei dieser ersten und einzigen Begegnung mit Hitler. Er hatte das nationalsozialistische Buhlen um die Gunst der Massen nie gemocht, er war absolut gegen die Judenverfolgungen, und die Literatur während des nationalsozialistischen Regimes war seiner Meinung nach unlesbar. Nun lernte er den Führer persönlich kennen, und mit dem ungeheuer sicheren Instinkt, den er für Menschen hatte, wurde er enttäuscht. Nicht einmal das Aussehen des Mannes entsprach dem Ideal. Und Hitlers oft erwähnten

suggestiven Fähigkeiten hatten, falls sie existierten, keinerlei Wirkung auf Hamsun. Aber er konnte *jetzt* keine Kehrtwendung machen. Er hätte es 1934 tun können, als Hitler den General Schleicher erschießen ließ. Ich erinnere mich, daß Vater sich damals mit Abscheu abwandte: »Generäle erschießt man nicht!«

Damals hätte er vielleicht spüren sollen, daß der Gefreite, der den General erschoß, kaum ein Mann nach seinem Sinne war, aber Vater schwieg. Er hatte zu Zeiten Kaiser Wilhelms, Eberts und Hindenburgs aus Dankbarkeit an der Seite des deutschen Volkes gestanden, denn für ihn waren nicht die Systeme entscheidend, es war das Treueverhältnis, das ihn an Deutschland band. Die Enttäuschung nach der Begegnung mit Hitler versetzte ihn in trübsinnige Grübeleien, der einzige Trost, den er sich selbst geben konnte, war der, daß Hitler und das System vergänglich waren, das deutsche Volk aber leben würde.

Nach Hitlers Tod schrieb er trotzdem einen kurzen Nekrolog in der »Aftenposten«, als die Redaktion darum bat, er stand in der letzten Nummer, die vor der Kapitulation der Deutschen in Norwegen erschien. Ich fragte ihn, warum er das tat. Abgesehen davon, daß sich eine Welle des Zorns über ihn ergießen würde – er mochte den Mann doch gar nicht? Vater antwortete: »Es war aus Ritterlichkeit, nichts anderes.«

Und weil es gerade jetzt mit Lebensgefahr verbunden sein konnte, so etwas zu machen, demonstrierte er vor der ganzen Welt, die so arm an Großmut und Ritterlichkeit geworden war, daß er in der Stunde der Niederlage nicht einer sein wollte, der sich versteckte, sondern daß er bis zum Schluß für seine Handlungen einstand.

Mein Vater war mit dem Rhythmus seines Volkes aus dem Tritt gekommen, deshalb geriet er unter die Räder.

Er selbst sah auf das, was geschah, mit beinahe kindlichem Erstaunen. Er hatte nicht immer den Takt gehalten – nein, er hatte in seinem langen Dichterleben außerhalb der Moralgesetze der guten, braven Leute gestanden und sich aus der Tiefe des eigenen Sinns seine eigene Ethik aufgebaut. Seine Dichtung an die Menschen und die Erde, die Kritik am Zeitgeist, seine leidenschaftliche Verteidigung des Kindes, das alles hatte ihm ja den Nobelpreis eingebracht. Er lebte gutgläubig in der Meinung, daß er noch der gleiche war wie damals. Und zum 80. Geburtstag am 4. August 1939, wurde er wieder mit Ehrungen aus aller Welt überschüttet...

Aber ich erinnere mich an ein kleines Ereignis, ein Jahr vor Kriegsausbruch, es hätte ihm vielleicht eine Vorahnung sein sollen...

Er ging eines Abends im Garten spazieren. Es war einer dieser schwülen, stillen südnorwegischen Abende im August. Der Fjord glänzte bis weit hinaus, jeder kleine Vogellaut, jedes Summen der Insekten, jeder Laut verdoppelte sich. Zwei Jungen fuhren auf der Landstraße mit ihren Fahrrädern vorbei, ihre Räder waren schwer bepackt, sie waren wohl auf Tour. Sie schauten durch den Zaun herein. Der eine rief: »Du, da geht Hamsun...!«
Der andere: »Ach ja... der ist aber alt... er stirbt sicher bald, hoffentlich...!«
Vater saß ruhig auf der Bank unter dem Ahorn. Ich setzte mich neben ihn. Da erzählte er mir, was er gehört hatte. Die Stimme hatte einen wehmütigen Unterton, als er sagte: »Ach ja, ich sterbe sicher bald, aber *der Gedanke, daß ein norwegischer Junge sich darüber freut...*«

1945

Der Krieg war zu Ende. Auf der Straße strömten deutsche Fahrzeuge, beladen mit Soldaten und englischer Bewachung, an Nørholm vorbei. Sie kamen aus Kristiansand und fuhren in östlicher Richtung zu einem Gefangenenlager. Eine stumme Parade im Zeichen der Niederlage. Die Soldaten sahen auf zu dem Haus, legten die Hand an die Mütze und grüßten. Aber sie grüßten leere Fenster – der, den sie grüßen wollten, war verhaftet und weggeführt worden.

Er wurde vorübergehend im Krankenhaus in Grimstad untergebracht, aber er war durchaus nicht krank. Er hatte zwar während des Krieges ein paar kleine Gehirnblutungen gehabt, hatte sie jedoch gut überstanden und war frisch und gesund. Die Polizei kam zu ihm und verhörte ihn.
Dann wurde Vater ins Altersheim nach Landvik überführt, wo es ihm gut gefiel. Aber er machte sich Sorgen um die Familie, die auch, im Lande verstreut, verhaftet war, und außerdem sorgte er sich um die Landwirtschaft, für die keiner mehr die Verantwortung hatte. In Grimstad wurde ein Untersuchungsgericht eingesetzt. Vater wurde hingebracht, er beantwortete einige Fragen und wurde wieder zurückgebracht.
Der Sommer verging, Vater las, machte sich Notizen und unternahm kleine Spaziergänge in der Nähe des Altersheims. Die Tage verliefen ruhig. Vater spürte nur die Dünung vor der gewaltigen Abrechnung, die nun das Land überflutete. Ich erhielt die Erlaubnis, eine Karte mit fünfzehn Zeilen zu schreiben und bekam eine Karte mit sechzehn Zeilen zurück:

Altersheim in Landvik 27/7 45.

Lieber Tore!
Dank für die Karte. Mußte fort aus dem Krankenhaus wegen Poliomyelitis, hier bin ich bei anderen Greisen. Einige sind über 90, liegen schon seit zwei Jahren im Bett – und sterben nicht. Ziemlich unnatürlich von ihnen! Ich selbst bin auch unverschämt zäh, nur fast stocktaub. Während der Bombardierung war die Taubheit von Vorteil, jetzt nicht mehr. Habe versucht, mich hier für immer einzulogieren, aber die Verwalterin sagt, ich sei zu jung! Darf bleiben bis zum 3. November.
Cecilia und ihr Mann waren neulich hier, beide wollen als Korrespondenten nach Südamerika, und sie wollen dort Bücher schreiben. Ellinor ist zu Hause, ihr Mann ist spurlos verschwunden. Mama Magengeschwür, im Krankenhaus in Arendal. Aber Esben und Mutter sind ab und zu hier. Habe gehört, daß Leif ein ganzer Kerl geworden ist, auch Anne-Marie groß und dünn, sehe sie leider nicht, beide mochten mich einmal sehr gern, das ist jetzt vorbei. Und hier habe ich wieder angefangen zu rauchen, aber es ist kein großes Vergnügen, der Tabak schmeckt nämlich nicht nach Tabak, sondern nach dem schärfsten Schmieröl, und er verbrennt mir die Schnauze. Jetzt habe ich eine Tube Fett für meine Schnauze bekommen. Es geht mir also gut! Ich weiß nicht, ob Grieg wieder bei Gyldendal ist, man hat mir bisher Zeitungen verboten. Ich sehne mich auch nicht danach. Meinetwegen brauchst Du keine Angst zu haben. Aber wie Du siehst, gut schreiben kann ich nicht, obwohl ich beide Hände benutze. Jaja, »Friede mit Dir«, wie wir in Nordland sagen.
Papa.

Im Herbst bekam er Bescheid, daß er zur gerichtspsychiatrischen Beobachtung in die Psychiatrische Klinik in Oslo gebracht werden sollte. Man wollte herausfinden, ob er geisteskrank sei. Ab 15. Oktober wurde er in den Journalen der Klinik geführt, und nun folgten einige Monate, die die schwersten und qualvollsten in Vaters Leben wurden.
In seinem hohen Alter waren alle Gewohnheiten und Eigentümlichkeiten zu einem festen Plan für den Tagesablauf erstarrt, nach dem er sich richtete. Seine empfindlichen Nerven vertrugen keine Veränderung, es war, als ob man ihn von einem Fundament wegrückte, auf dem er noch stehen konnte. Er hatte sich nun in das *System* einer Klinik für Geisteskranke einzuordnen, an einem Ort, wo die Psychologie eine Wissenschaft war, die aus Büchern, Schubladen und Kartothekkästen bezogen wurde. Man nahm

ihm die Brille, damit er nachts nicht lesen konnte, die Uhr, den Rasierapparat, und er wurde einer lästigen Befragung unterworfen, bei der er oft die gleiche Frage drei-, viermal beantworten mußte. Und hinter allem: der Stempel des Landesverräters – auf *ihm*.

Aus der Beobachtung in der Psychiatrischen Klinik:
Der Patient kam am 15.10.45 von dem Altersheim in Landvik in die Psychiatrische Klinik. Er war bei der Einweisung ruhig, klar und orientiert. Sagte, daß es ihm gut gehe und er sich im Altersheim wohlgefühlt habe.
»Aber die Landwirtschaft geht zum Teufel!«
Er habe jetzt nur einen jungen Burschen für die Arbeit dort und er selbst habe keine Befugnis mehr. Er sei in keiner Weise krank, nur stocktaub. Er habe zweimal so einen Blut...
»Jetzt habe ich ja Aphasie...« (konnte das Wort nicht finden, das er sagen wollte, wurde ärgerlich und schlug auf den Tisch). Der Arzt versucht ihm zu helfen: »Blutpfropf?«
Hamsun: »Nein. Es platzt etwas im Kopf. Man fällt hin und ist ganz durcheinander.«
Arzt: »Schlag?«
Hamsun: »Ja, das ist es sicher.«
Arzt: »Gedächtnis?«
Hamsun: »Ja, das ist nicht besonders gut. Erinnere mich an das Datum, denn ich habe einen Kalender, der hilft mir, die Tage genau zu verfolgen.«

In dem Journal für die Einweisung heißt es weiter:
Versteht nicht, warum er in das Krankenhaus in Grimstad eingewiesen wurde. Sie wollten wohl nett zu ihm sein. Er profitiere von seinem Alter. Es geschehe sicher nicht aus Respekt vor seiner Dichtung (lächelt liebenswürdig). Aber das sei ihm verdammt gleichgültig.
»Sie scheinen nicht alles mit mir machen zu können, was sie gerne möchten. Ich bin ein Landesverräter, sehen Sie. Man wollte nicht einmal eine Briefkarte für mich in den Kasten werfen, deshalb schlich ich in die Stadt und steckte sie ein, aber ich wurde von der Polizei erwischt!«
Er kann nicht gehen, wohin er will. Aber bei den Greisen ist er frei und hat es gut, macht lange Spaziergänge landeinwärts. Braucht körperliche Bewegung, versteift, wenn er sich nicht bewegen kann.
»Sie haben nicht aufgehoben mein... ich muß doch gehen, ich muß eben heimlich gehen. Aber jetzt ist es ja besser.«

Arzt: »Wo sind Sie?«
Hamsun: »Psychiatrische Klinik. Ich war froh, als man es mir sagte, jetzt bekomme ich wohl mein Urteil und kann sühnen. Ich habe darauf gewartet. Ich habe ja nicht unbegrenzt Zeit, wissen Sie (lächelt). Aber es ist mir alles egal, ich mag nicht daran denken. Ich bin nicht so erpicht darauf, mein Leben um ein paar Tage zu verlängern. Sie können alle miteinander machen, was sie wollen. Vor Gericht traf ich meinen alten Amtsrichter, und wir hatten es richtig gemütlich. Seitdem war nichts Besonderes mehr. Ich warte nur, daß der Unsinn ein Ende nimmt... Ich bin ein Landesverräter, sehen Sie. Habe in den letzten fünf Jahren ein paar kleine Artikel in der ›Aftenposten‹ und dem ›Fritt Folk‹ geschrieben. Aber das genügte schon. Es war nicht so, wie die Regierung in London es haben wollte.«
Er klagt darüber, daß er nach der Reise sehr müde ist. Er hat die ganze Nacht gesessen. Möchte gern ruhen. Glaubt, er könne sich besser mitteilen, wenn er sich ausgeruht habe. Fragt, ob die Papiere gekommen sind. Dort sei alles erklärt.
Bei diesem ersten Gespräch wirkt er etwas resigniert. Sie können machen, was sie wollen. Er spricht mit lauter Stimme, klar und deutlich auf Grund seiner Taubheit, manchmal mit einem gewissen Pathos. Richtet selten den Blick auf den Arzt, noch am ehesten, wenn er leise, aber herzlich lacht. Zieht sich oft in sich selbst zurück. Lächelt natürlich. Spricht über alle, mit denen er zu tun hatte, etwas von oben herab.

Aus Professor Gabriel Langfeldts Gesprächen mit dem Patienten:
16. 10. 45
Der Patient hat ein stark reduziertes Gehör, man kommt mit ihm in Kontakt, wenn man in sein linkes Ohr hineinruft. Er spricht mit sehr lauter Stimme. Zu Beginn des Gespräches sagt er:
»Man hat mir kaum Zeit gelassen, die Hosen anzuziehen!«
Langfeldt: »Sie sind wegen einer Gehirnblutung eingeliefert worden?«
Hamsun: »Ja, aufgrund meiner Aphasie bin ich gestern nicht darauf gekommen, daß ich eine Gehirnblutung hatte, ich habe sogar zwei Gehirnblutungen gehabt, die erste, glaube ich, vor drei oder vier Jahren, ich saß am Frühstückstisch, fiel um und zog das Geschirr mit zu Boden, war ganz durcheinander oben im Kopf, es gab die lächerlichsten Reaktionen, ich konnte die Knopflöcher nicht finden, wenn ich etwas zuknöpfen wollte. Ich kann die Buchstaben nicht finden, kann die Wörter nicht buchstabieren.«

Man bittet ihn, seinen Namen zu schreiben, aber er muß die rechte Hand mit der linken stützen, weil sie stark zittert.
Hamsun: »Vor dreißig Jahren wurde ich von diesem Zittern überfallen, ich habe dicke Bücher mit der Hand geschrieben.«
Langfeldt: »Wann hatten Sie den letzten Anfall?«
Hamsun: »Im Winter, als ich etwas Holz ins Haus getragen habe, fiel ich im Holzschuppen um und riß ein paar Äxte und Sägen mit.«
Langfeldt: »Ist das Gedächtnis schlecht?«
Hamsun: »Ja, es ist sehr schlecht, ich habe ein gutes Gedächtnis für Dinge, die weit zurückliegen, aber nicht für Dinge aus jüngerer Zeit.«
Langfeldt: »Wann sind Sie hierhergekommen?«
Hamsun: »Gestern, man gab mir belegte Brote, als ich kam... Ich finde es nicht richtig, daß ich jetzt auf diese Weise im Land herumgeschleppt werde, ich habe die ganze Nacht aufrecht im Zug gesessen, ich hätte an Bord eines Schiffes kommen können...«
Langfeldt: »Das Gedächtnis?«
Hamsun: »Ich erinnere mich natürlich an die letzten Tage.«
Langfeldt: »11 mal 12?«
Hamsun: »Ach, Herr Professor, ich habe nie rechnen können, einmal habe ich mich um 5000 Kronen zu meinen Ungunsten verrechnet und einmal um 1000 Kronen zu meinen Gunsten. Obwohl ich als junger Mensch in einem Laden gestanden habe.«
Langfeldt: »7 mal 9?«
Hamsun: »63.«
Langfeldt: »Woran starben Ihre Eltern?«
Hamsun: »Das weiß ich nicht... Ich war nicht zu Hause. Alle meine Geschwister sind tot... Ich bin alt und kann nicht hören, aber sonst fehlt mir nichts...«
Vater wurde über seine politische Einstellung examiniert, über die Invasion der Deutschen, über die Partei Quislings, in der er nicht Mitglied gewesen war usw.
Der Professor fragt: »Kannten Sie illegale Zeitungen?«
Hamsun: »Mein ganzes Haus hatte keine Ahnung davon, daß es illegale Zeitungen gab. Ahnte nicht, daß wir eine Untergrundzeitung mit Paal Berg hatten (wenn es wenigstens Paal Kluften* gewesen wäre!). Ich finde, die in London hätten Flugblätter abwerfen sollen, auf denen stand, daß es

---

* Kluft = Abgrund (Anmerk. der Übersetzerin)

Landesverrat war. Ich hätte mich darauf gestürzt, denn ich habe immer auf der Seite des Königs gestanden, ich bin im Grunde ein loyaler Bursche.«

31.10.45
Bei der Visite heute fragt man ihn, was er eigentlich vom Nationalsozialismus halte. Er antwortet, er finde es sehr gut, daß sie fünf Jahre lang Krieg führen konnten, ohne eine Øre zu leihen. Außerdem sei er begeistert von der Disziplin, die dort unten in Deutschland herrsche. So etwas wie den Hafenarbeiterstreik in London könne man sich in Deutschland nicht vorstellen. Als er gefragt wird, ob er nicht gegen die geistige Unterdrückung war, antwortet er, ihm sei nicht bekannt gewesen, daß es so etwas in Deutschland gab, aber er erwähnt gleichzeitig, daß er nie eine Zeile zugunsten des Hitlerismus geschrieben habe. Als man ihn auf die Pressezensur hinweist und fragt, ob er das freie Wort nicht für einen großen Vorteil halte, antwortet er, dies wisse er nicht. Man bekommt fast den Eindruck, daß er meint, es herrsche nirgendwo die Freiheit des Wortes. Im Verlauf des Gesprächs scheinen jedoch entgegengesetzte Vorstellungen bei ihm aufzutauchen, denn er sagt, daß er vielleicht etwas gegen den zunehmenden Zwang geschrieben hätte, wenn der Krieg nicht ausgebrochen wäre. Ihm sei nämlich langsam der Verdacht gekommen, daß die Deutschen womöglich den Plan hatten, ganz Europa so brutal zu beherrschen, wie die Engländer es versucht hatten. Er schließt deshalb mit der Bemerkung, es sei alles in allem sicher das Beste gewesen, daß dem Regime der Deutschen Einhalt geboten wurde.
Als ihm der Artikel »Knut Hamsuns Antwort auf zwei Fragen« vorgelegt wird, liest er ihn durch. »Ja, das habe ich geschrieben.« Das sagt er auch über den Artikel »Die norwegische Legion«. Als man ihm den Aufruf »Norweger« vorlegt (in dem u. a. steht: Norweger werft die Gewehre fort und geht heim!), sagt er, es müsse sich um etwas handeln, das er in Verbindung mit einer Aufforderung, die er erhielt, geschrieben habe. Soweit er es verstanden hätte, sollte es ein gemeinsamer Aufruf sein, und er wollte seine Gesinnungsgenossen nicht im Stich lassen und hätte sie unterstützt. Er hätte nicht gedacht, daß der Aufruf nur in seinem Namen herauskommen sollte, deshalb habe er in dem Artikel »Ein Pauluswort« auch geschrieben, daß er *keinen einzigen Mann* in Norwegen kenne, der einen solchen Aufruf unter die Leute bringen und dafür einstehen würde, *er* könne es jedenfalls nicht. Meinte, daß man im »Fritt Folk« oder wo auch immer ein Klischee von seinem Namenszug hatte und es bei verschiedenen

Gelegenheiten benutzte. Er kann sich gut vorstellen, daß er aus dem anderen Lager, damit sind die Jøssinger* gemeint, verführt worden ist, den Aufruf zu schreiben. Er hat keine Ahnung mehr, wer ihn darum gebeten hat. Er hatte mehrere in Verdacht, Schreiner oder Rechtsanwalt Wiesener, aber sie waren es nicht. Mit den Aufrufen »Norweger« und »Jetzt wieder« wollte er nur die Jugend davor warnen, gegen eine solche Übermacht wie die Deutschen zu kämpfen. Sagt, daß er etwas zu willig war, auf solche Vorschläge einzugehen, und seine Frau habe oft dagegen protestiert, denn sie war tüchtig und achtete auf so etwas.

Der Artikel »Jetzt wieder« wird ihm vorgelegt, und er antwortet auf direkte Fragen, wenn auch etwas widerstrebend, daß er unzählige Eingaben bei Terboven gemacht hat, um zum Tode Verurteilte freizubekommen. Glaubt, daß er es für mindestens hundert Verurteilte versucht hat, aber es nützte nichts, und schließlich waren sie seiner überdrüssig. Auch für die Studenten hat er sich seinerzeit eingesetzt, aber ohne Erfolg. Hat es früher nicht erwähnen wollen und auch nicht geantwortet, als die Polizei danach fragte, »denn man hätte es als Prahlerei auffassen können, und Prahlerei kann ich nicht ausstehen«. Fügt hinzu, daß er anfangs die Gnadengesuche mehrfach an Hitler gerichtet habe. Aber Hitler verwies ihn an Terboven, und Hamsun meint, daß in Terbovens Archiv wohl hundert Gesuche von ihm lägen...

Aus den Rapporten der Abteilung
15.10.45
Der Patient fährt wegen der geringsten Kleinigkeit gleich zornig auf. Er wird aus den Verhältnissen hier nicht klug. Er flucht und ist ängstlich, wenn Temperatur gemessen werden soll, die Kleider herausgenommen werden oder er zum Arzt kommen soll.

16.10.45
Der Patient ist ständig wütend und gereizt und will das, was er verlangt, sofort haben. Er ist ungeduldig und reizbar, macht oft spöttische Bemerkungen.

18.10.45
Der Patient ist höflich und umgänglich, kann aber leicht ungeduldig und

* Jøssing ist ein norwegischer Patriot während des 2. Weltkriegs. (Anmerk. der Übersetzerin)

gereizt sein, wenn es nicht nach seinen Wünschen geht. Vertreibt sich die Zeit mit Lesen. Nachdem der Professor bei der Visite mit ihm gesprochen hatte, war er erregt und ärgerlich. »Ich habe geglaubt, der Professor wollte mit mir in seinem Kontor sprechen, aber statt dessen kommt er her (in das Einzelzimmer II). »Nein«, rief er aus, »98 Prozent des norwegischen Volkes hassen die Deutschen, weil sie Deutsche sind, und lieben die Engländer, weil sie Engländer sind. Sie können mich erschießen oder mit mir machen, was Sie wollen. Ich habe keine Angst davor, daß Sie mein Leben verkürzen!«

19.10.45
Manchmal vernimmt man von dem Patienten kurze Ausrufe wie: »Ja, ja«, »Zum Teufel noch mal«, »Ha, ha« – aber das geschieht nur, wenn er allein dasitzt. Wenn jemand mit ihm redet, ist er höflich. Der Patient dankt für den Tabak, indem er mit ausgestreckter Hand grüßt. Sagte nichts.

20.10.45
Patient gut gelaunt, höflich und umgänglich. Liest viel.

26.10.45
Der Patient scheint sich jetzt hier zurechtzufinden. Er sitzt meistens da und liest, aber spricht auch mit anderen Patienten. Nachdem er sich am Abend gelegt hatte, redete er mit sich selbst. Er sprach davon, daß er zu zählebig sei, er hätte schon vor ein paar Jahren sterben sollen. Er rief mehrere Male: »Könnte ich nur eine Antwort auf die Frage bekommen... und ich weiß, er erhört Gebete.«

24.11.45
Der Patient bleibt wie gewöhnlich für sich. Gerät leicht aus der Fassung wegen Kleinigkeiten, kann aber auch nett und freundlich sein.

13.12.45
Der Patient ist offensichtlich guter Laune. Kann witzig und schlagfertig sein. Ist wie gewöhnlich höflich und dankbar gegenüber den Patienten und dem Personal.

In Wirklichkeit war mein Vater, die ganze Zeit, die er in der Klinik eingesperrt war, tief unglücklich. Die acht oben angeführten Rapporte sind

am Anfang des Aufenthaltes geschrieben worden, aber sie entsprechen nicht dem wahren Sachverhalt. Ich habe Vater oft in dieser Zeit besucht, und ich war manches Mal entsetzt, wie schlecht er aussah. Am ganzen Körper zitternd, konnte er mich in eine Ecke ziehen, sich ängstlich umschauen und mir zuflüstern: »Du ahnst es nicht... es ist die Hölle hier.«
Die Augen wurden immer schlechter, weil man ihm die Brille abnahm, man hatte seinen Koffer durchwühlt und die Notizen, die er sich machte, in Unordnung gebracht. Sein Rasierapparat war kaputt, weil die Pfleger ihn für andere Patienten benutzt hatten, alles zusammen Dinge, die ihm viel bedeuteten, hilflos und verlassen, wie er sich jetzt fühlte. – Ja, wo waren die Freunde? Er selbst hatte redlich und großzügig immer seine helfende Hand ausgestreckt, damals, als er die Möglichkeit dazu hatte. Und fühlte er sich jemandem zu Dank verpflichtet, hatte es ihm immer große Freude gemacht, sich zu revanchieren. Wenige zeigten das gleiche Verhalten ihm gegenüber. Daß Amtsrichter Rasch, Doktor Muus, Pfarrer Lassen und der schäbige Konrad jetzt *ihre* Vergeltung übten, darüber konnte er nur lächeln, und er verstand es. Aber er glaubte, daß es auch andere gab – wo war Willatz Holmsen...
Alles was recht ist. Es *gab* sie, die ihm Güte und Treue erwiesen, ja die sogar Mut zeigten. Sein alter Freund, der Schriftsteller Christian Gierløff war unermüdlich in seiner Hilfsbereitschaft, Material zu Vaters Entlastung herbeizuschaffen, und er besuchte ihn ohne Angst in einer Zeit, da die Zeitungen die öffentliche Meinung sehr stark beeinflußten. Und nie vergaß Vater den Einsatz seiner langjährigen juristischen Beraterin, der Anwältin beim Obersten Gericht, Frau Sigrid Stray, zu seiner Verteidigung.
Aber Professor Langfeldts Wissenschaft pflügte weiter, und das Feld, das er beackerte, war ein Gemüt aus dem zartesten Nervengewebe. Nichts blieb Vater erspart.
Es wurde ihm ein alter Brief vorgelegt, den er vor langer Zeit geschrieben hatte und in dem er um Hilfe gegen die Verfolgung bat, der er und seine Verlobte von einigen anonymen Damen ausgesetzt waren. Der Brief stammte vom März 1898 und war sehr lang, er war an den Stortingspräsidenten Ullmann gerichtet. Vater regte sich außerordentlich darüber auf, daß die alte Geschichte wieder aufgerührt wurde. Er hatte das Gefühl, daß die Ärzte auch hier gegen ihn waren, und zum ersten Mal verlor er dem Professor gegenüber die Beherrschung.
Eine Mitteilung zum Schluß, daß seine Privatkorrespondenz beschlagnahmt worden war, nahm er ruhiger auf. Sein einziger Kommentar:
»Nein, man sollte sich nicht darauf einlassen, Landesverräter zu werden!«

Aus Direktor Dr. Ørnulv Ødegaards Gesprächen mit dem Patienten:
»Der König und seine Regierung haben mich in dieses Elend gebracht. Ich war immer Monarchist, und Norwegen war nie etwas anderes als ein Königreich, deshalb habe ich den Boden unter den Füßen verloren, als der König außer Landes ging. Ich wußte nicht das geringste von der Regierung in London. Aber er hätte es machen sollen, wie sein Bruder in Dänemark – das war ein kluger Mann. Dann wären uns Sabotage und Zerstörung erspart geblieben.«
Als man einwendet, daß es in Dänemark wohl ebensoviel Sabotage gegeben habe wie hier, lächelt er und sagt, daß sie in Dänemark weit mehr Mittel dazu hätten als wir.
Er wußte nicht, ob Quisling etwas Schlimmes getan hatte. »Ja, er hätte das mit den Juden sein lassen sollen«, sagt er spontan. »Es bekommt uns gut, einen jüdischen Einschlag zu haben, uns wie anderen Völkern.«
Aber es stand kein Wort über die Juden in den beiden Zeitungen, die er las, und er hat erst später davon erfahren. Als er in Deutschland war, hatte er schon einiges gesehen – da waren die gelben Bänke, und er sah ein paar kleine Kinder, sie mußten von einer anderen Bank aufstehen und sich auf die gelbe Bank setzen* – weil sie Juden waren. »Aber man muß verstehen, daß ich ein alter Mann bin... ich machte blindlings mit, weil ich nichts hörte. Meine eigene Dummheit!«
Auf die Frage nach seiner politischen Einstellung sagt er, daß er Rechte und Linke verstanden habe, obwohl er keiner dieser Parteien angehörte, aber den Sozialismus habe er nie begriffen. Er kann sich nicht für ihn erwärmen, weil er die persönliche Initiative erstickt. Sie interessieren sich nur für das Materielle. Er hält mehr von dem alten patriarchalischen System. Selbst die Leibeigenschaft, wie in Rußland, war nicht das schlechteste. »Wir haben von dort gehört, wie die Leibeigenen ihre Herrschaft liebten und besonders die Kinder der Herrschaft. Als sie frei wurden, fühlten sie sich ganz entwurzelt, jedenfalls die alten Leute.«
Er erwähnt ungehalten die ewigen Streiks um geringfügiger Kleinigkeiten willen. Jetzt liest er »Farmand«, ein gutes Blatt, das über Ein- und Ausfuhr berichtet und sich für einen möglichst freien Handel zwischen den Ländern einsetzt.
Als man ihn fragt, ob es stimme, daß das Buch »Vom Geistesleben des modernen Amerika« während des Krieges wieder herausgegeben wurde,

---

* Vater setzte sich selbst demonstrativ auf die gelbe Bank. (Anmerk. des Verf.)

wird er sehr eifrig und sagt, daß dies nicht der Fall sei. Das Buch mißbillige er schon seit langem. Es sei eine Jugendarbeit, mit schlechtem Stil und im Grunde schlechter Journalistik. Es sei schlecht und wertlos, und als ein Däne es vor vielen Jahren wieder habe herausgeben wollen, habe er, der Patient, die Zustimmung verweigert. Er sei sich klar darüber, daß Amerika eine bedeutende Literatur besitze, aber es fallen ihm keine Namen ein. Er glaubt, daß er selbst jetzt als Schriftsteller ein toter Mann sei und daß seine Bücher nicht mehr viel gelesen werden. Jedenfalls ist er ganz unsicher, was seine Autorenrechte noch wert seien. Er erwähnt, daß sie von dem Untersuchungsgericht auf 100 000 und dann auf 50 000 veranschlagt worden seien, das zeige ja, wie unsicher das Ganze sei. Sie hätten Grieg fragen sollen, er sei ja Fachmann. Von neuen Auflagen könne jetzt nicht mehr die Rede sein, sie könnten nur noch die Bücher veräußern, die sich im Verlag auf Lager befänden. Er macht sich ein wenig lustig über das »große Vermögen«, das er angeblich besäße und sagt, daß die Steuern sehr hoch waren, »hatte soviel Steuern zu zahlen wie kein anderer«. Wenn man die Möglichkeit einer finanziellen Strafe erwähnt, sagt er sofort, daß er den Hof nicht mehr bewirtschaften könne, falls sie ihn finanziell lähmten.

In seiner Rede gibt es nur selten die typisch senilen Wiederholungen, obwohl man darauf hingewiesen wurde, ihn möglichst frei sprechen zu lassen und nur wenige Fragen zu stellen. Eine von den wenigen Äußerungen, die er zwei-, dreimal in den Gesprächen wiederholt, bezieht sich auf das Altersheim, als man zu ihm hereinkam und nur sagte: »Sie müssen umziehen, im Feldwebelton« – und dann wurde er in die Klinik gebracht, in die er niemals hätte kommen dürfen. Er weist mehrmals auf Dinge hin, die er kürzlich in den Zeitungen gelesen hat. Zum Beispiel sagt er, daß es einen neuen Krieg geben werde, sobald die Großen sich ein wenig erholt hätten. »Das meint auch Scharffenberg, wie ich sehe.« (Stand vor 2–3 Tagen.)

Von seinen früheren Schlaganfällen erzählt er, daß der erste vielleicht vor vier Jahren kam, er sei sich nicht mehr so sicher mit den Jahreszahlen. Er hatte gerade einen großen Korb mit Holz ins Haus getragen, um den Mädchen die Arbeit zu ersparen. Setzte sich dann an den Frühstückstisch. Aber da war es, als ob er niedergeschlagen würde – er stürzte zu Boden und riß im Fall die Tischdecke mit. Er erinnert sich gut an das Ganze, er wälzte sich auf die andere Seite und kroch in das anliegende Zimmer. Es tat nicht weh. »Eine solche Gehirnblutung ist ja nichts«, sagt er. Später ging er mit Hilfe des Sohnes selbst die Treppe hinauf. Und während er wegen der

Blutung im Bett lag, bekam er auch noch eine Lungenentzündung, aber man gab ihm das neue Mittel*. »Und da ist es ja geradezu ein Vergnügen, eine solche Krankheit zu haben.«

Im letzten Winter hatte er eine neue Blutung, aber nicht so heftig. Er hackte Holz, was er sehr gerne tat, obwohl es ihm streng verboten war, körperlich zu arbeiten. Er fiel zwischen Beilen und Holzklötzen auf den Boden, aber ging allein ins Haus, nachdem er eine Weile gelegen hatte.

Er ist sich vollständig klar darüber, daß es mit seinem Gedächtnis schon seit längerer Zeit ständig bergab gegangen ist, aber er weiß nicht, ob dieses Nachlassen unmittelbar mit den Blutungen zusammenhängt. Auf direkte Fragen nach Sprachschwierigkeiten sagt er eifrig: »Es sitzt manchmal fest. Das ist die zunehmende Aphasie. Ich habe ständig Mühe, auf die Fragen hier zu antworten. Komme nicht auf die Worte, die ich gebrauchen will.«

Als man einwendet, er scheine doch keine besonderen Sprachschwierigkeiten zu haben, meint er, es würde viel besser gehen, wenn er diese Aphasie nicht hätte, aber er erklärt, daß sie vorher schlimmer war. Er glaubt auch nicht, daß da eine enge Verbindung zu den Blutungen besteht.

Er begreift gut, wenn man so laut in sein linkes Ohr spricht, daß er es hört. Er ist sehr wach und interessiert an dem Gespräch, teilweise richtig eifrig. Gelegentlich lehnt er sich in seinem Stuhl zurück und versinkt in Gedanken, läßt sich aber schnell wieder herausreißen. Seine Sprache ist ganz klar und geordnet, in der Regel sehr treffend im Ausdruck und voller Hamsunscher Wendungen. Er sucht selten nach Worten, und nur ein einziges Mal benutzt er ein falsches Wort, berichtigt es aber sofort, die Aussprache ist etwas undeutlich. Er spricht sehr laut. Das ist ziemlich anstrengend, aber er selbst kann es ja nicht hören. Hilft dem ab, wenn man sagt, er könne ruhig etwas leiser reden. Soweit man es nach dem Verlauf des Gesprächs beurteilen kann, liegen keine größeren Defekte im Gedächtnis vor. Er erinnert sich gut an seine Unterredung mit Hitler und sagt, er habe sie gar nicht gewollt – er sei ja nur zur Pressekonferenz gekommen. Das Deutsch, das er seinerzeit während seines Aufenthaltes in München gelernt habe, sei ihm entfallen, so daß er sich mit Hilfe eines Dolmetschers habe verständigen müssen. Er sei unter Druck gesetzt wor-

---

* Sulfatiasol (Anmerk. des Verf.)

den, und da habe er nachgegeben, um vielleicht eine bessere Behandlung Norwegens zu erreichen. In diesem Zusammenhang erwähnt er die Schiffahrt und einen bestimmten Reeder, der, wie er gehört habe, mit Terboven in Konflikt geraten sei. Andere konkrete Beschwerden habe er nicht vorgebracht, somit sei er auch nicht auf den deutschen Terror zu sprechen gekommen. Das Ganze sei ein Mißerfolg gewesen, sagt er.

In seinen Gefühlsäußerungen ist er natürlich und beherrscht. Meistens ist er entgegenkommend, etwas ungeduldig, daß man diese Fragen immer wieder aufgreift, aber er versteht es sofort, wenn man erklärt, daß ein persönlicher Eindruck erforderlich ist. Er erregt sich, wenn er das Eingesperrtsein erwähnt und besonders die psychiatrische Beobachtung – aber nicht mehr als durchaus verständlich –, da hebt sich seine Stimme ein wenig, und er gebraucht teilweise scharfe Formulierungen, wie zum Beispiel, daß es eine Tortur sei, aber er beruhigt sich schnell wieder. Es gibt während des Gesprächs keine Anzeichen für eine affektive Inkontinenz – höchstens, daß er ein paarmal Tränen in den Augen zu haben scheint.

Während des Aufenthaltes sind dem Patienten wegen möglicher Verständigungsschwierigkeiten (auf Grund seiner Taubheit) eine Reihe von Fragen zur schriftlichen Beantwortung vorgelegt worden. Hier die Fragen und die Antworten:

Langfeldt: »Schildern Sie kurz, wie Sie jetzt Ihre Krankheit und Ihre Jugendjahre sehen. Erwähnen Sie vor allem Verhältnisse und Erlebnisse, von denen Sie meinen, daß sie nachhaltige Spuren hinterlassen haben.«

Hamsun: »Mein Zuhause war arm, aber unendlich liebevoll, ich weinte und dankte Gott jedesmal, wenn ich von meinem Onkel, Hans Olsen, der mich hungern ließ und mich tyrannisierte, nach Hause kam. Ich bestand darauf, das Vieh draußen hüten zu dürfen, auch wenn wir keinen Hütetag hatten. Ich lag oder saß da und redete mit mir selbst, schnitzte Pfeifen und schrieb Reime auf Papierfetzen wie andere Bauernjungen auch. Ich war nichts Besonderes, vielleicht ein bißchen klüger als meine Altersgenossen. Wir Kinder hatten Respekt vor Vater, aber unsere Mutter war so lieb und geduldig, sie hob meine Papierfetzen auf und zeigte sie mir später, als ich erwachsen war. Sie hatte eine sanfte und warme Singstimme, aber wir redeten lieber mit unserem Vater als mit ihr, er brachte uns mehr bei. Wir Brüder schlugen uns und vertrugen uns wieder wie andere Bauernjungen, unsere älteste Schwester liebten wir alle, obwohl unsere jüngeren Schwestern tüchtiger waren. Von meinen Geschwistern lebt keines mehr, aber

meine älteste Schwester konnte ich nicht unterstützen, sie starb so jung, ich hatte damals leider selbst nichts. Alles zieht sich in mir zusammen, wenn ich daran denke, daß ich ihr nicht helfen konnte.
Die nachhaltigsten Spuren in meinem Gemüt hat mein Onkel, der Bruder meiner Mutter, hinterlassen, er konnte mit Kindern nicht umgehen, obwohl er auch gute Eigenschaften hatte. Er verhalf uns zu unserem Hof, er war zwar klein und kümmerlich, aber wir hatten keine Schulden. Und ich möchte unseren Großvater mütterlicherseits nicht vergessen. Er war warmherzig wie meine Mutter und immer freundlich und gut zu uns Kindern. Ich bin kein so guter Großvater wie er.«
Langfeldt: »1. Wissen Sie, woran Ihre Eltern starben?
2. Kennen Sie einige Fälle von Verkalkung, Geisteskrankheiten oder andere Erbkrankheiten in der Familie?«
Hamsun: »Ich weiß nicht, woran meine Eltern gestorben sind, Altersschwäche, alt und satt an Tagen, beide weit über achtzig Jahre! Kann gut sein, daß es Verkalkung war, davon verstehe ich nicht viel.
2. Aber Geisteskrankheiten oder Erbkrankheiten gab es in meiner Familie nicht. Frische und gesunde Bauern aus dem Gudbrandsdal, arbeitsame Kleinbauern, Schaffer Tag für Tag. Ich habe ihr genaues Alter zu Hause aufgeschrieben. Ich war ja die meiste Zeit fort, Lehnsmann Bugge errichtete auf dem Grab meiner Eltern einen großen Gedenkstein. Einer meiner Brüder ist vor einigen Monaten im Alter von 91 Jahren gestorben. Meine älteste Schwester, die so jung gehen mußte, ist im Kindbett gestorben, Mutter und Kind.«
Langfeldt: »Es gibt gewisse Umstände, über die die Fachleute sich informieren müssen, bevor sie dem Gericht ein Gutachten vorlegen können. Es handelt sich um folgendes:
1. Nähere Angaben über Ihre Jugendjahre. Vor allem über das Verhältnis zu Ihrem *Onkel*.
2. Zu Ihrem Paten Torstein Hesthagen.
3. Zu der Zeit als Hausierer und in der Schuhmacherlehre.
4. Wir müssen auch Näheres über Ihre Verhältnisse in den zwei Ehen wissen. Ihre Ehe mit Bergljot Bech wurde ja 1906 geschieden. Sie haben in einem Brief an den Chef der Kriminalpolizei in Kristiania (1897) ausgesagt, daß Sie und Ihre Verlobte aufs Schändlichste verfolgt würden. Wie sehen Sie das jetzt? Was hat zu der Ehescheidung geführt? Wie ist Ihr Verhältnis zu Ihrer jetzigen Frau und zu Ihren Kindern in den ganzen Jahren und besonders in der letzten Zeit gewesen?«

Hamsun: »1. Wie es mir bei meinem Onkel erging, habe ich zwei oder drei Seiten vorher schon angedeutet. Es ging mir dort bei seiner verständnislosen Behandlung sehr schlecht, aber ich habe auch etwas zu seiner Entschuldigung angeführt.
2. Bei Torstein Hesthagen stand ich im Laden und ging gleichzeitig in den Konfirmandenunterricht. Was soll ich noch mehr darüber sagen?
3. Ein Hausierer hat mich mit einem Sack voll verschiedener Waren ausgerüstet, die ich auf seine Rechnung verkaufen sollte. Es dauerte bestimmt nicht länger als ein paar Monate. Ich war nicht tüchtig genug, verkaufte nicht einmal soviel, daß es fürs Essen reichte.
Herr Professor, ich bin nicht imstande, mir eine glühendere Schilderung zu 1., 2. und 3. abzuringen, als Sie sie hier sehen.
Außerdem bin ich es überdrüssig, mich endlos mit meinem armseligen Ich zu beschäftigen.
Ich wage es deshalb nicht, mich auf Erläuterungen zu 5 anderen beruflichen Unternehmungen einzulassen, die in der obigen Liste fehlen, zum Beispiel: Unterlehnsmann in Vesterålen, 1 Jahr.
Schuhmacherlehre in Bodø, 4 Monate.
Vortragsredner und Sekretär für Kristofer Janson in Minnesota, ½ Jahr.
Lehrer in Hjørundsfjord, ½ Jahr.
Kommissarischer Posthalter und Bahnhofsvorsteher in Aurdal, Valdres, einen Sommer.
4. In meinem Ersuchen an die Kriminalpolizei in Kristiania handelt es sich um die Belästigungen und Verfolgungen einer gewissen Sorte Damen, über die ich bereits in meiner vorigen Antwort geschrieben habe. Ich habe keine besonderen Erinnerungen an die Damen gerade zu der Zeit, zumal sie allmählich müde wurden oder starben und andere an ihre Stelle traten.
Meine beiden Söhne haben die Schule besucht und die sogenannte Erziehung erhalten, die ihrem Alter und ihren Anlagen entsprach. Beide sind jetzt verheiratet. Meine Töchter sind ebenfalls verheiratet, die eine in Deutschland, die andere in Dänemark, der Mann der Erstgenannten ist verschollen, und sie lebt seit längerer Zeit wieder zu Hause in Nørholm.
Ich weiß nichts anderes über das ›Verhältnis‹ zu meinen Kindern zu schreiben. Ich hoffe, daß sie die schönen Natureindrücke in der wunderbaren Heimat ihrer Kindheit in sich aufgenommen haben und daß ich es an nichts habe fehlen lassen, um ihnen im Leben weiterzuhelfen. Im übrigen ist es wohl das Klügste, in der heutigen Zeit nicht allzuviel Dank von den Kindern zu erwarten. Die Kinder gehen ihre eigenen Wege.«

Langfeldt: »In dem Untersuchungsbericht, den ich jetzt zu schreiben habe, muß ich auch ein Charakterbild von Ihnen geben. Es ist hierbei von großer Bedeutung, zu wissen, was Sie selbst von Ihren Eigenschaften halten – ich gehe davon aus, daß Sie sich im Laufe Ihres Lebens gründlich analysiert haben. Soweit ich es verstehe, sind Sie immer *aggressiv* gewesen. Glauben Sie, daß es eine angeborene Aggressivität ist oder hat sie einen speziellen Hintergrund in den Erlebnissen in Ihrer Jugend?
Gleichzeitig habe ich den Eindruck, daß Sie sehr empfindlich sind – *verletzlich*. Ist das richtig? Und welche Charaktereigenschaften haben Sie noch? Mißtrauisch? Egoistisch oder freigebig? Eifersüchtig? Ausgeprägtes Gerechtigkeitsgefühl? Logiker? Gefühlvolle oder kalte Natur?«
Hamsun: »Ich habe mich auf keine andere Weise selbst analysiert als dadurch, daß ich in meinen Büchern Hunderte von verschiedenen Gestalten geschaffen habe – jede in mir selbst gesponnen, mit Fehlern und Vorzügen, wie erdichtete Personen sie haben.
Die sogenannte ›naturalistische‹ Periode, Zola und seine Zeit, schuf Menschen mit Haupteigenschaften. Sie brauchten keine nuancierte Psychologie, die Menschen hatten eine ›hervorstechende Eigenschaft‹, die ihre Handlungen steuerte.
Dostojewski und mehrere andere lehrten uns einen neuen Menschen.
Ich glaube, es gibt in meiner Produktion von Anfang an keinen einzigen Menschen mit einer solchen ganzheitlichen, gradlinigen, hervorstechenden Eigenschaft. Sie haben alle keinen sogenannten ›Charakter‹, sie sind gespalten und zerrissen, nicht gut und nicht böse, aber beides, differenziert, wechselnd in ihrem Sinn und in ihren Handlungen.
Und so bin ich zweifellos selber.
Es ist durchaus möglich, daß ich aggressiv bin, daß ich vielleicht alle die Eigenschaften habe, die der Herr Professor andeutet – verletzlich, mißtrauisch, egoistisch, freigebig, eifersüchtig, gerecht, logisch, gefühlvoll, kalte Natur – sie wären menschlich, alle diese Eigenschaften. Aber ich weiß nicht, ob ich einer von ihnen das Übergewicht bei mir geben könnte.
Zu dem, was mich ausmacht gehört, auch noch die Begabung, die mich befähigt hat, meine Bücher zu schreiben. Aber die Begabung kann ich nicht ›analysieren‹. Brandes hatte sie eine ›göttliche Verrücktheit‹ genannt.«
Langfeldt: »Würden Sie bitte etwas über Ihre religiöse Einstellung schreiben (oder diktieren). Was verstehen Sie unter Gott? Glauben Sie überhaupt, daß es außerhalb unser Kräfte gibt, die wir mit unseren Sinnen nicht fassen können?«

Hamsun: »Kurz bevor ich aus dem Altenheim in Landvik weggebracht wurde, kam ein Mann in mein Zimmer und sagte etwas. Da ich es nicht hörte, schrieb er auf einen Zettel: Sind Sie bekehrt?
Ich fragte nicht ganz so aufdringlich zurück: Sind Sie denn bekehrt?
Was ich unter Gott verstehe?
Ich bin Autodidakt und habe nicht viele Schulbücher und gelehrte Werke gesehen. Mit Gottes Gnade lebe ich jetzt in meinem 87. Jahr hier auf Erden.«
Langfeldt: »Wie ist Ihre religiöse Einstellung gewesen? Hat sie einige Veränderungen erfahren?«
Hamsun: »Ziemlich indifferent. Ich bin nicht gottlos, aber wie alle meine Bekannten und Kameraden gleichgültig gegenüber religiösen Fragen.
Nein, keine Veränderung. Ich kann schlecht zu Gott beten, aber ich bin ihm dankbar, daß er mich vor diesem und jenem gerettet hat.«
Langfeldt: »Ich hätte gerne einen Bericht über einige der wichtigsten *Widerwärtigkeiten*, die Ihnen im Laufe der Jahre begegnet sind und in welcher Weise Sie von ihnen beeinflußt wurden.«
Hamsun: »Ich bin vor vielem Bösen bewahrt worden, im Vergleich zu anderen ist mir gar nicht soviel Böses widerfahren. Gesund war ich die ganze Zeit, keine Krankheit, eine Gesundheit, die viel ausgehalten hat, vielleicht weil ich von Kindheit an gelernt hatte zu entsagen.
Es hieß zu Hause, wenn wir über etwas jammerten: Das ist nicht schlimm, es hätte schlimmer sein können!
Mißgeschick hatte ich natürlich wie andere, aber es hat im allgemeinen keine langandauernde Wirkung auf mich gehabt, ich habe ein fröhliches Gemüt und lache gerne. Das habe ich von meinem Vater. Er, der Schneider Per, war für seine witzigen Antworten bekannt.
Ein paar Beispiele: Bei einem Weihnachtsfest fragte ein hinkender Mann meinen Vater zum Spaß, ob er ihm meine älteste Schwester zur Frau geben würde. Aber wie Ihr seht, bin ich häßlich und hinke, sagte er. – Ja, wenn du nicht so wärst, würdest du sie auch nicht bekommen, sagte mein Vater. – Ein anderes Mal wollte ein Mann meinem alten Vater helfen, ein paar Holzscheite zu spalten. Er nahm die Axt und war schnell fertig. So mache ich das! sagte er. – Ja, es ist eine gute Axt! antwortete mein Vater.
Was die Widerwärtigkeiten betrifft, da kann ich wohl nicht an den Angriffen auf mich in den Zeitungen vorbeigehen. Ich bekam erst spät einen Namen, und noch als ich in den Dreißigern war, wirkten die Zeitungsangriffe momentan stark auf mich. Aber ich trug es nie lange mit mir herum.

Nils Vogt schrieb im ›Morgenbladet‹: ›Der Apostel des Humbugs in unserer Literatur, der Taschenspieler der neuen Kunst, Knut Hamsun.‹

Und ich hatte damals schon Sachen geschrieben, die später in der Welt bekannter wurden als irgend etwas anderes, was ich anschließend schrieb.

Nun – ich stumpfte im Laufe der Jahre ziemlich ab gegenüber öffentlicher Erwähnung, und ich habe mich in den letzten vielleicht 40–50 Jahren meines Wissens nicht im geringsten darum gekümmert, was über meine Feder gesagt wurde, ob es nun Lob oder Tadel war.

In diesem Zusammenhang möchte ich erwähnen, daß meine Schauspiele mit recht mäßigem Erfolg aufgeführt wurden. Es ging mir nie wirklich nahe, denn ich weiß, daß ich kein Dramatiker bin, daß ich im Gegenteil die billige Spannung verschmähe, die das Theaterpublikum haben will.

Ich wurde auch nicht in Handel und Wandel enttäuscht, denn ich habe nie spekuliert und mir ist keine Hoffnung zunichte gemacht worden. Ich habe in meiner Landwirtschaft und in meiner Dichtung, die mir beide lieb waren, gelebt und geträumt.

Nur eine Sache hat mich durch die Jahre bis ins hohe Alter begleitet, die halb komische, aber oft ernste Situation, von älteren Damen verfolgt zu werden.

Warum sie das taten, weiß ich nicht, aber je älter und umfangreicher sie wurden, desto gehässiger und bösartiger wurden sie. Es waren gewiß nicht immer unbekannte Damen, soweit ich das beurteilen kann, aber ich hatte überhaupt nichts mit ihnen zu tun, sie kreuzten nur meinen Weg mit anonymen Briefen, mit Telefonanrufen, Telegrammen, lauerten mir auf, raubten Briefe an mich, die eventuell auf meinem Tisch lagen, und schickten sie anonym an fremde Leute, taten alles, was sie konnten, um einen Schatten auf mein tägliches Leben zu werfen.

Das Ganze war ein wenig komisch, aber auf die Dauer, jahrelang und ohne Ende, wirkte es doch auf mein Gemüt, wenn ich schreiben wollte und meine Ruhe brauchte.

Ich habe darüber gegrübelt, was das merkwürdige Verhalten der Damen verursacht haben könnte. Ich habe ihnen, soviel ich weiß, nie etwas getan, und sie konnten keinen Vorteil davon haben, mich zu belästigen und zu stören. Ich habe mir überlegt, daß sie vielleicht ein wenig in meinen Büchern gelesen haben – die nicht immer ganz ohne Geschlechtliches sind – und dann sind sie mit ihrem eigenen verkümmerten Hormonzustand auf Abwege geraten, um sich an mir zu rächen. Wäre das eine Erklärung? Eine einigermaßen verständliche Vermutung?«

Langfeldt: »Wie war Ihr Verhältnis in all den Jahren zu Ihren Verlegern? Nennen Sie Ihre Verleger und berichten Sie über das Verhältnis zu ihnen.«
Hamsun: »Sie meinen sicher meine Verleger hier zu Hause? Zuerst hatte ich Philipsen, Kopenhagen (Gustav Philipsen), mit ein paar Büchern. Darauf – als Philipsen an Gyldendal, Kopenhagen (Hegel), verkaufte, war ich mehrere Jahre mit vielen Büchern dort. Schließlich – als der norwegische Gyldendal Verlag aus dem dänischen herausgenommen wurde, kam ich zum Gyldendal Norsk Forlag (Kønig und Grieg, Oslo), bei dem ich mich seit vielen Jahren mit dem größten Teil meiner Bücher befinde.
Das Verhältnis zu allen meinen Verlegern war bestens. Wir haben uns gegenseitig kein Geld geschuldet, wir dankten einander für Kameradschaft und gute Zusammenarbeit.
Aber ich hatte auch Verlage in der ganzen Welt, in 32 Sprachen. Von einigen dieser Verlage bekam ich wenig, von anderen nichts, je nachdem ob sie der Berner Konvention angehörten oder nicht. Aber von einigen bekam ich indessen *viel*; so aus Deutschland, Österreich, Rußland, Spanien und Kanada. Ich erinnere mich nicht, wie diese Verlage heißen.
Jetzt ist es vorbei für mich mit allen Verlagen, sowohl zu Hause wie im Ausland. Ich bin ein toter Mann.«
Langfeldt: »Glauben Sie, daß in den letzten 4–5 Jahren Veränderungen bei Ihnen stattgefunden haben? Wenn ja, welche? Würden Sie bitte hier aufschreiben, ob Sie meinen, daß das Gedächtnis schlechter geworden ist. Hat das Interesse abgenommen? Beschäftigen einige Gedanken Sie jetzt besonders? Welche?«
Hamsun: »Ja, normaler Verfall. So deutlich spürbar sogar für mich, daß ich zu sagen pflege: Wäre ich doch noch auf der gleichen Höhe wie im vorigen Jahr! Vergreisung, stark beeinträchtigtes Gedächtnis, so daß ich mir Merkzettel machte, an die ich mich halten konnte. Weiß nicht, wo ich die Sachen auf meinem großen Tisch hingelegt habe und muß danach suchen. Im täglichen Leben habe ich es gerade noch auf diese Weise geschafft, aber ich habe gemerkt, wie reduziert ich bin. Mein letztes Buch ist ein Torso, es sollte noch ein Band folgen, aber ich mußte aufhören, ich beherrschte den Stoff nicht mehr.
Meine Interessen haben indessen nicht abgenommen, ich glaube, daß sie nicht weniger lebhaft sind als vorher, sie sind auch ebenso vielseitig wie in früheren Jahren. Ich sehe es an meiner Lektüre, sie variiert sehr, von belletristischen Dingen bis zu kulturellen Problemen, und ich habe Tausende von Büchern bekommen und gekauft, so daß ich Auswahl habe.

Ich war sehr beschäftigt mit meiner Landwirtschaft und mit meinem Lesen, und es ist nichts *Besonderes*, das meine Gedanken jetzt in Anspruch nimmt – außer den unerfreulichen Erlebnissen der letzten Monate. Ich bin nie in irgendeinem Land, in dem ich mich während meiner vielen Reisen aufhielt, von einem Polizisten belangt worden. Aber zum Schluß hat sich mein Schicksal verändert. Ich werde nun sehr von meiner Aphasie geplagt und finde weder mündlich noch schriftlich den richtigen Ausdruck. Zudem ist meine Taubheit immer schlimmer geworden.«

Langfeldt: »Schildern Sie hier bitte, wie es kam, daß Sie ein NS*-Abzeichen trugen? Haben Sie jemals einen Antrag gestellt, Mitglied in der Partei zu werden?«

Hamsun: »Das war so, daß ein Mann namens Sjur Fuhr mir ein Abzeichen ansteckte, und ein anderer Mann namens Knath aus Arendal mir ein Formular schickte, das ich ausfüllen und zurückschicken sollte. Ich habe es nie ausgefüllt und nie zurückgeschickt. Ich habe nie darum nachgesucht, Mitglied in der NS zu werden und habe nie einen Beitrag bezahlt.

Ich geriet hinein, weil mein Haus direkt an der Straße liegt, ich wurde mitgefegt.

Das habe ich nun unzählige Male erklärt, bereits vor dem Untersuchungsausschuß und bei der Polizei. Es ist schlecht, daß der Herr Professor nicht alle Unterlagen bekommen hat, es hätte uns die wiederholten Fragen erspart.«

Langfeldt: »Wenn Sie am 9. April 1940 gewußt hätten, was Sie jetzt wissen – u. a. daß die Deutschen ihre Landsleute massenweise gefoltert und getötet haben und daß sie überall, wo sie hinkamen, geistige Tyrannei ausübten, hätten Sie da so geschrieben, wie Sie es 1940 taten?«

Hamsun: »Es ist eine gedachte Situation, und Sie hätte natürlich meine Einstellung zu den Deutschen verändert.

Ich schloß mich dem deutschen Nationalsozialismus an – dem übrigens nur ein kleiner Teil der Deutschen angehörte und der nun gründlich entlarvt ist. Dort hätte ich jetzt nichts mehr zu suchen.

Aber ich wäre auch nicht – noch immer in der gedachten Situation – zu der Sabotage-Bande von Paal Berg gegangen und hätte den Behörden einen Vorwand gegeben, bei der Zerstörung von Leben und Eigentum weit umher in ganz Norwegen durch die Finger zu sehen.

Schreiben wie 1940? Ich habe keine persönlichen Liebhabereien mehr.

* NS = Nasjonal Samling, die norw. nationalsozialistische Partei (Anmerk. der Übersetzerin)

Könnte ich meinem Land am besten dadurch dienen, daß ich schweige, dann würde überhaupt kein Wort mehr aus meiner Feder kommen.«
Langfeldt: »1. Haben Sie 1940 nicht gemerkt, daß Quisling von einem großen Teil des norwegischen Volkes als Verräter betrachtet wurde? 2. Haben Sie nicht begriffen, daß die NS-Mitglieder, die Leute, die sich Quisling anschlossen (der ein großgermanisches Reich propagierte), dadurch mit dem Feind zusammenarbeiteten?«
Hamsun: »1. Nein, das habe ich nicht gemerkt, und ich habe es von niemandem gehört. Darauf habe ich schon mehrmals vor dem Untersuchungsrichter geantwortet. Keiner in meinem Haus merkte es, denn niemand sprach davon oder deutete etwas an. Wie sollten wir es da merken? Wir lasen nichts darüber in den Zeitungen, die waren damals nur mit Quisling als Regierung und Quisling *nicht* als Regierung beschäftigt. Nicht eine Seele aus dem ›großen Teil des norwegischen Volkes‹ sagte uns auch nur ein Wort.
2. Ja, das begriff ich – auf meine Weise. Das ist gut! dachte ich, das ›großgermanische Reich‹ das ist ja nicht nur Deutschland und Österreich, das ist auch der ganze Norden und England und die Randstaaten, und mittendrin sollte Norwegen einen hohen und ehrenvollen Platz erhalten, der uns geraubt worden war, und wir sollten Grönland wiederbekommen, um das uns die Dänen im Kieler Vertrag betrogen hatten, und wir sollten die großen Inseln im Eismeer wiederbekommen, die jetzt die Russen geraubt haben. Das alles zusammen ist großartig, dachte ich, die NS hat sich ein ideales Ziel gesetzt, damit ist Norwegens Zukunft gesichert!«
Als Erklärung zu dem früher erwähnten Brief an den Stortingspräsidenten Ullmann aus dem Jahre 1898 hat Hamsun am 21. 1. 46 folgendes geschrieben:
»Über die Verfolgung, von der in diesen langen Briefen gesprochen wird, kann ich keine sichere Erklärung abgeben. Ich kann nur auf das hinweisen, was ich dem Herrn Professor neulich über einige verrückte Damen geschrieben habe, die, wie ich meinte – und meine – schuld an der mehr als zwei Jahre andauernden Verfolgung waren. Ich teilte dem Herrn Professor die annehmbare Vermutung mit, daß die Damen sich auf erotischen Abwegen befanden, vielleicht einer mit Rache gemischten Verliebtheit, deren Opfer ich war. Ich weiß es nicht. Aber daß es sich zum Teil um bekannte Damen handelte, vornehme Damen, die sogar andere Leute in ihre Dienste einspannten, scheint offensichtlich. Ich sehe das so.
Warum indessen die Polizei nicht ihre Pflicht tat und einem verfolgten

Mann zu Ruhe und Frieden verhalf, darauf eine Antwort zu finden, steht mir natürlich nicht zu.

Der Herr Professor hat angedeutet, daß die Polizei es möglicherweise für ›irgendeinen Unsinn‹ gehalten hatte. Darauf habe ich erwidert: Gut, soll die Polizei das annehmen, aber mich soll man in Ruhe lassen! Für mich hat die Sache kein Interesse mehr, ich bin fertig damit. Die Verfolgung hörte für meine Verlobte und mich von selbst auf, nachdem wir geheiratet hatten. Warum wir nicht schon vorher zu diesem Mittel gegriffen hatten? Es war nicht so einfach: Meine Verlobte war mit einem Ausländer verheiratet, und die Scheidung mußte zwischen den Ländern geregelt werden.

Es verwundert mich heute nicht wenig, daß diese Sache – 50 Jahre alt – wieder aufgefrischt und mir zur ›Erklärung‹ auf den Tisch gelegt wird, mitten in meinem noch nicht abgeschlossenen Verfahren, in dem ich als Landesverräter angeklagt bin. Ich sehe keinen Zusammenhang zwischen diesen beiden Fällen. Nicht einmal, wenn man die Theorie von dem ›Unsinn‹ hat fallen lassen und zu einer Theorie von Verfolgungswahn bei mir übergegangen ist. Das Letztere könnt man wohl dazu benutzen, mich noch zusätzlich zu erniedrigen, wenn man das will. Alles wäre von Nutzen!

Aber es wäre nicht stichhaltig.

Man vergißt, daß *wir zwei waren*, die in diesem Fall gleichzeitig an Verfolgungswahn hätten leiden müssen. Und man vergißt, daß keiner von uns beiden, weder vor noch nach der Verfolgung an dieser Krankheit gelitten hat. Ich für mein Teil habe ein fröhliches Gemüt ohne irgendwelche anomalen Behinderungen. Aber es war eine böse Zeit, als ich während der Verfolgung auch Bücher schreiben mußte. Ich machte viele Schulden.

In den fünf Jahren während des Krieges schrieb ich nichts anderes als die paar Kleinigkeiten für die Zeitung, die die Polizei gesammelt hat. In fünf Jahren ein mageres Resultat für einen fleißigen Schriftsteller! Ich lag brach, war geistig gelähmt.

Nachdem ich verhaftet worden war, bekam ich wieder Luft, fing mit einer kleinen Arbeit an und war gut vorangekommen. Dann riß die Polizei mich aus meiner kleinen Kammer im Altersheim in Landvik, stopfte mich in einen überfüllten Eisenbahnwagen, wo ich zwölf Stunden aufrecht sitzen mußte, und am Morgen wurde ich schließlich in der Psychiatrischen Klinik in Oslo eingesperrt – nun schon im vierten Monat.

Hier stockt meine Feder.

Bevor ich den Brief schließe: Seinerzeit hätte ich ja Dutzende von bekannten Leuten aufzählen können, die in die Sache mit den anonymen Briefen verwickelt waren. Jetzt erinnere ich mich nicht mehr an alle. Sie lehnten es auch ab, mir zu helfen, aus Angst, öffentlich erwähnt zu werden und als Zeugen auftreten zu müssen.

Ich bekam zwei von meinen Freunden, Sigurd Bødtker und Dr. Hjalmar Christensen dazu, mit mir zum Polizeipräsidenten Hesselberg zu gehen. Er drückte auf eine Klingel, und der Detektivchef Jelstrup erschien. Er dienerte und erklärte, daß Fälle mit anonymen Briefen die allerschlimmsten seien. Das war alles, was bei meinem persönlichen Vorsprechen herauskam.

Ich schickte Schriftproben von den anonymen Briefen an den dänischen Graphologen Johannes Marer. Er fand eine Dame, die in mehreren Briefen versucht hatte, meine Schrift nachzuahmen. Aber wer war die Dame? Wir kamen keinen Schritt weiter. Viel später sandte die Anwältin Frau Stray Schriftproben für mich an einen französischen Graphologen (ich erinnere mich nicht mehr an seinen Namen). Er stellte fest – ganz sicher fest –, daß eine Dame, deren Namen wir kannten, eine der Proben geschrieben hatte. Es konnte ausgezeichnet zu dieser Dame passen. Sie schrieb Bücher und war jetzt in die Jahre gekommen. Sie spürte wohl selbst, daß sie verdächtigt wurde: Bevor sie starb, schrieb sie mir, daß sie die anonymen Briefe an mich *nicht* geschrieben hatte.

Soviel kann ich zu den vorliegenden Briefen ›erklären‹, die Abschriften gebe ich hiermit zurück.«

Aus speziellen Untersuchungen während der Beobachtungszeit.
In vielen Sitzungen (damit er nicht zu müde würde) wurden eine Reihe von Versuchen mit dem Patienten gemacht.

Das *Gedächtnis* erwies sich bei einzelnen Punkten als defekt, jedoch kaum mehr, als bei dem Alter und nach einer erlittenen Gehirnblutung zu erwarten war.

Er konnte 5 Zahlen wiederholen, doch versagte er dabei auch ab und zu, 6 Zahlen konnte er nicht wiederholen.

Die *Assoziationen* müssen als recht gut bezeichnet werden – seinem Alter entsprechend. Bei der Probe mit Ranschburgs Wortpaarmethode fehlten bei der Wiederholung nach 1 Minute nur 2 Wortpaare.

Altes Schulwissen, wie die Namen von Erdteilen, die Fragen nach Luther, Napoleon, Bismarck wurden zufriedenstellend beantwortet. Ebenso die Frage nach den Einwohnerzahlen von Oslo und Norwegen.

Dagegen gab es verschiedene Erinnerungslücken bei weiter *zurückliegenden Erlebnissen und Personalien*.
Weiß nicht, wann er die beiden Male heiratete. Glaubt, daß der Weltkrieg 1940 ausbrach – und erinnert sich an keine Einzelheiten.
Definition von Begriffen ist recht zufriedenstellend. Beispiel: Selbstverleugnung? – »Verzichten, sich selbst um einen Vorteil betrügen.«
Redlichkeit? – »Recht handeln, recht meinen.«
Indessen schaffte er es kaum, den *Unterschied bzw. die Übereinstimmung von zwei Begriffen* zu definieren. Zum Beispiel:
Was ist der Unterschied zwischen einem Kind und einem Zwerg?
Antwort: »Das Alter.«
Unterschied zwischen Selbstvertrauen und Eingebildetheit?
Antwort: »Eingebildetheit führt dazu, daß man den Posten verliert, den man durch Selbstvertrauen bekommen hat.«
Bei der Definition von *ethischen Begriffen* kommt einiges Witzige heraus. Als der Patient z. B. auf die Frage, warum man seiner Frau nicht untreu sein soll, antwortet: »Weil sie sich revanchieren könnte.«
Auf die Frage, wen er am meisten bewundere von denen, die er kenne, antwortet er: »Ja, um endlich fertig zu werden, Bjørnson.«

Als Vater nach qualvollen Monaten in der Psychiatrischen Klinik endlich herausgelassen wurde, war er ein gebrochener, zitternder, alter Mann. Besonders die letzten Monate hatten ihm zugesetzt. Ein unverzeihlicher Wortbruch von Professor Langfeldt und Schlamperei und Gleichgültigkeit der Behörden drohten den Zusammenhalt zwischen meinem Vater und meiner Mutter für immer zu zerstören. Zwei alte Menschen, die gerade in dieser Zeit die gegenseitige Stütze brauchten. Der Schriftsteller Thorkild Hansen hat dreißig Jahre später in seinem Buch »Der Prozeß gegen Hamsun«, eine Darstellung, belegt mit vielem Material, von der Behandlung, der die beiden ausgesetzt waren, gegeben.
Knut Hamsuns alter Freund Christian Gierløff und ich holten ihn in der Klinik ab und fuhren mit ihm zu den Kais bei Akershus, von wo ich ihn mit dem Linienschiff nach Grimstad bringen sollte. Während wir die Karl Johans Gate hinunterfuhren, versuchte Gierløff ihn aufzumuntern. »Jetzt bist du fertig damit! Schau dich um... Karl Johan... erkennst du sie wieder?«
Vater sah kurz auf. O ja, er kannte sie, die Stadt, die er auch jetzt nicht verlassen sollte, ohne von ihr gezeichnet worden zu sein.

Nach einiger Zeit konnte man in den Zeitungen der Stadt folgende Erklärung und Zusammenfassung von den sachkundigen Untersuchungen lesen:
1. Wir halten Knut Hamsun nicht für geisteskrank und nehmen nicht an, daß er in der Zeit, in der er die ihm zur Last gelegten Handlungen beging, geisteskrank gewesen ist.
2. Wir halten ihn für einen Menschen mit nachhaltig geschwächten seelischen Fähigkeiten, nehmen jedoch nicht an, daß eine unmittelbare Gefahr der Wiederholung strafbarer Handlungen besteht.

Vinderen, 5.2.1946

Ørnulf Ødegaard   Gabriel Langfeldt

Auf überwachsenen Pfaden

I

Es ist wohl anzunehmen, daß Professor Langfeldt, ausgehend von seinen Voraussetzungen, wohlwollend war, vermutlich wollte er Vater in einer sehr schwierigen Situation helfen. Diesen Eindruck machte er mir bei dem einzigen langen Gespräch, das ich mit ihm hatte. Aber Vater kam zitternd und mutlos aus der Klinik – das war das Resultat.

Es dauerte ein Jahr, bis er sich wieder erholte und das auch nur zum Teil. Das Sehvermögen, das vorher so gut gewesen war, hatte sich verschlechtert. Aber in der ruhigen Umgebung im Altersheim nahm Vater mit seinen nachhaltig geschwächten seelischen Fähigkeiten die Arbeit an dem kleinen Buch energisch wieder auf, das er hier begonnen hatte. Mutter saß noch im Gefängnis, aber er bekam Besuch von den Kindern und Enkeln. Und die Tage vergingen.

Die Behörden hatten beschlossen, kein Strafverfahren gegen ihn einzuleiten. Die Zeitungen tobten, und Vater war ausnahmsweise auf ihrer Seite. Er wollte für seine Handlungen einstehen, er wie andere. Und die Behörden beruhigten die Zeitungen damit, daß es wohl doch noch zu einem Prozeß kommen würde, indem man versuchen wollte zu beweisen, daß er Mitglied der NS gewesen war und somit für die von den Nazis verursachten Schäden mit seinem Vermögen kollektiv haften müßte.

Das Gemeindegericht trat am 16. Dezember 1947 im Sitzungssaal der Stadtverordneten in Grimstad zusammen, einem kleinen dunklen Raum mit schönen Bildern der Bürgermeister an den Wänden und mit Bänken für das Publikum, das nicht kam. Vater war nicht unpopulär, weder in der Heimatgemeinde Eide noch in Grimstad – die Leute blieben der Vorstellung fern, aus Respekt vor ihrem alten Dichter.

Aber Zeitungsleute und Fotografen aus dem In- und Ausland waren zahlreich zur Stelle. Als Vater hereinkam, setzte ein Feuerwerk ein, das ihn

Im Licht der Paraffinlampe

vollständig blendete, er hatte Mühe, seinen Platz zu finden, und man mußte ihm helfen.

Von der ganzen Gerichtsverhandlung hörte er nicht ein Wort. Die nötigen Fragen wurden ihm schriftlich vorgelegt. Als der öffentliche Ankläger und der Verteidiger mit ihren Plädoyers fertig waren, bekam Vater das Wort zu seiner Verteidigungsrede oder, wie er selber sagte, zu einer Erklärung, auf die er sich vorbereitet hatte. Aber als im gleichen Augenblick wegen der Stromrationierung das elektrische Licht ausging, war es ihm nicht möglich, seine Notizen zu lesen. Eine Paraffinlampe nützte wenig, und er hielt seine Rede ohne Hilfsmittel – eine Rede, in einer Weise dargeboten, die die Anwesenden nicht so bald vergessen würden. Sie ist in dem Buch, das er zwei Jahre später herausgab, abgedruckt.

Als die Verhandlung zu Ende war und das Gericht sich auflöste, ging Vater frei und unbeschwert zu dem Ankläger, gab ihm die Hand und bedankte sich für den Disput. Er gab auch dem Richter und den Beisitzern die Hand zum Abschied, eine sehr ungewöhnliche Demonstration unter solchen Umständen. Vater zeigte ihnen keine Verbitterung. In der Essenspause in dem kleinen alkoholfreien Café in Grimstad spendierte er dem Ankläger sogar Zigarren, und sie führten ein lautes, aber gemütliches Gespräch, während sie Ersatzkaffee tranken, der Richter, der Ankläger und der Verteidiger in trauter Gesellschaft.

Vater wurde verurteilt – durch ein Gesetz mit rückwirkender Kraft gegen die Stimme des Amtsrichters Eide. Er erachtete es nicht als erwiesen, daß Vater Mitglied der NS gewesen war. Die zwei alten Beisitzer hatten indes keine juristischen Bedenken.

Um Mittsommer 1948 fällte das Höchste Gericht das endgültige Urteil, und Vaters finanzieller Ruin war besiegelt.

II

Aber er schrieb sein kleines Buch fertig. Als der Prozeß vorüber war, zog er wieder nach Hause noch Nørholm, das dank eines Darlehens von Gyldendal auf künftige Einnahmen gehalten werden konnte. Und daß er wieder in seinem einfachen Raum auf Nørholm sitzen konnte, wo er seinen Tisch hatte, seinen Stuhl und seine Schreibsachen, bedeutete ihm viel. »Auf überwachsenen Pfaden« kam im Herbst 1949 heraus. Vater war 90 Jahre alt.

Das Manuskript ist mit zitternder Hand geschrieben, aber der Inhalt des Buches steht abschnittsweise auf der gleichen strahlenden Höhe wie seine allerschönsten Bücher. »Auf überwachsenen Pfaden« ist eine Art Tagebuch, das von dem Tag seiner Verhaftung bis zum Urteilsspruch reicht. Es gibt hier kleine lyrische Stimmungsbilder, minuziöse Beobachtungen des pulsierenden Lebens, Jugenderinnerungen von zu Hause und draußen. Das Buch wird durch diese kleinen Abschnitte zusammengehalten, in denen er voll und ganz *Dichter* ist. In denen er auf die Menschen, das Dasein und sich selbst mit dem Lächeln aus Mitleid und Selbstironie sieht, das ihn nie sentimental werden läßt. Hier hat er auch eine neue Menschengestalt geschaffen – den Laienprediger Martin aus Kløttran, der barfuß auf seiner Straße wandert, vertrauensvoll, demütig und Gott dankend. Eine Gestalt, die aus einem Werk Dostojewskis geholt sein könnte mit der Überzeugung, das jeder einzelne Mensch auf Erden schuldlos ist gegenüber jedem. Dazwischen stehen Berichte über den Aufenthalt in der Psychiatrischen

Hamsun betritt den Gerichtssaal in Grimstad 1947

Klinik, die Rede vor dem Gericht und ein Brief an den Obersten Staatsanwalt. Und hier spricht der Hamsun, der sich energisch zur Wehr setzt. Seine Devise in jeder Lebenslage steht hier wie ein Denkmal für ihn in dem einzigen Wort: Redlichkeit.
»Auf überwachsenen Pfaden« ist sicher eine der bemerkenswertesten Veröffentlichungen, die seit langem in Norwegen erschienen ist. Noch nie sah man ein so wunderbares Resultat von nachhaltig geschwächten seelischen Fähigkeiten.

Als das Buch beendet war, hatte Knut Hamsun sein letztes Wort als Dichter gesprochen. Aber er hatte einen Punkt mit Stern hinter ein langes Leben in Dichtung und Kampf gesetzt. Nun fiel die Ruhe der Abenddämmerung über ihn – was konnte er anderes tun, als die Tage dahingehen zu lassen. Fast alle seine Freunde waren fort, der liebste von allen, Erik Frydenlund, starb während Hamsuns Internierung, er konnte ihm das letzte Geleit nicht geben. Aber die Tage meines Vaters waren nicht ohne gewisse aufmunternde Zeichen, es stellte sich allmählich heraus, daß er, dem Freundschaft soviel bedeutete, der den Kontakt zu gewöhnlichen Menschen suchte, ihn auch bekam, wenn die Leute nur mutig genug waren. Anonym, aber auch mit vollem Namen erhielt er kleine Geschenke und Grüße mit dem Dank für das, was seine Dichtung den Menschen bedeutete. Die Kritiken in den Zeitungen über »Auf überwachsenen Pfaden«, die positiven und die negativen, las er nicht, aber sie brachten ihn auf eine ausgeglichenere Weise in das Bewußtsein der Menschen als zu der Zeit, da der Friede über ihn hereinbrach und er wehrlos gemacht wurde. Er bekam Besuch von seinem deutschen Verleger Walter List, und der bekannte schwedische Fotograf Gullers schrieb und bat, daß er nach Nørholm kommen dürfe. Mir ist von diesem Besuch in Erinnerung, wie geduldig Vater die Stellung einnahm, die der Fotograf haben wollte, und ich erinnere mich an ein freundliches Kompliment, das Gullers in sein taubes Ohr rief, er sei wirklich fotogener als der alte König Gustav, den er auch die Ehre gehabt habe zu fotografieren. Und ich erinnere mich an Vaters schiefes Lächeln hinter dem weißen Vollbart, als er antwortete: »Ja, aber der König ist auch ein ganzes Jahr älter als ich.«
Selbstironie, das Gespür für den leisen Humor lebten in ihm bis zuletzt. Und als die Mutter nach langen, schweren Jahren heimkam und sich seiner annehmen konnte, war er zufrieden und froh.
Ein stilles und doch nie ganz einsames Leben, denn als er auf freiem

Fuße war, hatte er die Enkelkinder um sich, oder er schrieb ihnen. Erinnerte er sich daran, daß er einmal gesagt hatte: »Kinder? Das reine Wunder! Und wenn das Alter kommt, die einzige Freude, die letzte Freude...«?
Ich finde einen Brief an meine älteste kleine Tochter, als sie vier Jahre alt war:

Das ist ein kleiner Brief an Dich, Anne Marie.
Großvater sitzt hier im Zimmer und schreibt dies an Dich. Und es ist genauso, als ob Du hier auf der anderen Seite vom Tisch sitzt und Knöpfe auf einen Lappen nähst. Du warst besonders geschickt beim Knöpfeannähen. Und kannst Du Dich erinnern, daß ich hier saß und Patience legte,

Lithographie von Tore Hamsun, 1948

da kamst Du und fegtest die Karten auf einen Haufen, aber hinterher hast Du sie ordentlich zusammengelegt.

Nein, Du wirst es kaum glauben, die kleine Miezekatze und Bibi haben nach Dir gesucht, als Du abgereist warst. Sie schnupperten überall, und die Miezekatze sagte Miau und schaute uns an. Nun frage ich mich, ob Du am Tage draußen im Park bist und Dich mit anderen Kindern vergnügst. Ich glaube bestimmt, Du bist doch so tüchtig darin, seltsame Dinge zu erfinden. Und das nächste Mal, wenn Du kommst, hast Du sicher gelernt, auch bei einem Bindfaden einen Knoten zu knüpfen. Man braucht nur das eine Ende in eine Schlinge zu stecken, weißt Du. Ich freue mich darauf, Dich und Leif wiederzusehn, Leif ist ja noch klein, aber er ist ein großartiger Junge, das kannst Du ihm von mir sagen. Und dann bekommst Du etwas Gutes zu essen und wirst viel Spaß haben.«

Und Anne Marie bekam auch später einen Brief, in dem der Großvater sie in den höchsten Tönen lobte, so daß sie ganz stolz und glücklich war:

Knut Hamsun mit den Enkelinnen Anne Marie und Ingeborg, aufgenommen an seinem 90. Geburtstag

Liebe Anne Marie, das sind prachtvolle Sachen, die Du mir mit der Post geschickt hast, die Zeichnung ist wunderbar, und bunt gemalt hast Du sie auch, so daß es ein richtiges Gemälde geworden ist. Ich verstehe, daß Du viel Arbeit damit gehabt hast, um die Fenster und alles andere zu zeichnen. Und auf der Rückseite hast Du die schönsten Buchstaben geschrieben, ich muß mich wundern, daß Du die schwierigen Buchstaben so gut geschafft hast. Ja, liebe Anne Marie, Du hast viel gelernt, seit Du zuletzt mit dem Großvater auf Nørholm zusammengesessen und den Mond angeschaut hast. Du erinnerst Dich sicher noch, daß Du hören mußtest, wenn Autos kamen, denn ich war so dumm und hörte nichts.

Nun werde ich Dich und Leif bald sehen, ich komme Euch demnächst besuchen. Es ist nur schlimm, daß ich so närrisch bin und nichts höre und man nicht mit mir reden kann. Adieu so lange!

Großvater.

Hamsuns Schlafzimmer auf Nørholm, in dem er starb. An der Wand Bilder von Goethe und Dostojewski

Ich sitze am Tisch meines Vaters in »seinem« Haus auf Nørholm und schreibe dieses Buch. Ich sitze an dem gleichen Fenster, an dem er saß und an dem ich als Junge manches Mal seinen Kopf über die Arbeit gebeugt sah. Ich habe die gleiche Aussicht auf den Gänseteich und den Weg, die er hatte, aber ich sehe sonst wohl nichts von dem, was er sah. Was ich sehen kann, ist ein alter Mann in einem verschlissenen braunen Mantel, der jeden Tag bei Sonnenschein oder Regen seinen langen, regelmäßigen Spaziergang macht, von Nørholm bis zur Ågre Brücke und wieder zurück. Diese Touren unternahm er, solange die Kräfte reichten. Als es nicht mehr ging, saß er meist unten im Wohnzimmer oder oben in seinem Zimmer und grübelte.
»Das letzte, was bei mir stirbt, Tore, ist das Gehirn...« Diese Worte gehörten mit zu seinen letzten, die er zu mir sagte.
Vater starb in der Nacht zum Dienstag, dem 19. Februar 1952.
Mutter schreibt:
> »Er war in den letzten Tagen sehr müde. Aber am Samstag saß er eine Weile auf. Der Doktor kam am Abend, und Knut klagte, daß er sich so schlecht fühlte. Danach döste er. Ich wollte seinen Kopf heben und das Kissen aufschütteln, aber er murmelte:
> ›Laß sein, Marie, ich sterbe jetzt...‹
> Es waren seine letzten Worte. Ich nahm seine Hand. Nur einen Augenblick schloß sie sich um meine, er war bereits auf dem letzten Stück des Weges, den jeder allein gehen muß.
> Zwei lange Tage und Nächte schlief er ruhig, und kurz nach ein Uhr in der Nacht blieb sein Herz stehen. Unmerklich, ohne einen Seufzer ging er über die Grenze...«

> Und hab' ich zum letzten Mal heute gesehen
> den Menschen, die Erde, das Abendrot –
> und bleibt mein Herz in dieser Nacht stehen,
> und ist dies der Abschied – laß gehen, laß gehen.
> Nichts findet sein Ende im Tod.

Mit den Gefühlen eines Sohnes gegenüber seinem Vater habe ich versucht, dieses Buch über Knut Hamsun zu schreiben. Ich habe es nicht nur auf seiner Dichtung aufgebaut, sondern auch auf seinen eigenen Berichten während vieler Jahre und der Korrespondenz, die er hinterließ.
Mein Vater war ein ordentlicher Mann. Auf dem Fußboden unter den Bücherregalen im »Dichterhaus« hatte er in großen zusammengebundenen Packen

die wichtigsten Briefe aufbewahrt, die er in den letzten sechzig Jahren erhalten hatte. Nie antwortete er auf einen einzigen Brief von Bedeutung, ohne erst ein Konzept geschrieben zu haben. Auch von diesen hat er viele aufgehoben.

Ich ging die Briefe in einer Zeit durch, als es infolge einer Parole still um seinen Dichternamen geworden war. Aber desto stärker wirkte die Atmosphäre von Liebe, Hingabe und Bewunderung auf mich, die in diesen Briefen aus aller Welt zu spüren war. Es war verlockend, viele Briefe in das Buch mithineinzunehmen, aber ich mußte mich auf Zitate beschränken und im übrigen auf eine Auswahl.

Wie ein gewöhnlicher Leser, vielleicht mit dem Vorteil, daß ich den Menschen Knut Hamsun kannte, habe ich auch versucht, mich in seine dichteri-

Kai Fjells Gemälde von Knut Hamsun, 1950

schen Intentionen einzuleben: seine Sehnsucht nach Schönheit, seinen mannhaften Mut, seine Liebe zu allem Großen und Kleinen im Dasein, das in einem engen und unmittelbaren Verhältnis zu dem lebendigen Leben stand.

Aber ganz besonders habe ich versucht, durch seine Briefe, durch die langen Gespräche, die ich mit ihm über vergangene Zeiten führte, ein Bild von meinem Vater Knut Hamsun zu zeichnen, möglicherweise ein wenig anders als das Bild, das man bisher von ihm hatte.

Nachwort

Seit die vorige Ausgabe der Biographie »Knut Hamsun« erschien, sind elf Jahre vergangen. Allein im Laufe dieser elf Jahre wurde die Welt in ständig steigendem Maße auf die schicksalsträchtige technische Entwicklung aufmerksam, die da vor sich ging.
Im Jahre 1859, in dem Knut Hamsun geboren wurde, entdeckte ein Ingenieur in Pennsylvanien den Nutzwert des Petroleums. Im Jahre 1952, in dem er starb, wurde der Grundstein für das erste europäische Atomkraftwerk gelegt. Sein Leben erstreckte sich vom Zeitalter der Petroleumlampe bis zum Atomzeitalter. Da erhebt sich die Frage:
Was hat sein Verhältnis zum Leben und zur Natur, seine Botschaft in »Segen der Erde« den heutigen Menschen zu sagen? In einer Welt, in der der »Fortschritt« das Leben der Natur und des Menschen auszulöschen droht? Vielleicht hatte er damals bereits eine Vorahnung? Kann seine Stimme heute im Chor mit den übrigen Millionen von Stimmen in der ganzen Welt gehört werden und kann sie uns Hoffnung geben?
Knut Hamsun gewinnt Jahr für Jahr neue Leser und nicht zuletzt in Ländern wie den USA, England und Frankreich – und in einer Reihe »Ostzonen-Länder«. Nach einer russischen Fernsehreportage über Norwegen vor einigen Jahren standen die Leute einen Tag stundenlang Schlange vor den Buchhandlungen, um sich eine Auswahl seiner Bücher, die neu herausgekommen war, zu sichern. Am nächsten Tag war alles ausverkauft. Dann konnte eine dänische Zeitung eines Tages berichten, daß Hamsun aus irgendeinem Grund aus dem offiziellen russischen Nachschlagewerk entfernt worden war! Mir wurde diese Mitteilung nicht bestätigt. Aber wenn sie stimmt, na bitte. Er kommt auch wieder in ein neues Lexikon hinein. Das enge Verhältnis und die Verwandtschaft zwischen den Russen und ihm lassen sich durch eine Anweisung von oben nicht einfach aus der Welt schaffen.
In vielen Ländern sind Analysen seiner Werke, einzeln oder gesammelt,

publiziert worden. Sogar seltsame norwegische Versuche zur Fortsetzung von »Pan« und »Viktoria« sind kürzlich herausgegeben worden. Norwegische Jugendliche von Oberschulen und Universitäten haben an mich geschrieben und mich um Auskunft über Hamsun-Stoff, an dem sie gerade arbeiten, gebeten. Knut Hamsun scheint heute noch ebenso aktuell zu sein wie damals, als er lebte und in seiner vollen Schaffenskraft stand. Er hat immer noch seine Gegner, und er hat seine Bewunderer. Als Thorkild Hansens großes und imponierendes Werk »Der Prozeß gegen Hamsun« 1978 herauskam, setzte in Norwegen und den übrigen nordischen Ländern eine heftige Diskussion ein.

Ich bin ein aufrichtiger Bewunderer von Thorkild Hansens Werk. Von der Familie Hamsun bekam er während der Arbeit freie Hand und jegliche Hilfe, die wir leisten konnten. Die Wahrheit sollte an den Tag, so oder so, und sie kam gründlich zutage. Nur in gewissen Fällen, in denen meine Mutter als Hauptperson in das Bild mithineingezogen wird, teile ich Thorkild Hansens Meinung nicht, und er weiß es. Ich kann ihm nicht zustimmen, wenn alle »Schuld« wie bei einer Schwarzweißmalerei von ihm auf sie übertragen wird. *Er* war der Unbeeinflußbare, sie fügte sich ihm, von Anfang an war das so. Es wurde ihre Tragödie in einer verhängnisvollen Doppelrolle.

Natürlich gab es in dem Buch auch andere Informationen, die einen jeden schockieren konnten, zum Beispiel die Tatsache, daß Hamsun seine Nobelpreismedaille Goebbels verehrte!

Es geschah mitten im Krieg, und ich erinnere mich gut, wie alle in der Familie, nicht zum wenigsten meine Mutter, auf diese »Ehrung« reagierten, die dem Reichsminister Dr. Goebbels zuteil wurde. Er hätte es wie Selma Lagerlöf und Sigrid Undset machen können, die während des Winterkrieges ihre Medaillen an Finnland gaben. Als ich es Vater gegenüber erwähnte, antwortete er: »Wenn es soweit ist, werden die Deutschen die Russen schon aus Finnland hinausbefördern!« Wollte er vielleicht nicht als die Nummer drei dastehen?

Einmal, ganz abgesehen von seiner hartnäckigen Deutschfreundlichkeit seit eh und je, kann ich jedenfalls ein paar besondere Gründe andeuten für das, was er tat.

Seit Hitlers Machtübernahme hatte er Gesuche an Goebbels geschickt mit der Bitte um Freilassung von politischen Gefangenen oder um Erleichterung für Intellektuelle, die in Schwierigkeiten geraten waren. Und da Goebbels natürlich Hamsuns weltbekannten Namen zu Propagandazwekken benutzte, zeigte er oft einen verblüffenden guten Willen. Ich greife hier einen Fall unter anderen heraus, in dem ein Gesuch meines Vaters Erfolg hatte. Es war allerdings nicht an Goebbels persönlich gegangen, sondern an die deutsche *Reichsschrifttumskammer*, die Goebbels direkt unterstellt war und wo andere norwegische Gesuche steckengeblieben waren.

Vaters Originalbrief ist leider nicht erhalten. Nachdem ich ihn ins *Beamtendeutsch* übersetzt hatte – das erfahrungsgemäß den besten Eindruck machte –, seine Unterschrift bekommen und eine Fotokopie gemacht hatte, erhielt er das Original zurück. Nach seiner Verhaftung und der darauf folgenden Hausdurchsuchung auf Nørholm schickte er mir später einen Brief, datiert vom 11.12.47, mit einer Beschreibung, wie dieser Originalbrief und vieles andere fortgekommen sein mußten:

»Ich war im vorigen Jahr einmal zu Hause, aber da haben die schlimmsten Gewaltverbrecher gewütet. Sie haben mit Beil und Säge meine Kommode aufgebrochen, in der ich alle Wertsachen aufbewahrt hatte, und ich weiß nicht, was sie genommen und was sie verschont haben. Ich konnte diese Zerstörung einfach nicht anschauen. Arild schraubte ein kleines Stück Holz auf, das nun als Schloß dient, und so steht die Kommode wohl immer noch da – wenn sie nicht schon wieder dort gehaust haben...«

In dem Brief an die Reichsschrifttumskammer bittet er in höflichen Wendungen, daß Max Tau einen Paß bekommt, damit er nach der Liquidierung seines deutschen Verlages, in dem er gearbeitet hatte, von Norwegen aus seine Tätigkeit für die norwegischen Schriftsteller in Deutschland fortsetzen könne. Zum Schluß unterläßt er es nicht zu erwähnen, daß Max Tau in seinem Haus als Gast willkommen sei.

Einige Monate später kam Max Tau mit Möbeln, privatem Eigentum und seiner ganzen Bibliothek nach Norwegen.

Ich will damit natürlich nicht andeuten, daß Max Tau kein *richtiger* Flüchtling gewesen wäre. Er war zunächst mehrere Jahre Flüchtling in seinem eigenen Land, weil ihm seine Lebensgrundlage entzogen wurde, später, als die Deutschen Norwegen besetzten, mußte er hinüber nach Schweden. Aber mein Vater tat damals für Tau, was er konnte, vielleicht auch, weil ich bei einer günstigen Gelegenheit für eine persönliche Begegnung der beiden in Berlin in einem der großen Restaurants gesorgt hatte. Ich erinnere mich nicht mehr, welches Restaurant es war, aber ich habe eine klare Erinnerung daran, daß wir etwas zurückgezogen in einer Ecke des Restaurants saßen und das Publikum plötzlich den uralten Feldmarschall

Knut Hamsun

Grimstad in Norwegen,
zur Zeit Dubrovnik (Jugoslawien)
Pension Stefany
25. April 1938.

An die

R e i c h s s c h r i f t t u m s k a m m e r ,

Berlin-Charlottenburg 2.
- - - - - - - - - - - - - -
Hardenbergstrasse No. 6.

      Ich höre hier, wo ich mich zur Erholung befinde, dass Herr Dr. Max T a u , Berlin Charlottenburg, einen Antrag auf Erteilung eines Reisepasses gestellt hat, damit er im Zusammenhang mit der Liquidation des Verlages Bruno Cassirer bei der Ueberführung der Rechte norwegischer Schriftsteller, insbesondere der Werke von Olav Duun, in deutsche Verlage mitwirken kann. Da ich Herrn Dr.Max Tau kenne und demir sowohl seit langem seine Tätigkeit als auch seine hohe Wertschätzung in meiner Heimat Norwegen bekannt ist, möchte ich befürworten, dass ihm der für seine Reise nach Norwegen erforderliche Pass erteilt wird.

      Ich würde Ihnen diesen Brief nicht schreiben, wenn ich nicht davon überzeugt wäre, dass für die oben geschilderte Aufgabe niemand geeigneter ist als Dr. Tau, und wenn ich nicht sicher wäre, dass seine Tätigkeit im Ausland zu keiner wie auch immer gearteten Beanstandung Ihrerseits Veranlassung geben kann.

      Ich möchte nicht unerwähnt lassen, dass ich Herrn Dr.Tau gebeten habe, in Norwegen der Gast meines Hauses und meiner Familie zu sein, und dass ich mich deshalb nicht nur aus den oben geschilderten sachlichen Gründen sondern auch aus persönlichen Gründen freuen würde, wenn dieser Brief dazu beiträgt, Herrn Dr.Tau die Möglichkeit zu der notwendig gewordenen Reise nach Norwegen zu geben.

                                        Hochachtungsvoll
                                        Knut Hamsun

Brief von Knut Hamsun an die deutschen Behörden, April 1938

von Mackensen – den Eroberer Rumäniens im Ersten Weltkrieg – entdeckte. Er und sein Gefolge saßen etwas erhöht auf einer Art Balkon. Es gab viel Klatschen und Heilrufe, und der alte Krieger mußte eine Weile mit gestrecktem Arm aufrecht dastehen. Der Patriotismus war unheimlich.
Nur ein *einziges* Mal traf Vater Goebbels und seine Familie. Die Begegnung ist in Goebbels' Tagebuch beschrieben.
Ich kann in gewisser Weise den günstigen Eindruck verstehen, den »der kleine Doktor« auf meinen Vater machte, und vor allem war er begeistert von der Kinderschar, sechs Kinder wie die Orgelpfeifen – »die hübschesten Kinder, die ich je gesehen habe«. Auf ein solches Arrangement verstand sich der Propagandaminister.
Ich persönlich bin Goebbels auch nur einmal begegnet und habe mit ihm gesprochen, das war im Sommer 1941 in Norwegen. Nach einer lobenden Erwähnung Hamsuns als »des größten zeitgenössischen Epikers« fragte er im Verlaufe des Gesprächs, wie die Stimmung in Norwegen sei. Ich sagte wahrheitsgemäß, daß sie keineswegs deutschfreundlich war, und ich erinnere mich an seinen erstaunten kleinen Ausbruch: »Aber die großen deutschen Siege!« Ich schüttelte nur den Kopf, und das Gespräch verebbte.
Obwohl man nun alles weiß über Goebbels' Tätigkeit als Gauleiter in Berlin und als Minister, über seine Machenschaften bei der Verödung des deutschen Kultur- und Geisteslebens und außerdem viel über sein Privatleben, hatte ich das Gefühl von einer gewissen persönlichen Ausstrahlung – und nicht weniger von einem großen Talent, sich Menschen gegenüber zu verstellen, die er gewinnen wollte.
Mein Vater war immer voller Hoffnung, wenn er sich an Goebbels wandte. Mit Terboven war es schwieriger und ungemütlicher, nicht zuletzt, weil der Reichskommissar wußte, daß mein Vater ihn weghaben wollte. Norwegen war besetzt, hierher reichte Goebbels' Einfluß nicht, und norwegisches Leben war in Gefahr.
Während ich diese Betrachtungen schreibe, besonders mit dem Gedanken an das Verhältnis meines Vaters zu den nazistischen Behörden und die Beweglichkeit, die sie bei Eingaben an den Tag legen konnten, verweile ich bei einer gedachten Situation:
Wäre Knut Hamsun von einer humanitären Stelle unauffällig – ehe die politische Presseaktion für Ossietzky einsetzte – gebeten worden, sich in einem Gesuch an die deutschen Behörden für die Freilassung des kranken Mannes einzusetzen, ist es nicht undenkbar, daß er kurz danach auf freien Fuß gesetzt worden wäre. Das geschah aber nicht, man wünschte eine

politische Demonstration, einen Nobelpreis, und damit war es passiert. Ossietzky bekam den Preis, das Geld wurde ihm und seiner Familie abgeluchst, und er selbst starb in der Gefangenschaft. Und der Frieden? Nach drei Jahren wurde er gebrochen.

In Verbindung mit Thorkild Hansens Buch wurden von gewissen Kreisen im In- und Ausland Anstrengungen unternommen, eine »Hamsun-Renaissance« aufzuhalten. *Ein* Beispiel bringe ich in diesem Nachwort. Ich zitiere Teile aus einem Artikel, den ich im Herbst 1978 an das »Dagbladet« gesandt habe, mit der Überschrift »Hamsun und die Juden«:

»Ein deutsch-jüdischer Flüchtling, Arthur Meyerfeldt, der gespürt haben muß, daß er Hamsun einen Dank schuldete, schickte seinerzeit vier Briefe, die er von Hamsun bekommen hatte, an Allen Simpson, einen Professor für Norwegisch an der Universität Minneapolis. Die Briefe zeigten nach Meyerfeldts Meinung, daß Hamsun kein Antisemit war.

Eine solche Annahme kam dem Professor offensichtlich ungelegen, und er setzte eine akribische Überprüfung von Hamsuns Werken in Gang, von den Reisebildern ›Im Märchenland‹ (1903) und den folgenden Veröffentlichungen – bis er bei ›Landstreicher‹ (1927) aufhörte. Und es war gar nicht so dumm, da er in diesem Buch unweigerlich auf etwas gestoßen wäre, das ihm normalerweise Gegenargumente geliefert hätte. In ›Landstreicher‹ haben Hamsuns Leser sich viele, viele Jahre über eine eingeschobene Geschichte amüsiert, ein wichtiges Element im Handlungsmuster, eine Schilderung des ewig Menschlichen, verkörpert in der Gestalt des alten jüdischen Uhrenhändlers.

In der Zeitung ›Dagbladet‹ erschien am 27. November in der Spalte für die Hamsun-Hetze ein Interview, das die ausgesandten Mitarbeiter des Blattes mit Professor Simpson gemacht hatten. Unter Hamsuns Bild am Beginn der Spalte werden diejenigen, die seine Dichtung kennen, zu ihrer Verblüffung vor ganz neue Aspekte gestellt. Man liest: ›Mit der geradesten aller Nasen: Hamsuns Profil, fotografiert in Bergen während der berühmten Vortragsreise 1891. Thema des Vortrags: Der betrübliche Zustand der norwegischen Literatur. *Thema in seinen späteren Büchern: Der Jude, das Jüdische, das Judentum!*‹ Das letzte ist von mir herausgehoben.

Man möge mir einen kleinen Protest verzeihen, aber irreführender ist Hamsuns Dichtung wohl selten charakterisiert worden. Nur in ›Landstreicher‹ ist die Schilderung eines Juden zu einem Thema geworden. Daß Hamsun in seinem Buch über den Kaukasus auf eine unsympathische Person stößt, die zufällig Jude ist, und daß er sie kurz und in negativen

Wendungen erwähnt, ist unzweifelhaft wahr, und bei den Gefühlen, die viele heute für das jüdische Volk empfinden, wirkt die Charakteristik provozierend. Aber die Erfahrungen von heute sollte man abwägen mit der Zeit, in der das Buch geschrieben wurde. Es kam zu einer Zeit heraus, da die Gaskammern und die Hitlerschen Pogrome noch in einer fernen Zukunft lagen. Hamsuns jüdische Leser haben 75 Jahre lang diese einmalige Skizze eines Juden geduldet, den wohl keiner von ihnen sympathisch gefunden hat. Und keiner von allen Literaturforschern – die jüdischen inbegriffen –, die eine Biographie über Hamsun geschrieben oder einzelne Werke analysiert haben, sind jemals in die Nähe von Professor Simpsons eigenartige Entdeckung geraten.

Wenn der Professor – der es als seine Aufgabe betrachtet, Hamsun zum Antisemiten zu machen – wenn er sich zur Abwechslung eine Auswahl europäischer Literatur aus der Zeit der Jahrhundertwende vornähme, würde er auch dort Schilderungen finden, die heute kaum eine gangbare Münze wären. Und das weiß er natürlich. Aber jetzt liegt ein aktueller Fall vor. Thorkild Hansen hat ein Buch geschrieben, das der Professor nicht mag, und Hamsun, der wieder Stoff für die Zeitungen hergibt, soll an den Pranger gestellt werden auf Grund der wenigen Stellen in seinen Werken, in denen das ›Jüdische‹ gestreift wird – was aber absolut kein Thema bei ihm ist.

Die Beispiele für Hamsuns ›Antisemitismus‹, die in dem Interview gebracht werden, sind aus dem Zusammenhang gerissen und zum Teil tendenziös verzerrt. Juden sehen doch wohl so aus wie die meisten Leute oder auch nicht. Es ist auch völlig egal. In jedem Volk fallen einige Menschen als weniger anziehend auf, andere aus dem entgegengesetzten Grund. Zum Beispiel heißt es in dem Buch über den Kaukasus: ›Sie gehen in Kaftans aus schwarzem Seidendamast und haben silber- und goldbeschlagene Gürtel. Manche Juden sind sehr schön...‹

Selbst wenn Hamsun in einigen seiner Werke vor dem Roman ›Landstreicher‹ nur einige wenige Juden in einem kurzen Aufblitzen beschreibt, ist damit nicht gesagt, daß er sich im täglichen Leben nicht mit diesem interessanten Volk beschäftigte, und das lange vor der letzten jüdischen Tragödie. Ich fand vor etlichen Jahren einen möglicherweise unvollständigen Entwurf als Antwort auf einen Brief, der deutlich von einer Person mit antisemitischen Ansichten stammte. Ich möchte den Entwurf hier wiedergeben:

›Was sollen die Juden machen? Die messianische Idee weist sie nach Palästina, aber dort können sie nicht untergebracht werden. Die Juden

sind ein Volk von 12 Millionen Menschen – soviel wie die Norweger, Schweden und Dänen zusammen –, wo soll man sie hinschicken?
Es ist ein sehr begabtes Volk. Ich sehe einmal ab von meinen tüchtigen und sympathischen persönlichen Freunden unter den Juden, ich denke auch nicht an die sehr unsympathischen, die in der Bevölkerung unseres Landes eingeheiratet haben, oder besonders an deren Nachkommen, die Streber in Kunst, Politik und Literatur, die Frechen, die Anmaßenden, mit ihren Fähigkeiten ist es oft nicht weit her, es sind nur Fertigkeiten. Aber insgesamt sind die Juden geistig sehr hochstehend. Wo findet man Entsprechendes zu ihrer alten Dichtung, ihren Propheten, ihren Liedern? Und man denke nur daran, wie unglaublich musikalisch dieses Volk ist, sicher das melodienseligste Volk der Welt.
Na und? werden Sie sagen.
Aber die Antwort kann auch lauten: *Und dann?*
Man wollte die Juden in einem Land vereinen, das sie ihr eigen nennen konnten, damit die exklusive weiße Rasse vor weiterer Blutmischung verschont blieb und andererseits die Juden mit ihren besten Eigenschaften zum Wohle der Menschheit wirken konnten. Aber wo ist das Land? Kann Palästina vergrößert werden? Haben die Türken Land übrig?
In unserer Zeit, da sogar zweit- und drittgrößte Nationen und Franzosen und Engländer fortfahren, Kolonien zu unterwerfen, besteht wenig Aussicht, daß sie auf ein Stück von der Erdkugel verzichten werden zugunsten eines hinreichend großen Judenlandes.‹«
Das ist kein Lobgesang, keine Schönfärberei, sondern ehrlich Lob und Tadel, die man damals (wahrscheinlich in den 20er Jahren) ohne Protest von jüdischer oder von anderer Seite unbesorgt aussprechen konnte. Aber die Äußerungen sind zeitgebunden. Heute würde Hamsun wohl kaum so über die Eingeheirateten sprechen. Während der Untersuchung in Professor Langfeldts Psychiatrischer Klinik sagt er ja auch folgendes: »Es ist gut, daß wir einen Einschlag von Juden haben, wir wie andere Völker.«
Bei einer Feier zum 50. Geburtstag des jüdischen Direktors der Gyldendalschen Buchhandlung, Peter Nansen, ehrte Hamsun ihn nicht nur als Verleger, sondern auch als nordischen Dichter.
Peter Nansen lebt heute nicht mehr. Es leben auch nicht mehr Schriftsteller wie Jakob Wassermann, Stefan Zweig, Franz Werfel, Egon Friedell, Lion Feuchtwanger, Arnold Zweig – sie und viele andere schickten Knut Hamsun zu seinem 70. Geburtstag Glückwünsche und dankten ihm für das, was er ihnen durch seine Dichtung bedeutet hatte. Würden sie sich heute

Professor Simpson und dem Mitarbeiter des »Dagbladet« anschließen und mit gewaltigen Überschriften Hamsun als Antisemiten verurteilen? Ich zweifle nicht an der Antwort.

Aber es ist nicht meine Aufgabe, dieses Nachwort unnötig mit etwas zu füllen, das als ein Diskussionsbeitrag zu einem alten, nicht mehr aktuellen Streitfall aufgefaßt werden könnte. Knut Hamsuns Position in der literarischen Rangordnung ist durch solche ungerechtfertigten Angriffe eines ausgesandten Mitarbeiters oder eines Professor Simpsons nicht zu erschüttern. Die Sache soll nur erwähnt werden, weil die Aktion der beiden – und darauf andere in der norwegischen Presse – typisch war für eine vom Affekt geprägte Zeit, und teilweise kann sie mit der fehlenden Einsicht in die besonderen Voraussetzungen bei Hamsun, als er Deutschland auch im Zweiten Weltkrieg unterstützte, erklärt werden. Nur eine tiefere und intensive Analyse könnte das Phänomen ergründen.

Aber zur Ehre des »Dagbladet« – Knut Hamsuns Zeitung von früher Jugend an – muß gesagt werden, daß man sofort und ohne Kommentar den Artikel, aus dem ich Teile vorhin zitiert habe, im Feuilleton brachte.

Bevor er starb, konnte Knut Hamsun wenigstens *eine* Veränderung auf der Weltkarte erleben, mit der er zufrieden war: Die Juden bekamen ihren Nationalstaat. Und hatte er das nicht in dem alten Brief aus den 20er Jahre vorausgesehen? In meinem Bücherregal steht heute die merkwürdige israelische Ausgabe seiner Werke, wo die Buchstaben wie Ornamente aussehen und wo man das Buch von hinten lesen muß. Es hätte ihn gefreut, und mit Verwunderung hätte er das Buch angesehen – ich glaube, ebenso wie die erste russische Ausgabe von »Hunger« mit den kyrillischen Buchstaben.

Die Literatur über Hamsun und sein Umfeld ist sehr reichhaltig, und sie gibt zusammen mit seinen eigenen Werken die Grundlage für ständig wechselnde Meinungen über seine Dichtung – und für neue dickleibige Biographien.

Aber ich wollte mit dieser Ausgabe den Lesern ein Buch präsentieren, die sich nicht unbedingt für die analytische Behandlung der Werke eines Schriftstellers interessieren, sondern für die der Gewinn in einer mehr erzählenden Darstellung liegt. Mit anderen Worten, meine Absicht ist die gleiche wie vor elf Jahren.

Zum Teil habe ich neuen Stoff in diese Ausgabe eingefügt, das können kleine, vergessene Ereignisse sein, Betrachtungen, vielleicht aus einem neuen Blickwinkel gesehen, Anekdoten, Bildmaterial und Briefe. Einige Briefe sind der Sammlung entnommen, die ich 1956 herausgegeben habe.

Vielleicht wird auch diese Sammlung später einmal ergänzt und neu herausgegeben.

Ich glaube, das Interesse für Knut Hamsun und sein Werk wird gegenwärtig sein, solange wir spüren, daß wir eine literarische Vergangenheit haben, auf die wir mit einem gewissen Stolz zurückschauen können und die in nicht geringem Maße von ihm geprägt worden ist. Heute wird er gelesen und erlebt als der Einzigartige in der Kunst des Schreibens, der er ist, in Spannung, in Widerstand, in Liebe.

Es gibt das Wort – »Hamsun-Liebhaber«. Es ist wohl entstanden aus dem Gespür, das seine vielen Leser für seinen Humor, seinen Charme, den er unmittelbar besitzt, den Sprachrhythmus und für den Strom reicher Gefühle in seiner Dichtung haben.

Für dieses Buch schien es mir richtig zu sein, den gleichen Titel zu wählen wie bei der Erstausgabe 1952. Ich glaube, er paßt besser als nur der Name, Knut Hamsun, er deckt vollständig die Idee und den Inhalt der Biographie.

Gran Canaria
Tore Hamsun

Zeittafel

1859 Knut Pedersen wird am 4. August in Lom, Gudbrandsdalen geboren. Getauft am 28. August in der Kirche von Garmo.
1863 Die Familie zieht nach Hamarøy in Nordland.
1868 Knut wird bei seinem Onkel Hans Olsen untergebracht, wo er fünf Jahre bleiben muß.
1873 Knut beendet die Schule. Fährt nach Lom. Arbeitet als Lehrling im Laden von Torstein Hesthagen.
1874 Wird am 4. Oktober in der Kirche von Lom konfirmiert. – Kehrt nach Hamarøy zurück und bekommt eine Stelle als Handelsgehilfe bei dem Großkaufmann Walsøe.
1875 Fliegender Händler in Nordnorwegen.
1876 Schuhmacherlehrling in Bodø.
1877 Sein erstes Buch »Der Rätselhafte« kommt heraus. – Verläßt Bodø. Wird Angestellter beim Lehnsmann in Bø, Vesterålen. Liest Bjørnsons Bauernerzählungen. Gibt seine Stelle beim Lehnsmann auf und wird Wanderlehrer.
1878 »Ein Gespenst« und »Bjørger« erscheinen.
1879 Knut Pedersen Hamsund verläßt Nordland. Bekommt Hilfe von K. Zahl auf Kjerringøy und reist nach Hardanger, um Dichter zu werden. Im Herbst fährt er mit der Bauernerzählung »Frida« zum Verleger Frederik Hegel nach Kopenhagen. »Frida« wird abgelehnt. – Besucht im Dezember Bjørnson in Aulestad. – Wohnt in Kristiania, Tomtegaten 11, wo er den ganzen Winter Not leidet.
1880/1881 Er bekommt Arbeit beim Straßenbau in Toten. – Liest Strindberg und die französischen Naturalisten. Hält literarische Vorträge in Gjøvik.
1882/1883 Reist im Januar in die USA. Arbeitet ein Jahr als Handlungsgehilfe in Elroy und als Erntearbeiter auf einer Farm in North Dakota.
1884 Wird als Sekretär bei Kristofer Janson in Minneapolis angestellt. – Trifft Mark Twain. – Liest Nietzsche und alle ihm zugängliche moderne Literatur. – Im Herbst wird er krank und kehrt nach Norwegen zurück.
Fährt im Spätherbst 1884 nach Aurdal im Valdres, um wieder zu Kräften zu kommen. – Veröffentlicht kleinere Sachen. Durch einen Druckfehler in einem Artikel über Mark Twain entsteht der Name *Hamsun*.
1886 Er verbringt den Winter in Kristiania. Leidet wieder Not. – Begegnet Arne Garborg, der ihn nicht aufmuntert. – Im Sommer ist er auf einer Vortragsreise. – Fährt im August zurück in die USA.

1887 Ein paar Monate Straßenbahnschaffner in Chicago, arbeitet später auf einer Farm, ist Journalist und hält Vorträge in Minneapolis.
1888 Verläßt im Sommer die USA und wählt Kopenhagen als Wohnsitz. Lernt Erik und Amalie Skram kennen und die Brüder Brandes. – November: Die ersten Kapitel von »Hunger« werden anonym in der Zeitschrift »Neue Erde« gedruckt.
1889 Januar: Vortrag im Studentersamfundet in Kopenhagen über das amerikanische Geistesleben. – Er gibt heraus: »Vom Geistesleben des modernen Amerika« und »Lars Oftedal«. – Arbeitet an »Hunger«.
1890 »Hunger« kommt als Buch unter Hamsuns Namen heraus. – Fährt nach Lillesand. Schreibt hier die Skizze »Kleinstadtleben« und den programmatischen Artikel »Vom unbewußten Seelenleben«.
1891 Januar/November Vortragsreisen zu verschiedenen norwegischen Städten. – »Hunger« kommt auf Deutsch bei S. Fischer in Berlin heraus.
1892 Wohnt Januar/Mai in Kristiansund. – Fährt nach Kopenhagen. Im Herbst erscheint »Mysterien«. – Wohnt auf der Insel Samsø, wo er »Redakteur Lynge« schreibt.
1893 Im Frühjahr kommt »Redakteur Lynge« heraus. Reise nach Paris. – Im Herbst: »Neue Erde«.
1894 Begegnet Strindberg in Paris. – Fährt im Sommer nach Kristiansand. »Pan« kommt im Herbst heraus. – Zurück nach Paris. Trifft gelegentlich Verlaine, Gauguin, Herman Bang, Johan Bojer.
1895 Das Drama »An des Reiches Pforten« erscheint. – Im Sommer nach Kristiania, arbeitet an dem Drama »Spiel des Lebens«. – Zurück nach Paris.
1896 Trifft Edvard Munch, der eine Radierung von ihm anfertigt. – Fährt nach München und ist eine Zeitlang Gast bei seinem deutschen Verleger Albert Langen. Trifft Bjørnson. – Im Sommer nach Norwegen. Schreibt Erzählungen für den Simplicissimus. Wohnt in Aurdal bei Frydenlund und an anderen Orten im Valdres. – Im Herbst nach Kristiania. – Am 28. Oktober Aufführung von »An des Reiches Pforten« im Christiania-Theater. – Am 4. Dezember Aufführung von »Spiel des Lebens« im Christiania-Theater.
1897 Wohnt meistens in Fräulein Hammers Pension in Ljan. – Am 30. Januar Vortrag »Von der Überbewertung der Dichter und der Dichtung«. – Begegnet Bergljot Göpfert, geborene Bech. – Die Novellensammlung »Siesta«.
1898 Hamsun heiratet am 13. Mai Bergljot Göpfert. Sie wohnen in Aurdal. – Auffführung von »Abendröte« am 10. Oktober im Christiania-Theater. – »Viktoria« kommt heraus. – Hamsun und seine Frau reisen nach Helsingfors.
1899 Wird bekannt mit Albert Engström und Jean Sibelius. – Im Mai: Vortrag in der Aula der Universität von Helsingfors über »Dichterleben«. – Im Sommer: Reise nach Rußland, Kaukasus, Türkei.
1900 Aufenthalt im Vorderen Orient. – Im März nach Kopenhagen. – April: Hamsun fährt nach Hamarøy, wo er an »Munken Vendt« arbeitet. – Im Herbst zurück nach Kristiania.
1901 Aufenthalt in Kristiania, Ås und Kopenhagen. Arbeitet an Stoffen der Orientreise.

1902 Die Tochter Viktoria wird geboren. – »Munken Vendt« kommt heraus. – Hamsuns Huldigungsgedicht an Bjørnson.
1903 Aufenthalt auf Samsø. Hamsun gibt heraus: »Im Märchenland«, »Gestrüpp« und »Königin Tamara«. – Hamsun wird von Gustav Vigeland modelliert.
1904 Die Gedichtsammlung »Der wilde Chor«. – Mehrere Artikel im »Vorposten«. – »Schwärmer« erscheint. – Hamsun bekommt Houens Legat. Aufenthalt in Kopenhagen und auf Samsø. – Trifft Johannes V. Jensen.
1905 Baut auf Drøbak ein Haus und nimmt dort seinen Wohnsitz. – Beteiligt sich mit Artikeln und Gedichten an dem Unionskampf. – Gibt die Novellensammlung »Kämpfende Kräfte« heraus.
1906 Die Ehe wird geschieden. – Hamsun wohnt in Nordstrand in der Pension »Utsikten«. Arbeitet an den ersten Wandererbüchern.
1907 Hamsuns Vater stirbt am 17. März. – Vortrag: »Ehret die Jungen«. Im Sommer: Aufenthalt in Kongsberg. – »Unter Herbststernen« kommt heraus, außerdem erscheinen die gesammelten Werke in 5 Bänden.
1908 April: Hamsun begegnet Marie Andersen. – »Benoni« kommt heraus. – Im Sommer: Aufenthalt in Kongsberg. – Am 17. Juni Rede in Kristiania zu Wergelands 100. Geburtstag. – Im Herbst erscheint »Rosa«.
1909 Hamsun heiratet Marie Andersen am 25. Juni. Sie reisen nach Sollien. – Im Herbst »Gedämpftes Saitenspiel«.
1910 Januar: Artikel im »Morgenbladet«: »Der Theologe im Märchenland«. – Am 26. April stirbt Bjørnson. Hamsuns Totengedicht. – Zieht nach Elverum und Koppang. – Mehrere Artikel im »Verdens Gang«. »Die Landessprache« und »Ein Wort an uns«. – Das Schauspiel »Vom Teufel geholt«, uraufgeführt am 16. November im Nationaltheater in Kristiania.
1911 Zieht als Dichter und Bauer nach Hamarøy.
1912 Der Sohn Tore wird am 6. März auf Hamarøy geboren. – Im Herbst kommt »Die letzte Freude« heraus.
1913 Wohnt abwechselnd zu Hause und in Bodø. – Im Herbst kommt »Kinder ihrer Zeit« heraus.
1914 Der Sohn Arild wird am 3. Mai auf Hamarøy geboren. – August: der Erste Weltkrieg bricht aus, und Hamsun ergreift Partei für Deutschland. Pressefehde mit Professor Collin und W. Archer.
1915 Am 16. Januar erscheint im »Morgenbladet« der Artikel »Das Kind«. – »Die Stadt Segelfoss« kommt heraus. – Die Tochter Ellinor wird am 23. Oktober auf Hamarøy geboren.
1916 Zieht in Nordland von einem Ort zum anderen, um in Ruhe an »Segen der Erde« arbeiten zu können. Wohnt die meiste Zeit in Kråkmo.
1917 Im Frühjahr verkauft er »Skogheim« auf Hamarøy und übersiedelt nach Larvik, Jegersborggaten 10. – Die Tochter Cecilia wird am 13. Mai in Larvik geboren. – Essay in der »Aftenposten« am 12. Juli: »Die Nachbarstadt«. – Im Herbst kommt »Segen der Erde« heraus.
1918 Ständig unterwegs, um einen Gutshof auf dem Land zu finden. – Gibt »Die Sprache in Gefahr« als Broschüre heraus. – Herbst: Die Familie Hamsun zieht nach Nørholm.

1919 Hamsuns Mutter stirbt am 6. Januar. – Bauer auf Nørholm.
1920 Im Frühjahr: arbeitet vor allem in Arendal. – Im Herbst kommt »Die Weiber am Brunnen« heraus. – Am 10. Dezember nimmt Hamsun den Nobelpreis in Stockholm entgegen.
1921 Umbau von Nørholm. – Arbeitet in Arendal.
1922 Das Dichterhaus auf Nørholm wird gebaut. Arbeitet in Arendal und auf Nørholm.
1923 Im Herbst kommt »Das letzte Kapitel« heraus.
1924/1925 Hamsun arbeitet im Dichterhaus in Kristiansand, Tveitsund, Åmli und Lillesand. Schwierige Zeit, nichts will gelingen.
1926 Wohnt im Winter im Viktoria Hotel in Oslo und konsultiert von Januar bis Juli einen Nervenarzt. – Im Sommer zurück nah Nørholm, wo er den ersten Teil von »Landstreicher« schreibt. – Im Herbst zieht er mit der Familie nach Bygdøy, Museumsveien 5.
1927 Im Frühjahr zurück nach Nørholm. – Im Herbst: »Landstreicher«.
1928 Arbeitet im Dichterhaus und in Lillesand. – In der »Aftenposten« erscheint am 12. Dezember der Artikel »Festina lente«.
1929 Die Welt ehrt ihn zu seinem 70. Geburtstag am 4. August.
1930 Im Winter in Aurdal, im Frühjahr zurück nach Nørholm. – Im Herbst wird er krank. Wird im Krankenhaus in Arendal operiert. – »August« kommt heraus.
1931 Lange Rekonvaleszenzzeit. Februar: Reise an die französische Riviera. Zurück nach Nørholm im März. – Im Sommer nach Aurdal. – Versucht zu arbeiten.
1932 Immer noch Rekonvaleszent, aber arbeitet im Dichterhaus und in Flekkefjord.
1933 Im Sommer in Lillesand und Egersund. Im Herbst erscheint »Nach Jahr und Tag«.
1934 Im Sommer in Lillesand und in Kristiansand. – Schlägt den Goethepreis von 10 000 Mark aus, aber nimmt die Goethemedaille dankbar an.
1935 Im Sommer: Besucht Deutschland und Frankreich. – Arbeitet im Dichterhaus und in Lillesand. – Artikel in der »Aftenposten« vom 22. November über »Ossietzky«.
1936 Im Sommer: Arbeitet auf Egerøy bei Egersund. – Im Herbst kommt »Der Ring schließt sich« heraus.
1937 Kümmert sich ausschließlich um die Landwirtschaft auf Nørholm.
1938 März: Aufenthalt in Bari, Italien. April/Juni: Aufenthalt in Dubrovnik, Jugoslawien. Versucht eine Fortsetzung von »Der Ring schließt sich« zu schreiben, aber gibt es auf.
1939 Hamsun wird am 4. August achtzig, und die Welt ehrt ihn wieder. – September: Der Zweite Weltkrieg bricht aus, und Hamsuns Sympathie ist abermals auf seiten Deutschlands.
1940 Am 9. April besetzen deutsche Truppen Norwegen. Hamsun gerät in Widerspruch zu seinen Landsleuten.
1941/1942 Lebt ruhig auf Nørholm. Deutschfreundliche Artikel. Unternimmt Aktionen für bedrängte Landsleute in Gefangenschaft.

1943 Stürmische Begegnung mit Hitler in Berchtesgaden.
1944 Lebt ruhig und zurückgezogen auf Nørholm. Versucht ständig durch telegrafische Eingaben die Hinrichtung von zum Tode verurteilten Norwegern zu verhindern.
1945 8. Mai: Sämtliche deutschen Streitkräfte in Norwegen kapitulieren. – 26. Mai: Hamsun und seine Frau werden auf Nørholm unter Hausarrest gestellt. – 14. Juni: Hamsun wird im Krankenhaus von Grimstad interniert. – 23. Juni: Vor dem Untersuchungsrichter in Grimstad. – Notizen zu »Auf überwachsenen Pfaden«. – 2. September: Wird ins Altersheim nach Landvik gebracht. – 22. September: Wieder vor dem Untersuchungsrichter in Grimstad. – 15. Oktober: Wird in die Psychiatrische Klinik in Oslo überführt.
1946 11. Februar: Aus der Psychiatrischen Klinik entlassen und in das Altersheim nach Landvik gebracht. Stark geschwächt nach der Behandlung in der Klinik, aber er versucht zu arbeiten. – Der Prozeß gegen ihn wird mehrmals ausgesetzt.
1947 16. Dezember: Hamsun vor dem Schöffengericht in Grimstad. Er wird verurteilt, eine Wiedergutmachung von 425 000 Kronen zu bezahlen. (Der Vorsitzende des Gerichts, der kommissarische Amtsrichter Eide, gab ein abweichendes Votum ab, indem er Hamsun freisprach.) Nach dem Urteilsspruch kehrt Hamsun nach Nørholm zurück.
1948 Hamsun beendet »Auf überwachsenen Pfaden«. – Johannistag: Das oberste Gericht bestätigt das Urteil im wesentlichen. Hamsun legt seine Feder nieder.
1949/1951 Lebt still und zurückgezogen auf Nørholm. Sehkraft und Gehör sind geschwächt.
1952 19. Februar: Knut Hamsun stirbt in seinem Schlafzimmer auf Nørholm.

Literatur

Magne Skrede: Omkring Knut Hamsuns unge aar. »Nidaros« 30. 9. 1922. (Hamsun in jungen Jahren)
John Landquist: Knut Hamsun. 1929.
Einar Skavlan: Knut Hamsun. 1934.
Marie Hamsun: Regnbuen. 1953. (Regenbogen)
Leif Østby: Erik Werenskiold og dikterne. 1985. (Erik Werenskiold und die Dichter)
Helge Dahl: Kronikk. (Feuilleton) »Aftenposten« 27. April 1983.

Namenregister

Aanrud, Hans 228, 313
Andersen, Hans Christian 282
Andersen, Marie *siehe* Hamsun, Marie
Anderson, Rasmus B. 73, 74 ff., 107 f., 111
Archer, William 256
Arntzen, Frau 282
Armour 101 f.
Asbjørnsen, Peter Christian 281, 342

Bang, Herman 63, 170, 217
Berg, Paal 355, 370
Bertel (Hofjunge) 31 f.
Bjørneboe, Jens 194
Bjørnson, Bjørn 210 f., 230
Bjørnson, Bjørnstjerne 54, 56, 63 ff., 72 f., 74 f., 78, 90 f., 92, 103, 112, 130, 143, 145 f., 149, 162, 170, 172, 182 f., 189, 210 ff., 241 f., 256, 342, 374
Bobrikoff (Generalgouverneur) 203
Böcklin, Arnold 343
Bojer, Johan 170, 173, 259, 291
Bourget, Paul 118
Brandes, Edvard 112 ff., 127, 165, 199, 217
Brandes, Georg 67, 92, 103, 112, 119, 127, 130 f., 133 f., 145, 165, 198, 218, 267, 269, 310, 366
Brøndsted, Peter Oluf 343
Bruun, Christopher 71
Bugge (Lehnsmann) 364
Bull, Edvard 88
Bull, Olaf 213, 219

Bødtker, Sigurd 193, 228, 232, 256, 327, 373

Caine, Hall 257
Carl, Prinz von Schweden 290
Castberg, Johan 257 f.
Cavling, Henrik 261, 308, 310
Cezanne, Paul 130
Christensen, Hjalmar 170, 219, 221, 228, 256, 261, 373
Chopin, Frédéric 226
Claussens, Sophus 137
Collet, Camilla 147
Collin, Christen 256 f.

Dancenko 244
Dickens, Charles 92
Dobloug 97
Dostojewski, Fedor 94, 103, 118, 136, 153, 160, 244, 295, 320, 366, 379
Drachmann, Holger 67, 219
Dybwad, Johanne 231 f.

Ebert, Friedrich 350
Edelfelt, Axel 202
Eide (Amtsrichter) 378
Ellingsen (Kaufmann) 58
Elvestad, Sven 228, 256, 261
Emerson, Ralph Waldo 77, 123 f.
Enger, Johan 71
Engström, Albert 201, 287 ff.
Eriksen, Esten 40
Esmann, Gustav 217, 219
Ewald, Carl 219

Federspiel, Holger 217
Feilberg, Lorry 219
Fett, Harry 287
Feuchtwanger, Lion 394
Flaubert, Gustave 90, 92
Frejlif 310
Freud, Sigmund 138, 215
Friedell, Egon 345, 394
Friis, Fräulein 261
Frydenlund, Erik 89f., 92, 94, 97f., 126f., 129, 133f., 137, 141ff., 164, 194, 205f., 311, 313, 324, 328, 335, 380
Frydenlund, Johanna 128, 134, 205
Frydenlund, Nils 97, 99, 129, 133
Frøisland, Frau 72f.
Frøsland, Nils 69f., 72f., 86
Frøsland, Nikolai 86f.
Fuhr, Sjur 370
Fønss, Olaf 219

Gallén, Axel 202
Garborg, Arne 93f., 112, 114, 136, 166, 169f., 189
Gauguin, Paul 130, 170
Georg (Schulfreund) 28
Gierløff, Christian 359, 374
Gladstone, William Ewart 153, 256
Göbel, Heinrich, 213
Goebbels, Joseph 349, 388f., 391
Göpfert, Bergljot *siehe* Hamsun, Bergljot
Göpfert, Eduard 195
Göring, Hermann 349
Goncourt, Edmond de 103
Goncourt, Jules Huot de 103
Gorki, Maxim 287
Gresvig (Rennfahrer) 229
Grieg, Edvard 145, 148
Grieg, Harald 63, 352, 361
Grieg, Nina 145
Guldbransson, Kasper 256
Gullers (Fotograf) 380
Gundersen 316

Gustav V., König von Schweden 380
Gustav 305, 326

Häggs, Gunder 344
Hagelstam, Wentzel 202
Halvorsen, Johan 210
Halling (Pfarrer) 43
Hammer (Pensionsinhaberin) 185, 190, 194f.
Hamsun, Anne Marie 381ff.
Hamsun, Arild 251f., 255, 270, 272, 301ff., 314, 324, 326, 330, 365, 389
Hamsun, Bergljot 194f., 198, 201, 205f., 208, 222ff., 364, 372
Hamsun, Cecilia 271, 303, 352, 365
Hamsun, Ellinor 255, 302f., 326, 348, 352, 365
Hamsun, Leif 382f.
Hamsun, Marie 230ff., 240ff., 247, 251f., 254f., 264, 270, 273, 280, 282, 284, 287ff., 296, 298ff., 312, 314ff., 321ff., 331f., 334f., 348, 352, 357, 374, 376, 380, 384, 388
Hamsun, Viktoria 208, 224
Hansen, Bent Fredrik 26
Hansen, John 106, 170
Hansen, Thorkild 374, 388, 392f.
Harald Hårfargre 15
Hart (Kaufmann) 76f.
Harte, Bret 123
Haukland, Andreas 217
Hawthorne, Nathanael 123
Hedquist 316
Hegel, Frederik 62f., 369
Heidenstam, Verner von 211
Heine, Heinrich 154
Hemingway, Ernest 342
Henie, Sonja 344
Henningsen, Agnes 219
Hesse, Hermann 154
Hesselberg (Polizeipräsident) 373
Hesthagen, Torstein 40ff., 364f.
Heyse, Paul 92
Hilda 284f., 303

Hilditch, Jacob 188
Hindenburg, Paul von 350
Hitler, Adolf 345, 349 f., 357, 362, 388, 393
Hoel, Sigurd 331
Holberg, Ludvig 343
Holst, Lars 88, 91, 95, 97, 99
Hugo, Victor 90, 157

Ibsen, Henrik 52, 66, 74, 90, 103, 118 f., 143, 145 ff., 151, 157, 165, 187, 189, 199, 245, 256, 342 f.
Ibsen, Sigurd 187
Inga 26, 30, 32
Ingeborg, Prinzessin von Schweden 290
Isaksen 109

Jacobsen, Jens Peter 67, 136
Janson, Drude 82 f., 85, 116 f.
Janson, Kristofer 54, 72, 79 ff., 88, 94, 103, 114, 119, 122, 365
Jelstrup (Detektivchef) 373
Jensen, Johannes V. 219 ff., 241, 313
Johansen, Krøger 100
Johnson 73
Johnston, Henry M. 77, 79, 81
Jæger, Hans 93, 217
Jølsen, Ragnhild 261
Jørgensen, Johannes 137, 154, 216

Karlfeldt, Erik Axel 288 f.
Keller, Gottfried 343
Key, Ellen 287
Kielland, Alexander Lange 92, 131, 143, 150
Killengren (Kellner) 229
Kipling, Rudyard 258
Kirkeby, Anker 331
Kjeldseth (Verleger) 51 f.
Kjær, Nils 166, 228, 256
Knath 370
Knudsen, Alb. Fr. 53, 56 f., 60
Konow (Ministerpräsident) 244
Koppel, Valdemar 219
Krag (Straßenbaudirektor) 68

Krag, Thomas 188, 217 ff.
Krag, Vilhelm 230 ff., 245, 261, 313
Krog, Elli 51
Krohg, Christian 93, 217
Kruse, Alfred 266

Lagerlöf, Selma 259, 290, 342, 388
Lange, Sven 167, 190, 198
Langen, Albert 182, 185, 189, 208
Langen, Dagny 182
Langfeldt, Gabriel 354 f., 359, 363 ff., 374 f., 376, 394
Larsen, Alf 213
Larsen, Bolette 169
Larsen, Johan 169
Larsen, Karl 309
Larssen, Anna 218
Lassen (Pfarrer) 359
Lehtonen, Joel 203
Lie, Erik 170
Lie, Jonas 121, 143, 146, 150, 170, 256
List, Walter 380
Litleré (Verleger) 246
Longfellow, Henry Wadsworth 77
Lund, Henrik 228, 306 f.
Lundegård, Axel 112, 127
Luther, Martin 57, 159
Løvland, Jørgen 343

Mackensen, August von 389
Madsen, Oscar 217
Märtha, Prinzessin von Schweden 290
Manet, Edouard 130
Mann, Thomas 294
Mannesheim, Gräfin 203
Marer, Johannes 373
Markussen (Lehrer) 296 f.
Marx, Karl 295
Maupassant, Guy de 157, 217
Meyerfeldt, Arthur 392
Mill, John Stuart 200
Moe, Jørgen Ingbretsen 281
Mörner, Birger 165, 190
Monet, Claude 130
Monrad, Cally 228 f.

Mostue, Kapt. 73
Mowinckel, Agnes 327
Munch, Andreas 64
Munch, Edvard 170, 185f., 217
Musset, Alfred de 157
Muus, Dr. 359

Nansen, Fridtjof 129
Nansen, Betty 221
Nansen, Peter 218, 221f., 394
Neeraas, Hans 151
Neeraas, Kalla 151
Nietzsche, Friedrich 103, 156, 200, 310f.
Nissen, Fernanda 121
Nordahl, Inger 54
Nordahl (Lehnsmann) 53ff.
Nurmi, Paavo 344
Nyström, Johan Fredrik 343
Nærup, Carl 123, 135, 154f., 228

Oftedal, Lars 28f., 35, 163, 189f.
Olav der Heilige 15
Olga (Kindermädchen) 253
Olsen, Hans 13, 16f., 19ff., 35, 37, 40f., 50ff., 54f., 59, 84, 281, 363ff.
Olsen (Glöckner) 19, 54
Ottar (Neffe) 207, 270, 284, 300, 303
Ossietzky, Carl von 340, 391f.
Ødegaard, Ørnulf 360, 375
Ørvig, Olof 269
Øverland, Arnulf 212

Paasche, Dr. 257
Pakkala, Teuvo 203
Paul, Adolf 171
Pedersen, Hans (Bruder) 8f., 11, 28, 34, 49
Pedersen, Maria (Schwester) 11
Pedersen, Ole (Bruder) 11, 28, 32, 49, 253, 347ff.
Pedersen, Peder (Vater) 7f., 11ff., 15ff., 19ff., 25ff., 32f., 40ff., 49, 53, 59, 205f., 253, 363, 367
Pedersen, Peter (Bruder) 11, 17, 40f., 71, 75

Pedersen, Sofie (Schwester) 11, 52
Pedersen, Thorvald (Bruder) 11
Pedersen, Tora (Mutter) 13ff., 19ff., 24ff., 32f., 38, 40, 42, 49, 205f., 253f., 293, 348, 363
Philipsen, P. Gustav 114, 122, 134, 369
Poe, Edgar Allan 37, 123
Poulsen, Knud 261

Quisling, Vidkun 347, 355, 360, 371

Rasch (Amtsrichter) 359
Reimers, Sophie 166
Rode, Helge 217
Rode, Ove 217, 219
Rustad (Hofmarschall) 236

Scharffenberg, Dr. 259f., 361
Schibstad (Redakteur) 99
Schleicher, Kurt von 350
Schopenhauer, Arthur 342
Schulerud, Mentz 327
Scott, Gabriel 281
Selmer, Jens 66
Shakespeare, William 199
Sibelius, Jean 202
Sillanpää, Frans Eemil 203
Simpson, Allen 392f., 395
Sitje (Amtsrichter) 259
Sissel (Haushälterin) 26, 30
Skram, Amalie 116, 130, 342
Skram, Erik 115f., 118ff., 130
Skultbakken, Peder 14
Skultbakken, Ymbjør 14
Stanislawski, Konstantin 244
Steinbeck, John 342
Stray, Sigrid 359, 373
Strindberg, August 71, 90, 92, 170ff., 175, 190, 203
Sørensen, Johan 114ff., 122

Tau, Max 345, 389
Tegnér, Esaias 344
Terboven, Josef 349, 357, 363, 391

Thackeray, William Makepeace 92
Thams, Dr. 85
Thommessen, Ola 99, 150f., 155, 162, 164, 181, 241f.
Thorvaldsen, Bertel 64, 343
Tolstoi, Leo 157
Torgeir 14
Torsteinson, Torstein 228
Træet Gammeltræin, Ole 7f., 13, 15ff., 33, 40, 59
Trykket, Ole 48f.
Twain, Mark 77ff., 91, 123, 136

Ullmann (Präsident) 359, 371
Undset, Sigrid 258, 341f., 388

Vetltræin, Ole 7ff., 13ff., 33, 49, 55, 207
Verlaine, Paul 188
Vetlesen, Fräulein 99
Vetlesen (Redakteur) 260
Vigeland, Gustav 170
Villon, François 188

Vislie, Vetle 188
Vogt, Nils 197f., 368

Walsøe (Handelsherr) 44ff., 48, 58, 61, 176
Walsøe, Laura 46f., 54, 141f., 176
Wassermann, Jakob 183, 394
Weenaas, August 56f., 85
Werenskiold, Erik 121
Werfel, Franz 394
Wergeland, Henrik 54, 56, 147, 241f.
Wettergren, Ragna 232
Whitman, Walt 77, 123
Wied, Gustav 217, 219
Wiesener (Rechtsanwalt) 357
Wildenvey, Herman 213, 219
Wilhelm II., deutscher Kaiser 350

Zahl, Erasmus Benedicter Kjerschov 58ff., 67
Zola, Emile 92, 131, 366
Zweig, Arnold 394
Zweig, Stefan 394